公司财务危困与不良债权投资

[美] 爱德华·阿尔特曼 (Edward I. Altman)　伊迪丝·霍奇基斯 (Edith Hotchkiss) ◎著
邱继成　陈剑波　范希文　高瑞东　等◎译

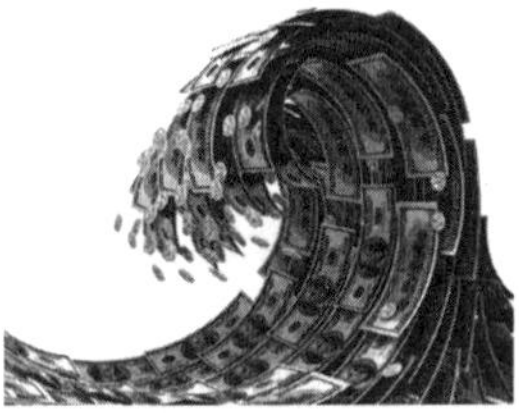

Predict and Avoid Bankruptcy,
Analyze and Invest in Distressed Debt

CORPORATE

FINANCIAL DISTRESS AND BANKRUPTCY

中信出版集团 | 北京

图书在版编目（CIP）数据

公司财务危困与不良债权投资 /（美）爱德华·阿尔特曼，（美）伊迪丝·霍奇基斯著；邱继成等译 . -- 北京：中信出版社，2019.3

书名原文：Corporate Financial Distress and Bankruptcy

ISBN 978-7-5086-9322-4

Ⅰ. ①公… Ⅱ. ①爱…②伊…③邱… Ⅲ . ①公司－财务管理 Ⅳ . ① F276.6

中国版本图书馆 CIP 数据核字（2018）第 177644 号

Corporate Financial Distress and Bankruptcy : Predict and Avoid Bankruptcy, Analyze and Invest in Distressed Debt by Edward I. Altman and Edith Hotchkiss.

ISBN:978-0-471-69189-1

公司财务危困与不良债权投资

著　　者：[美] 爱德华·阿尔特曼　[美] 伊迪丝·霍奇基斯

译　　者：邱继成　陈剑波　范希文　高瑞东 等

出版发行：中信出版集团股份有限公司

（北京市朝阳区惠新东街甲 4 号富盛大厦 2 座　邮编　100029）

承 印 者：北京诚信伟业印刷有限公司

开　　本：787mm × 1092mm　1/16　　印　　张：28.25　　字　　数：308 千字

版　　次：2019 年 3 月第 1 版　　印　　次：2019 年 3 月第 1 次印刷

广告经营许可证：京朝工商广字第 8087 号

京权图字：01–2016–9088

书　　号：ISBN 978–7–5086–9322–4

定　　价：99.00 元

中文版序

我通览了即将出版的中文版《公司财务危困与不良债权投资》这本书，感到此书所阐述的内容虽然只是金融领域中较为特殊的部分，即专注于公司财务危困和不良债权投资分析，但其专业性和经典意义不言而喻。该书先从美国破产法案的特点和演变讲起，以此作为铺垫，而后讲述了美国危困公司如何破产重整、对不良债权资产如何进行估值与投资、对信用风险如何进行分析、对危困公司又如何去提前预测等。危困公司的存在使得债务世界水深且浑，债务风险与危困公司如影相伴，但人们对不良债务的投资热情却从未消减，若想窥探其中的奥秘，这本书是甚好的选择。这本书的第一作者爱德华·阿尔特曼教授投入了半辈子精力研究破产。50 年来，他孜孜不倦地研究了什么样的公司会破产，破产公司又怎样才能够重生，危困公司的投资者该怎样成为聪明的投资者——在对危困者成功施展救援的同时，自己又不被拉下水。长期的研究成果著录于书，滴水穿石，我相信国内读者阅读之后定会受益良多。

我很高兴我们公司的邱继成、高瑞东参与了此书的翻译工作，并因为翻译书稿而认识了爱德华·阿尔特曼教授。而教授本人对中国不良资产市场和中国信达也颇有兴趣，他相信他的研究成果能够应用于中国的实践场景。2017 年 11 月初，他专程来到中国信达进行了一次交流，原本我计划与爱德华·阿尔特曼教授会面，却因公务繁忙而未能如愿，颇感遗憾。

中国信达成立于1999年，其初始任务是收购、管理和处置国有银行重组过程中剥离的不良贷款。中国信达的初期功能定位带有较强的政策性金融机构特点，公司作为政府的逆周期管理工具和金融救助机构，充当了金融体系中的“稳定器”、金融风险的“防火墙”和金融危机的“救火队”。经过19年的改革发展，中国信达已经成功完成了商业化转型探索的“三步走”战略：股份制改革、引战和成功上市。公司的形态和业务也发生了很大转变：一是从政策性非银行金融机构向现代金融企业制度转变；二是以传统银行不良资产经营处置为主业，积极向其内涵和外延拓展，同时发展综合金融服务。一方面，发挥资产管理公司“安全网”“稳定器”的作用，认真履行化解金融风险使命。另一方面，在继续抓好主业的基础上，紧紧契合外部环境和经济形势的需要，不断深挖不良资产经营的内容，创新问题资产收购处置和问题企业救助模式。从传统不良资产收购业务，向非金融不良资产收购业务扩张，从问题资产向问题企业延伸，从主要靠持有出售转向主动实施重整和债转股，充分发挥中国信达不良资产处置的专业优势，帮助危困企业补齐短板，最大限度地提高企业价值。

党的十九大报告明确提出了要贯彻新发展理念，建设现代化经济体系。新时代下，不良资产的内涵和外延将发生更深刻的变化。中国经济的大船将沿着质量第一、效益优先的航道前进，供给侧结构性改革为主线将催生三大变革——发展质量变革、效率变革、动力变革，最终聚焦于全要素生产率的提高上，而这也为公司不良资产主业孕育了更多的新机会。供给侧结构性改革重点放在“破”“立”“降”上。“破”的结果就是破除无效供给、处置“僵尸企业”、化解过剩产能、优化存量资源配置、扩大优质增量供给。在“破”的过程中，将暴露出因经济周期形成的不良资产、因结构调整形成的不良资产，还有因行业周期形成的不良资产，更有因企业生命周期形成的不良资产，以及债券市场、信托市场、租赁市场、互联网金融市场等领域不断涌现的新的不良资产。我们要以供给侧结构性改革为契机，以传统不良资产、非金融不良资产收购等基础业务为切入点，发现有资产重组、并购整合等潜力的问题企业，进行深度开发和运作。通过供应链、产业链开发，向核心企业的原材料、中间产品和最终产品生产企业，以及上下游关联企业延伸，纵向开展供应链企业债权收购业务，横向开展关联产业企业整合，选择供应链、产业链中有潜力的核心问题企业，发挥公司特色资产管理和投资功能，通过资产重组和企业并购，为核心问题企业提供投融资服务。

中国的不良资产形成、特点和机理的复杂性远非成熟经济体国家的情况所能比拟。但这本书中所阐述的破产重整、不良债务投资和Z值预测模型等内容仍值得我们认真借鉴。我相信书中这些有价值的内容，可以根据中国的市场环境与企业情况，对其进行消化和改进，最终为我所用。

预祝这本书的出版取得成功。

是为序。

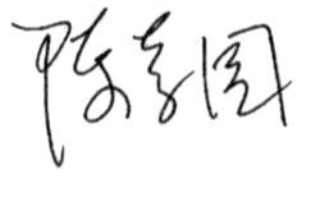

中国信达资产管理股份有限公司总裁

译者前言

30 年前，1987 年年末，一个雨雪交加寒风凛冽的下午，中央书记处农村政策研究室、国务院农村发展研究中心发展研究所的 3 个刚刚参加工作不久的年轻人，按照研究所领导安排，乘坐四处漏风的公共汽车，从安徽阜阳县赶到界首县进行乡镇企业破产制度建设的调研，这是中国第一个农村改革试验区的一项制度建设试点项目。3 个年轻人中有两位正是本书的译者邱继成和陈剑波。此后，邱继成完成了《我国乡镇企业的破产制度建设——安徽阜阳乡镇企业破产制度试验的报告》[①]，陈剑波完成了《制度变迁与乡村非正规制度——中国乡镇企业的财产形成与控制》[②]。后者讨论了企业“生”的问题，前者讨论了企业“死”的问题。

孔子说：“未知生，焉知死?”知生难，知死也难，但生死之事，唯此为大，对人如此，对企业也是如此。这本书讲述的是美国公司死亡的一种“独特方式”，甚至可以说是一本“起死回生”的教科书。换一种说法就是，这是一本关于财富公平持续积累乃至经济增长持续、中断和如何重新延续的书。

---

① 资料来源：李国都. 发展研究（1988—1989 年集）[M]. 北京：北京师范大学出版社，1990. 该报告可能是针对当时乡镇企业的实际状况，在国内最早提出了企业破产制度的研究工作。在该报告的基础上，乡镇企业破产制度改革试验曾经正式列入阜阳农村改革试验区的制度建设项目之中。

② 资料来源：经济研究 [J]. 2000 (1)。

对待生死，中国人千年以来一直有着十分清醒的认识。宋代的欧阳修在《唐华阳颂》里讲："死生，天地之常理，畏者不可以苟免，贪者不可以苟得也。"宗教盛行之后，又有了"儒重死，道重生，佛重来生"的说法。著名华裔社会学家杨庆堃先生在他的《中国社会中的宗教》一书中曾谈到中国人的宗教信仰与西方犹太、基督信仰的最大差别，在于中国人的宗教情绪及相关的规制、仪式都融合在日常生活之中。而著名历史学家许倬云对此的解释是，中国存在两种能够相互很好融合的制度化的信仰体系：一方面，制度化的宗教——佛教、道教、基督教、伊斯兰教等都各自独立存在；另一方面，在各个时期和各个地方，又都同时存在民间的信仰系统——对宗族、先祖的尊崇。因此中国的宗教信仰，是神祇和祖灵两套主题，而在生死问题方面，祖灵的成分更为重要。两套主题的融合则体现在针对生死而形成的一系列规制、礼仪和程式上。这些规制、礼仪、程式在我们每一个人的现实生活当中，是一种传统、一种继承、一种规矩，能够使我们在面对生死问题之时，可以采取家庭、社会都予以认可的态度，做出正确的情感表达和行动。

改革开放以来，中国经历了从计划经济向市场经济的转型，虽然40年的经济高速成长创造了巨大的财富，但是从现代企业制度的建立而言，我们还仅仅算是刚刚起步。因此，与对待人的生死问题大不相同的是：在计划经济体制下，中国企业的出生就与西方的企业有着很大不同，自然企业的关闭、消亡也就有着很大的差别。因此，中国的企业生死问题在制度层面还严重缺乏传承，虽然已经初步建立了相关的制度，但也就是仅仅有了制度而已。20世纪80年代已经有不少研究者开始就企业债务负担、债务重组、企业破产等问题展开了深入的研究①，在1996—

① 资料来源：李国都．发展研究（1988—1989年集）［M］．北京：北京师范大学出版社，1990.
林青松，杜鹰．中国工业改革与效率：国有企业与非国有企业比较研究［M］．昆明：云南人民出版社，1997.

1998 年国有企业大量破产倒闭，企业应该怎么“死”、陷入财务或市场危困的企业该如何救，更是成为社会普遍关注的问题。由于当时并没有建立完善的现代企业制度，缺乏相应的法律法规，社会保障也几乎处于空白状态，因此企业关闭不得不采取所谓“政策性破产”的方式——由出资者，即各级政府承担破产企业的损失和职工失业、医疗、养老等保障费用。虽然在经济快速增长的支撑下，我们很快顺利度过了国有企业大规模破产倒闭和重组的艰难时期，但是政府和社会都付出了十分沉重的代价，承担了高昂的成本。在此之后，包括公司法、证券法、破产法等在内的涉及现代企业制度的法律制度建设有了很大的进展，但更多的时候，在实践和政策的层面，人们仍然重“生”轻“死”。由于计划经济、公有体制的影响，在如何对待企业生死的问题上，与纯粹的市场经济体制相比较，中国的企业有着完全不同的思想认识和运行机理。我们经常可以看到媒体报道各级政府公布当年有多少企业注册成立，却少有公布有关企业注销或者倒闭的数据。国家工商总局在 2013 年发布过《全国内资企业生存时间分析报告》，对 2000 年以来全国新设企业、注销企业、吊销企业的生存时间①等数据进行了分析，指出在我国 1 300 多万家企业中，近 50% 的存续时间为 5 年以下，而企业 5 年累计消亡 3 成以上，半数能存活 8 年以上。这说明，企业消亡已经成为经济生活中不可轻视的一件大事。但是，报告中并没有详细分析企业是如何消亡的。

根据媒体报道②，我们发现了一个更加令人惊讶的情况：自 2006 年《企业破产法》颁布以来，中国每年消亡的企业超过百万

① 生存时间是指企业从在工商部门注册成立到被工商部门吊销营业执照或企业在工商部门办理完毕注销手续，退出市场经营之间的存续时间，即企业寿命；也指企业在工商部门注册成立至统计时点的存续时间，即企业年龄。

② 《法制日报》2016 年 2 月 28 日。

家，但仅有两三千家进入破产程序，通过司法渠道破产退出市场经营的企业不足1%。而在美国，每年的企业破产案件近十万件。2011年9月最高院制定的《关于适用〈中华人民共和国企业破产法〉若干问题的规定（一）》进一步界定了破产案件受理条件和举证责任，立案门槛有所降低，审查标准更为明确，法理规定更具可操作性，但破产案件受理数量却未如预期那样同步大幅上升。2015年破产案件数量也仅上升到3 000多件。这说明因未按规定年检而被吊销或未经依法清算而径直注销的企业数量巨大。由于现行破产程序复杂冗长、代价高昂，使得我们经常看到各类企业为逃避债务而选择直接“跑路”的报道。经营失败且又没有经过严格破产程序对债权债务进行合法清算的企业直接关闭，不仅令职工权益难以得到保障，还使企业财产消耗流失，股东、债权人权益受损，从而形成巨大的社会成本。另外值得关注的现象是：一些规模较大的国有企业或上市公司面临财务危困之时，虽然也可能会进入司法程序对债权债务进行清理，但其间会受到很强的行政干预。甚至，有些处于危困状态的国有企业，政府会调动巨大的社会资源来对其进行救助，这也正是当前出现很多所谓“僵尸企业”的原因。

显然，对待企业的生死与对待人的生死之间在认识和规则方面存在着巨大差异，这一方面当然是与历史和传统有关，但更重要的是与我们的经济发展的路径以及相应的企业制度密切相关。20世纪50年代初期，我国开始建立以公有制为主体的计划经济体制，城市经济以国有企业和集体企业为主，农村则是以人民公社为主体的集体所有制经济，在这样的经济体制和企业制度下，有两个重要的特征。一是城市企业在1979年实施拨改贷之前，几乎不存在真正的债务融资，因为生产按计划实施，产品按计划调拨，资金也是根据生产需要拨付，财务上只有资金平衡表，没有资产负债表。在那个时期，没有商业银行，人民银行要更多地担负结算功能。农村的情况略微复杂，在计划经济体制之下，存在债务融资需求的是农村集体经济组织和农户，以及此后出现的社队企业（乡镇企业），而对农村经济主体实施债务融资的则是农村信用社。因此，在中华人民共和国成立后的近30年时间里，真正意义上的发放贷款、开展债务融资的正规金融机构只有农村信用社。粗略地调查统计，中国的企业，特别是城市企业，实际上是从1979年之后才开始出现具有债务性质的融资活动的。而商业银行为企业提供债务融资则是在四大国有银行从专业银行体制转为商业银行体制之后才开始的。主要为国有企业融资的企业债券从1983年开始发行，其他债务融资工具则是在更晚的时候才出现的。总体来看，中国由于特殊的经济体制和企业制度，债务融资的时间大约仅仅40年。二是在公有制经济下，由于所有企业的出资者都是政府或者集体经济组织，因此企业并不存在市场经济条件下的主体破产，而由于出资者的关系，也就基本不会存在债务融资问题和破产清算问题。一直到20世纪90年代中后期，企业破产问题都不是经济生活中的大事，这正是我们对待企业重生轻死的一个重要原因，也是造成当前与破产相关的各类制度严重缺失的一个重要原因。

随着我国市场经济体制的进一步深入发展，以银行为主体的债务融资体系规模日益庞大，中国政府、企业的债务负担日益成为全球关注的热点问题，降杠杆、消除“僵尸企业”也成为当前经济生活中的一个重要任务。这需要我们从完善市场制度、保持经济长期可持续增长的高度来重新审视和深入研究企业的破产问题。正如这本书的作者所言：企业怎么消亡已经成为一个“破产的行业”。在过去的20年里，大量专门与不良债务人、不良债务投资人打交道的重整专家、破产与重组律师、破产法官、会计、银行家和其他的金融顾问等参与了这一巨大的产业。2005年，在美国的破产重整管理人组织登记注册的专业人员多达7 000人。显然，加快推进我国国有企业产权制度改革，建立完善的公司治理结构，尽快设立专业的破产法庭，建立完善的配套制度，促进相关中介机构发展已经成为完善企业破产制度的关键。而我们翻译出版《公司财务危困与不良债权投资》这本像教科书一样的著作，应该说正当时，它对我们进一步建设完善的企业破产制度具有十分重要的借鉴意义。

从世界各国的经验看，美国的企业破产重整制度是比较独特的，主要体现在美国破产法的第 11 章，其独创之处在于推行了经管债务人（debtor in possession）模式，即由债务人公司自行控制并推进重整进程。一方面，它从司法程序上最大限度地保障债权人、债务人和股东的合法权益，任何破产财产的处置都必须合乎法律的程序；另一方面，它体现了极大的灵活性和制度效率。例如，它对债务人比较宽容，只要管理层没有渎职或欺诈行为，现有管理层通常仍可被留下来参与或主导重整过程，而在别的国家，破产企业的管理层是要被统统赶走的，代之以专业的律师或会计师来处置破产财产。同时，它允许预重整和庭外重组以解决信息不对称问题和司法解决的成本问题，它还允许破产重整企业获得一定数额的融资以支持正常的经营活动，并为此规定了优惠条件（如可以设置抵押和给予优先的偿还顺位），以吸引融资方参与重整过程。在此破产重整的法律框架下，美国的破产重整市场极其活跃，资本重组、财务重组和业务重整“三管齐下”，使得不少陷入危困的企业尤其是大而不倒的“巨无霸”企业获救。而今，越来越多的国家都在学习和接受美国破产法第 11 章的理念和内容。

美国的破产重整制度经历了上百年的演变，从理念和操作方法上都发生了巨大的改变，但始终遵循着节约交易费用和制度费用的原则。一直到 19 世纪，美国的破产制度还沿用着用解雇现行管理层并进行资产清算的方式处置陷于危困的公司，重整虽然在理论上可行，但在当时的美国法律框架下很难完成。而破产重整制度则源于19世纪末的铁路扩张时期。由于当时的美国没有联邦层面的破产法，而美国的联邦体制又限制国会通过直接干预的方式拯救陷入危困的铁路公司，所以只能让当事人自行解决债务问题。在面对铁路公司的债务危机时，债券持有人、投资银行以及债务人等发现，变卖公司资产进行清算并不符合他们的共同利益，只有通过重整让其存活才能更加保障他们的利益。于是，代表债权人利益的投行发明了股权接管的模式，在此基础上，债务人和债权人坐下来讨论可行的财务重整计划，一旦双方达成一致的意见，法庭就会批准公司实施重整。股权接管成为当代重整制度的起源。不过，股权接管模式与经法律程序进行资产重整还是有本质区别的，前者由于缺乏法律程序的基础，个别债权人容易与债务人达成合谋，甚至用金钱来买通一些计划反对者以达到获取多数票的目的，从而对其他债权人造成伤害。从1978年起，美国破产法的第11章就成了规制破产重整的法典。

之后，随着市场经济的发展，2005年美国破产法案再次修订，虽然这次修订的重点并不在于破产重整制度，但修改后的美国破产法第11章已经成为一个实现破产财产价值最大化的操作平台。庭外重组、预重整、重整出售、债转股或资产证券化等资本工具，以及重整清算等操作方法频繁地出现在当代美国的重整案件中。对危困企业救助所发行的贷款、高收益债、并购基金以及各种金融产品在二级市场的活跃，使得不良证券的投资不仅对危困企业重整起到了积极作用，其本身也在金融市场上成为经得起考验的另类投资品种。深入了解美国破产重整制度的安排，对我国当前以市场化、法制化手段实施债转股、债务重组、处置低效产能甚至“僵尸企业”都会有很大助益。

本书第一章至第四章，以及第十章的翻译由邱继成完成，第五章和第六章的翻译由许凌达完成，第七章和第八章的翻译由李政完成，第九章的翻译由范希文完成，第十一章至第十三章的翻译由高瑞东完成，第十四章和第十五章的翻译由陈剑波完成。此外，邱继成通校了全书的译稿，范希文校对了第七章和第八章的译稿，许余洁校对了第五章的译稿，冯国亮校对了第六章的译稿，陈剑波和高瑞东亦对全书译稿的校对做出了贡献。

原版前言

回顾本书的前两版（1983年版和1993年版），我们注意到，在它的两次出版后，美国公司的破产不仅在数量上而且在重要性上都被提高到了前所未有的程度。专门从事美国公司破产这一领域的工作的专业人员增加了很多，以至于可以称其为“一个行业”。而2005年的现在①，我们称其为一个行业，那倒是一点问题也没有。在过去的10~15年里，伴随着学术界对危困公司着手研究的人员数量增加，该领域变得更为流行。这些学者提供了在这一领域所需的严肃的分析研究。的确，比数据更重要的事情，是吸引严谨和富有思想的研究！由于这个领域里理论和实证研究的兴趣增加，伊迪丝·霍奇基斯加入了，她与本书前两版的作者一起完成了这一版的写作。

现在已经非常明显了，破产生意是一个“大生意”。虽然没有人对定期从事危困公司工作的人数进行过广泛统计，但我们可以冒昧地猜测一下，在全球至少有40 000个这样的工作人员，绝大多数在美国，但别的国家里也越来越多。我们囊括了经营重整经理（主要是顾问）、破产和重组律师、破产法官和其他法院人员、会计师、银行家和专门处理不良债务的其他财务顾问、不良债务投资者（有时被称为“秃鹫”），当然，还包括所有研究人员。事实上，2005年，

① 这本书的英文版第三版的创作时间为2005年。

著名的破产重整管理人组织（Turnaround Management Association，网址为 www. turnaround. org）的注册人数超过了 7 000 人。

在财务危困的各个阶段有大量专业人员参与各个组织的工作，其原因在于大型复杂破产案件的增加。美国在 2001—2003 年的 3 年间，有 100 家负债超过 10 亿美元的公司根据美国破产法第 11 章的规定申请了破产保护。这些“10 亿美元家伙”的名单将在第一章的附件中列出。过去的 35 年里（1970—2005），至少有 228 家大型企业破产。在 2006 年本书新版发行之际，美国又有两家特大规模的公司申请了破产保护，即达美航空公司（Delta）和西北航空公司（Northwest）。本书的第一章提出了一些与危困公司相关的定义和统计数据，并强调了一个日益显著的现实，即规模不再是企业健康的代名字。

本书的创作规划工作要远早于本书 2005 年年中的完稿时间，我们没有意识到新的《防止破产滥用及消费者保护法》（Bankruptcy Abuse Prevention and Consumer Protection Act of 2005，简称 BAPCPA）的最终通过时间会与本书稿完成的时间正好相一致。绝大多数观察家评论了新法案对消费者（个人）破产的影响，但随着新法案的细节变得更具象化，那么很清楚的是，它对公司和重组过程的影响也很重大。当我们在第二章中探讨美国破产流程的演变及与许多其他国家进行比较时，将尝试对这些新规定中的许多内容予以阐述。

有了这个背景，在第一部分接下来的章节中，我们讨论了与理解重整过程密切相关的一些关键问题。在第三章中，我们探讨了进行破产重组的成功情况，尤其是相对于脱离破产法第 11 章破产保护后所呈现出来的公司业绩。有相当惊人的数量的实例表明，那些脱离破产保护后的公司存留了持续再生的经营和财务问题，有时会导致第二次的破产申请，我们非正式地称之为“第 22 章”。事实上，我们知道在 1980—2004 年至少有 157 家进行了两次破产申请的公司和7家进行了三次破产申请的公司（我们称其为“第33章”）。如果我们把《1978年破产改革法案》（1978 Bankruptcy Reform Act）颁布之前的破产申请人也包括进来，那么甚至有一家第四次申请破产的公司［我们称其为“第44章”，即跨得州天然气公司（TransTexas Gas Corporation）］！尽管陷入重复破产的案例数量这么多，但许多公司还是减轻了债务负担，并继续取得成功，特别是当其核心业务的基础坚固和在较轻的债务下更有效地进行管理的时候。

随着破产案件变得更大和更复杂，对拥有专业技能的专业人员的需求就会日益增加。而在最近的破产浪潮中，将业务零售或整售的趋向变得越来越普遍，因而对专业技术人员管理并购过程的需要也逐渐增加。并且由于案件在数量和规模方面都有增加，所以对仔细检查破产成本的需要也日益增多。第四章总结了大量有助于我们了解这些成本的性质的学术研究成果。对于大公司来说，这些成本的金额规模可能是非常巨大的；而对于小公司来说，这些费用可能令其望而却步，并最终导致破产清算。

第五章和第六章从理论和实践角度探讨了危困企业价值评估过程的重要性和分析方法。本质上，决定危困企业命运的最重要的因素是：（1）该公司倒闭是否比继续存活更有价值；（2）如果继续存活更有价值，那么对于资产的债权而言的价值是多少。第五章详细讨论了危困企业的估值模型，并解释了为什么不同的参与方在企业破产谈判过程中对于新重组公司的价值评估存在很大的分歧。第六章则集中讨论了高杠杆重组、相关估值与资本结构理论以及实证的结果。

第七章至第九章深入地探讨了对于风险和危困企业最为重要的两个资本市场。第七章探讨了美国高收益债券和银行贷款市场的发展与风险回报方面的情况。由于高收益债券或“垃圾”债券是未来可能出现不良债务情形的诱因，因此，研究它们的性质是很重要的。

在这个市场上，与投资者最为相关的统计数据，就是违约率和一旦公司违约后债务的可追偿率情况。2005 年，高收益企业债券的流通市值已经接近 10 亿美元，而在 2005 年 5 月，当通用汽车公司和福特汽车公司的债券被降级为非投资级债券时，这个数字就过了 10 亿美元。

第八章和第九章继续探讨危困和违约的债务市场。2002 年，这一市场实际上比高收益债券市场还大，不良债务面值（公募和私募合计）几乎达到 9 500 亿美元的规模，除了 7 个国家外，它比世界上任何其他一国的 GDP（国内生产总值）都多！由于违约率从 2002 年创纪录的高位回落，债务规模也随之有所下降，但在 2005 年仍然是一个相对较大的数字。现在人们普遍认为，陷入危困和违约的债务市场，其本身就可以作为一个独特的资产类别，也许还是对冲基金行业中增长最快的组成部分。因此，我们需要探索它的规模、增长、风险回报的维度及投资的策略。

本书第一部分以第十章关于危困公司的治理作为结尾。当公司经历危困重组时，公司治理几乎在每一个方面都会发生某种程度的改变。从美国破产法的第 11 章中走出来的企业管理层，离职率高达 90%。董事会成员规模随着公司陷入危困而缩小，在重组时董事会经常会全盘变动。最重要的是，许多公司的重组最终导致了公司控制权的变化。

本书的第二部分论述了对危困企业进行分类和预测的模型发展及影响。这一部分详细地估计了美国债券违约率（第十一章）、新兴市场债券违约率（第十二章），以及违约损失率（第十五章）。重点是评估程序及其与《巴塞尔协议Ⅱ》（Basel Ⅱ）对银行和其他金融机构资本充足率要求的新特点的相关性。

在本书第十一章的附件中，我们列出了一个参考书目，内容涵盖美国以外的 20 个国家在危困预测模型方面的应用和开发。这凸显了全世界对公司破产现象的广泛兴趣。如前面的第二章中所述，及第十二章中所做的进一步说明，危困企业是一种全球性现象，因此，严谨仔细的分析和建设性的评论以及立法的配套是完全必要的。

第十一章和第十二章讨论了估计违约概率的模型，第十三章则探讨了这些模型的许多不同应用，包括信贷风险管理、不良债务投资、经营重整管理和其他咨询能力及法律问题。此外，第十三章还介绍了该领域中领先的公司在所有这些功能方面的评论意见。

关于经营重整管理领域，第十四章进一步探讨了使用危困公司预测模型的可能性（例如我们的 Z - 评分模型方法），以协助危困公司管理层管理好向财务健康过渡的各项事务。在这一章中，我们通过一个实际的案例来说明这个议题，即 GTI 公司在几近灭绝中的崛起。

爱德华·阿尔特曼（纽约州纽约市）

伊迪丝·霍奇基斯（马萨诸塞州栗树山）

目　录 | CONTENTS

第二部分 公司财务危困分类与预测的技术及其应用 277

第一部分

公司破产与财务危困拯救的法律、经济和投资意义

第一章　公司危困：简介与统计背景

公司危困，包括了进入公司破产重组（美国破产法第 11 章）和破产清算（美国破产法第 7 章）的法律程序，是一个令人悲伤的经济现实，反映了美国公司死亡的一种独特方式。20 世纪 70 年代，商业失败的现象引起过人们的一些注意，而更多的破产案子是在 1980—1982 年的经济衰退期，1989—1991 年爆发的违约潮和大公司破产案则使得人们对这一方面的关注度大大提高。2001—2002 年是公司频繁发生大崩溃和陷于危困的年份，人们的兴趣更是提到了前所未有的高度。在 1989—1991 年，有 34 家负债超过 10 亿美元的公司申请了第 11 章中规定的破产保护。而 2001—2003 年的 3 年间，差不多有 100 家规模过 10 亿美元的大公司申请了破产保护，其中包括排名最靠前的 5 家公司（参见附件 1. 1）。

将大公司的破产案列成一队，其规模也超不过最大的 3 个“巨无霸”的破产申请案：康赛可公司（Conseco，负债 566 亿美元）、世通公司（WorldCom，负债 460 亿美元）和安然公司（Enron，负债 312 亿美元。事实上，若将其巨额的表外债务也加进来，总额几乎要增加一倍，那么，安然就成为美国历史上最大的破产案）。这 3 个破产案中有 2 个是欺诈性的（请看本书第十章中关于危困公司治理问题的讨论）。顺便也提一下，我们认为按照破产申请时的负债规模而不是资产规模来对破产进行排位和讨论是更为恰当的。例如，世通公司的资产账面价值大约有 1 040 亿美元，但破产申请时的市值还不到账面资产的1/5。对于一个破产公司而言，更有意义的是其债务索求所对应的破产财产的金额大小，以及假设可以持续经营下去时资产所能带来的未来价值。附件1.1列出了1970年以来、截至2005年第1季度时发生在美国的大型破产案件，即所谓破产规模超过了10亿美元的公司。其中所列举的破产案共有228个，只有2个案子发生在20世纪70年代［宾夕法尼亚中央运输公司（Penn Central，1970）和W. T. 大型连锁商店（W. T. Grant，1975）］，21个案子发生在80年代。1970—2004年所发生的大型破产案绝大多数发生在21世纪的头4年里。这已经很明显了，即使是调整了通胀因素，规模也已不再是公司是否健康的可靠指标，而且，也没有什么证据能够证明“大而不倒”的神话，即使有，也只是在非常罕见的情况下才能成立。最近，这个“大而不倒”的问题又一次在通用汽车和福特汽车公司的案例中被提及。

在试图描述公司所面对的法律程序或者对其所碰到的经济问题进行归类时，关于不成功公司的定义是多种多样的。在文献里，最经常使用的4个基本词语分别为：失败、无力偿付、违约和破产。尽管这些词经常被交替使用，但在正式的意义上，它们有着不同的含义。

从经济角度看，“失败”是指一笔资本投资在扣除风险后所实现的资本回报率显著且持续低于其他相类似投资的回报率。其他略有不同、也被使用过的经济性定义包括收入无法覆盖成本，以及平均的投资回报率持续地低于企业资金成本。但是，这些定义都没有对公司是否存在和终止经营的问题做出界定。关于公司是否要中止营运的问题，规范性的决策是根据预期投资回报率和公司营收覆盖可变成本的能力所做出的。需要注意的是，一个公司可能在经济意义上已经失败了许多年，却由于缺乏或几乎没有法律上可执行的债务追偿，致使它在短期债务偿付上从来没有出现爽约。而当一个公司无法满足债权人法律意义上合法可执行的偿债诉求时，该公司就被称为法律上的失败。因此，使用法律上的定义也是有些误导成分的，如前所述，公司在法庭介入之前失败的状态可能就已经存在了。

“商业失败”一词在好多年前由邓白氏公司（Dun & Bradstreet，简称 D&B）首次使用，并且在最近它还发布了相关的统计指标和数据，以描述不同的经营不佳状态。按照邓白氏公司的定义，商业失败包括了“公司被处置转让或破产而停止运营；公司因诉讼或被执行破产而丧失抵押品赎回权，或财产被扣押后停运而给债权人带来损失；公司主动撤销而留下未偿还的债务；公司涉及被接管、破产重组和其他法务安排等法律行动；公司与债权人自愿达成了谅解”①。

无力偿付是描述企业绩效不良的另一种方法，它通常会被更加技术性地使用。当一个公司无法满足当前的债务追偿时，技术性无力偿付就会出现，它是公司缺乏流动性时所发出的信号。沃尔特（Walter，1957）讨论了技术性破产的衡量标准，并提出了净现金流相对于短期债务的比例应成为技术性无力偿付的关键衡量指标，而不是采用传统的流动资金指标。技术性破产可能只是暂时的，但它却常常是导致正式宣告破产的直接原因。

破产意义上的无力偿付问题可能更为关键，它通常衡量的不是短期而是一个长期的状况。当一个公司总负债超过总资产的公允价值，那么，该公司就处于破产意义上的无力偿付状态，因此，公司的真实价值是负的。技术性无力偿付是很容易判断出来的，然而，性质更为严重的、破产意义上的无力偿付则需要全面的估值分析，这个步骤通常是在预计需要对资产进行清算时才会做。另外，最近由于顾虑无力偿付的状况恶化而在法庭上产生了一个新的概念，这

① 本书前两版中使用了邓白氏公司的“失败率”定义来分析导致失败的宏观和微观原因。因为邓白氏公司已经停止了商业失败率的数据披露，因此，我们将不再专门对这个统计数字做说明。

涉及一个最终将成为破产公司，而现在还合法让其无端存活，致使公司财产特别是债权人利益受损的问题。我们将在本书第十三章中对这个概念予以讨论。

此外，与危困公司不可分割的一种状态是违约。违约可以是技术性或者法律程序上的，且总是涉及公司债务人与债权人之间的关系。当债务人没有能力履行与债权人所签署的某项合约义务，且该状况将会成为法律上执行的行动基础，这就构成了技术性违约。例如，违背贷款条款，如债务人流动比率或负债率不达标，就构成了技术性违约的基础。但在实际中，这类有关还款约定的违约是可以进行重新商议的，且被当作反映企业财务状况恶化的一个信号。而这类违约也很少真正成为一个正式违约或引发法律破产程序的催化剂。

当一个公司无法偿付定期贷款或债券时，通常会选择分期的利息支付，这很可能就构成了法律上的违约，但是在贷款场合下，这并不总是法律意义上的违约。在私人借贷里，如银行贷款，如果错过一次付息，可以给放款人累计计算利息，它不会招致正式的破产宣告。而公众持有的债券若出现付息或本金支付违约，公司将被允许有一个通常为期一个月的缓冲期，若仍未支付，那么，它将被宣布为债券违约。在此期间，公司仍可能继续经营，同时试图与债权人寻找摆脱困境的重组机会，以避免正式宣布破产和进入破产申请。甚至还有一种可能，先与足够多的和持有金额足够大的债权人达成重组协议，再提请破产申请。这就是在本书第二章中所讨论的美国破产法第 11 章中的预重组方法。

公众持有的债务违约已变成老生常谈，尤其是在 1989—1991 年和 2001—2002 年这两段主要的违约年份中。确实，在 1990—1991 年这两年间，每年的公司债券违约金额达到了 180 亿美元，涉及约 150 家公司主体。2002 年，债务违约金额更是不可思议地达到了近 1 000 亿美元的水平。表 1. 1 显示了 1971—2004 年美国公共债券违约率的情况，包括违约数和违约金额在高收益债券余额中的比例情况，即所谓的垃圾债券违约比率。违约率计算中也包括了杠杆贷款违约率，这在私人债务市场上相当于投机级债券的违约率（参见本书第七章）。

表 1.1　历史上（1971—2004）的债券违约率，从面值余额中只扣除了违约数目的一次性本息支付的债券①

年　份	面值余额（百万美元）	违约面值（百万美元）	违约率（%）
2004	933 100	11 657	1. 249
2003	825 000	38 451	4. 661
2002	757 000	96 858	12. 795
2001	649 000	63 609	9. 801
2000	597 200	30 295	5. 073
1999	567 400	23 532	4. 147
1998	465 500	7 464	1. 603
1997	335 400	4 200	1. 252
1996	271 000	3 336	1. 231
1995	240 000	4 551	1. 896
1994	235 000	3 418	1. 454
1993	206 907	2 287	1. 105
1992	163 000	5 545	3. 402
1991	183 600	18 862	10. 273
1990	181 000	18 354	10. 140
1989	189 258	8 110	4. 285
1988	148 187	3 944	2. 662
1987	129 557	7 486	5. 778

① 到期一次性支付本金或利息。——译者注

（续　表）

年　份	面值余额（百万美元）	违约面值（百万美元）	违约率（%）
1986	90 243	3 156	3. 497
1985	58 088	992	1. 708
1984	40 939	344	0. 840
1983	27 492	301	1. 095
1982	18 109	577	3. 186
1981	17 115	27	0. 158
1980	14 935	224	1. 500
1979	10 356	20	0. 193
1978	8 946	119	1. 330
1977	8 157	381	4. 671
1976	7 735	30	0. 388
1975	7 471	204	2. 731
1974	10 894	123	1. 129
1973	7 824	49	0. 626
1972	6 928	193	2. 786
1971	6 602	82	1. 242
		标准差	
数学平均违约率（%）	1971—2004	3. 232	3. 134
	1978—2004	3. 567	3. 361
	1985—2004	4. 401	3. 501
加权平均违约率（%）	1971—2004	4. 836	
	1978—2004	4. 858	
	1985—2004	4. 929	
中值（%）	1971—2004	1. 802	

注：面值余额为年中数。

加权平均违约率的权重为每年余额的面值。

最后我们讲一讲破产。第一种破产前面已经说过，即指企业净资产价值的状态。第二种破产是更容易被观察到的形式，即企业正式向联邦地区法院申请破产，或按美国破产法第7章资产清算及第11章破产重组的方式处理。后一种破产程序在法律上亦称为破产重组。司法重组是一种正式的形式，是企业遇到困境时进行了系列救助措施仍不达效果后所能采取的最后的办法。我们将在下一章详细地研究破产的程序以及美国破产法律的演变。

破产和重组理论

在一个经济系统中，有生产能力的企业的持续进出是其自然的组成部分。由于企业失败会产生负面的社会成本，因此在法律上，应该建立合理的系统以便保护不同利益相关者的合约权利；为不再有生产能力的资产提供有序清偿；如果的确有必要的话，让债务人能对特定债权的索求予以延缓，从而在这一过程中使债务人得到修复并重组起来。在世界上大多数国家，对失败企业的处理办法一般有两种：一是资产清算，二是重组。它们共同基于以下一个假设：如果企业的内在价值大于当前的清算价值，从公共政策和企业所有者的角度看，让其重组并重获新生是明智的；但是如果相反，一个企业的资产价值是“死了比活着更大”的话，即清算价值大于继续经营的价值，那么，让其破产清算是更好的选择。

破产中的重组理论基本上是正确的，对经济和社会也有潜在的好处。破产重组程序的目的是为了让财务陷入危困的企业能够继续存活下去，并维持其所拥有的商誉，而不是为了保护债权人利益而对其进行清算。对这个做法的一个合理解释是，危困企业继续存活所带来的好处将超过将其资产在市场上进行处置的收益。由于破产重组成功需要许多年的时间，因此，时间价值必须明确地通过现金流折算而被考虑进去。事实上，如果有经济性生产能力的资产能够按照大于机会成本的方式提供产品和服务，那么，重组流程对社会所带来的好处就是正数，而且这些好处还不包括就业、供应商收入及所得税等。因此，破产重组所带来的好处应该与破产清算给企业和社会所带来的成本进行比较。我们将会在本书第四章和第六章中讨论有关的成本细节。

当公司陷于财务危困时，其最主要的关心者是债权人和所有者。尽管管辖破产重组的法律主要反映了立法者对社会总福利增进的考量，但债权人和所有者的经验对于破产重组流程的评估是至关重要的。重组流程的最直接和最主要的责任就是要设法减轻债务人的负债压力，改善其资产和资本的结构，以使其财务恶化和经营问题在可预见的未来里不再重复。

破产申请

在美国的破产申请主要分为两个大类，即公司破产申请和消费者破产申请。尽管绝大部分破产申请为消费者破产申请，在这些年都接近98%（例如2004年为97.9%），但本书的内容则完全偏向大的商业破产案，即主要是美国破产法第11章中涉及的申请案。表1.2、1.3和图1.1记录了公司和非公司破产申请案的数量情况，我们的重点将放在大公司破产重组的第11章流程处理上。尽管2000—2004年每一年的公司破产数量减少至3.5万~4万个，但申请破产时的负债总金额却有了大幅上涨，尤其是2002年，大约有3 300亿美元的债务规模受到了破产的影响。当然，大量欺诈性的破产案对2001—2002年数据的影响很大。但公正地说，大公司完全可以排除破产的概念已经成为过去时了。

表 1.2 1980—2004 年破产申请类型

年 份	公司破产案	个人破产案	破产案总数	个人破产案占总破产数量的比例（%）
2004	34 317	1 563 145	1 597 462	97.85
2003	35 037	1 625 208	1 660 245	97.89
2002	38 540	1 539 111	1 577 651	97.56
2001	40 099	1 452 030	1 492 129	97.31
2000	35 472	1 217 972	1 253 444	97.17
1995	51 959	874 642	926 601	94.39
1990	64 853	718 107	782 960	91.72
1985	71 277	341 233	412 510	82.72
1980	43 694	287 570	331 264	86.81

资料来源：Bankruptcydata. com，www. abiworld. org/stats。

表 1.3 2000—2004 年按申请引用的章法分类破产案

年 份	第 7 章	第 11 章	第 12 章	第 13 章
2004	1 137 958	10 132	108	449 129
2003	1 176 905	9 404	712	473 137
2002	1 109 923	11 270	485	455 877
2001	1 054 975	11 424	383	425 292
2000	859 220	9 884	407	383 894

资料来源：Bankruptcydata. com，www. adiworld. org/stats。

另外，关于破产，还需要指出如下几点。第一，非公司破产即消费者破产的数目有大幅的增加，这反映了在过去 25 年里，美国个人负债出现了接近 5 倍的增长。2005 年，由于刚颁布的《防止破产滥用及消费者保护法》对消费者施加了更严格的限定，预计个人破产的数量将呈现下降的趋势。第二，公司破产案在 1991 年和 1992 年达到高峰后，破产数目也开始呈现下降的趋势（参见图 1.1）。第三，

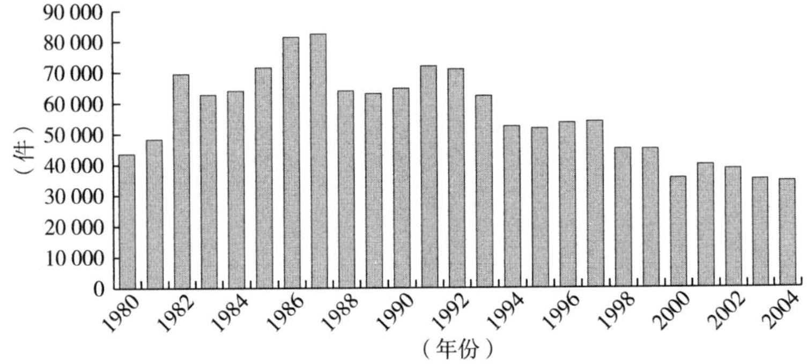

图 1.1　1980—2004 年公司破产申请

资料来源：Bankruptcydata. com。

尽管 20 世纪 90 年代早期以来的公司破产案数量出现下降，但 2000—2004 年破产案所涉及的债务却大幅增加，尤其是 2001 年和 2002 年（参见图 1.2）①。这些趋势培育了对不良债权进行投资的行业发展，并对新近发展的另类资产类别赋予了前所未有的重要意义（参见第八章和第九章的讨论）。

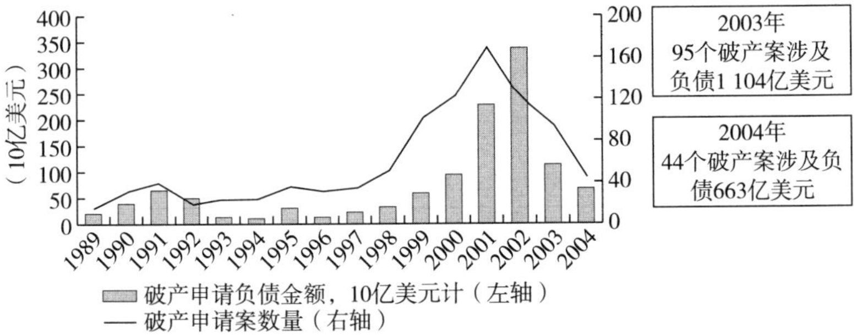

图 1.2　1989—2004 年上市公司破产案申请数量与破产申请前负债金额

注：只统计最低负债为 1 亿美元的案子。

资料来源：纽约大学所罗门中心破产申请数据库。

① 图 1.2 显示了 1989—2004 年按时间序列排列的按照美国破产法第 11 章规定申请破产的公司的总债务情况。这些数据仅统计了负债在 1 亿美元以上的公司破产案。

破产行业的参与者

在美国，涉及公司破产的行业已经是一个大行业，这可以从与从事危困企业和破产企业相联系的活动规模和范围上看出来。虽然在20世纪90年代早期，破产企业的数量已经很大，且达到了顶峰，但是到2005年时，破产才真正吸引了相当多的参与者和研究者。这中间主要的原因是有必要进行破产申请的企业规模逐渐增大。如前所述，资产和负债过10亿美元的企业申请破产已经是老生常谈了。而对于战略家和研究者同样重要的是，现在有多种途径可以得到危困企业的数据。在破产和危困企业行业内，主要参与者有：

- 破产和失败企业（债务人）；
- 破产的法律系统（法官、托管人等）；
- 破产法律专家；
- 破产清算会计和税务专家；
- 破产企业债权人和委员会；
- 危困企业证券交易商和分析师；
- 危困企业重组专家；
- 财务重组顾问；
- 专注于危困企业的公关企业；
- 破产及处置的出版物。

在本书第十三章中，以上列举的绝大多数参与者都会被讨论到。

债务人

如我们在本书之前的版本里所讨论的，在 20 世纪 70 年代，每年根据美国破产法律申请破产（资产清算和破产重组）的公司数额大致为 2.9 万~3.5 万家。如前表 1.2、表 1.3、图 1.1、图 1.2 所示，依据 1979 年 10 月通过的《美国破产法》及 2005 年修订版的规定，每年申请破产的公司数量在 1980 年时增加至 4.4 万家；在 1982—1993 年，公司破产的个数进一步上升到了 6 万家；到 1993—2004 年，则缩减到了 3.5 万~5.5 万家。

虽然在 2005 年颁布的《防止破产滥用及消费者保护法》（这一法律是对《美国破产法》的修订）的内容，对于消费者个人的约束条款做了很大的改变，但我们在本书里并不讨论消费者破产。2005 年新版的破产法对于公司破产也有重要的修订，我们将在下一章中进行讨论。

两次破产与破产成功

即使一些公司能以一个继续存活的主体离开破产保护而存活下来，破产重组的程序也并不总是能如愿成功。存续下来的公司完全有可能在后来再次陷入破产申请，有的甚至出现第三次或更多次的破产申请。我们第一次（Altman，1983）使用“第 22 章”一词描述那些再次申请破产的公司，这些企业大多是因为背负了过于沉重的债务包袱，或者在第一次脱离破产时对业务前景看得过于乐观。我们将在第三章中更详细地分析公司脱离破产保护后的业绩表现。表 1.4 列出了 1984 年以来对公司两次和三次破产的案件的估计数。大家可以看到，总数并不少，这也说明危困企业重组流程存在一些问题。我们将在本书第十三章中表明，使用一些测试办法可以增加公司从第 11 章的破产保护中成功走出来的概率。

表 1.4　1984—2004 年美国公司再次和第三次申请破产的案件数

年　份	再次申请	第三次申请
1984	2	0
1985	2	0
1986	4	0
1987	1	0
1988	5	0
1989	4	0
1990	10	0
1991	9	0
1992	6	0
1993	8	0
1994	5	0
1995	9	0
1996	12	2
1997	5	0
1998	2	1
1999	10	0
2000	12	1
2001	17	2
2002	11	0
2003	17	1
2004	6	0
总计	157	7

资料来源：E. Hotchkiss，Boston College，and the *Bankruptcy Almanac*，annually，Boston：New Generation Research.

公司失败的原因

毫无疑问，公司陷于危困并致失败的主要原因是管理人员的无能。在早些时候邓白氏公司出版的年度出版物《失败纪录》（*The Failure Record*）里（现在已经停刊），邓白氏公司列出了有关失败的许多原因，而与管理者相关的成因大约占 90%。当然，绝大多数公司失败是多种因素造成的，但管理人员的管理无方通常是问题的核心。最终的失败一定是因为现金不足所致，可使大量公司陷于破产和危困状态的理由却非常多。这些理由是：

- 周期性变差的行业（如农业、纺织、百货商店）；
- 关键行业的管制放松（航空业、金融、健康、能源）；
- 特定时期遇到较高水平的真实利率；
- 国际竞争；
- 行业范围内的产能过剩；
- 美国公司不断增加杠杆；
- 某个时期新企业进入速度加快。

这些理由中有几个是很明显的（例如高利率、过度杠杆率和竞争）。

管制放松会消灭管制行业的保护罩，促进更多企业在这个行业里的进入和退出。在竞争的环境下，例如航空业，竞争的激烈程度更甚。因此，紧随着 20 世纪 70 年代末管制的取消，航空业的公司失败数量成倍增加，且在之后的时间里，这个趋势仍无减弱的迹象。建立新公司通常是基于对未来乐观的基础，但是，新公司失败的概率远比经验丰富的公司要大，在新公司活动大幅增加之后的年份里，公司失败的概率预计会上升。作为公司失败决定因素的新公司形成总数以及其他的宏观经济变量，在本书的更早一个版本里（Altman，1983）以分布式滞后计量经济的框架进行了建模分析。

司法体系

不管公司规模大小、行业如何，美国企业如果要解决财务危困和试图进行破产重组的话，它所要依赖的司法体系就是联邦破产法院。关于美国的破产法律与破产法庭所经历的微妙和复杂的演变将在本书第二章中讨论。破产法律的设立目的有两个：一是为了能够使陷于危困的债务人重新站起来；二是清算债务人的资产以偿还债权人。

在2004年年底，全美大约有360名具有权威性的破产法官，在整个破产过程中为债务人和债权人提供破产服务。这些联邦法官的服务覆盖了90个地区，包括全美的50个州、波多黎各和哥伦比亚特区在内的地方法庭。一个地区法庭的服务范围只能在一个州内，但一个州内可能有几个地区法庭。位于华盛顿地区的美国法院行政办公室破产司负责收集破产数据，而这些数据由地区法庭上报，然后再汇总。在破产法律系统里，美国受托人在巨大数量的案件中就听证会时间安排和案子文档记录上起了很重要的作用，他们协助着破产法官的工作。受托人由美国总检察长办公室任命。而这个受托人制度需要与旧的破产法规（1938年颁布）中的受托人相区别，在1938年的破产法规里，受托人由破产法官任命，其职责是管理破产债务人，以及提出破产重组的方案。它也与2005年新修订的破产法规里的托管人不同，在2005年的破产法规的第11章里，规定假如法庭确实能够证实（而非怀疑）前一任管理层存在能力不足、管理不善、行为欺骗或不诚实的话，可以任命一个托管人。

最后，美国庞大的破产律师团队在破产程序上构成了一个重要的制度因素。这些律师和咨询师们分别代表了破产程序中许多利益相关人，包括债务人、债权人、股东、员工甚至税务当局。一个有点把握的猜测是，在 2002—2005 年，这些律师的人数估计至少在 5 000人，尤其是破产高峰年份。有个叫 Martinsdale. com 的网站列出了 2005 年破产律师的个数为 4 991 个。专职于破产领域、做得较大的律师事务所有 Weil Gotshal，Stroock，Stroock and Lavan；Kirkland & Ellis；Skadden，Arps，Slate，Meagher & Flom；Davis Polk & Wardell 和 Wilkie-Farr。

我们接下来转向美国的破产法律本身及其在过去年份里所经历的演变。

附件 1.1　1970 年至 2005 年第 1 季度全美申请破产负债规模超过 10 亿美元的公司名单

公　司	负　债（百万美元）	时　间
1. Conseco Inc.	56 639. 30	2002 年 12 月
2. WorldCom Inc.	45 984. 00	2002 年 7 月
3. Enron Corp.	31 237. 00	2001 年 12 月
4. Pacific Gas & Electric Co.	25 717. 00	2002 年 4 月
5. UAL Corporation	22 164. 00	2002 年 12 月
6. Texaco（incl. subsidiaries）	21 603. 00	1987 年 4 月
7. Conseco Finance Corp.	20 278. 50	2002 年 12 月
8. Olympia & York（I）	19 800. 00	1992 年 3 月
9. Adelphia Communications Corp.	17 349. 10	2002 年 6 月
10. Mirant Corp.	16 460. 00	2003 年 7 月
11. Global Crossing，Ltd.	14 639. 00	2002 年 1 月
12. Executive Life Insurance	14 577. 00	1991 年 4 月
13. NTL，Inc.	14 134. 00	2002 年 3 月

（续 表）

公 司	负 债（百万美元）	时 间
14. Mutual Benefit Life	13 500.00	1991 年 7 月
15. Reliance Group Holdings, Inc.	12 877.47	2001 年 6 月
16. Finova Group, Inc.	11 822.21	2001 年 3 月
17. Swissair	11 704.50	2001 年 10 月
18. NRG Energy, Inc.	11 579.89	2003 年 3 月
19. US Airways Group（I）	10 640.00	2002 年 8 月
20. Kmart Corp.	10 263.00	2002 年 1 月
21. United Pan-Europe Communications Nv	10 086.40	2002 年 12 月
22. Campeau（Allied & Federated）	9 947.00	1990 年 1 月
23. First Capital Holdings	9 291.00	1991 年 3 月
24. Home Holdings, Inc.	9 132.00	1998 年 1 月
25. Baldwin United	9 000.00	1983 年 9 月
26. PG & E National Energy Group, Inc.	8 908.00	2003 年 7 月
27. USAir Inc.（II）	8 383.00	2004 年 9 月
28. Federal Mogul Corp.	8 232.70	2001 年 10 月
29. Owens Corning	7 375.00	2000 年 10 月
30. Williams Communications Group, Inc.	7 153.80	2002 年 4 月
31. Comdisco, Inc.	6 742.00	2001 年 7 月
32. ANC Rental Corp.	6 252.40	2001 年 11 月
33. Continental Airlines（II）	6 200.00	1990 年 12 月
34. Air Canada	6 182.00	2003 年 4 月
35. Lomas Financial（I）	6 127.00	1989 年 9 月
36. XO Communications, Inc.	5 851.06	2002 年 6 月
37. Penncorp Financial Group, Inc.	5 595.46	2000 年 1 月
38. Macy's	5 320.00	1992 年 1 月
39. Montgomery Ward（II）	5 067.00	2000 年 12 月

（续　表）

公　司	负　债（百万美元）	时　间
40. Trenwick Group Ltd.	5 017.19	2003年8月
41. Olympia & York Cos.（II）	5 000.00	1995年10月
42. Columbia Gas	4 998.00	1991年7月
43. LTV（incl. LTV Int'l NV）（I）	4 700.00	1986年7月
44. LTV Corp.（II）	4 669.00	2000年12月
45. PSInet，Inc.	4 599.30	2001年3月
46. Exodus Communications，Inc.	4 446.00	2001年9月
47. Bethlehem Steel Corp.	4 420.00	2001年10月
48. McLeodUSA，Inc.	4 419.20	2002年1月
49. Winstar Communications，Inc.	4 379.20	2001年4月
50. Laidlaw，Inc.	4 377.10	2001年6月
51. Budget Group	4 333.61	2002年8月
52. Montgomery Ward & Co.（I）	4 271.00	1997年7月
53. Maxwell Communication	4 100.00	1991年12月
54. Integrated Health Services，Inc.	4 061.16	2000年2月
55. Metromedia Fiber Network，Inc.	4 007.00	2002年3月
56. Nextwave Personal Communications，Inc.	3 773.00	1998年6月
57. Loewen Group，Inc.	3 768.47	1999年6月
58. Touch America Holdings，Inc.	3 765.77	2003年6月
59. RCN Corp.	3 668.24	2004年3月
60. Solutia，Inc.	3 591.00	2003年12月
61. Armstrong World Industries，Inc.	3 485.30	2000年12月
62. TWA（I）	3 470.00	1992年1月
63. Dow Corning	3 450.00	1995年3月
64. Southland	3 380.00	1990年10月
65. Globalstar，LP	3 328.40	2002年2月

（续　表）

公　司	负　债（百万美元）	时　间
66. Penn Central Transportation	3 300.00	1970 年 6 月
67. Amerco	3 274.35	2003 年 6 月
68. Iridium LLC/Capital Corp.	3 261.73	1999 年 8 月
69. Sunbeam Corp.	3 201.51	2001 年 2 月
70. Eastern Airlines	3 196.00	1989 年 3 月
71. Fleming	3 156.00	2003 年 4 月
72. Safety-Kleen Corp.	3 141.32	2000 年 6 月
73. Kaiser Aluminum Corp.	3 129.40	2002 年 2 月
74. ICH Corp. （Southwestern Life）	3 111.00	1995 年 10 月
75. Genuity Inc.	3 102.00	2002 年 11 月
76. USG Corp. （I）	3 100.00	1993 年 3 月
77. Warnaco Group，Inc.	3 078.35	2001 年 6 月
78. Loral Space & Communications Ltd.	3 047.03	2003 年 7 月
79. Flag Telecom Holdings，Ltd.	3 046.74	2002 年 4 月
80. Covanta Energy Corp.	3 031.40	2002 年 4 月
81. Nextel International Inc.	3 000.00	2002 年 3 月
82. Pan Am World Airlines	3 000.00	1991 年 1 月
83. Drexel Burnham Lambert	3 000.00	1990 年 2 月
84. Washington Group International，Inc.	2 914.50	2001 年 3 月
85. 360Networks，Inc.	2 806.00	2001 年 6 月
86. Petroleum Geo-Services ASA	2 777.90	2003 年 7 月
87. Global Telesystems，Inc.	2 760.20	2001 年 11 月
88. Northwestern Corp.	2 748.41	2003 年 9 月
89. AEI Resources，Inc.	2 746.20	2002 年 2 月
90. CHS Electronics，Inc.	2 723.63	2000 年 4 月
91. USG Corp. （II）	2 700.00	2001 年 1 月

（续 表）

公 司	负 债（百万美元）	时 间
92. Viatel, Inc.	2 683.00	2001 年 3 月
93. TWA（III）	2 659.00	1995 年 6 月
94. Hayes Lemmerz International, Inc.	2 655.70	2001 年 12 月
95. Mariner Post-Acute Network, Inc.	2 639.64	2000 年 1 月
96. Flagstar Companies	2 639.00	1997 年 4 月
97. Tower Automotive Inc.	2 621.00	2005 年 2 月
98. W. R. Grace & Co.	2 574.89	2001 年 4 月
99. Exide Technologies, Inc.	2 524.20	2002 年 4 月
100. Spectrasite Holdings, Inc.	2 482.20	2002 年 11 月
101. Leap Wireless International, Inc	2 469.00	2003 年 4 月
102. Trans World Airlines, Inc. （II）	2 384.47	2001 年 1 月
103. Farmland Industries	2 351.50	2002 年 3 月
104. ICG Communications Corp.	2 345.16	2000 年 11 月
105. Westpoint Acquisition	2 340.00	1992 年 6 月
106. Archibald Candy Corp.	2 312.14	2004 年 1 月
107. Regal Cinemas	2 293.98	2001 年 10 月
108. Harnischfeger Industries, Inc.	2 276.06	1999 年 6 月
109. Genesis Health Ventures	2 254.00	2000 年 6 月
110. Century Communications Corp.	2 229.60	2002 年 6 月
111. Interco	2 213.00	1990 年 5 月
112. Paging Network, Inc.	2 212.39	2000 年 7 月
113. Charter Medical Corporation	2 150.00	1992 年 6 月
114. West Point Stevens, Inc.	2 147.20	2003 年 6 月
115. Sun Healthcare Group, Inc.	2 142.40	1999 年 10 月
116. National Steel Corp.	2 118.90	2002 年 3 月
117. E-II Holdings	2 050.00	1992 年 7 月

（续　表）

公　司	负　债（百万美元）	时　间
118. Arch Wireless, Inc.	2 045.40	2001 年 12 月
119. Transamerica Energy Corp.	2 041.00	1999 年 4 月
120. Grand Union (and G. U. Capital) (I)	2 039.00	1995 年 1 月
121. Stelco, Inc. (Canada)	2 027.00	2004 年 1 月
122. Trump Hotels & Casino Resorts, Inc.	2 026.00	2004 年 11 月
123. Firstplus Financial Group, Inc.	2 017.06	1999 年 3 月
124. Pathmark Stores, Inc.	2 005.42	2000 年 7 月
125. Laventhol & Horwath	2 000.00	1990 年 11 月
126. Wickes	2 000.00	1982 年 4 月
127. Highlands Insurance Group, Inc.	1 978.70	2002 年 11 月
128. Canadian Airlines Corp.	1 931.80	2000 年 3 月
129. Pegasus Communications Corp.	1 929.42	2004 年 6 月
130. NVR	1 911.00	1992 年 4 月
131. Semi-Tech Corporation	1 888.60	1999 年 9 月
132. Ameriserve Foods, Inc.	1 886.24	2000 年 1 月
133. Asia Global Crossing Ltd.	1 868.80	2002 年 11 月
134. Chiquita Brands International, Inc.	1 823.00	2001 年 11 月
135. Dade Behring Holdings Inc.	1 808.60	2002 年 8 月
136. Cardinal	1 800.00	1992 年 8 月
137. Global Marine	1 800.00	1986 年 1 月
138. JWP	1 780.00	1993 年 12 月
139. Fruit of the Loom, Inc.	1 740.90	1999 年 12 月
140. Encompass Services Corporation	1 725.30	2002 年 11 月
141. Penn Traffic Company	1 723.40	1999 年 3 月
142. Metropolitan Mortgage & Securities Co., Inc.	1 713.84	2004 年 2 月
143. Memorex Telex, N. V. (I)	1 700.00	1992 年 1 月

（续　表）

公　司	负　债（百万美元）	时　间
144. Public Service, New Hampshire	1 700.00	1988 年 1 月
145. Itel	1 700.00	1981 年 1 月
146. Ames Department Stores（II）	1 687.57	2001 年 8 月
147. Spiegel Inc.	1 675.00	2003 年 3 月
148. Continental Information Systems	1 669.00	1989 年 1 月
149. Adelphia Business Solutions, Inc.	1 654.30	2002 年 3 月
150. Covad Communications Group, Inc.	1 652.53	2001 年 8 月
151. Breed Technologies, Inc.	1 649.95	1999 年 9 月
152. Teligent, Inc.	1 649.40	2001 年 5 月
153. Polaroid	1 634.40	2001 年 10 月
154. Service Merchandise	1 614.96	1999 年 3 月
155. Integrated Resources	1 600.00	1990 年 2 月
156. Zale Corporation	1 594.00	1992 年 1 月
157. Republic Technologies International Holdings, LLC	1 578.75	2001 年 4 月
158. Philip Services Corp.	1 540.81	1990 年 6 月
159. Wilshire Financial Services Group, Inc.	1 529.39	1999 年 3 月
160. Magellan Health Services	1 506.00	2003 年 3 月
161. Loews Cineplex Entertainment Corp.	1 505.65	2001 年 2 月
162. Revco	1 500.00	1988 年 7 月
163. Placid Oil	1 488.00	1985 年 4 月
164. At Home Corp.	1 468.20	2001 年 9 月
165. Atlas Air Worldwide Holdings, Inc.	1 467.83	2004 年 1 月
166. Acterna Corporation	1 451.30	2003 年 5 月
167. Ames Department Stores（I）	1 440.00	1990 年 4 月
168. DVI Inc.	1 438.99	2003 年 8 月
169. Criimi Mae, Inc.	1 428.30	1998 年 10 月

（续　表）

公　司	负　债（百万美元）	时　间
170. Vencor, Inc.	1 404.65	1999 年 9 月
171. Pillowtex Corp.	1 402.10	2000 年 11 月
172. Allegiance Telecom. Inc.	1 397.49	2003 年 5 月
173. Southmark	1 395.00	1989 年 7 月
174. Carter Hawley Hale Stores	1 385.00	1991 年 2 月
175. Best Products	1 367.00	1991 年 1 月
176. Memorex Telex, N. V. （II）	1 363.00	1994 年 2 月
177. Weirton Steel Corp.	1 361.00	2003 年 5 月
178. US Office Products Co.	1 352.00	2001 年 3 月
179. Venture Holdings Co. LLC	1 345.82	2003 年 4 月
180. National Gypsum （Aancor）	1 345.00	1990 年 10 月
181. El Paso Electric	1 344.00	1992 年 1 月
182. Hechinger Co.	1 338.50	1999 年 6 月
183. Zonic Corp.	1 327.03	2001 年 6 月
184. GST Telecommunications, Inc.	1 326.30	2000 年 5 月
185. Interstate Bakeries	1 322.00	2004 年 9 月
186. Mobilemedia Communications	1 322.00	1997 年 1 月
187. Wang	1 320.00	1992 年 8 月
188. Royal Mortgage Partners, LP	1 312.33	2000 年 8 月
189. Unicapital Corp.	1 310.60	2000 年 12 月
190. Gentek	1 307.03	2002 年 10 月
191. Alterra Healthcare Corporation	1 300.00	2003 年 1 月
192. Rockefeller Ctr. Props.	1 300.00	1995 年 5 月
193. America West	1 280.00	1991 年 6 月
194. McLean Industries	1 270.00	1986 年 11 月
195. AMF Bowling Worldwide, Inc.	1 265.61	2001 年 7 月

（续　表）

公　司	负　债（百万美元）	时　间
196. Sterling Chemicals Holdings, Inc.	1 228. 92	2001 年 7 月
197. Impsat Fiber Networks, Inc.	1 216. 00	2002 年 6 月
198. Grand Union Co. (II)	1 214. 00	1998 年 6 月
199. Aurora Foods, Inc.	1 211. 00	2003 年 12 月
200. Hillsborough Holdings (Jim Walter)	1 204. 00	1989 年 12 月
201. Bell National	1 203. 00	1985 年 8 月
202. Boston Chicken, Inc.	1 202. 00	1998 年 10 月
203. Alphastar Insurance Group Ltd.	1 201. 66	2003 年 12 月
204. Hills Dept. Stores	1 200. 00	1991 年 1 月
205. LJ Hooker	1 200. 00	1989 年 8 月
206. GHR Energy	1 200. 00	1983 年 1 月
207. Nationsrent, Inc.	1 197. 40	2001 年 12 月
208. ICO Global Communications Services Corp.	$ 1 184. 29	1999 年 8 月
209. Lomas Financial (Lomas Mort.) (II)	1 167. 00	1995 年 10 月
210. Wheeling-Pittsburgh Corp. (1)	1 160. 00	2000 年 11 月
211. Bruno's Inc.	1 121. 60	1998 年 2 月
212. Manville	1 116. 00	1982 年 8 月
213. e. spire Communications, Inc.	1 111. 18	2001 年 3 月
214. Choice One Communication	1 100. 00	2004 年 10 月
215. Circle K	1 100. 00	1990 年 5 月
216. Continental Airlines (I)	1 100. 00	1983 年 9 月
217. Braniff Airlines (I)	1 100. 00	1982 年 5 月
218. The IT Group, Inc.	1 086. 55	2002 年 1 月
219. American Business Financial Services Inc.	1 072. 00	2005 年 1 月
220. Envirodyne Industries	1 070. 00	1993 年 1 月

（续　表）

公　司	负　债（百万美元）	时　间
221. EOTT Energy Partners	1 062.40	2002 年 10 月
222. Payless Cashways, Inc.	1 050.00	1997 年 7 月
223. Levitz Furniture, Inc.	1 029.54	1997 年 9 月
224. Wheeling-Pittsburgh（1）	1 010.60	1985 年 4 月
225. WKI Holding Company, Inc.	1 002.35	2002 年 5 月
226. Fox Meyer	1 000.00	1996 年 8 月
227. Thermadyne Industries	1 000.00	1993 年 12 月
228. WT Grant	1 000.00	1975 年 10 月

资料来源：爱德华·阿尔特曼和纽约大学所罗门中心破产申请数据库。

第二章　美国破产程序的演变及国际比较

美国宪法授权美国国会就公司破产制定一个统一的法规以管制破产。在此授权下，最早的一部《破产法》于1898年颁布，之后不同的破产法案及其相关修订陆续获得通过。1938年，《钱德勒法》（Chandler Act）替代了之前有缺陷的条例。1978年，美国国会批准了《1978年破产改革法案》（Bankruptcy Reform Act of 1978），并且一直有效，直到2005年4月30日新的破产法案，即《防止破产滥用及消费者保护法》获得通过并正式颁布。为了理解破产程序，对有助于形成今天的法律系统的过去的条例和法规进行回顾是非常有意义的。美国的破产法律颁布于1898年、1938年和1978年，看起来不管是否需要，每40年就会有一个新的破产法。依照这个形势，我们应该期待在2018年会有一个新的破产法，但令人惊讶的是，美国国会在2005年就出台了一个新的破产法。

股权接管

1898年通过的《破产法》只允许公司清算，而无重组和存续经营的内容。然而，通过股权接管的形式，公司重组也是有可能的。尽管公司重组的理论基本上正确，但股权接管的程序却被视为无效。股权接管的目的是为了防止个别不满的债权人随意处置危困企业的财产，因而法庭会任命接管人在财务重组期间看管好公司的财产。

但股权接管在程序上却存在很大缺陷，因此，1933 年和 1934 年又出台了临时破产条例来替换它。股权接管与破产接管存在着某些区别：在破产接管的情形下，接管人是作为法庭代理人而对破产企业的资产实施管理，直到受托人任命产生；股权接管则非常耗时、成本高昂，同时也会有严重不公的可能，因为法庭对于重组计划几乎没有什么控制，为保护股权持有者所成立的委员会通常由公司有影响力的内部人员组成，这些内部人员可能利用这个程序为自己谋取更多利益。股权接管的动议通常是由公司和一些友好的债权人联合发起，对于由有偏向的委员会或友好债权人所提出的计划，股权接管程序也没有提出独立和公正的评估要求。由于重组计划需要绝大部分股东的同意才能通过，公司会对那些有影响力的持不同意见者进行收买，结果，它导致重组耗时很久，以及人们对计划不公平的指责。由于存在这些缺点，导致股权接管的程序不是很有效，尤其是在大萧条年代接管案件数量大幅增加的情况下。

1938 年《钱德勒法》

1933 年，一部包含了第 77 条特别条款（专门用于铁路公司重组）的新破产法匆匆忙忙地起草并获得通过。1934 年又通过了一个第 77B 条款的法案，专门针对一般性公司重组。但这个法案很短命，1938 年时进行了一次全面修改，后来便是大家所熟知的《钱德勒法》。《钱德勒法》的颁布是全美破产会议（National Bankruptcy Conference）、证券交易委员会（Securities and Exchange Commission，简称 SEC，它进行了一项对重组实践的研究）及其他利益人委员会和各类协会共同努力的结果。

对于我们而言，《钱德勒法》中最为相关的章节内容，是关于公司的破产以及随后重组的尝试。其第 11 章中的破产重组约定只适用于公司无担保债权人，并取消了需要所有类别债权人同意重组计划的规定。第 11 章的破产重组约定是一个自愿程序，公司、非公司主体或个人均可以启动它。法庭有权任命一个独立的托管人或接管人去管理公司财产，在更多的场合下，它会授权给旧管理层在破产诉讼期间继续对公司行使控制权。通常，债务人呈递的破产重组申请需包含一个初步的财务缓释计划。由于管理层能够继续控制公司以及财务压力有所缓释，这使得第 11 章对现有管理层有很大的吸引力。在诉讼过程中，仲裁人召集所有债权人，审查所提的重组计划并提出增改的意见。如果每一类无担保债权人中持有多数金额的人和大多数人都同意，法庭就可以确认批准该重组计划，并让所有债权人遵守计划的约定。通常情况下，新计划包含了债务规模缩减、债权人债权诉求比例以及延期还款的时间表等内容。债权人还可以发行新的金融工具，以替代他们之前的债务。

除了这些好处以外，第 11 章的破产重组约定还将破产公司的资产置于法庭的监管之下，以使它免除以前任何悬而未决的诉讼干扰。另外，债务人可以让新借款人以比所有先前无担保借款人更优先顺位的等级发放贷款［即 DIP 融资（debtor-in-possession financing），本章后面会做讨论］。可以想象，尽管这类救援性融资的成本相对较高，但这也是让处于困境企业获得新融资的一个重要渠道。如同所有的公司重组一样，处于诉讼期的公司资产受到法庭保护。与第 10 章更为复杂的重组案件相比，如果第 11 章的破产重组约定获得成功的话，时间会相对更短，因为破产的行政诉讼费用与破产时间构成函数关系。第 11 章的破产重组约定通常要比所有证券持有者都介入诉讼过程的成本低，而庭外和解的成本甚至更低。最后，破产重组的约定在全美国所有的州都是有效的。

一个很不常见但却最重要的公司破产重组类别是第 10 章的诉讼。这个类别的破产重组的重要性可以从其破产时所涉及的债务规模、申请破产公司的规模和重要性，以及绝大多数的经验数据分析和研究都使用了这个类别的破产公司的事实中得到体现。第 10 章的破产诉讼只应用于除铁路以外的公众公司、有担保和无担保债权人的公司。这个类别的公司破产可以是由债务人自愿申请发起，也可以是债务金额合计超 5 000 美元的 3 个以上债权人联合起来强制启动。破产诉讼书上必须陈述为什么第 11 章不能给予公司足够的救援。之所以要加上这个解释，目的是想把那些债务和资本结构都相对简单的公司排除在第 10 章破产诉讼的程序之外。但是，如果涉及的公众利益比较大，法庭通常也可以选择拒绝该家公司适用于第 11 章的破产约定，而要求其按第 10 章的诉讼程序来进行重组。

在绝大多数场合，债务人比较喜欢按第 11 章的程序进行破产，因为按照第 10 章破产诉讼程序的要求，在诉讼期间，法庭会自动指定一个独立的、无利益关系的受托人或受托人群体来行使对公司的控制权。虽然《钱德勒法》规定债务额超过 25 万美元的破产案子都需要任命一个独立的受托人，但有许多案例都说明，即使破产所涉及的金额特别大，法庭还是会同意按照第 11 章的破产约定来让债务人继续管理公司。对于破产的债务金额小于 25 万美元的案例，法庭可能会让债务人继续掌控公司进行重组，也可能委托一个无相关利益的受托人控制公司。受托人的资质除了其独立身份外，履行职责的能力也是一个考量的因素。

独立受托人负责起草并递交一份对各方都公平可行的重组计划。如果是铁路公司破产，那么重组计划要由州际商务委员会（Interstate Commerce Commission，简称 ICC）来起草。这个计划会涉及所有债权人、优先股股东和普通股股东。并且这个重要的任务是在日常管理工作之外的，受托人常常会将日常管理的任务授权给原来的企业管理层或新任命的企业管理层。由于在大多数情况下，管理层这种或那种的无能表现是导致公司破产最常见的原因，因此，受托人会任命新的管理层。在适用于第 10 章的绝大多数的案子里，受托人在起草和呈现重组计划的过程中获得了各类专家的帮助，包括代表不同债权人和股东的委员会以及各利益相关人。在诉讼一开始，债权人、合约受托人和股东便可以对自愿或非自愿破产申请书提出质疑。尽管 1938 年颁布的破产法律限制了破产动议和破产行动，但人们质疑的能力得到了加强。

第 10 章诉讼程序中另外一个重要的参与方是证券交易委员会（而在 1978 年对破产法条例修订时情况完全不是如此，证券交易委员会是被排除在外的）。尽管证券交易委员会没有任何决策的权力，但它通过证券交易委员会顾问报告的形式进行参与，而且是整个程序中客观上存在的强大力量。证券交易委员会必须对负债金额超过 300 万美元的债务人企业出具一份顾问咨询报告，法庭还可以针对任何债务规模更小的案子向证券交易委员会寻求帮助。该顾问咨询报告对受托人所提交的重组计划进行估值，并针对计划的公平性和可行性提出意见。这就需要对债务人现有资产及不同债务索求相对照，并进行全面评估。当证券交易委员会的报告与受托人评估报告有差距时，证券交易委员会通常建议采用另外的估值标准。但关于公司是否允许被重组、计划是否可提交获最终批准的决策权则属于联邦法官（1978 年破产法条例修改后规定这些权力属于新的破产法官）。

《钱德勒法》规定，在获得法庭同意后，按照第 10 章制订的重组计划必须提交给每一类债权人和股权持有人，以获得他们最终的同意。最终获得批准的要求是，重组计划须获得每一类债权人和股东（除非资不抵债）所持权益的金额超过 2/3 赞成，同时人数超过 1/2 同意（在第 11 章中则只要大多数同意就可以）。当重组计划被法庭接受时，某一个特别群体将被完全排除在外（例如普通股股东），那么，他们在对重组计划的最终表决时就没有任何表决权。当然，这个特别的群组自己可以对此提出诉讼。从破产意义上说，当公司债务已经超过公司资产的公允价值时，普通股股东就已经被消灭掉了。不管老股东参不参与重组后的企业，重组计划都不可避免地会包含一个对旧资本账户的重新构建和一个提升债务人生产率的计划书。

资产清算

如果通过法庭请求或者托管人决定，认为公司重组希望不大，或者继续投资、花费成本和时间的前景欠佳时，那么，该公司就只有一条路了，即资产清算。从经济上看，当公司资产分拆变卖的价值大于公司资产的资本化价值时，资产清算就是合理的。通常，关键的变量是时间和风险。例如，有可能一个企业的绝对经济价值会超过清算价值，但经济收益的实现会面临时间和主观性概率估计的不确定性，从而产生一个较低的折现值。在此情况下，最后的清算可以采取指派的方式或按破产法第 7 章规定的正式破产清算条例进行。

前一个方法是私下进行的，它是指将资产委托给一个通常由债权人选出的托管人，由他来清算，最后实现的净清算价值等于所收到资金减去债权人对公司拥有的债务追偿额。这个金额常常不足以归还债权人的全部债务，债权人必须得认可这个结果。由于所指定的人是在善意的动机下工作，按习惯来说，债权人应该免除债务人未来的债务负担。这个方法相对于严格的破产程序而言比较省时省力，但如果破产公司的资本和债务结构比较复杂的话，这个清算程序就不太可行。

扩展的《钱德勒法》继续为无力偿付债务的人在法庭监督下提供有序的破产清算规则。不管是谁提出的破产诉讼申请，仲裁人都会在托管人正式任命之前实施监督并进行破产清算。托管人任命之后，将由托管人清算资产，完成最终簿记，支付清算盈余，但所有这些都需要经过仲裁人的批准。最后的清算收入的支付将严格按照绝对优先顺序，即最优先债权人在全额得到偿付之前，较低顺位和最低顺位的债权人是一分钱也拿不到的。

我们观察到，小企业遭遇破产清算的命运较为常见，而大公司则倾向于选择破产重组或与另一家大公司进行合并。有时候，对于一家处于破产的公司来说，其被并购时所采用的并购条款是基于被并购公司的清算价值，而非其资本化的收入价值。这也正是1968年州际商务委员会在宾夕法尼亚中央铁路公司与纽约、纽黑文和哈特福德铁路公司（Penn Central – New York，New Haven & Hartford Railroad）合并谈判听证会上所采用的基准。

尽管大公司在破产时倾向于尝试并购或重组，但结果常常不成功，最后还是会以资产清算作为了结。例如在20世纪70年代之前，有很高比例的重组案例并不成功，且高达56%的重组并购案最终导致了普通股股东利益的完全损失（Altman，1971）。① 重组失败的一个典型案例是10亿美元规模的W. T. 格兰特公司（W. T. Grant）。1975年，该公司申请了第11章的保护，并试图进行破产重组，但没过几个月，于1976年被迫进入了资产清算程序。这与其他大公司重组成功的例子形成了鲜明的对比。资产规模为10亿美元的美国联合招商与制造公司（United Merchants & Manufacturing，简称UMM）在1977年7月申请了第11章的保护程序，仅不到一年的时间，该公司就成功从破产保护中走出，成为可持续的经营主体。然而很不幸的是，该公司重组后并没有像想象中那样成功，结果在1993年又进入了二次破产，还在1996年经历了第三次破产保护。

① 我们将在本书第三章中更详细地讨论在1978年的破产法律下第11章中的案例获得成功的历史证据。

《1978 年破产改革法案》

在《钱德勒法》颁布 40 年后，美国国会通过了《1978 年破产改革法案》。该法案改变了美国公司和个人破产申请的行政管理方式，以及在某种程度上流程、法律和经济等诸方面的规定。1970 年美国国会通过决议，决定创设一个委员会来调查美国的破产法律，其创设的理由有以下 4 条。

1. 自上次对《破产法》大的修改以来的 30 年里，美国的社会和经济状况所发生的变化恐怕要远大于 1938 年的破产法案出台之前的 40 年。
2. 美国的人口增加了 7 000 万，分期贷款从 40 亿美元上升至 800 亿美元。年度的破产案件总数量从 1960 年的 11 万件升到了当时的 20 万件。其中增加最多的是个人破产案件（这听起来与 2005 年修改破产法案的原因相似）。
3. 1/4 以上的破产仲裁者提出了履职时遇到的问题，并建议对 1938 年的破产法案进行大的修改。
4. 在评估 1938 年的破产法案中技术方面的更新需求上，美国联邦政府和商业界知之甚少。

在 1978 年，旧破产法案存在的问题表现得更为严重。长期的全球性通货膨胀和经济衰退问题使美国法律体系中破产申请数量不断增加。而信用政策的变化，例如对大公司信用违约延迟诉讼以及其他不可定义的变化，使得旧的破产法案不合时宜，各方对 1978 年修订后的法案充满期盼。

《1978 年破产改革法案》于 1979 年 10 月 1 日生效，它共分为四个部分。其中，第一部分主要是大量的关于破产程序的内容，也被称为“破产法典”，包括8章：第1章为总则；第3章为破产案例行政管理；第5章为债权人、债务人和财产；第7章为资产清算；第9章为市政债务调整；第11章为破产重组；第13章为有正常收入个人债务的调整；第15章为美国托管人项目，针对特定债务人及流程。

1978年和2005年破产法案中的破产申请

法案中的相关规定为：债务人必须是在美国居住，或者是在美国有住所，又或者是在美国有生意或资产。这一点在2004年尤科斯石油公司（Yukos）破产申请诉讼案上造成了一个争议。美国法庭驳回了俄罗斯债务人和一些美国债权人所提出的由于尤科斯石油公司在美国有营运，因此应接受美国破产法律制约的申诉。一家在美国没有业务、但拥有资产的外国银行或保险公司，它符合美国破产法律里的债务人地位，但对于外国银行来说，即便它在美国拥有资产，也不能强制其进行破产申请。债务人可以自己申请资产清算或重组，这样的破产申请即构成了所谓的“缓释指令”（an order for relief）。强制性破产只可能出现在第7章资产清算或第11章破产重组的场合。市政破产不适用于第9章和第13章。同时还不允许对农民、牧场主和慈善机构进行强制破产。

第9章——市政破产

法案第9章主要处理在市政管辖区内申请的市政破产案。涉及第9章的诉讼必须是自愿的，破产申请通知须至少在两家报纸上刊登3个星期。法案规定符合市政破产的条件有5个，其中一条就是无偿付能力。在康涅狄格州布里奇波特市申请破产案上（1991年7

月）就是这么解释的，即布里奇波特市无力偿还到期债务。然而由于技术上的原因，布里奇波特市还有足够的现金和证券来应付当前债务，因此，1991 年 8 月法庭驳回了其破产请求。在这个案例中，法庭驳回了州政府反对布里奇波特市行使寻求破产保护的权力，但裁定布里奇波特市并没有陷于无力偿付的状态。具体的内容不在这里赘述。

有关第 9 章市政破产法规的细节，超出了本书的内容范围，感兴趣的读者，请参阅由科恩（Cohen）、高登（Golden）、肯尼迪（Kennedy）、斯皮奥托（Spiotto）和库克（Cook）等人于 1992 年编著的《公司重组与重建》（*Turnarounds & Workouts*）一书。

第 11 章——无偿付能力问题

自 1978 年新的破产法生效后，有许多与第 11 章相关的案子，法庭没有像第 1 章所说的要求证明债务人是否无力偿付（到期债务无力偿付或公平估值的资产少于债务额）的情况下同意了破产申请。在某些情况下，这可能导致无力偿付的一些事件反而被成功地转化为新破产法案下破产保护的理由。举例来说，1982 年的约翰斯曼维尔公司（Johns Manville Corp.）、1983 年的洲际航空公司（Continental Airlines）、1985 年的 A. H. 罗宾斯公司（A. H. Robins，1985）及 1987 年的德士古公司（Texaco）就出现了这类情况。除了德士古公司表示它无法支付一笔100 亿美元以上的法律诉讼保证金之外，这些案例中每一个债务人都有足够的现金满足到期债务。从中可以得出一个主要观点，无力偿付并不是今天破产重组的必要条件。但是，大多数申请了破产保护的债务人多多少少是有些资不抵债的。

破产中的租赁

1978年的破产法案规定，在直接的破产清算情形下，租赁方有权要求补偿最高为1年的未付租金，而在破产重组情形下，则有权要求最高为3年的未付租金。实际上，目前对于因为合约终止而产生的租金收入损失的补偿原则为：1年的租金支付与不超过3年未完成租约损失的15%间取大者，再加上任何还未付的拖欠租金。计算损失补偿时间以申请破产之日与出租人收回租赁品或租赁人退回租赁品间以较早者为准。请参阅后文所述的2005年所颁布的破产法案中关于租赁规定的变化。

法案的第365节是关于处理待履行租赁合约、未到期租赁合约的事宜，以及托管人或法庭决定在破产重组情况下合约如何能够持续的条件。最根本的内容是，破产法案规定出租人的诉求必须得到处理或补偿，或者对及时补偿给予充分的保证。受托人须在破产申请日之后的60天内承担一个租赁合约或者履行一份待履行的租赁合约，除非有另外可延期的约定。

根据365（a）款的规定，租受方—债务人在重组计划确认前有权拒绝接受或者承担未到期居住性或个人财产的租约。如果在破产申请前租赁已经到期，那么，破产时就不能申诉了。如果租赁物不是居民的不动产，例如是一个工厂，那么债务人有60天的期限来决定拒租还是承租。

债务人或受托人无须经出租人同意即可将租约转给第三方，并将所得租金归为己有。因此，租约有可能成为有价值的资产，尤其是当市场价值改变和资产购买贵得令人望而却步的时候。所以，有争议说将潜在的有价值的资产予以毁灭，将使债权人的处境更糟。而有些租约，如个人服务，是不能转让的。

员工补偿优先权

在 1978 年之前，破产法案中关于索赔主张需要证明的概念很成问题，因此它被抛弃了，而代之以一个简单的条款（第 501 节 ~ 第 503 节），即津贴索赔条款。除其他条款外，该部分条款要求对依情况而定或未清算的索赔权进行价值估计。许多人们熟知的索赔优先权继续得以保持，保护员工的条款则有显著的增加。1978 年的破产法案扩大并提升了工资的优先顺位。员工补偿优先权从 600 美元提高到 2 000 美元，之后又提高到 4 000 美元。在 2005 年的新法案中，又进一步提高到 1 万美元。员工补偿优先权还扩展到了非工资的福利部分。

贸易索赔

在 1978 年破产法案修订之前，金融市场上常规交易的产品只有公众持有的债券。到了 20 世纪 80 年代，债务交易市场迅猛扩大，在 80 年代早期还不怎么明显的破产企业的私有债务（私有银行和贸易债务）交易和估值都开始活跃起来。这两类新兴的债务市场成长为一个内涵很广且仍在增长的投资工具的市场。2005 年 3 月，尽管卖家与投资者之间发生的交易额仅占很小部分，但该投资工具的市场规模（余额）达到了 4 250 亿美元。在这 4 250 亿美元的市场规模里，大约 15% 是贸易债务（约 640 亿美元），大多数则是银行贷款。

私下交易的不良资产市场产生了足够大的吸引力，一些大经纪人/经销商长期介入贸易付款债权索偿和银行债务这两个市场。阿尔特曼首先在 1990 年、1991 年和 1992 年以及本书第八章和第九章中对这两个市场进行了讨论。贸易付款债权主张也在法律杂志上引发了讨论（Fortgang and Mayer，1991）。确实，这个市场是如此诱人，收购银行债务和其他债务索赔权，加上现金注资形式的收购要约，成为破产重组过程中获得控制权的常用方法，最终，当债务人从破产法案第 11 章中重振时，债务收购人已经完成了对它的控制权。1990 年杰帕尼科合伙人（Japonica Partners）对阿勒格尼国际（Allegheny International）实施控制就是个例子，见 1991 年福冈（Fortgang）和麦耶（Mayer）对阿勒格尼案子的详细描述。[①] W. L. 罗斯（W. L. Ross，积极控制型的不良债务基金）在 2002 年和 2003 年对 LTV 公司（LTV Corporation）和伯利恒钢铁（Bethlehem Steel）实施控制，也是这样的例子。

1991 年 8 月 1 日，破产法案对于贸易索赔权交易（规则 3001 [e] 条）进行了修订，根本点在于让购买贸易债务不受司法干预，从而变得更为便利。这些修订条例由美国司法会议（U. S. Judicial Conference）13 名成员组成的咨询委员会起草，它们可应用于公共或私人的全部债务索赔权，包括贸易债务索赔权。法官只在有异议时才可以出面干预。同时，购买债务所支付金额及其他的转让条款的信息也无须公开披露。

一些分析师认为，这些变化是非常宽容的，它使得投资者只通过购买重组计划的表决权，就能够达到对重组确认过程的控制。这些修订后的条款实际上否定了破产法官在阿勒格尼国际（1988）、沙图盖公司（Chateaugay，1988）和尊铜与黄铜公司（Revere Copper & Brass，1985）案上所做出的判决——法官要求这几家公司都提供一份书面的价值估计或实际的转让价。虽然如此，当法庭认为转让对其他债权人不公平时，仍可以找出其他理由来否决这一类债务的转

① 罗森伯格（Rosenberg）在 1992 年和 2000 年对许多高频曝光的不良债务风投企业进行了生动的描述。

让。另外，当经纪人转让贸易债权和银行债务的数量增加后，它们也为其他人在未来着手类似交易时提供了可供参考的市场价值信息。由于这些交易是在场外进行，因此价格信息扩散并不是很完全，但它还是有助于解决1991年破产法案中日益增加的隐秘性问题。

银行扣抵权

当债务人破产时，银行可以明确要求，债务人资产负债表的余额首先要偿还银行欠款，扣抵不足的部分则归入普通债权人中一起参与最后分配。可能有人会争辩说这样做对债务人和其他债权人不公平，因为在正常情况下，银行一旦发放了贷款，贷款如何使用完全是由借款人自己决定的。而银行则会辩解说，企业资产负债表余额就是对贷款偿付的一种保证。1978年的破产法案仍然保留了银行扣抵权这个条款，但法庭必须以比过去更为正式的形式批准它。银行扣抵权没有受到影响，除非出现债权人索赔遭到法庭拒绝，或者债权人不是从债务人那里购得的债权，且所获债务是在债务人处于无力偿付状态而申请破产前的90天内。扣抵权的一个例外情况是法案第362节规定的自动中止付款条例。自动中止付款条例是指针对债权人的一种禁令，在破产申请后禁止对任何银行贷款做进一步的扣抵。

1978年的破产法案对债权人在申请破产日或之前90天内对相互债项扣抵做了额外限制。这被视为一种优先偿付。例如，在公司破产申请90天前，一个债务人欠银行15万美元，同时他在该银行有5万美元存款，如果银行选择在债务人破产申请前30天行使扣抵权，当时债务人欠银行贷款为7.5万美元，那么，银行可以将7.5万美元全拿回去；如果银行选择破产申请前90天行使扣抵权，那它只能拿回去5万美元。因此，多等上60天就多出2.5万美元，状况会好那么一点儿。这笔钱是托管人为债务人多争取来的钱。

扣抵权主要运用于破产申请前的情形，目的是想鼓励债权人与债务人合作，而不是一味想在破产前尽可能多地收回自己的损失。不管怎样，在扣抵权发生之前，违约必须先存在。我们仍然预计金融机构和其他机构会继续债务扣抵这一操作，但是否收复这笔款项将是托管人的责任。

第 11 章——重组

1978 年的破产法案中一项极其重要的变化是新的破产法案的第 11 章，这是有关公司重组的综合性章节。它吸收了旧破产法案第 11 章的大部分内容，同时接纳了旧破产法案第 10 章中大量公众公司的保护条款，及第 12 章中不动产规定的主要内容。在 2005 年新修订的破产法案里，所有这些修订内容继续保留。根据第 11 章的规定，如果不是对债权人和股东最有利，或者如果法庭没有因为过失条例而任命一个无利益相关托管人的话，那么，债务人可以继续经营公司的业务。其中所说的过失包括破产申请日之前或之后所发现的欺诈、不诚实、能力不足或渎职等行为。2005 年新的破产法案保留了由第 11 章中的美国托管人制度任命托管人的办法。

债权人委员会

在破产人提交了破产重组申请后，美国法庭或者已有的托管人会任命一个非担保债权人委员会。第 11 章规定允许当担保债权人持有的债务和股东权益受到影响时，在得到某一利益相关者请求后，法庭有可能任命另外的债权人或股东代表委员会。通常，委员会由最大的 7 个索赔人或利益相关人员组成，当然，前提是他们愿意参加。若是大的破产案的话，委员会人数超过 7 个也是被允许的。法庭允许在破产申请前已经成立的委员会继续留用，只要所选出的代表对其所要代表的不同债权人具有公正性和代表性。一个被委任的股东委员会通常也是由愿意出任且持有股权数量最大的 7 个股东来担任的。在利益相关方的要求下，如果委员会成员对不同索求权或利益方代表性不够的话，那么法庭有权改变债权人或股东持有人委员会的人数。

递交重组计划

重组程序的核心是关于财务重组和营运重组的计划。1978 年的破产法案给了债务人或指派的托管人独有的 120 天时间去提交一份重组计划。债务人在提出重组计划申请后的 180 天内需获得不同债权人和股东（如果相关的话）的同意书。法庭有权增加或减少 120 天和 180 天的时间。如果债务人错失上述时间表或其他法庭指定的日期，债权人和相关利益者可以提请一个计划要求获得批准。递交重组计划的独有期和常规可用的延展期促使 2005 年新的破产法案起草人将重组的时间限定为最多 180 天，并加上了两个月的确认时间。

美国证券交易委员会的角色

根据 1978 年和 2005 年的破产法案的规定，美国证券交易委员会可以提出反对意见，对任何议题都发表看法，但不可以对任何的法官令或裁决令提出申诉。完成重组计划的时间紧迫性以及证券交易委员会在过去表现得不稳定性是导致 1978 年以后美国证券交易委员会几乎全部被排除在外的主要原因。尽管任何利益相关者均可以向法庭提出申诉并针对自己所感受到的不公平提出上诉，但证券交易委员会作为公众代表的角色被大大弱化了。例如，在过去证券交易委员会常常要求将一个第 11 章范畴的破产案改判为第 10 章范畴的重组案。尽管证券交易委员会在有关第 10 章的案例上的表现引起了争议，但我们认为，证券交易委员会在破产重组报告上还是做出了许多精彩的评论和建议的，特别是在估值流程方面。

重组估值

重组计划中的核心要件就是债务人作为一个可存续机构的未来估值。传统上，估值是对未来现金流进行资本化的方法，它涉及包括对未来的税后盈利和自由现金流做一个预测，并选择一个合适的资本化率（折现率）。然后，资本化价值可以根据剩余流动资本、税务亏损结转及其他因素进行调整。如果所得价值大于资产的清算价值，那么重组是正当的，否则就应该选择资产清算。如果公司价值低于各类索赔的金额，从破产角度看，它已经是处于无力偿付了，而根据绝对优先的顺序原则，旧股东通常是要被清洗出去的。典型的情况是，债权人与其他新买入股权的人将一起构成公司的新股东。

绝对优先索赔权

自破产法案实施以来，美国绝大多数重组计划遵循了绝对优先顺序的赔偿原则。这个原则规定，债权人债务偿还需要遵循一个金字塔似的阶梯顺位，即在低级债权人获得债务赔偿前，较高级债务人必须已经获得了全额赔偿。但是，事实上重组计划经常是采用绝对优先顺序和相对优先顺序相结合的方法，即较低级债权人在更高级债权人尚未全额获得赔偿（部分偿还）前也能够获得部分赔偿。这样的安排通常也只是权宜之计，目的是为了使那些原本要对重组计划投反对票的债权人能够对重组计划投赞成票，他们在没有达到满意的补偿预期前是不会投票同意重组计划的。

但是背离绝对优先顺序原则的现象越来越普遍，且这个现象被新的规则引导着，即“债权人最佳利益测试”原则，是指没有一个受损债权人所得补偿会比破产法的第 11 章或第 7 章规定的资产清算下的补偿要少。绝大多数资产清算是在第 7 章的主持下进行的。本质上，绝对优先顺序原则在第 11 章重组计划中只是一个指引大纲，而并非是一个必需的政策。卫斯（Weiss，1990）、艾博哈特等（Eberhart et al，1990）、本克（Betker，1991）、弗兰克斯和托罗斯（Franks and Torous，1989、1992）仔细地将那些所谓违背了绝对优先顺序原则的情况记录了下来。卫斯发现，在他所研究的 37 个较大型的涉及第 11 章的案例中有 29 个违反了绝对优先顺序原则。艾博哈特等人发现，该原则被背离的平均结果是，重组公司全部价值中的 7% 被赠予低级债权人和公司旧股东，而按照绝对优先的原则，他们是不能获得这部分补偿的。本克发现，当公司无力偿付的严重程度越高时，偏离绝对优先顺序而给予公司股东特别补偿的可能性越低；而当银行和担保债权人在债务中占比较高时，偏离绝对优先顺序的可能性越高。弗兰克斯和托罗斯在 1989 年的研究中，通过对 41 个大型公司经历涉及第 11 章的案件的分析得出，给予本不需补偿的债权人的补偿金高达 9 亿美元，而本该清除的股东们则大概分得了该金额的 1/3。

我们自己对绝对优先顺序原则的评估是，如果是清算的话，该原则应该被遵守，但是，由于估值过程本身并非十分科学，对低顺位债权人提供某种形式的或然性证券（如认股权证）在许多场合里也是合理的。如果有足够多受损害的债权人（一半以上）及足够大金额的债权持有人（2/3）同意偏离绝对优先顺序原则，那么，实际上“债权人的最佳利益测试”通过已经在先，在此之下，重组计划就带有了“强制性裁决”，那些反对重组计划的债权人必须服从（见后面关于强制裁决部分的讨论）。

重组计划的目的是提供一个公平和可行的康复治疗方案。公平是指赔偿符合优先的顺序，可行是指重新资本化了的公司能够获得一个新的结构，以便新的固定成本包袱能够合理地被负担起，而不再重蹈违约的覆辙。重组计划必须提供一个能够进行这项评估的现金流分析。涉及重组进程中的谈判成本，无论在破产环节，还是在重组之外的“准重组”的各种费用，被称作代理人成本，对于公司而言是一项额外的净损失（即这类损失对社会上其他人而言也算不上是所得）。

有关债务偿还顺序的阐述在法案的第507节。费用支出和索赔将依据以下的顺序进行。

1. 破产的管理费用，如法律、会计和托管人费用。
2. 在破产案开始后债务人正常业务或财务往来所发生的无担保索赔权，如供应商已交货但货款未清的款项索赔权。在502（f）中规定了一些例外的情况。
3. 工资、薪金或佣金的无担保索赔权，包括在公司破产申请前或者债务人歇业90天前个人所获得的休假、服务年限、带薪病假，但每人限额为2 000美元（现在提高到了1万美元）。
4. 无担保索赔权如员工福利计划，与第3条的限额相同。
5. 无担保索赔权如个人向公司定购未来商品和服务而预存的款项等，人均金额不得超过900美元。
6. 政府部门无担保索赔权（如所得税、财产税、就业税、海关税费及税务罚款等）。
7. 担保债务，即债务有特定形式的财产担保——在资产清算时有优先赔付的权利。如果担保债务超过了所担保资产的价值，那么，不足偿付部分就归为非担保债务的一部分。

8. 高级债务优先于被认定为级别低于它的所有债务，而与所有没有此认定的其他无担保债务同等优先。在大多数贷款协议里，这一类债务的优先顺序都会被详细地标明。
9. 其余的非担保索赔。
10. 当所有非担保索赔都满足以后，剩下的就是公司权益持有人（优先股持有人和普通股持有人）。如前所述，如果公司资产价值小于允许的债务额，那么这些个人就不应该再获得什么补偿或新公司的股票。

破产申请后的利益问题

当担保品的清算价值大于担保债务时，法庭允许有破产后利益的存在。例如 1986 年 LTV 公司在经历第一次破产时，无担保债权人债务可索赔率只有 1/10，即面值 1 000 美元的债务只获赔 100 美元，而有担保债权人债务评估价值则远高于面值，如扬斯敦薄板和钢管公司（Youngstown Sheet and Tube Corp.）的公共债券。由于对担保债权人债务偿还的保障金额足够，因此，超出部分的担保品可由债务人在重组期间使用获利。

在其他的案例里，破产申请宣布后，债务人的价值可能足够满足无担保债权人的索赔金额。例如 1983 年威尔士食品公司（Wilson Foods）和 1982 年约翰斯曼维尔公司的无担保债权人最后全部收到了这些款项。然而，任何受损的债权人都可以向法庭提请申诉。

衡平居次原则与欺诈性财产转让

破产法第 11 章中比较微妙的一个内容是在案子的进程中可能出

现赔偿的优先顺序被改变的情形。尽管这个情况并不经常发生，但还是有过一些案例，出现了高顺位债权人甚至担保债权人索赔优先顺序被降至非担保债权人后面的情况。在非担保债权人的联合请求下，破产法官能够随时改变正常的优先顺序。根据破产法案规定，如果高级债权人利用不当信息影响到债务人和次级债权人，或者做出了对其他人不利的行为时，破产法官有权力改变债务偿还次序。

涉及衡平居次原则的另一个例子就是欺诈性财产转让。对那些拥有特别信息的债权人（如银行）不公平地从最终失败的高杠杆交易（如杠杆买断，简称 LBO）中获利，而致使低级债权人受损的，原告可以在法庭上提出申诉。这一申诉的核心内容是，银行和其他内部人士知道或应该知道重组不太可能成功和债务人债务无法得到偿还的信息，但他们为了一己私利还是跟债务方做了交易，目的是获得前期费用、优先费用支付等。

还有其他的情况，涉及衡平居次原则的案件被提交的目的是逼迫担保债权人同意对非担保债权人更有利的处置方案。例如，1991 年 6 月费城一位破产法官判定有担保债权人巴尔的摩市的 MNC 商业公司（MNC Commercial Corp.）停止向烟草和糖果配送公司 M. 保莱拉父子公司（M. Paolella & Sons）继续提供贷款，这被认为是一种“偷偷摸摸和欺诈性的行为”。法官认为，由于这一行为，部分地导致了公司的最终失败。因此，为了保证公平原则，法官将 190 万美元的非担保债务的赔偿顺序提到了 MNC 商业公司之前。

最后，在另外一个涉及克拉克管件供应公司（Clark Pipe & Supply）的案子里，一家位于美国新奥尔良的联邦上诉法院判定，衡平居次原则只适用于那些采取过“不公平行为”的担保债权人，例如欺诈、误导或激进地操控债务人决策。这一决定可能给担保债权人些许的安慰，因为他们担心破产法官在确定不公平行为和公正上采用不同的标准。

计划执行

重组计划必须提供计划执行的足够手段。它可以规定对质押权进行满足、对质押权进行修改、对违约实行豁免，及债务人与若干家公司合并或整合。发行无表决权的证券是被禁止的，执行计划必须包括不同类别股权上关于表决权的分配方法。这个计划有可能对担保或无担保的债权人造成损害，也可能让他们毫发无损；对一个待履行合约或未到期也未曾被驳回的租约做出继续执行或否决的决定；以及建议将全部或大部分财产变卖，并将变卖所得在债权人和股东间进行分配，从而构成了一个清算的计划。

计划确认

如果特定类别债权人提出的一个诉求与其他类别债权人的诉求非常相似，计划可以将它们合并处置。计划确认需要每个诉赔人或利益人的同意，或者如果不是所有类别的债权人都接受的话，留在计划中的债权人必须获得比计划实施日进行破产清算情况下更高的补偿收益。至少要有一个类别的债务索赔人必须接受重组计划。因此，如果受计划影响的唯一债权人包含了受押人（mortgagee），那么，该计划的通过必须得到该受押人的同意。当债权金额过 2/3 或债权人人数超过一半的索赔人投票同意重组计划时，重组计划就获得了批准。如果金额达 2/3 的发行在外的流通股股东同意计划，那么，全体股东算是确认了该计划。

强制破产裁决条款

1978 年的破产法案规定了对索赔权进行减值处理，这是一个新概念。重组计划可能在有一个类别债权人反对的情况下仍获得通过。如果计划确认的所有条件已获得了满足，但只有一组受损的索赔者或股东不同意，法院仍然可以批准该重组计划，只要该计划没有不公正地采取歧视的态度，并在对待每一类受到损害的求偿者或利益相关者上是“公平、公正的”。

这就是1978年的破产法案中相关条款的内容，出现于第10章和第12章。那么，对于受损的担保类债权索赔人而言，如何来测试他们没有得到不公平或不公正的待遇呢？一般测试的标准是：（1）不管财产是否被债务人转移或出售，所涉类别的担保类债权索赔人仍持有该财产的留置权；（2）当财产被出售、留置权也随之转移时，有担保债权人可以获得至少不低于重组计划确认时索赔现金金额的递延支付；（3）在重组计划下担保债权人仍获得“不容置疑的等额”的索赔。如果无担保债权人索赔受到了计划影响，他将获得索赔权所允许的财产或赔偿额，或者如果优先顺序低于该无担保债权人的债权人什么也没有拿到的话，那么该计划就符合了“公平与公正”的原则。

尽管“强制破产裁决条款”是可能的，但其对受损债权人的威胁可能是虚大于实，尤其是在单一资产不动产企业破产的情境下。这个论断更多的是基于这样一种假设上，即破产法的第11章所涉及的小型企业成功重组的相对概率较低。的确，福伦（Flynn，1989）估计只有10% ~12%进入破产法第11章程序的企业获得了成功确认，有关确认和强制破产重组的决定因素相当复杂。但是，由于大量拥有较多有形资产的大企业发生了破产事件，那么这类破产企业确认进入第11章的范畴的可能性比小规模企业或没有资产的企业要高，因此“强制破产裁决条款”更容易导致局面高度紧张的案件。

破产重组的时间

1978 年的破产法案和 2005 年的破产法案的一个重要目标是减少企业启动和完成重组，并制订资本融资和经营重振计划所需要经历的时间。要求债务人在 120 天内提供重组计划，成为 1979 年破产法案中的一个制度要求，以加快重组前期工作的进展。如我们经常争论的那样，应该尽量避免将 120 天的要求变成一项常规的延长时间，而证明企业为什么不能被清算的责任应该直接由债务人负担。2005 年的破产法案将期限规定至最多为 18 个月，与破产的平均时间（20 个月）相近，这可能并不是纯粹的巧合。

司法程序

1978 年的破产法案促使美国在每一个有地区法庭管辖的地方都建立了一个破产法庭。1984 年 4 月 1 日，一个新的法庭制度建立了。在获得议会提名和同意后，由美国总统任命破产法官，任期 14 年。新破产法案消除了简易审判庭和全体审判庭的区别。破产法庭是被赋予对债务人财产实施管辖权的唯一机构，而不管债务人居住在何方。所有在破产法案下的案件以及产生于破产执行过程中的民事行为和诉讼都必须在破产法官的主持下进行，除非该诉讼已经在州级法庭受理或被认为在另一个法庭受理更合适，当事人可以决定放弃诉讼听证。破产法官的上诉应向地区法官提出，除非该巡回法庭的法律顾问指定由该巡回法庭首席法官领导 3 人组成的破产法官小组审理破产上诉。该小组可能不会去受理由某一个法官小组的某一个成员所提出的上诉令，但由法官小组产生的上诉将直接递送到美国诉讼法院。

美国托管人制度

为了协助破产法官不过于陷入许多行政事务中，从而有更多时间花在司法判定上，破产法案建立了美国托管人制度。美国托管人是作为破产法庭的助理来帮助破产法官，或者作为法庭的助手，他们在任命他们的总检察长的监督之下工作。

若干破产税务和会计问题

1978 年修改后的破产法案彻底改变了有关破产的程序和原则，但对于税务方面的问题却是无所作为。在破产诉讼上，政府的角色既是债权人，又是帮助企业重组的一股力量。这两者之间的协调并不容易，与破产重组有关的税法在近期出现的问题较多、且引起了各种争议。与 1978 年破产法案同时期所建议要推出的适应于无力偿付和有能力偿付企业的企业税法是极具争议的，以至于它从来没有进行到在美国国会表决的地步。相反，众议院税收委员会对《1980 年破产税务条例》（Bankruptcy Tax Bill，H. R. 5043）进行了评估，并于 1980 年 3 月 24 日获得了众议院的通过。结果，在一段时间里，美国有破产法但却没有相关的破产税法规定。破产税法案直到 1981 年上半年才获得通过并实施。

清偿债项

根据美国《公法》第 95 条 ~ 第 598 条，国会撤销了在 1979 年 10 月 1 日及以后申请破产企业继续沿用旧破产法案对债务免除所得税的处理规定。1980 年的税收条例则弥补了这个空缺，新规定明确了如果债务人已经资不抵债，清偿债项可以不计入应交联邦所得税的收入。相反，债务人可以首选将债务解除金额用于减少债务人可折旧的资产基数。这个政策将影响到企业未来的收入，政府的慷慨最终将因企业转为可持续赢利而受益。本质上，政府只是一时提供了新生力的催生作用，并不是完全永久地放弃收益。

如果债务人不选择减免债务用于减少可折旧资产基数的话，那么，债务人可以按以下的顺序来减少税负金额：

1. 新的经营亏损结转；
2. 投资税收抵免和其他税收抵免结转；
3. 资本损失及结转；
4. 纳税人的资产基数。

每个类别的税收抵免结转将依顺序在应税年份中使用，而顺序以减免年份和应付税年份为基础。在特定结转减免完成后，任何剩余的债务减免将被用于减少债务人的资产基础，但金额不可大于纳税人剩余的未清偿的债务金额。最后，任何还剩余的债务减免将不再被考虑。

破产的直接成本

有时候对于债务人而言，所产生的相当大的成本是由外部法律、会计和咨询费用，以及内部的法律费用构成的。尽管如此，债务人若能依破产法第 11 章重组再生，那么该企业就能够利用税收减免的好处，使巨额的破产成本影响得到减轻。但是，1991 年 5 月，美国国税局针对一个未透露名字的债务人做了一个新规定，新规定于 1992 年年初颁布（Technical Advice Memo 9204001）。新规定认为，如果成本与总体的破产程序有关，且能使公司长期受益的话，那么，这类破产成本不可算作当期的业务费用而进行抵扣。在此情况下，破产成本可以资本化，只有当公司被出售或清算时，它才可以进行抵扣。而在此之前，直接破产成本通常是立刻可以抵税的。如果债务人能够证明破产成本与债务索赔有关的话，那么这样的成本就是可以抵扣税的。

另外，该裁定在法庭上可以提出申诉。我们将于本书第四章和第六章详细讨论破产成本的问题。

债务免除

美国国税局和法庭对有关债务人部分或全部债务免除的一些规定，无论是法庭外不良重振，还是破产法第 11 章规定的正式的破产程序，都置债务人和投资人于不利的地位。前者必须将经谈判所达成的任何债务减免额申报为应税收入。但是，一旦企业走出困境，债务人可以利用更高的资产价值进行折旧，因此而获得更高的税收抵扣。税收抵扣可以消除因债务免除而导致的税收增加。

重新开始的规则

1991 年颁布的被称为“重新开始的规则”的会计准则，允许经破产法第 11 章重组再生的企业在将 50% 以上的股票配给旧债权人时，该公司可以按新公司来对待，资产可以按市价计算，而不必按历史成本计。估值过程有点复杂，尤其是当企业刚刚从破产法第 11 章规定的程序走出来时。市场估值是基于未来现金流的折现，尽可能将估值多分配于与工厂和设备相关的有形资产上，其余则归于一个新类别资产，叫作“重组资产”，即可扣除分配于确定的资产后的剩余，如商誉。因此，重组就造就了一个权益为正的新公司主体。

例如，1989 年阿勒格尼国际重组以后以森比—奥斯特（Sunbeam-Oster）公司这一新的面目出现，估值达到 6.86 亿美元，而重组之前只有 5.61 亿美元。在“重新开始”的状态下，债务/权益比率得到了极大的改善。

税务亏损结转及企业估值

税务亏损结转在任何重组中都是至关重要的因素，尤其涉及新企业价值估值时，事实上也总是这样。在直接清算的情况下，税务亏损问题无关紧要。理论上，企业价值是扣税后未来现金流的折现值。由于税务亏损结转或递延会影响到税金支付，它对需要折现的所得产生很大影响。另外一种方法是将预期的税后所得折现，然后将税务亏损结转或递延的现值加回来得到总净值。

在旧破产法的第 10 章，公司资产向接手公司转移通常是不交税的。但对于税务损失的结转或递延却没有任何提及，因此造成了很大的混淆。有一些案例建立了清晰的规则，当一个从破产中走出来的企业已经核销了旧债务，那么新公司就不可以再使用旧公司的亏损。另一些案例则依据公司持续经营的原则，允许当公司和利益继续时结转亏损。当某项合并（处于破产中或走出破产）的主要目的是为了避税，那么税务结转是不被允许的［见《美国税收条例》（Internal Revenue Code）第 269 节］。在实践中，这可能意味着，如果超过 50% 的股权发生了转让，或资产转移后业务发生了改变，税务亏损的结转不被允许。这种高度主观性的检验对于阻止以避税为目的的兼并可能不是很有效。另外，如果破产重组计划是唯一能够替代资产清算的方法，债务人或债权人还可以向美国国税局申请一个税务优惠政策。

1978 年的破产法案引入了可以获得税务豁免的重组类别，被冠以G类重组，它比其他类型的重组更为灵活，美国国会相信这是有助于促进问题企业更快重组的一个手段。例如，G类重组不需要一个法定并购（类型A），它也不要求有财务危困公司只能全部以股票支付的方式换取对方公司资产（类型C），且原股东也不必一定要在分立的公司里控股（类型D）。这个新的重组方式旨在加快破产企业重组。考虑到法规中有关债务抵扣的规定，即调整一个重组公司的税收属性以反映债务结构的改变，关于亏损结转的法定要求适用于G类重组。

由于G类重组受到证券交易委会会对一般性重组关于股东和其他证券持有者进行证券交易的相同要求的规定，任何收到新证券的一方，若本金大于其已放弃的证券价值时，多余的部分就要上税，反之则不然。在G类重组里，所收的钱或财产需要经过分红测试（即看其是否属于资本回报），这也会应用于一般的重组案例。同样的，基于债权人的债务索赔权而让与的证券应计或未支付的利息，将其视为利息收入而需上税。一般来说，1986年颁布的税务条例极大地限制了破产法第11章中规定的公司使用税务抵扣的规则，包括控制权改变、维持原有的业务、债务免除及其他的测试。

董事对破产和偿付困难应承担的职责

一个公司的董事会需要负责做出使公司股东利益最大化的决策。公司高级管理人员，通常也是董事会的成员，扮演着股东和其他董事代理人的角色。然而，当公司状况发生改变，经营陷入危困，处于“偿付困难区”时，尤其是当公司申请破产时，董事会的角色就发生了改变。破产时，董事的信托责任就转为一个托管人责任，保护公司的资产以便偿付给债权人，而现有股东的利益则至多是剩余的利益。这种职责转化经常是很困难的，尤其当董事被选任时企业经营处于更加积极的条件下。

因此，当吉尔森（Gilson）在1990年发现，在重组计划被确认前有54%的董事会成员离职而去，这一点儿也不奇怪。董事会及其他内部人员的角色将于本书第十章中予以讨论，也将会在本书第十三章关于无力偿付恶化的概念中予以讨论。

在债务无力偿付和公司处于危困时，董事的责任并不像破产时界定得那么清楚。1991年，特拉华州衡平法院（Delaware Chancery Court）的威廉·艾伦（William Allen）法官所做的一项法庭判决倒是给了下述理论一些支持，即在危困时，董事会必须权衡决策的风险，决策时向着对托管人的忠诚要超过股东代理人的责任。艾伦法官（在纽约大学斯特恩商学院从事学术研究已很多年）判决帕斯通信公司（Pathe Communications Corporation）的债权人可以行使表决优先权，如果公司管理层/股东违反了某些合约的话，可以驱逐他们。该公司因1990年11月灾难性地买断了MGM/UA通信公司（MGM/UA Communications Co.）而被迫进入破产法第11章中的保护程序。有关协议在之前已经起草好了，债权人——荷兰里昂信贷银行（Credit Lyonnais Bank）向法庭申述其正当的权利，得到了法官艾伦的支持。

艾伦法官的判决对债权人有利，债权人因此成为公司董事，并拒绝了米高梅（MGM）最大的股东想要出售一些资产的请求。艾伦表示，这些股东理应考虑“促使公司持续发展的社区利益”，而不仅仅是股东的利益。只要董事会对股东利益予以了应有的考虑，那么，他们就有权利拒绝它，而倾向于主要为债权人的利益考虑。不过，这个裁定是因为事先有约定，董事有责任保护好债权人，而在普通情况下，危困企业董事责任的问题没那么清晰，也更为困难了。确实，在世界其他国家，如澳大利亚和英国，当公司破产和债权人例行起诉以收回损失时，公司董事总是面临着个人的风险。这不仅仅是法庭可能做出的决定，而是写入法律的！在澳大利亚，当公司陷入危困时，董事的责任明显地转向保护债权人。确实，在《萨班斯法案》（Sarbanes-Oxley）出台后，破产公司董事的责任和义务得到了强化（如2004年世通公司的案件）。

债务人持有资产融资

债务人持有资产（Debtor-in-possession，简称DIP）融资是已经申请破产的债务人，在破产法案的第364条款下获得法律允许而进行的债务融资，融资主要用于：（1）在重组过程中提供专业服务的中介费支付；（2）获得必需的流动资金以维持业务运作；（3）支持资本性开支、对现存资产进行必要的维护和修复。债务人持有资产融资（以下简称DIP融资）能够获得超级优先权和更有保障的安全性，通常它的还款优先程度超越了在破产申请前所有债务人的债务索赔顺位。① 另外，在DIP融资全部偿还之前，企业不能宣布已从破产法的第11章中走出来。DIP融资理论为债务人在申请破产重组后这个最困难的日子里提供了流动性，并使其有能力投资于产生正现金流的项目，而这在缺乏额外融资之前是不可能的。这样的融资被认为无疑将减少企业走出破产保护的时间，同时增加重组成功的概率。对这类融资持贬低态度的人会争辩说，这种融资会给经理层以激励和手段，从而去推进高风险或净现值（简称NPV）为负的项目，结果导致过度投资。

要想获得DIP融资，债务人必须依据《联邦政府破产程序规则》（Federal Rule of Bankruptcy Procedure）4001c（1）条提出的一项动

① 破产法案的第364条款的（a）和（b）规定债务人持有资产融资的优先偿付级别等同于行政费用的级别，如法律费用。破产法案的第364条款的（c）规定债务人持有资产融资者对无担保资产享有增强的优先权。破产法案的第364条款的（d）允许在已有留置权已经存在的情况下给予债务人持有资产融资者在其上设置优先的留置权。

议。这项动议将交给托管人和债权人委员会，并附上一份协议书。法庭就动议举行最终听证会前，会有一个15天的间隔等候期。此时，法庭可能会授权公司在等待期间为公司所需的一些花费进行适量的借贷。在最后的听证会上，法庭可能授权公司按照DIP融资的全额需求进行借贷。为了获得融资，债务人必须做以下几件事：（1）确定一个商业计划；（2）预测现金流；（3）对公司资产进行估值；（4）证明DIP融资是可持续的；（5）找一个愿意提供融资的贷款人。融资计划和估计的还款时间表必须经法庭批准。估值计划书还必须证明公司通过DIP融资可以有所增值。

由于在破产法的第11章下大型公司进行DIP融资的现象很普遍，也由于必须向法庭和利益相关方提供估值计划书，因此在我们看来，借口债务人情况复杂而需要在破产申请立案后120天专属期之后再多次申请延长，是没有太多理由的。2005年的新破产法案将这个多次延长的总时间限制为18个月，再加上两个月的确认期，但依我们估计看，这对于大多数的案件来说还是过长的，不过新破产法案的确显示了加快流程的重要意愿。

DIP融资条款

DIP融资的条款是多样化的，取决于借贷人、行业、债务人的风险状态。贷款利率通常是浮动的，基于伦敦同业拆借利率（简称LIBOR）或最优惠利率基础上的浮动。借贷人可以按点计息、收取退出费、跟踪费、未使用信用额度收费等；通常总的借贷成本为10%~20%。贷款形式主要为循环信用额度，也伴有一些定期贷款或信用证。贷款时限通常为短期，很少超过两年。DIP融资的平均时长为6~18个月，这个借款长度与现金流匹配，意味着DIP融资主要用于流动资本，而不是资本性支出。有一些DIP融资规定借款被指定只能用于营运支出。由于还款时间不太一样，借贷人还可能要求有一定比例的股权（认股权证）。使用借款额度时也需要有详细的预算计划并符合特定的条件。DIP 融资条款继续强调了对破产申请前债务人的跟踪和维护。正面条款包括业绩目标，例如现金平衡、利息、税、折旧和摊销前的所得（简称 EBITDA）、现金流比率等企业所必须达到的指标。公司还必须允许贷款人查看财务账目及实物库存情况。公司承诺借款人可以密切跟踪财务报表，这可以被视为向借款人释放的积极信号。负面条款会限制包括对一些特定的经营决策如营运开支和资产处置做出规定。这些条款的绝大多数是为了给予借贷人更多的保护。

DIP 贷款人

破产申请前介入的贷款人可以通过主导 DIP 融资而获得便利，因为这时贷款人可以控制抵押品，同时处在破产前最大程度追偿债务的一个最佳位置。这个类别的贷款人通常提供了最低成本的融资。DIP 融资提供者经常也同时是破产申请前的债权人。在此场合下，贷款人有可能从债务人那里要求一些豁免承诺，以避免自己的责任，包括利益冲突，如优惠待遇或欺诈性转移等。其他的 DIP 贷款人还包括不良债务融资领域的专家和潜在的收购者。

专业的 DIP 融资提供者包括传统银行和资产支持的贷款人，如摩根大通（J. P. Morgan Chase）、花旗集团（Citigroup）。资产支持的贷款专家通常在监测现金流方面很有经验，他们能够提供灵活的贷款结构以满足客户需求。这些资产支持的贷款者能够很好地监督抵押品，从而使重组专家（如果恰巧有一个的话）更容易地获得资本和财务的信息。贷款人通常对商业的周期性波动和季节性变化有熟悉的理解。详见我们在第十三章中对重组专家的讨论。

想收购有破产可能的公司潜在收购者也会提供 DIP 融资，其最终目的是想通过这样的融资方法使自己处于收购公司资产的优先地位。一方面他们会将贷款结构设计得符合资产收购的灵活性要求，另一方面会提高其他潜在收购者的成本。例如，一个 DIP 融资提供者可能会将融资方案设计成可以将自己的债务转成股权，而要求另一个潜在的有兴趣购买者一旦收购该公司时必须立刻 100% 付清之前的债务。总体上，第 364 条款为了激励 DIP 贷款人在重组期间给财务不良企业提供借贷而予以其较优先的还款顺位。尽管有了这种保障的提升，DIP 贷款人还是面临潜在的损失风险，但损失风险的概率比较低。如果债务人不能够及时地重组成功的话，公司就要按破产法的第 7 章进行资产清算，这时 DIP 贷款人就可能会有损失了。在资产清算的场合，破产的行政开支是排在 DIP 融资之前的。

DIP 贷款的风险

尽管向问题企业贷款看起来很有风险，但实际上，DIP 贷款的风险非常小。在 1988—2004 年的 16 年间，出现问题的 DIP 贷款几乎没有，即使有的话也是屈指可数的。最为公众关注的使借贷者蒙受损失的一笔贷款是贷给 WinStar 公司的 DIP 贷款（原因是该公司在 2001 年破产了）。而由于 1988—2004 年所发放的 DIP 贷款超过 500 笔，且贷款损失率非常低，难道这是金融市场上一个有更好风险回报的金融品种？

DIP 借贷及其表现

本书第三章会讨论 DIP 借贷与债务人业绩表现之间的关系。不少研究表明，在获得 DIP 融资工具的消息宣布之后，股票市场会给予一个正面反应。而该正面反应一是与将要实施的预重组方案相关，二是与成功取得了 DIP 贷款相关。一些研究证实了获得 DIP 融资对最终的成功重组有正面意义，也与重组时间缩短相关联。而且，若能从原有贷款人中获得 DIP 融资，会更能减少破产重组的时间。这其中的原因可能是由于内部信息的优势，以及提供 DIP 融资的原贷款人的监督功能得到了提高。

自 20 世纪 80 年代后期开始以来，美国开展 DIP 贷款业务就一直非常成功，以至于现在一些别的国家的政府也开始尝试提供类似的融资方式（例如日本），而更多的国家则考虑修改他们的破产法律，以便将 DIP 融资也包括进来。

《防止破产滥用及消费者保护法》

2005 年 4 月 20 日，美国国会通过了修改后的破产法案，称为《防止破产滥用及消费者保护法》（以下简称 BAPCPA）。尽管这个法案中最为敏感、最有争议和公众化的部分是有关消费者（个人）破产，因对债务人更不友好而对消费者产生了影响，但是新破产法案也在许多重要的方面影响到了公司的破产。总体而言，与消费者破产条例一样，新破产法案对破产公司的债权人变得更为有利，而这对于公司能否成功重组产生了重大影响。表 2.1 中列出了法案中许多重要的修改内容。[①]

① 许多著名的律师事务所对新修订破产法案所做的简报都很有内容，例如“新破产法案修订内容：破产法的第 11 章正逐渐被废除”（世达律师事务所及其附属公司，2005 年 3 月），“立刻生效的破产法条款修补”（达维律师事务所，2005 年 4 月 30 日）。世达律师事务所所做的许多简报内容已包含在本书所进行的讨论中。

表 2.1　2005 年破产法案中若干修改内容

项　目	修改内容
对内部人员进行权利限制	减少使用核心雇员留用计划（例如奖金分红），除非该雇员非常重要，并有竞争性工作机会；对离职金数额做出限制
加速完成破产案	最多只限于 18 个月（加上 2 个月辩护申请许可的时间）
债权人获取相关信息的权利	官方委员会必须向其代表的债权人提供信息通道，并从他们那里征求和获得相关信息
专业顾问的聘留	减少无利益关系要求的强制性。增加大型投资银行进入重组咨询市场的能力，撤销对破产申请 3 年前曾经为破产客户做过承销业务的投行不能进行服务的禁令
交付货物之付款/求偿	自动拥有 20 天求偿期；若提交发货证明，则允许 45 天求偿期
预重组计划	如果之前已经开始了协商，就允许游说和协商在破产法第 11 章提交后继续推进
其他重要条款	如果发现有欺诈、不诚实或犯罪行为的嫌疑，美国托管人机构必须任命依据第 11 章破产程序的托管人，欺诈行为可回溯追踪两年 自律机构调查需要回避 雇员优先权益增加至 1 万美元 对租赁合约的接受或拒绝时间进行限定（一次延期为 90 天以内）

资料来源：作者根据黑石投行（纽约）的资料整理。

在 2005 年 10 月 17 日新的破产法案生效 6 个月后，上面的大多数条例也都陆续生效了。

重要雇员留聘计划与董事薪酬

新修改条例使得为留住原高管或董事而支付奖金或额外津贴变得更加困难。这些经理们必须提供他们从其他公司获得有相等或更高工资的聘用信证明，并证明继续聘用他们对公司成功重组十分关键。即使这些人员很重要，BAPCPA 仍对支付报酬的最高金额做出了限定。同时对支付服务金的金额也做出了限制，只有全职工作才可以支付服务金，且不可以超过同年员工平均服务金的 10 倍。该破产条例一旦实施，有关补偿问题的一些含糊规定必然会引发广泛的热议。特别是，如果一个能干的经理手里真的已经握有了别家公司相等或更高工资的“橄榄枝”，他们还会留在公司跟债务人一起混吗？我们认为不会。

托管人任命

与 1978 年的破产法案的规定一样，如果债务人的首席执行官、首席财务官，或董事会成员（或任命的首席执行官、首席财务官的董事会成员）被怀疑在管理方面或公开的财务报告方面参与了实际的欺诈、非诚信或者犯罪行为，且有确凿证据的话，新破产法案允许美国联邦破产托管机构任命一个破产托管人。从根本上看，与旧的破产法案一样，尽管条款里写了“有理由怀疑”，但法庭必须找到有力理由才可以任命破产托管人。另外，破产托管人的任命也必须符合债权人、股票持有人和其他财产持有人的利益。在许多案例上，该条款提高了早期阶段的诉讼成本，尤其是当破产申请与欺诈性报告有关时，董事会确有动机在破产申请前开除那些可能涉及欺骗的行政官员，以避免提出破产申请后出现托管人被更换的局面。

专属性时间

我们之前已经讨论过，由于在现有条文下，法官可以数次延长专属时间，致使破产重组时间拖得过长。新破产法案试图将专属性时间限制为最多18个月，在此期间内，现有管理层须制订出一套重组计划（再加2个月时间来征求意见）。这虽然是一个进步，但还是不够有效，如果将规则允许的最长18个月时间都用完，那么，这同过去两次破产法案的第11章破产重组规定中的平均时间就差不多一样长了。坦白地说，我们有点不满意的是，它应该出这样一条规定，即在破产程序早期，如4~6个月的时间内明确而信服地做出关于企业继续经营是否比破产清算更有价值的评判。只有这样，才可以避免漫长的诉讼过程，避免重组失败转而进入破产法的第7章破产清算程序，或在第一次破产重组完成后很快地陷入二次破产。

债权人获取信息的渠道

BAPCPA要求官方债权人委员会和其他的委员会与非成员的债权人员共享机密信息，这将要求债务人必须向这些非成员的债权人提供报告或披露信息。这些委员会也有义务从其成员群体收集和征求相关意见。后面这一点可能影响程序推进的时间，因为他们中很多人对此并不关心，尤其是当这会妨碍非成员债权人的交易能力时。

虽然增加接触机密信息的机会有助于更有效地推进流程，并有可能在破产债务人资产出售时动员更多的竞价者，但我们并不清楚过去的旧法案在多大的实质性意义上限制了参与者的竞拍。不过可以确定的是，在2005年新破产法案实施的几年前，破产案例中寻求主动控制的投资者数量就已经增加了（见本书第八章和第九章）。

专业顾问聘留

在1978年的破产法案下，绝大多数曾持续地参与破产公司的股票和债券承销的投资银行是被禁止在其申请破产保护后再提供破产顾问服务的。这是由于“无利益关系原则”（disinterestedness rule）的要求，即在破产申请之前3年有过承销服务的投行需要在破产重组时进行回避，不管其所发行的证券是否还在市场上流通。而由于几家大投行的游说，BAPCPA对“无利益关系原则”的标准也因为旧法案的废除而有了不少的松动，但如果一家投行因其下任何一实体与债务人有关系或利益纠隔，而对债务人公司财产主体利益、任何类别债权人的利益及权证持有者的利益有所不利的话，法官仍可以裁定这家投行因过去曾为公司提供承销活动而存在利益关系问题。这为现有或之前做过承销的投行遗留了一个关于“无利益干系”判定的悬念。

在新的破产法案下，这将会是很有意思的观察对象，看竞争格局包括财务和法律顾问费的收取模式是否会发生变化。当然，当大型投行想进入问题企业市场时，小规模的重组企业更容易成为它们收购的标的。

预重组计划

1978年的破产法案中的一个重要创举是将法庭外不良资产重组费时费钱的特征与正式进入破产法第11章的程序后更加宽松的投票权条件进行了组合。这就是众所周知的破产申请前预重组计划安排，其中一个重要元素就是消除了少数反对派股东对重组计划进行阻挠的问题。当每个类别有表决权的债权人所持有金额超过2/3、人数超过一半的债权人同意，重组计划便可以通过生效。在破产申请前，在庭外进行成功重组基本上需要100%的债权人的一致同意。但这并不是要降低在预重组案子中仍必须有合理人数的债权人对破产重组计划表示同意的必要性。在旧法案的第 11 部分 U. S. C. 1126（b）条款下，在破产申请前，债务人被允许与债权人谈判，并在适当的披露条件下（例如足够的披露，留出合理的时间供做分析、讨论和表决）接受破产申请前的决议。在破产申请之后，确认时间仍然有30～180天，因此，通常所说的需要一个合理时间进行分析并不是问题。

然而，在旧的破产法案下，一些不满意的债权人可以有效地叫停或阻挠破产申请前所达成的预重组安排。这在以下两种情况下都有可能发生：一是如果债务人自愿申请破产以保持“自动冻结”状态，二是由一组债权人非自愿申请破产以便打断表决意见征集的过程。在任何一种情况下，表决权征集过程必须终止，破产申请前通过重组计划的尝试也需要结束。然而，在 BAPCPA 下，表决权征集在破产申请已经递交后仍然能够继续，只要表决权征集在之前已经开始了，以及只要程序不违犯其他法律如证券法的规定。因此，持有不满意见的债权人将需要在表决权征集前提出非自愿的辩诉，其通过激进手段逼成自愿破产的做法将不能干扰破产申请前对预重组计划接受意见的征集。

另外，对于已经完成了充分披露的预重组方案，法庭可以宣布不需要举行破产法 341 部分规定的债权人会议。这样，它就削弱了美国受托人制度在没有召开 341 部分规定下的债权人会议情况下对计划提出反对的能力。

破产申请前通过预重组计划的好处和预重组计划的内容

债务人在破产申请前通过预重组计划将有两个明显的好处：第一，明确的破产后撤出策略；第二，大大增加了重组复活、持续经营的概率。尽管在破产申请前预重组计划获得通过后离走出破产还有一段时间，但比起破产法第 11 章的全部案例需要平均花费两年时间来说，破产时间还是缩短了。

根据赛诺和汉森（Salerno and Hansen，1991）的报告，一个成功的预重组计划需要有 4 个根本性的内容：

1. 债务人有足够的能力对于财务危困的程度进行充分估计；
2. 有意愿并有能力支付必要的专业费用来实施破产申请前通过重组计划；
3. 一个可靠的退出策略和持续经营的商业计划；
4. 一个或多个债权人愿意参与预重组计划的谈判并对其商业计划和退出策略（即新资本结构）表示认可。

虽然最后一个要素是成功的必要条件，但前三个要素是重组计划被接受的前提。大公司能在破产前成功通过重组计划的另一个关键要素，在于它反映了债务人有获得新股权资本的能力。即使是对于拥有一个核心业务但债务很重的公司而言，能否获得新股权资本也是非常重要的。这在南方公司（Southland Corporation）案例和许多别的案例里都显示了实质性意义（南方公司一开始的预重组计划并不成功，它花了 6 个月才达成了最终的重组计划，而最终的确认则主要得益于一个新股东所扮演的角色）。原有投资者或新投资人注入资本是向市场展示一个信号，即企业的资产有产生价值的能力。当然，通过 DIP 融资也能解决资金短缺问题，但股权资本作为最低偿付顺位的信号，其作用远胜过 DIP 融资。

破产前预重组计划的风险和成本

破产前预重组计划不是没有风险和成本的。风险和成本如下所示：

- 有现金能够支付必要的一些费用；
- 通告了商业社区有关公司存在的问题；
- 由于预期可能破产，债权人有时间进行催款。

第一条是不言而喻的，因为顾问是不可能免费干活的。第二条可能没那么重要，因为债务人的危困可能早已是业内所公知的了。通过可使之无效的优先付款，第三条是可以避免的，但与心存恐慌和难缠的债权人打交道的过程不好受，而且也必然要花时间和资源。另外，看似谈判成功的重组计划在破产法第 11 章的方案正式进入确认过程时总有可能出现最终被拒绝的结果。这有可能是因为债务人的业务前景改变，也可能是因为债权人的想法发生变化。一个远比完成第 11 章的破产计划时间更长的预重组失败的著名例子是 1994 年的度假村国际公司（Resorts International）。

优先支付

在旧的法案下，对于债权人而言，面临的挑战是当他们在提出破产申请 90 天内收到债务人支付款时必须证明：（1）该支付款项与已发生的债务有关，且付款与债权、债务人两者正常业务往来的情况有关；（2）支付款是根据正常的业务条件支付的。为了保持正常支付，这两个条件都必须满足。而 BAPCPA 只要求债权人提供其中的一个证据就可以。因此，只要它们满足行业操作的标准，不管公司是否处在正常的营业状态，支付都是被允许的。

优先付款原则对于收款方的债权人有利，但对于其他债权人则可能意味着损失。如果企业总价值少于债务追偿总金额的话，那么，这个优先付款原则就是个零和博弈（zero-sum game）①。当然，打官

① 零和博弈指参与博弈的各方在严格竞争下，一方的收益必然意味着另一方的损失，博弈各方的收益和损失相加总和永远为零，双方不存在合作的可能。——编者注

司的可能性也会增加，这样的话，成本总是会比较高。

其他方面的优先偏好变化与时间有关，例如下面这些规定。

- 欺诈性财产转移的追溯期延长至两年。
- 在债务人获得设置了留置权的资产后，债权人有 30 天可追诉权，而不是以前的 20 天。对于所有其他的担保债权，一个债权人如果在 30 天而非 10 天内启用留置权的话，可以免于优先支付的骚扰。

优先权和时间

已被允许的无担保索赔，如员工未偿所得，从原来破产申请（或债务人业务关闭）前的 90 天 4 925 美元提高至 180 天 1 万美元。

那些在债务人破产前就已经出售产品和服务给债务人的供应商被赋予了更多的权利。例如，债务人在破产申请前 20 天收到的商品和服务将被视为“商品价值”而获得优先权，而不是将它看作普通无担保的索赔，置于较低的赔偿顺位上。这就给债务人提供了一个可能的选择，即他自己可以将供应商债务进行排序，确定将哪位排到最先收到货款、哪位放到最后收到。当然，债权人也能够保护自己，例如在送完货或服务后，在债务人收到货物后的 45 天内，或者破产后的 25 天内（两者取其后者）向其发送一个书面的催款信。例如，由于全额支付行政管理费用是以重组计划得到确认为前提的，因此债务人的财务负担有可能增加。最后，要想建立一个跟踪债权索赔的行政管理系统，对一些债务人而言是很昂贵的，尤其是那些小的、缺乏流动性的债务人。

租赁拒绝

尽管被债务人拒绝的租赁而产生的债务仍会被保留，但仅限于一次延长期限为90天的保留期。

税　收

BAPCPA对债务人税务做了很多的修改，对通常为地方市政的财产税欠费做了很大保护。关于这部分内容的讨论既有很强的技术性，又很费时间，其修改包括了下列内容：（1）破产法第11章中的税收回溯的支付问题；（2）税收罚息须依据未破产前的税法税规；（3）对债务人退税必须与其欠税部分相抵（在旧的法律条文里关于自动存续的条款没有此项内容）。

其他条款

在新的法案里，其他变化较大的条款涉及了有关破产程序的内容：（1）正式委员会成员的任命；（2）公用事业服务；（3）退休津贴；（4）单一资产为地产物业的债务人；（5）自动的延续经营下养老金计划的借款；（6）各种通知。我们建议有兴趣的读者咨询一下法律顾问或自己去阅读新的破产法案。

破产现象国际化与不同国家的破产制度

当经济世界不断演进为一个全球社区后，在不同国家持有资产的大公司偶尔也不可避免地出现了国际性不良运转。由于不同国家的破产法律相差很大，公司经常可以选择在能按最大程度保全资产、并尽可能避免公司资产被清算的环境中申请破产保护。美国以外的绝大多数国家采用了对于债权人保护较为严格的破产法，在这些国家，通常的破产结果就是清算。另外，为了保证就业和减少经济的摩擦，大型公司经常可以求助政府或准政府组织，获得某种形式的援助。

英联邦制就是一个例子。采取英联邦制的国家如英格兰、加拿大和澳大利亚，它们的制度是这样的，如果债务人无法偿还到期债务，公司资产就会被指定给一个接管人，该接管人的职责是要么提出业务继续的“安置计划”，要么提议干脆清算资产，按债务优先级别进行清偿。在绝大多数情况下，资产接管人是会计师事务所总经理，最终的结果通常是清算，尤其是当债权人拒绝了任何“交易”（trading - on）计划（即重组计划的努力）。

即使考虑到美国2005年修改后的破产法案，美国破产法也毫无疑问地是对债务人更加善待、更为灵活。因此，跨国公司更愿意选择在美国申请破产，或者如果公司在美国业务很大但总部不在美国时，至少做到两地同时申请破产。两地同时申请破产的一个例子是1992年5月14日奥林匹亚约克开发公司（Olympia & York Development Company）的破产申请；另一个例子是帕玛拉特公司（Parmalat）先于2003年12月在意大利申请破产，后于2004年上半年在美国申请破产。很有意思的是，由于帕玛拉特公司相对于意大利绝大多数公司而言是如此之大、之复杂，以致意大利政府不得不为跨国的议题而专门制定了一个新法案，而其在美国子公司则通过破产法庭审结，于2005年上半年完成了重生。

国际上的学者、监管者和专业实践者已经注意到了各国破产法的不同之处。例如，国际破产协会（International Insolvency Institute）与联合国国际贸易法委员会（简称UNCITRAL）[①] 和美国国会合作，试图将联合国国际贸易法委员会的破产法模本推广到跨国清算上去。这其中的很多内容已经被吸收到2005年破产法的第15章中，我们

① 联合国国际贸易法委员会是坐落于奥地利维也纳的联合国办事处里的一个重要机构，它专门从事国际贸易法的大型研究，曾经制定过许多已被世界广泛采用的国际规则和模本法律。

很快会讨论这一章节的内容。

在附件2.1中，根据特利（Tilley）于2004年所做的研究，我们将包括美国在内的10个国家关于重组和破产的重要议题做了一个汇总。这些关键条款包括了所研究国家的破产法现状、破产的驱动因素、裁决标准、破产后董事的责任和义务、未履行合约、自动冻结条款、退出机制、债务优先顺序。不同国家的破产法会对债权人收回欠款的比率及重组产生影响。达维坚科（Davydenko）和弗兰克斯（2004）对比了美国、英国、德国和法国不同的破产法内容，也讨论了破产法的不同对这些国家债权人债务追偿率和重组结果的影响。他们发现，当破产法案总体对债权人不友善时，银行会调整放贷的政策，重组的实际操作也会改变，以反映可预期的不利影响。例如，法国对于放款要求更高的抵押率，特别是对于中小企业的贷款。但即使这样，英国的中等银行追偿率相对较高（92%），德国和法国较低，分别为67%和56%。另一个研究发现，财务危困成本是破产法的一个函数，预期的清算价值在公司资本结构与破产法的联系中扮演了关键的角色。

艾克布和善波（Eckbo and Thornburn，2004）对瑞典的破产案例进行了分析，结论是对无力偿付公司进行拍卖的制度看起来比正式的破产制度更有效率，致使债权人债务追偿率较高。阿卡亚、山达拉和约翰（Acharya，Sundaram，and John，2005）就破产条例对公司资本结构选择的影响进行了一项理论和实证的研究。在他们的理论框架中，财务危困的成本内生地由破产法案来决定，预期的清算价值在资本结构（与破产法案关联）的选择上扮演重要的角色。

联合国国际贸易法委员会关于跨境破产的标准立法

如前所述，关于跨境破产议题的法律处置是作为2005年新的破产法，即 BAPCPA 的一部分——第 15 章而被制定出来的。与其他大部分章节一样，该章于 2005 年 10 月 17 日生效。联合国国际贸易法委员会制定了这个标准法，然后被美国国会所采用。这个新的第 15 章是 1978 年旧的破产法案第 304 部分的继任法。新的模本法是为了给公司在跨境于他国法庭申请破产提供统一的处理规则。①

在模本法里，国际破产程序分为“主诉讼”和“次诉讼”两个类别。“主诉讼”发生在债务人拥有主要业务的国家。一旦“主诉讼”被确定下来，联合国国际贸易法委员会的模本法将会提供自动中止债务索赔的保护期，以免债权人阻碍债务人行使资产转让或资产移动的权利。随后，诉讼可以按各国破产法的正常程序进行。联合国国际贸易法委员会的模本法主要作用在于促使各国法庭达成高层的合作。处于“主诉讼”国家的法庭可以委派人员与“主诉讼”和“次诉讼”国家的相关法庭进行沟通，并协调债务人资产和相关事务的行政管理。这个模本法的好处除了其他方面以外，还在于有关债权人和债务人权利相关事宜的预期越确定，它对于发展中国家的国际贸易、商务和资本流入的帮助就越大。如果赔偿权相同，但一国债权人的待遇有别于他国的债权人，那么，国际间的贸易和资本流动就会遭受损失。例如，国内的诉讼是在被请求承认国外的诉讼后开始的，那么，本国法庭必须审视外国代表所寻求的免除要求，如果这个免除要求与本国诉讼不一致的话，本国法庭应对免除要求进行修改。特别是模本法第 13（2）条规定，外国债权人的索赔顺位不应该低于本国普通债权人的赔偿顺位。

在联合国国际贸易法委员会国际性破产模本法的制定过程中，

---

① 跨境破产标准法的官方文本可在网址 www. uncitral. org 上找到。第 15 章的内容概览可以在国际破产研究院的网址 info@ iiiglobal. org 上找到。

有超过 70 个国家和国际组织参与了相关的工作。日本、墨西哥、波兰、罗马尼亚、西班牙和美国已经于 2005 年通过了此模本法。英国已经进入启动法案的阶段，澳大利亚、加拿大和新西兰对通过此法案提出了建设性意见。可预期的是，当第 15 章正式在美国生效后，对于正在考虑采用它的其他国家必定会产生影响。

附件 2.1　主要司法管辖区重组和破产的议题矩阵

	美　国	英　国
主要司法定义	美国破产法案	《清算条例》（1986） 《公司法》（1985、1989） 《公司执行董事不满意条例》（1986） 《企业法》（2002）
实践中澄清的问题	美国联邦法管辖着破产，但索债权有可能还受制于州法律 债务人持有资产、由管理层管理日常事务在欧洲司法管辖里不被认可 美国法律对债务人采用了最为友善的制度，也对企业价值保存做出的反应最为积极 在所有体制下，只有美国接受首席重组官这个概念	重组由公司法管辖。关于浮动债权持有人的权利变动及取消郡债税务优惠已依法生效（1993－9－15），同时公司法支持管理层实行重组 采用非正式的“伦敦方法”，在协商同意的基础上可以进行法庭外自愿重组 在法庭上，债权人自愿安置是可行的，但很难保持其“继续正常营运”，且小额债权人很难管理 所有在法庭内的行政管理或清算是通过获得执照的专业清算师们处理的，他们通常是合格的会计师事务所的会计 在初期的任命上管理层有些影响力，但之后就没有了 绝大多数的行政管理为分块出售资产或业务，且最后以清算为结果

破产驱动因素	是否处于无法偿付状态不是能否自愿破产申请的一个必要条件 如果总体处于无法偿还债务或者为债权人获益的状态，可以采取非自愿的破产申请	无力偿付——负债超过资产 缺乏流动性——在正常情况下无法支付到期的债务 法庭判决无法令人满意
判定标准	有关第 11 章的破产保护申请无须无力偿付的证明 在有关无力偿付的公式化标准和公司哪些董事需要负责的标准方面还存在不确定性 原则上，公司行政人员应该代表股东和债权人防止公司资产受损，当公司到了无力偿付状态恶化时，这些资产将抵给债权人作偿债之用	当公司没有任何希望避免倒闭时，因为不当交易而损失的债权人有权利起诉公司 如果公司还有办法避免倒闭，受托人将决定公司是否可以继续交易以避免对债权人的潜在损害。这一决定需要比较微妙的平衡判断 在实践上，如果行政管理人员行为端正，积极采取了避免倒闭的行动，公司的财务历史信息积累连续完整，那么，他可以对不当交易的指控予以合理的辩解 尽管无力偿付是指负债超过资产，但其概念模糊，单独拿它作为破产申请是不够的
董事责任及义务：		
有偿还能力	受托人有照看和忠诚的责任	受托人有照看和忠诚的责任
无力偿付债务	债权人及最后股东的责任为友善地解决相互的冲突，避免自利的行为	欺诈性交易：目的是为了欺诈获利 不当交易：指已无力偿付后仍从事交易 低于市值或优惠权的交易
债务	负有民事责任的债务追索	欺诈交易涉及刑事和民事两方面，包括受罚金和监禁处分、追讨，还包括处罚补偿金 其他的摩擦属于民事行为负债。义务就是保持原来的次序

（续　表）

	美　国	英　国
行政管理的形式	破产法第11章：债务人持有资产 利用受托人授权，现有管理层进行日常管理以保全和保护债务人的资产 根据动议和某些原因，法庭有可能任命受托人 如果交易偏离原来的主业，需要经法庭同意 债权人委员会监督业务运行，对需要法庭同意的决策提供咨询意见	公司自愿重组程序（CVA）： 与价值超过75%的债权人达成妥协 通过破产专家来安排，没有自动存续经营一说，在实践上也很难安排，因此几乎不用 425部分重组程序： 与价值超过75%的债权人达成妥协 要通过破产专家来安排，法庭介入很多。由于没有自动存续经营，因此很少使用，而且耗时长久 行政接管： 受押人（通常是银行）强制进行资产回收。损毁价值，将受到2002年《企业法》的限制 行政管理： 法庭对一个能够提升价值的申请提出指令，并由破产专家进行管理，可以有持续经营，也可以灵活地去撤销一些执行中的合同 不允许债务人持有资产，通常因为客户和供应商信心降低而使企业价值减少

主要的行政程序：		
融资	可以有 DIP 融资，对无抵押资产或有抵押但顺位较低的财产取得超级优先权	在实践上很难获得
待履行合约	有实质性意义的合约必须执行 可能需要征得法庭同意，债务人有权承担或拒绝履行合约或租约 不能被拒绝或终止的合约或租约	繁重的合约可以取消
自动中止付款	针对非担保债权人 担保债权人可能向法院提请诉讼，要求在自动中止的过程中保障自己的利益	在法庭批准下或行政接管下可行，但公司自愿协议或没有获得法庭特别批准的 425 部分的规定情况除外 债权人有重复抵销权 保留权利索赔是被允许的
退出机制	当债权人同意及法庭批准了重组计划后，强制破产重组是可能的	当付清债权人的债务后，公司自愿协议安排和 425 部分条款就结束了 当现有业务和资产出售、剩余分配完成、剩余公司清算或关闭后，行政管理就结束了

（续　表）

	美　国	英　国
债务及偿付顺序	行政费用优先付 担保债务 破产申请前无担保债务 后偿债务 股权	担保债务 行政费用 优先权持有人 员工欠薪（很低的最高限额） 郡税增值税和社保金 无担保债务 后偿债务 股权

	德　国	法　国
主要司法定义	1999 年的破产法	1985 年的法律——有关破产清算流程 1984/1994 年的法律——自愿安排 2004 年的修订条例增加了重组的程序 在法庭监督下协议重组

实践中澄清的问题	德国的破产法律在专门的一章里提供了在行政管理下的重组，但不是美国破产法的第 11 章，因为不是债务人持有资产的情形。破产程序由法庭任命行政管理人，其也可能不继续任用企业的现任管理者。在实践中，专业人员的处理节奏比较慢，也不愿采纳重组程序，使其只是个对个人严惩和承担负担的艰难机制 在某些场合下，管理层依据一个最终计划对债务过重的资产负债表进行重组，但要假设该公司的流动性尚可，计划周全，且所有利益相关者都合力妥协。在实践中这是相当稀少的情形，但对于跨国公司全球重组的子公司而言，有一定程度的适用性 行政管理人是由法庭任命的法律专业人士，管理层对此任命没有影响力	该法案于 2005 年 6 月生效 自愿重组法的目的是为了加速重组，以便保证就业 有关破产的三大行政管理流程：（1）早期预警；（2）非正式自愿行动；（3）由商业法庭任命行政管理人、现任管理人提供帮助的正式行动 在结构上，这个系统还算灵活，但执行中很官僚主义。法庭批准与否很受“社会倾向”的影响 如果经过 4 个月，在第三个流程大家仍未达成自愿一致的话，那么，破产程序就从法庭任命破产管理人开始 破产管理人通常是法律专业实践者。绝大多数破产的行政管理最后均以几轮资产变卖或业务出售而告终
破产驱动因素	无力偿付——债务过重 缺乏流动性——在正常业务过程中无法满足债权人到期的债务偿付	无力偿付——当一个公司无法以现有资产来满足负债时 在日期上的模糊和复杂性将由法庭来解决 2005 年的新修法律将澄清日期的问题

（续 表）

	德 国	法 国
判定标准	德国的判定标准要比“案例法”系国家更为严格。后者的标准通常由律师和官员来解释 这一点特别对应于21天申请期的要求 主要不确定性的领域是关于过度负债的定义。时间延误是肯定的，资产和负债估值延误相对少一些 对于隐藏储备的评估，如财产估值和采用合理的计划使股本恢复至有生存能力和流动性的企业的50%的水平有一些规定 在实践中，由于董事会很在意民事和刑事的责任，因此他们会比美国、英国、荷兰、法国或意大利的同行们更倾向于选择破产申请	最关键的决定是在无力偿付的15天内申请破产，但这与无力偿付一样非常含混 个人负债的处理是基于正确记录和避免优先权或个人得利决策基础上，一个案例一个样的结局 与德国相比，在实施中止支付以保护自己方面更加宽松；只要表明流动性足够，这个系统也允许更长的时间来重组。当公司处于赤字时，股本资金必须在限定的时间内提高到50%以上，无担保债务可以替代股本金，如果是集团公司内部的借款，也可以用作这样的替代

董事责任及义务：		
有偿还能力	特定的职责包括记录维护、账目准备、税和社保金支付、保存资本金和知识产权，以及与尽职管理相关的一般性职责	受托人负责尽职管理和照看事宜
无力偿付债务	无力偿付 21 天内召开股东大会并申请破产	如果公司管理失误及资产出现赤字，很多管理者及事实上的董事们将面临来自法庭、债权人、破产行政管理人、公诉人起诉的风险
债务	如果不申请破产或者将债权人置于风险境遇，抑或给予某人特惠，这些将是刑事责任。破产接管人和债权人会考虑是否追究个人的责任，其成为刑事追究的基础是有可能的 但无力偿付后正常的业务往来仍可以支付。在破产申请后，若有不当交易，那么负债本身及全部的金额不会被承认 执行董事对未付的税额包括员工所得税公司代扣部分及员工社保金负有个人的责任	管理失误必须要有证据，然后由不同的人来共同认定。管理失误包括很糟糕的决定、记录保管不当、未履行监督责任、个人得利行为，及无力偿付后未及时申请终止付款 失误必须很精确，不单单是无能。它可以包括很多方面，如经营和投资决策。不同的法庭会给出不同的定义 当失误与缺失有关，这可能构成个人责任。个人的责任将根据法庭判定以及对债权人造成的伤害而认定

（续　表）

	德　国	法　国
行政管理的形式	破产计划： 法庭任命行政管理人（法律背景）管理公司。前3个月内，在原公司管理层的帮助下完成一个重组计划并提交法庭 计划必须获得不同等级债权人中的大多数的同意 在最初的3个月里，州政府会给员工支付工资，之后就是公司和破产行政管理人的责任了 在实践中，用3个月时间完成批准重组计划是很困难的。在得到法庭同意的情况下时间可以延长，但3个月期限是一个障碍，它使得破产清算更为普遍且过程中的风险较少	特设代理： 法庭任命专家，由他来寻求非正式和自愿的重组安排。法律上没有自动中止这一规定，但在实践上可行。专家与管理层一起工作，但没有正式的权力。时间长短由法庭决定，最后的计划也是由法庭批准 友善条例： 法庭任命协调人寻求与债权人达成和解协议。期限4个月，其间可以自动中止向债权人付款。和解协议是各方自愿和有契约效应的 矫正判决： 如果法庭认为业务仍有活力，会任命一个破产管理人在一观察时间段内管理公司业务，通常这个时间段以分拆出售而结束 时间长度是没有限定的 假设公司不能持续，那么就进入破产清算 清算判决： 在法庭监督下，活动停止、业务受创

主要的行政程序：		
融资	如果有 DIP 融资的话，非担保债务有优先级地位。仅次于行政费序列	低于破产申请后员工欠薪款、行政费用；与可执行合同同一序列；与其他类别债权索赔同级 在实践中除了应收款打折融资外，其他方式都很难
待履行合约	行政管理人有可能终止破产申请前的合约 解雇员工劳动合约需要提前 3 个月通知 租赁方可能不能因为破产申请前未付租金而终止服务	对业绩影响很大的合约需要执行 破产行政管理人得到授权，可以决定接受或拒绝任何合约
自动冻结条款	在第一种申请的场合，初步的监管人只有监看的职能，故自动中止不被允许。特定的自动终止条款可以由法庭赋予 保留权利名分是可能的 债权人有重复抵销权	只有法庭可以发出这样的特定指令 债权人有权诉讼破产申请前的债务扣销 保留权利索赔是被允许的
退出机制	如果大多数类别拥有过半数以上的金额和人数，且持反对意见的类别者在有破产计划时将会得到比没有破产计划时更多的好处，则破产计划视为已被接受 实际上强制退出是不可能的，因为如果任何债权人在重组计划中所获少于不重组的话，都能够阻止重组计划	当相关方同意了重组计划时，重组就算被定下来了。法庭的批准并非必需，但如果为了完整性和安全起见，法庭可以出示批准函 在友善条例下，退出时间限定在 4 个月内，如果自愿达成协议的话可以早点 由于流程是自愿性质的，因此没有强制中止的规定。

（续 表）

	德 国	法 国
债务及偿付顺序	担保债务 国家优惠的债务 行政费用 非担保债务 后偿债务 股权	拖欠的员工费用（最长 60 天） 扣除 60 天后的 13 个月社保失业救济金 破产申请后的索赔 破产申请前的担保债务 破产申请前的非担保债务 后偿债务 股权

	意大利	荷 兰
主要司法定义	民事法典 2221 条 1942 年《破产条例》 1999 年危机中大公司立法（根据国会通过的破产法进行了修订）	《破产法》
实践中澄清的问题	目前的程序是对债权人相对友善的，以法庭为基础，监管也与管理层互动不多 2005 年法律引入了债权人妥协的新规则，并转为加税弥补。2005 年前，大公司（雇员超过 200 人）破产程序是唯一实际的救助流程。在国会修改了法案后，雇员在 500	有一个关于破产或停止支付的框架。第二种情况则需要任命一个破产管理人，由他同管理层协调完成重组计划，以便全额赔付有担保债权人债务，其余非担保债权人按金额的 75% 和按人数的 66.6% 同意通过

	人以上的公司可以聘用一个重组官员，他在 270 天内可以提交一份重组计划 与债权人的协议安排（至少有 100% 的担保债权人和 40% 的无担保债权人）可以在部分业务里起作用，但由于太官僚主义，最终会陷入清算的结局 行政接管很少能够成功，原因是过高的成本、债务利息，以及需要在两年时间内将债务全部处置妥当 在一个重组专家的指导下庭外和解是可能的，但需要意大利银行和起诉行的全面支持	有限的法庭监督、相对友善的重组流程、管理层可以施加一些影响。中止付款允许有两个月的时间 经常与申请破产前重组计划一起使用，公司业务存在着可持续经营的潜力
破产驱动因素	无力偿付——公司无法通过正常的渠道及时偿付到期债务，或者最低要求的资本金已不能满足，也没有想过要增加	无力偿付——债务人停止向债权人清偿债务
判定标准	在无力偿付下针对董事的民事诉讼与正常经营情况下相同 为避免破产、保证债权人不受损的所有合理措施都是合理的行动，这就很难区分不当交易和诚信行为了	风险领域有两个：管理者渎职、债权人受损。然而，如果管理层诚信履职，那么过早地进入破产申请应该可以避免

（续　表）

	意大利	荷　兰
董事责任及义务：		
有偿还能力	遵守法律和公司章程	尽职管理的职责（债权人对于管理层渎职的起诉可以追溯至破产前3年）
无力偿付债务	职责包括避免使财务状况恶化、不给特定人优惠支付、在资本金已经低于规定线时不再进行新的交易	债权人的职责
债务	因为没有履行好资产保护职责而对债权人负责 如果存在欺诈性破产，将面临刑事拘禁5～10年 如果没有及时申请债务而使总债务增加，或者没有合理保管好资料，将面临刑事处罚	如果损失是由管理层无端或任为对债权人造成了伤害，那么管理层将对受托人负有责任
行政管理的形式	预先商定： 法庭通常将现任管理层解职，然后任命一位行政管理人管理公司。重组建议必须符合法庭规定的担保和优先债权人，以及最低40%的非担保债权人的诉求。在中止付款期间，公司必须证明能够保持充足的流	停止付款： 法庭任命专家，由他来和管理层制订一个通常涉及非担保非优先级的债权人的退出计划。中止欠款支付的时间为两个月。为了增加非担保债权人的分红，国家债务可能被缩减。重组计划必须获得非担保债权人的大多数（金额的75%和人数的66%）同意，并得到法庭的许可

	动性。这个流程受到法庭的严密监督，很花时间，通常有损公司的价值 行政协议： 法庭通常将现任管理层开除后任命一位行政管理人管理公司。欠债暂时停付。重组计划必须让法庭满意，需要证明公司只是暂时有困难，在两年时间内公司可以摆脱危困，并完全付清债务和利息。流程规定计划须获得大多数即66%的债权人的通过。在实践上，这需要主要的信贷提供人预先同意破产方案，因此很少使用 特别管理： 对有潜力复苏、债务少于资产66%的大公司予以特别的处置方法。由于董事权力被剥夺，司法人员被任命来管理公司业务，准备重组计划。自动中止支付但行政支付需优先保证	
主要的行政程序：		
融资	不是随便可得	如果有的话，需获得法庭的同意及针对非抵押资产进行融资

（续　表）

	意大利	荷　兰
待履行合约	行政管理人有可能终止可执行的合约	合约可能会被终止执行 所有合约是否执行需要由法庭派遣的专员决定
自动冻结条款	可以自动中止付款，但债权人有权申请先抵扣 货物所有权不能保留	在自动中止付款期间，若无延期偿付权令，那么只有担保债权人和优先债权人可以提请索赔 货物所有权有限保留 债权人有权进行破产申请前抵扣
退出机制	当债权人满意后重组获得通过。在预先商定的程序里，重组可以拖好几年的时间，如果有40%的非担保债权人不满意偿付比例的话，法庭就会指令公司破产 如果是在行政管理阶段，能否退出需要两个前提：一是债权人同意延期付款；二是同意延期付款的条件得到了满足或者时间为两年之内 强制重组是不被允许的	停止付款需要多数债权人的同意（人数的66.6%，金额的75%），并获得法庭的批准 担保债权人和优先债权人将获得全额赔偿，除非有与预先打包破产要求相反的情况出现 非担保债权的大多数金额不足75%时允许再次表决。强制重组是不被允许的

债务及偿付顺序	行政费用、工资和税 间接税 担保债务 后偿债务 股权	担保债务 优先级债务（国家有可能缩减部分权利） 非担保债务 后偿债务 股权

	瑞　士	比利时
主要司法定义	《联邦债务征收和破产条例》（1889）及截至 1997 年的各修订版本	1997 年《破产法》 1997 年《司法协调法》
实践中澄清的问题	瑞士机制很不利于重组，尽管有条文规定可以延期偿付和法庭监督下的重组，但在实践中很少这么做，尤其是对于国际性公司在瑞士存在业务活动的情况。这主要有 4 个原因：（1）瑞士董事会大多数是由本国人组成，如果是非执行董事的话，他们通常非常保守；（2）如果破产了，公众起诉人将积极	新的司法协调法允许法庭监督下的重组 由于它是通过其任命的行政人员在法庭监督下且没有 DIP 融资，因此和美国的破产法第 11 章不同

（续　表）

	瑞　士	比利时
	地调查刑事责任；（3）瑞士债务催收很紧，供应商很快就把公司逼得破产了；（4）破产法从初步看是有利于债权人对董事进行民事起诉的	绝大多数重组的结果是变卖资产、出售业务，最后清算公司 由于对不及时进行破产申请的处罚很重，导致管理层常常采取不成熟的管理行动
破产驱动因素	无力偿付——公司债务超过资产 流动性不足——无法满足债权人的索求	无力偿付——股本金损失超过一半 流动性不足——无法支付到期债务
判定标准	瑞士人没有重组的文化。对破产依据而言，无力偿付没有什么宽松的解释 在实际中只有很少数的案子里法庭判决董事有罪 债务过重时需要破产申请以避免刑事处罚	比利时法律对无力偿付的解释允许有一定的灵活性。在股本金损失50%后，法律允许延期两个月召开股东大会，因此，公司可在一个合理的时间提交重组方案以改善财务状况 比利时除了在欺诈或不当交易上有严格定义外，其他对于董事责任上的要求并不烦琐
董事会责任及义务：		
有偿还能力	公司、股东和债权人的尽职义务和因违背上述义务而任为或渎职所导致损失可追究责任	公司和股东的责任

无力偿付债务	同上	债权人的职责
债务	如果由于造成损失、失责、任意胡为或渎职行为，要被追责。但失责和损失之间的相关性必须得到证明 在欺诈窃取资产的情况下还涉及刑事责任。这类起诉可能涉及管理行为如过度和危险的投机、渎职、欺诈性优惠、债务过重时的交易	在无力偿付时又不及时申请破产，这将构成刑事责任 管理不力或欺骗性的优惠会构成民事责任。管理不力是指明显或严重违背正常的标准 个人得利或在无力偿付时没有重组资产负债表，这会构成刑事责任
行政管理的形式	和解妥协： 需要多数的债权人同意、地区法庭批准，且在专员监督下 通常在4～6个月，但偶尔会延长到12～24个月，在法庭、专员监督下，提交一份重组计划。妥协协议需要66.6%的债权人的同意及法庭的批准 妥协很稀少	司法妥协： 如果暂时缺流动性且可以解决，真的可以预期重振，管理层也认真履职，可以通过司法妥协 在债务人的请求下，15日内，法庭会任命一位专家，然后启动一个观察为期6个月的付款中止命令，由此产生应付的利息计入当期 重组计划经常涉及整个或部分的业务出售，这需要债权人和股东的同意，时间可能会超过24个月

（续　表）

	瑞　士	比利时
主要的行政程序：		
融资	没有破产重组融资	没有破产重组融资
待履行合约	无	无
自动冻结条款	可以自动中止付款 货物所有权保留 债权人有权进行抵扣 需要 2/3 的债权人的同意和法庭批准	允许自动中止付款，但要假设破产申请前带息债务的当期利息已经付清 货物所有权保留 债权人有权进行扣销 受损债权人的大多数（金额和人数的大多数）同意计划并获法庭批准
退出机制	没有强制性规定	没有强制性规定
债务及偿付顺序	担保债务 优先级债务 非担保债务——最多为 6 个月的雇员欠薪 其他非担保债务 后偿债务 股权	担保债务 优先级债务（国家有可能缩减部分权利） 非担保债务 后偿债务 股权

	西班牙	瑞　典
主要司法定义	2003 年《无力偿付条例》 1989 和 1995 年的《公司法》	1987 年《破产法》 1996 年《业务重组条例》
实践中澄清的问题	新的破产法在 2004 年实施。跟过去相比，它有几个特点：（1）它将无力偿付和破产程序合二为一，使之成为一个统一的流程；（2）新的商业法庭得以建立，它拥有了与无力偿付相关所有方面更宽广的权力，涵盖公司、商业和劳动纠纷等事宜；（3）商业法庭审视所有无力偿付案子的档案，并决定公司管理层是否可以继续任用，或者法庭任命的无力偿付专家应该在程序中扮演只是监督的角色，还是要真正管理公司业务；（4）行使董事权力或事实上起管理作用的个人所承担的责任变得很严厉；（5）法庭任命的破产专家由 3 人组成：一个经济学家（注册会计师）、一个律师和一位债权人代表；（6）欠母公司或集团公司的债务按低顺位和降级处理	业务重组并不普遍 近期趋势是试图改善重组的环境。但是浮动抵押概念继续存在，这给了银行对重组流程的很大的影响力，银行更倾向于破产而不是重组 司法正考虑改变优先权，放弃租金权优先的做法，将浮动抵押范围缩小至资产价值的 50%，以加速业务重组 业务重组由一个行政管理人管理，这与美国破产法第 11 章允许的由债务人接管的方式不同

（续　表）

	西班牙	瑞　典
破产驱动因素	无力偿付——公司无法常规地偿还到期的债务，无论其资产是否足够覆盖债务	无力偿付——股本金损失超过一半 缺乏流动性——无法支付到期债务，且不是暂时现象
判定标准	对于董事的宽容态度将根据负债的大小而得到减少。新的规定有：无力偿付情形出现后的两个月内董事必须向法庭提出破产申请，否则个人可能将要对债务负责，并在 2～15 年内不可在其他公司担任董事或高管的职位 另外，对于何谓无力偿付将不可避免，法令提出了一些新规定：（1）在法院判决之后，债权人无法抓住资产进行抵债；（2）债权人已经将债务人的资产全部扣押了；（3）债务人总体上对到期债务无力偿付；（4）连续 3 个月付不清税金、社保金和工资；（5）有证据表明债务人迅速低价出售资产	当公司净资产低于股本金的 50% 时，董事就要请审计按照特别的估值方法对公司资产负债表进行审计 公司在股东大会上需要决定进行破产申请还是在 8 个月内全额补足资本金 如果没有这么做的话，董事个人将承担债务的责任

董事责任及义务：		
有偿还能力	忠诚、尽职的受托责任	公司和股东的责任
无力偿付债务	董事有责任于两个月内在公司无力偿付时向法庭提出破产申请	公司、股东和债权人的职责
负债	董事标准的刑事和民事责任仍保持有效，并在无力偿付场合一样适用 另外，新的立法还规定了在一些具体情况下，公司董事或正式的和实际上的管理人要承担与破产相关的个人责任，并可能禁止他们在 2 ~ 15 年内在其他公司担任董事或高管职务 另外，新的破产法庭对于扣押董事个人财产抵债的做法也有更大的容忍度	如果净资本低于 50% 又未及时采取措施进行补充时，董事个人将对此负责 如果渎职和非法分红，那么债务也将延伸到未付的国家债务 刑事责任限制于总体的渎职和欺诈行为 总体而言，瑞典法庭的实践表明，其对董事尽职行动的要求不是那么严格

（续　表）

	西班牙	瑞　典
行政管理的形式	法庭任命破产行政管理人： 通常由3人组成：一名经济学家（注册会计师）、一名律师、一名债权人（他可能还会任命一个专业实践者）。决策机制以多数票同意为规则。对于规模小的破产案子，法庭可能只任命一个行政管理人。行政管理人的费用是根据政府批准的收费计划，并由法庭负责清收 如果有的话，破产行政管理人将负责：（1）审查和确定管理层是否完成了所有该做的事情；（2）更换管理层，和承担直接管理职能 破产行政管理人还承担撰写破产的原因、公司财务状况、资产价值、重组价值估值等报告 当公司破产进入清算阶段时，行政管理人则转为清算师的角色	业务重组： 董事会需要在成功希望很大的情况下决定业务重组，提出申请，由法庭监督，并任命一个行政管理人 行政管理人与债务人商量形成一个重组计划，然后送债权人和法庭获得同意和批准 如果重组计划没有获得批准，债务人可以要求一个公共的投票表决。这要求所有担保债权人获得全额赔偿，以及非担保债权人中大多数的同意 最终重组计划需要法庭的批准

主要的行政程序：		
融资	如果有融资，需要先偿付破产申请前 30 天的工资，及破产申请后已到期的贷款	没有破产重组融资
待履行合约	法庭可能单边中止合约的履行，同时备好相应的退款和赔偿	无此项
自动冻结条款	对非担保债权人的欠款可以无限期中止付款 对担保债权的欠款可以中止付款 1 年 债权人在法律允许下，有权进行扣销 在破产期间，利息不再计算	对非担保债权人有权允许自动中止付款 债权人有权进行扣销，但只限于重组计划前 3 个月获得债权人接受，得到法庭的批准
退出机制	债权人和解： 基于公司顾问所提出的可行计划，需要以下通过的条件：（1）50% 的普通无担保债权人放弃最多为 50% 的债务金额，或债务支付延期 5 年；（2）参加债权人和解批准会议上多数债权人同意债务按 20% 折扣立刻支付，或延期 3 年支付 清算： 将可能出售的生产性资产分拆变卖	

（续　表）

	西班牙	瑞　典
债务及偿付顺序	破产申请前 30 天未付的工资	海事和航空扣押权
	破产处理和行政管理费用	房东要求 3 个月的租金
	破产申请后公司债务	浮动抵押的索赔权
	资产担保债务（抵押和分期）	担保索赔权
	一般担保债务	审计和税务索求
	普通非担保债务	员工索赔权
	后偿债务（包括母公司和姊妹公司贷款和信誉）	无担保债务
		后偿债务
	股权	股权

注：此表仅作为一种引导。任何法律行动请先咨询当地有能力胜任的法务顾问的意见。

资料来源：Glass & Associates（Allan Tilley，2004），近期至 2005 年 8 月。西班牙部分由诺克逊（Noraction，2004 年 9 月）负责审查。

第三章 脱离破产法第 11 章后的业绩表现

破产法第 11 章的一个重要目标是给有经济竞争力的企业一个重组的机会，而对没有了经济竞争力的企业进行清算。关于目前的破产法是否很好地平衡了重组和清算的关系，或者它是否倾向于让效率较低的企业实行了重组，存在很大的争议。从破产法第 22 章中的失败数目增加中，可以看出实施破产法第 11 章之后再次进入破产的企业数目很大，似乎可以被用于证明破产法第 11 章所存在的结构性问题。但与此同时，我们看到至少从重组以后的公司股权持有人的角度来看，破产保护期结束后还是走出来一些非常成功的公司。例如，卡马特公司（Kmart）在 2003 年 5 月依照破产法第 11 章重组成功后，普通股的交易股价不到 14 美元，但在 2004 年下半年，股价就涨到了 100 美元以上。1993 年 7 月，全美吉普瑟姆公司（National Gypsum）从破产法第 11 章走出来之后的 18 个月里，它的股价几乎涨了 300%。

评价破产法第 11 章成功与否可以采用几种方法。成功重组的首要一点在于企业必须从破产重组程序中走出来。对于企业确实走出了破产重组，我们可以通过企业破产重组后的经营业绩或股价表现来追踪其成功与否的情况。本章描述了近期破产重组后公司业绩表现的证据与其对破产法第 11 章效率争论的相关性讨论。

破产法第11章案例的结果汇总

虽有所争议，但衡量第11章破产后成功重组的最简单指标是公司是否进行了某种形式的重组。这是很重要的，进入破产法第11章的企业中只有一部分会以独立公司的形式从破产保护中走出。美国受托管理人执行办公室（Executive Office for United States Trustees）对进入第11章破产保护企业重组计划确认的概率做过广泛的全国性数据分析，并定期发布了案例结果的分析。① 他们的分析报告中最显著的事实有以下几个：

- 大部分的案例以破产重组计划未能确认或无资产而选择第7章破产清算的形式结束；
- 1990年以来的任何年份里，这些案例中估计的破产重组计划确认率不超过45%（可能远低于此数）；
- 许多确认的破产重组计划实际上是清算计划；
- 债务人所列的资产数量与破产重组计划确认率之间存在很强的相关性。

1990年以来美国所有第11章破产案例中的确认率见表3.1。数据包含了全美（北卡罗来纳州和亚拉巴马州除外）所有破产申请的案例，而且不仅仅是上市公司的。然而，在此数据的解释上需要注意的一点是，一个大公司进行第11章破产保护申请时，通常该公司内不同的主体都同时申请了破产保护，在数据分析中，每一个申请都被视为一个独立的观察数据。例如，2004年上半年，福斯特公司（Footstar Inc.）在纽约州南区法庭申请了破产

① 统计数据见网址：www. usdoj. gov/ust。

表 3.1　1990 年以来各年全美第 11 章破产保护申请和确认数量

申请的年份	破产申请总数	确认总数	确认百分比（%）
1990	20 493	5 398	26.3
1991	23 899	6 605	27.6
1992	22 772	6 512	28.6
1993	19 055	5 313	27.9
1994	14 708	4 145	28.2
1995	12 716	3 886	30.6
1996	11 683	3 664	31.4
1997	10 517	3 075	29.2
1998	8 224	2 486	30.2
1999	9 176	4 125	45.0
2000	9 849	4 365	44.3
2001	11 102	4 244	38.2
2002	10 973	4 238	38.6
2003	9 152	2 783a	30.4

注：截至 2005 年 1 月。

资料来源：美国受托管理人执行办公室。

保护。这个案例大约包含了 2 510 个分开的破产保护申请，预计达到了当年全美破产申请数目的 20%。这是相关案例中到目前为止申请个数最多的一个。通常而言，极端的数目不会像福斯特公司那么夸张，但是，特别自 1999 年以来，大公司所进行的相关联申请数目确实比平均情况要多，因此，这个问题导致了对确认率的高估。很清楚，依然有 55% ~60% 的破产案子是以未有确认而结束的。

在公众公司中，破产案件的了结以及公司作为独立、重组的公司的概率非常高。然而，对公众公司的结果进行评估的困难在于统计数据不是现成的，研究者需要从不同的渠道包括新闻社来整理获得。

浩特凯斯和慕拉迪（Hotchkiss and Mooradian，2004）对一个包括1 770家从1979年到2002年间申请破产保护的公众公司的较大型样本进行了研究。这个样本包括了所有在美国证券交易委员会注册的自《1978年破产改革法案》实施以来申请第11章破产保护的上市公司，以及由新一代研究公司（New Generation Research）所研究包含的案例。① 浩特凯斯和慕拉迪在公开引用的上市公告中发现，截至2004年6月，其所研究的公司中79%的状态能够确定，而余下的21%要么在2004年6月已经破产了，要么已经以清算作为结局了。

对这1 400家破产公司能够确定的结果列于表3.2中。这些数据与浩特凯斯（1995）对1979—1988年所选取的一个子样本的分析结果很相近。被清算或解散了的公司包括从破产法第11章转成第7章，以及更长时间里对第11章重组计划所进行的清算。在重组努力失败后转成第7章的公司通常都是小型企业，但也包括一些大的、著名的失败公司，如1991年的东方航空公司（Eastern Airlines）、1996年的零售商旋转木马（Merry-Go-Round）、2001年的塔尔航空（Tower Air）。

表3.2　1979—2002年1 400家上市公司第11章破产案申请后的最终结果

结　果	占　比（%）
清算或解散	21.5
与另一家有业务的公司合并	7.6
从破产法走出后不作为公众公司注册	26.6
从破产法走出后作为公众公司注册	44.3

① 直到1993年，美国证券交易委员会都会按季度将其参与的破产法第11章破产申请的公司名予以公布，覆盖了绝大多数申请破产保护的上市公司。之后，美国证券交易委员会年报里披露的信息少了很多。新一代研究公司将破产申请时债务超过5 000万美元的公司进行了列表报告。

这些公司在最终转向第7章清算时，在第11章破产重组上已经平均花费了一年多时间。在重组计划中，只有一小部分的样本公司与另一个正常营运的公司进行了合并。

浩特凯斯和慕拉迪（1998）对这些交易进行了分析，发现了公司合并之所以呈较低比例的一个建议性原因，在于破产法第11章本身的结构并不鼓励这类并购，因为并购需要债权人和管理层的同意。浩特凯斯和慕拉迪还发现，就其合并后现金流增加大于与观察到的非破产企业类似合并所产生的现金流增加的意义上说，并购是使破产法第11章的公司资产得到重新使用的有效方法。请见本书第十章中更详尽的讨论。

最近，戴亚等人（Dahiya et al.，2003）认为，大公司能否获得DIP融资对于重组或清算的结果是一个重要的影响因素。在破产法案第364部分，有特别条款允许公司破产保护后申请贷款，特别是债务持有人贷款可以获得比破产申请前债务索求者更优先的赔偿顺位，因此，这样的贷款有更高保障。在20世纪90年代初的破产潮之后，DIP融资的市场规模迅速扩大。公司通常在申请第11章破产保护之时，或在之后很短的时间内，向法庭提出一项动议，请求进行融资。能够获得DIP融资对像零售业这样的公司来说是至关重要的，若没有这种资金来源，它的供应商可能会停止供货。与浩特凯斯（1993）的结论相一致，戴亚等人利用了1988—1997年申请第11章破产保护的538家上市公司的样本，发现大型公司更有可能重组成功。然而，他们也证明了那些获得了DIP融资的企业更可能完成重组，而不是进行清算。

至于成功走出破产法第11章的那些公众公司，我们可以检查它们在破产后不同方面的表现情况。现有的研究汇总列于表3.3中，具体的描述将在本章余下的部分进行。

表 3.3 学术界关于破产保护后业绩表现的研究

	经营业绩	满足现金流预测的能力	股票表现	样本
浩特凯斯(1995)	√	√		至 1989 年有 197 家公司走出破产保护
浩特凯斯和慕拉迪(2004)	√		√	至 2004 年有 620 家公司走出破产保护
马克斯米珂和菲利普(1998)	√			1978—1989 年 302 家进入第 11 章破产保护的公司的工厂级数据
爱德森和本克(1999)	√			1983—1993 年 89 家进入第 11 章破产保护的公司(其中 62 家发生于 1990—1993 年)
浩特凯斯和慕拉迪(1997)	√			1980—1993 年发生了公共债务违约的公司(其中 166 家采用了第 11 章的破产重组)
麦克休、米歇尔和沙克(1998)		√		1990—1994 年 35 家走出第 11 章破产保护的公司
本克、富利斯和劳勒斯(1999)		√		1984—1994 年 69 家走出第 11 章破产保护的公司
阿格瓦、阿尔特曼和艾博哈特(1999)			√	1980—1993 年 131 家走出第 11 章破产保护的公司
戈雅、卡尔和托罗斯(2003)			√	1980—1983 年陷于危困的公司;35 家发生于解救危困决议做出后的第 1 年,25 家发生于解救危困决议做出后的第 5 年

破产后经营业绩表现

如果破产法第 11 章的确产生了让不能赢利的企业继续存活这样的经济上的重要偏误的话，那么糟糕的投资决定将会在当它们从破产保护程序走出来后的经营表现中反映出来。因此，研究者发现，对于一组作为公众公司而存活下来的样本企业，对其破产后业绩进行若干方面的研究，是很有用的。

- 会计指标衡量的赢利；
- 满足基于重组计划的现金流预测能力；
- 后续危困重组再发生的概率，包括破产法第 22 章的破产申请。

会计指标衡量的赢利

到目前为止，浩特凯斯对公司破产后的经营业绩表现做了最为全面的分析。他对截至 1989 年作为公众公司走出破产保护的企业经营业绩进行了研究。这些企业在破产申请前的平均资产账面价值为 2.85 亿美元，到破产申请时基本已处于无力偿付状态，在破产保护阶段平均花了 1.7 年的时间。每个企业的财务业绩追踪至破产保护走出后 5 年的数据。

该分析得出了一些令人吃惊的结论。从破产保护走出的企业中超过 40% 在破产后的 3 年内仍然处于经营亏损状态。根据会计指标如资产回报率和利润率，其经营业绩显著低于相似行业里可比组企业的业绩表现。例如，从破产法第 11 章走出后的第一年里，几乎有 3/4 的样本企业营运收入与销售额之比低于可观察的同行业内非破产企业。从破产保护走出来后，企业销售收入、资产和雇员人数有所增加，但赢利却变化很少，尤其是与同行业组企业相比。从破产保护走出的5年内，业绩变化不大，这意味着这些企业需要的并不是简单的花更多时间来恢复。

浩特凯斯和慕拉迪（2004）的研究也证实了该分析结果。与早期研究的一个差别是，大型企业在后来的样本年份里变得更加显赫，在用这些会计指标衡量时，它们确有改善。然而，即使是在更新年份的样本中的大型企业，在破产法第11章走出来后的5年里，仍有2/3的企业业绩低于同行业可比组别的企业，在破产保护走出的第一年，有超过18%的公司的营业收入为负值。这个行为与第一章和之后章节中所讨论的两次破产重组频发的情况是一致的。

只根据企业从第11章存活下来而进行后破产时期业绩分析的解读存在一个很重要的顾虑，即破产公司在破产前和破产后的资产结构发生了很大的变化。马克斯米珂和菲利普（Maksimovic and Phillips，1998）通过对1978—1989年进入第11章的制造业企业工厂数据的研究探讨了这个问题。他们对302家破产企业和正常企业的1 195家工厂的资本效率和经营现金流指标进行了分析。由于他们能够追踪单个工厂的生产率数据，不管这些工厂已归新的老板所有或被关闭，他们都能够对已经清算或从第11章中合并成一个私立的公司检测其资产的效率，从而避免了只衡量存活企业所可能出现的误差。

就他们对制造业企业的研究而言，破产企业经营业绩改变的绝大部分原因是资产出售和工厂关闭，而非留存下来的资产效率变化。在高增长行业里的破产企业比负增长行业里的破产企业更倾向于出售资产。因此，没有出售资产的那些工厂的效率比出售资产的工厂的效率要低。相反，在相同行业里的正常企业，没有出售资产的工厂的效率高于出售资产的工厂的效率。这一结果提供了一个新的解释，即为什么从破产保护走出的企业的经营效率水平与破产前比无太大差别，原因在于一些企业留下了效率最低的资产。另外，在高增长的行业，售出资产的效率提高已归到新的老板那里去了。这个现象与资产有效地被再用于更高效率的用途是相一致的。

马克斯米珂和菲利普研究的一个重要启示是，产业的条件不仅是发生破产频率的重要决定因素，也是在破产中资产留弃决定的重要影响变量。与高增长行业不同，在低增长行业里，处于第 11 章破产保护时的工厂效率与之后走出破产保护后的工厂效率和行业可比样本的差距并不显著。在控制了破产企业资产结构发生的变化后，如破产企业决定资产留下、出售和关闭工厂时，这个结论依然成立。因此，即使资产结构的变化能够解释一些企业脱离破产后较差的业绩，关于重组计划对脱离破产后企业的留存资产而言是否有效的问题依然存疑。

理论上，评估走出破产保护后业绩的另一个有用标杆是将企业余下的资产清算出售，然后将所得投资于另类资产所能获得的回报。针对这个想法，爱德森和本克（Alderson and Betker，1999）对 1983—1993 年陷于破产的 89 家样本公司（其中 62 家，占 70%，在 1990—1993 年脱离破产保护）进行了研究。相对于在清算时的价值，该研究的参与者们计算了重组公司所获得的年度回报。年度回报是根据企业脱离破产保护时估计的 5 年残值与清算时估算值的比较所得，超额回报是根据该结果与同期的标准普尔 500 指数的差所得到。残值是根据破产后 5 年内偿还给债权人欠款的净现金流合计（复合了再投资于标准普尔 500 指数的回报），加上脱离破产 5 年后的企业市场价值而估算出来的。脱离破产保护时的清算价值使用重组计划中的清算值（低值），或者脱离破产保护时的市场价值。

虽然这个方法直接回答了重要的理论问题——公司是否需要被重组，但这个方法执行起来的难度在于估值。清算价值可能被低估，估算的计划值又有可能产生两个方向的偏误（详见第五章）。公司残值计算只有当其在脱离破产保护后有股价才有可能进行，这就偏向了成功的企业。然而，爱德森和本克仍估计，在平均数上，破产法第11章之后，企业业绩既没有被低估，也没有被高估。考虑到可能的样本误差，对爱德森和本克研究结果的有用解释是，基于现金流回报，脱离破产企业的业绩至多也与市场平均表现打个平手。

评估实施破产法第11章后的公司赢利回报的最后一个问题是关于破产后公司的所有权和治理。马克斯米珂和菲利普（1997）发现，20世纪90年代迅猛增加的风投（详见第十章）是否参与进公司与公司破产后的成功关系密切。他们的研究是基于1980—1993年在公共债务上违约的288家样本企业。在没有风投介入的证据下，企业在破产后第一年经历经营亏损的概率为31.9%，而有风投参与的话，对应的概率只有11.7%。

更令人惊讶的是，破产后的公司若风投积极参与其治理结构，经历经营亏损的概率会降为8.1%。相对于违约前的业绩改进而言，风投参与董事会、成为首席执行官或者董事长，或控制了企业股权，业绩改进会更大。当风投有参与，但在重组公司里表现并不积极，其业绩与没有风投参与的公司业绩无明显差别。因此，这些风险投资者参与重组公司的治理结构与否，与破产后样本公司的成功概率是高度相关的。还有一些更新的案例，在危困债务的投资者控制之下，企业成功地转为赢利（详见第十章）。如前所述，在爱德华兰伯特投资公司（ESL Investments）的操盘下，基于经营所得的指标衡量，卡马特连锁超市从破产法第11章走出来后为股东提供了巨大的回报。2002年，由投资人威尔伯·罗斯（Wilbur L. Ross）组建的国际钢铁公司（ISG）通过并购一组处于破产法第11章的钢铁公司，如LTV公司和伯利恒钢铁公司，而成为一家成功的赢利公司。

满足现金流预期的能力

为了使重组计划能被破产法庭通过，债务人必须证明重组计划是可行的。为了满足这个要求，许多企业在向债权人和破产法庭提供计划时也提供了现金流预测报告，该报告通常是由管理层和他们的财务顾问准备的。因此，实现这些现金流的能力是衡量破产后企业成功与否的另一个标准。

作为获取债权人同意重组计划的努力的一部分，现金流预测通常在企业披露的陈述报告中予以提供。尽管破产法庭已经审视并批准了这些陈述报告，对于企业外部人员而言，判定预测的有效性仍然是有困难的。首先，处于破产保护期的企业所提供的信息数量和质量可能比破产前要少。例如，证券分析师经常缩小了对处于破产企业的研究覆盖，以及一些企业停止提供经审计的财务报告。卫斯和弗鲁克（Weiss and Wruck，1998）将可信信息的缺乏作为债权人无法提前辨识处于破产保护状态的美国东方航空公司突然的财务恶化的原因。其次，众多的参与者参与其中，包括管理层和不同的债权人小组，他们的利益兴趣是不同的；现金流预测和相应的估值很可能来自他们之间的谈判或来自对过程有较大控制力的团体。

有若干研究者对预测现金流和实际的现金流进行过事后比较，其中的每一位都发现，平均而言，企业都无力达成所预测的现金流。在其破产后的业绩研究里，浩特凯斯（1995）证明，预测总体上都过于乐观了。例如，在72家有现金流预测的样本企业中，有75%的企业营运收入低于预测值。然而，取决于在做预测时谁在控制企业，预测与实际的误差情况有所不同：在计划递交时，原来破产前的管理层还仍然在职，那么，预测与实际的误差会更大。如果管理层考虑的是公司的生存问题，他们可能需要向债权人和破产法庭证明公司的价值够高，以便获得破产重组的通过而不是破产清算。偏袒股东方的管理层也会夸大预测值，以便为破产申请前的股东在重组公司里争取获得更大的权益比例。由麦克休、米歇尔和沙克（McHugh，Michel and Shaked，1998）所提供的进一步的证据说明，通常企业是无法满足预测现金流的。该研究发现，无法满足预测现金流的企业数远超满足预测现金流的企业数。他们研究的样本是1984—1994年（但主要在20世纪90年代早期）完成了破产重组的企业，在时间上延伸了浩特凯斯的研究样本。本克、富利斯和劳勒斯（Betker，Ferris and Lawless，1999）对1984—1994年完成重组的相类似公司样本披露报告中的预测质量做了研究。重组后第二年，息税前所得（简称EBIT）的累计误差比平均的预测值高出70%。这意味着，重组以后两年息税前所得的累计误差是财务披露报告里年度息税前所得预测平均值的70%。至第四年，平均的累计误差几乎是平均的年度预测息税前所得的180%。由此他们得出结论，这些预测都有一个偏向重组的系统的、乐观的、不正确的误差倾向。

后续再次发生破产重组的概率

破产后业绩研究同样发现，有惊人数量的案例显示重组后的业务需要通过不良的处置或二次破产来再重组。例如，浩特凯斯（1995）发现，她研究的样本企业里有32%通过不良资产的处置、破产或庭外清算的方式再次经历了重组。在她的样本中，那些经历了二次破产（破产法第22章）的企业不乏大型的著名企业，如美国洲际航空公司。管理层对再次重组所提供的理由与第一次重组时相似。虽然有些企业认为它们在脱离破产时债务负担太重，但是大约一半的企业认为经营问题才是再次重组的主要原因，这说明它们在第一次重组时并没有设计出足够正确的公司调整策略。尽管破产法案规定，为了让破产法庭确认重组计划，公司必须保证不再发生下一次的破产重组，但高发的再次失败率还是会出现。①

其他几项研究也发现了重组再犯的相似概率。其中最早的是娄普开和卫弗特（LoPucki and Whitford，1993），在他们研究的43个大型企业实施破产法第11章的案例（申请破产时资产大于1亿美元）中，重组计划确认于1988年3月之前，其中32%的研究企业在4年内再次陷入了第11章破产保护的申请。更近一点的关于第22章破产发生概率的统计显示，相同的趋势仍在继续（见本书第一章）。

关于后续再次陷入失败的原因存在若干可能的解释。一种解释是由于重组计划下对企业的债务负担减轻得不够。吉尔森（1997）支持这个观点，他的研究发现，从第11章破产保护走出来的企业仍保持了较高的杠杆率，尽管它低于那些完成了庭外重组企业的杠杆率：长期债务与长期债务和普通股权益之和的比率中位数是0.47。另一种解释是管理层对重组后企业的前景过度乐观了。除了无法实现现金流预测的证据外，浩特凯斯（1995）还发现，在重组过程中原管理层仍然参与的话，那么破产后公司再次陷于失败的可能性极高。最后一种解释是，研究者认为，偏向债务人的破产法案和法庭允许无效率企业进行重组。在这个方面，一些评论者特别批评了纽约州南部地区和特拉华法院。综合来看，很可能所有这些因素对从破产法第11章走出的企业再次陷于失败的高频率现象扮演了十分重要的角色。

如本书第一章所述，再次破产的第22章频发现象并不是一个新事物，在从破产法第11章走出的前几年里持续保持了这样的态势。最早出现二次破产的申请案源自1990年年初的潮流，然后又出现在

① 根据破产法第1129（a）（11）条，在披露报告中所描述的重组计划必须有可行性。法案特别要求法官去审视重组计划，如果批准了，“后面将不会有债务人清算或再次财务重组的需要”。

2000 年这一更近的年代。对于二次破产，还有一个很强的行业因素：例如，在浩特凯斯所研究的 157 个二次破产或三次破产的案例中，有不少是处于航空、钢铁、纺织的行业，明显反映了这些行业的艰难状况。然而，令第 11 章的批评者特别感兴趣的一个事实是，有些重复申请进入二次重组的企业是在一次破产重组刚刚完成后不久又发生的。例如，前《财富》500 强企业 Pillowtex［菲得克瑞斯（Fieldcrest）被单和毛巾的制造商］于 2002 年 5 月重组并走出破产，2003 年 7 月它再次申请按破产法第 11 章重组，然后很快宣布了破产清算。公司第一次破产重组的计划目标没有达成，然后发生的事很清楚地表明，它的二次破产重组也是不可行的。实际上，还有一个四次破产案，其第一次破产申请发生于 1978 年的破产法案通过前：跨得州天然气公司分别于 1980 年、1987 年、2000 年和 2003 年走出破产重组，最近一次破产重组之后，它以一个私人公司的身份继续经营。

破产后股价表现

进入第 11 章破产保护的企业中只有很小一部分以独立、公开注册的形式走出破产保护，而在脱离破产保护后重新上市的企业就更少了。例如，浩特凯斯（1995）所研究的 197 个脱离破产保护的企业里，只有 60% 在脱离破产保护后重新在纽交所、美国证券交易所（Amex）或者纳斯达克上市。她发现在脱离破产重组程序后一年内，绝对收益为正，但调整股票市场回报后的相对收益为负。浩特凯斯和慕拉迪（2004）在一个近期走出破产保护的样本研究里也报告了相似的统计数据。走出破产保护的很大一部分企业股票在粉单市场的场外市场上交易，因此，它们的数据没有被统计在里面。如果将公司再上市看作破产后公司成功的一个指标，那么，这可能导致破产后股价表现的研究样本偏向于表现好的企业。

基于几方面的原因，对有股价表现的组别的企业的业绩研究还是有价值的。最为普遍的意义在于，研究能够帮助我们测试股票市场对破产后企业进行评估的有效性，这对潜在的投资者有特别的益处。对于我们评估破产法第 11 章的程序来说更为具体的意义在于，它可以帮助我们通过比较评估值与市场交易的实际值来评价企业在重组计划中预估值的正确性。最后，在重组计划中获得了股票、但不想长期持有的债权人，也有需要理解这个市场。

到目前为止，公开发表的关于从破产保护走出来的企业的股价表现研究就只有阿格瓦（Aggarwal）、阿尔特曼和艾博哈特（1999）3 人的文章。[①] 通过对 1980—1993 年从破产保护中脱离的 131 家样本企业进行的研究，他们的重要发现是从破产保护走出后的 200 天内超额回报比较高。估计这些回报率的一个关键点在于标杆比较，或者预期回报是从哪个角度计算的超额业绩。然而，在不同的预期回报算法之下，他们的结论也是比较稳定的。由摩根大通的李（Lee，2004）所做的一项非常全面的行业研究也得出了与以上 3 人相类似的结论。

表 3. 4 显示了 3 人最保守的估计值，其标杆回报是一个非破产企业样本与根据两位数标准工业分类码（简称 SIC）和规模（权益资本化）选出的行业进行的对比。根据这些估计，破产后 200 天内的平均累计超额回报为 24. 6%（中位数为 6. 3%）。使用另一个预期回报的指标，他们研究得出，长期累计的超额收益

---

① 戈雅（Goyal）、卡尔（Kahl）和托罗斯在 2003 年的工作报告中研究了一个较小样本企业在危困之后的股价表现（从破产后第 1 年 35 家降至 5 年后的 25 家）。他们发现，刚开始时，平均的超额收益率为正值但不显著。5 年以后，参考组合价值权重后的收益率下降，大致降至零（3. 04%），或者通过使用规模和账面与市场价参考组合的所得变为显著的负数（－50. 93%）。

可能高达138.8%。总体上，他们的结论是，尽管脱离破产保护后前两天的回报率不显著，但一年内的超额回报为正且较大。

表3.4 破产后股价业绩的超额收益

事件期间（天）	平均累计超额回报	相对财富	中位累计超额回报
1~2	0.038***	1.038	0.000
	(0.059)		(0.184)
1~200	0.246*	1.249	0.063**
	(0.004)		(0.025)

资料来源：Aggarwal, Altman, and Eberhart, 1999, "The Equity Performance of Firms Emerging from Bankruptcy," Vol. 54, No. 5. *The Journal of Finance*, Blackwell Publishing.
注：*、**和***分别代表显著性水平为1%、5%和10%。相对财富值是通过实际的日均股票复合回报率除以每日预期的股价复合收益率得到的。括号内为P值。

3人进一步发现，正的超额回报并不集中于低股价、改变了业务线的企业或者预重组的破产公司。他们还发现，机构投资者接受债转股与其长期回报较高之间并不存在较强的关系。这一结果可能反映了信息来源丰富的机构投资者所接受的证券类别，因为可能已经知道在企业脱离破产重组时的股价表现没有反映其内在价值的信息。最后，他们还发现，脱离破产保护的企业宣布业绩时，股价常常出现显著的正值的超额回报，表明市场对公司破产重组后的业绩改善出乎预料。

尽管这个研究结果对这些证券的潜在投资者很有意义，但对于评估破产法第11章的潜在含义并不那么明确。如浩特凯斯（1995）的研究所示，对经营业绩研究结果进行比较很困难，原因是只有部分企业脱离破产保护后的股票能够在纽交所、美国证券交易所或纳斯达克进行交易。然而，与经营业绩研究所得出的较差的结果相比，股票回报的表现的确说明企业的表现在走出破产保护后比预期的要好。这些结果可能与管理层在破产重组流程中有意低估企业价值的激励倾向有关（详见本书第五章有关这些方面的论述）。

破产法第 11 章的意义

对破产法第 11 章流程的批评主要在于，现行的美国破产制度偏向于让无效率的企业进行了重组。这些批评集中于一些具体的条款特征，如对债务人友善（例如允许管理层继续对公司行使控制权，并在最初提供重组计划书），或者抓住一些破产法庭偏袒债务人的个别行为（例如延长完成重组计划专属期和其他的裁定）。在本章详细描述的从破产保护第 11 章走出之后又高发的经营失败与上述观点显然是有一致性的。然而，有关业绩较差的原因却仍有争议。上述研究也进一步说明，走出破产保护企业的治理结构与破产后的业绩表现高度相关。从纯粹投资的前景看，从破产保护程序走出的企业的股票交易为市场提供了特殊的投资机会。

第四章　破产的成本

从实际的理由看，财务危困和破产法案下法律程序的成本显然是很重要的因素。对于小型企业来说，重组所涉及的成本经常超过了企业的残余价值，这也是为什么这么多的小型企业案例都以解散为终局。对于大型企业来说，支付给专业人士的费用成为一个隐忧，尤其是那些好几十亿美元的涉及破产法第 11 章的案子。例如，安然破产案中，顾问费预计最终将超过 10 亿美元。

危困成本也是公司债务定价和资本结构的重要决定因素。然而，它们的影响究竟如何还有些争议。浩根和塞伯特（Haugen and Senbet，1978）的研究是第一个认为破产成本不是很显著的，因为财务危困企业的原告可以在庭外进行谈判，因此不会影响所涉及企业的价值。离现在更近一些的学者们，如詹森（Jensen，1991）注意到，不仅是债权人之间的冲突，而且有些破产法庭的决定也会对企业就债权进行庭外谈判的能力产生负面影响。当企业无法完成庭外重组，那么它就可能无法避免更昂贵的、由法庭监督下的破产诉讼。不管怎样，有一点很明确，如果危困成本很高的话，公司最优化的杠杆率就会较低。一些研究者还在资本结构和资本成本估计的框架内讨论了破产成本的问题（见本书第六章）。

财务危困的成本通常被分为直接成本和间接成本。直接成本包括对会计、律师、重组和重振专家、专业见证人及其他专业人士所支付的现金成本。间接成本包括各种各样的无法观察到的机会成本。

例如，许多企业因为客户不愿与一个行将破产的企业发生业务来往而导致了销售和利润的下降。它们也可能因为处于财务脆弱的位置，而负担更高的债务成本，或与供应商的交易条款变差，从而使得自己开展业务的成本变高而受到损害。间接成本还包括关键员工的离职，或者因为管理层对业务营运的分歧而失去的机会。虽然直接成本相对较为容易确认，但研究者想要系统地获得研究所需要的这些成本信息并不容易。在过去，不同的估计值被搭建起来，并将在本章中进行描述。间接成本不能够直接观察，但是有几个研究为潜在的量级和决定因素提供了有用的估算（详见表4.1）。

表4.1　危困的直接和间接成本估计

研　究	用于计算成本估计的样本	时间区间	估算的成本
直接成本：			
阿尔特曼（1984）	19家依据破产法第11章破产的案例，破产申请前平均资产规模为1.1亿美元	1974—1978	12家零售公司破产前平均价值的4%（中位数1.7%），7家制造公司平均价值的9.8%（中位数6.4%）
恩、曹和麦克科内（1982）	86家为俄克拉何马州西征区破产法庭受理资产清算企业，估计破产申请前平均资产规模为61.55万美元	1963—1979	估算成本平均为总清算资产价值的7.5%（中位数1.7%）
本克（1997）	75家依据第11章破产案例；48家预破产重组案例；29家股权置换案例，重组前财务年度末的平均资产规模为6.75亿美元	1986—1993	预重组，均值为预重组前总资产的2.85%（中位数2.38%）；传统第11章破产案，均值3.93%（中位数3.37%）；股权置换，均值2.51%（中位数1.98%）

（续 表）

研 究	用于计算成本估计的样本	时间区间	估算的成本
布利斯、韦尔奇和朱（2004）	超过300家亚利桑那州和纽约南区依据第11章破产案例（破产前资产平均规模为1 980万美元）及第7章破产清算案例（破产前平均资产规模为50.2万美元）	1995—2001	第7章，均值为预重组总资产的8.1%（中位数2.5%）；第11章，均值9.5%（中位数2%）
吉尔森、约翰和梁（1990）	18家股权置换（源自169个危困重组的企业样本）	1978—1987	平均股权置换的成本为资产财面值的0.65%（最高3.4%）
劳勒斯和富利斯（1997）	来自6个破产法庭的98家依据第7章破产案例；总资产中位数为10.76万美元	1991—1995	平均为破产申请时总资产的6.1%（中位数1.1%）
娄普开和多迪（2004）	48家来自特拉华州和纽约南区依据第11章破产案例；破产时平均资产为4.8亿美元	1998—2002	平均专家费为破产案子起始时总资产的1.4%
鲁本（2000）	22家依据第11章案例，资产中位数为5 000万美元	1994	第11章破产案中专家成本为破产申请开始时总资产的1.8%（中位数0.9%）；去掉预重组后平均数为2.5%

（续　表）

研　究	用于计算成本估计的样本	时间区间	估算的成本
唐史建、里斯和麦克科内（1996）	39家预重组破产案例；破产申请前一财年年末资产财值5.7亿美元	1986—1993	平均为破产申请前一财年末资产财值的1.85%（中位数1.45%）
瓦纳（1977）	11家破产的铁路公司；估计破产申请时平均市值为5 000万美元	1933—1955	均值为公司违约前一年公司市值的4%
卫斯（1990）	来自7个破产法庭的37家第11章破产案例；破产申请前平均总资产为2.3亿美元	1980—1986	平均为破产申请前公司市值的3.1%（中位数2.6%）
间接成本：			
阿尔特曼（1984）	19家破产法第11章案例	1974—1978	为破产前公司估值的10.5%
安瑞德和卡帕兰（1998）	31家因高杠杆交易失败而陷于危困的企业案例	1980—1989	企业价值的10%～20%
马克斯米珂和菲利普（1998）	302家第11章破产公司案例（拥有1 195家工厂）	1978—1989	
欧帕尔和提曼（1994）	陷于危困的行业	1974—1990	财务危困的成本为正，且很显著
普微尼（1999）	27家航空企业，其中8家陷于第7章或第11章的破产案例	1978—1992	破产航空企业卖出旧设备的价格比陷于危困但未破产的企业所获得的价格要低

直接成本

衡量直接成本的困难性在于没有一个全美集中的放置所有破产申请的信息资源库［只有美国联邦法院管理署（Administrative Office of the U. S. Courts）和美国受托管理人执行办公室例外，但它们不将这些信息对外公开］，更不用说破产案子所花费的成本信息了。获取这个信息的唯一途径是从散落于全美的一个个联邦破产法庭去收集相关档案。因此，直接成本的研究是基于案例的样本，而案例通常是大型公司，其破产申请是向一个或一个以上的法庭提出的。这些研究的清单和发现摘要列于表 4. 1 中。

瓦纳（Warner，1977）是衡量直接成本的一个早期探讨者。他研究了 1933—1955 年 11 个铁路公司按破产法第 77 部分进行破产申请的案例中的法律费、专业费、信托费和申请费。这些案子平均花费了 13 年时间才了结，估计的平均直接成本为公司违约前一年时的市场价值的 4%。

更近一点，卫斯（1990）从 7 家破产法庭包括纽约南区法庭中获得了法律文档。根据他对 1980—1986 年 37 家破产案件的检查，这些案子都是在纽交所或美国证券交易所上市的公司，他估计平均直接成本为破产申请前一财年末的债务面值加上权益市值的 3. 1%，幅度为 1% ~ 6. 6%。卫斯认为这些数字反映了相对较低的直接成本，预计对破产前债权定价的影响很小，甚至没有影响。

其他几个研究也报告了估计的直接成本在卫斯研究的结果范围之内。这些研究包括恩、曹和麦克科内（Ang，Chua and McConnell，1982，总清算价值的 7. 5%），阿尔特曼（1984，他所选的全部样本的公司价值的 6. 1%），本克（1997，非预重组破产公司破产前总资产值的 3. 93%）。另外，有两个关于处于破产法第 11 章保护的规模相对较大的上市公司专业费用的研究报告。鲁本（Lubben，2000）针对 1994 年 22 家申请破产保护的企业做了报告，专业费用占危困企业总资产的 1.8%，有些甚至高达 5%。娄普开和多迪（Doherty，2004）发现，特拉华和纽约的 48 家破产案，专业费用相当于其在破产案刚开始时债务人总资产的 1.4%。与他们之前的研究进行比较，其研究有如下的启示，即与破产程序相关的成本可能有很大的固定性特质，因此破产成本也有规模经济性。

分析破产成本的一项著名研究是布利斯、韦尔奇和朱（Bris，Welch and Zhu，2004）所做的。他们分析了来自亚利桑那州和纽约南区两家破产法庭的 300 多家破产案。之所以选择这两个法庭，是因为这两家破产法庭的电子档案可以回溯到 1995 年的记录。然而，这项研究与之前研究的差别在于他们对破产法第 7 章和第 11 章的案子都做了研究。另外还有一个显著的不同是，其他研究者只完全关注大型公众公司，而他们的研究主要针对较小型的非上市公司。关于第 7 章的案例，直接的破产成本估计是破产前资产的 8.1%（中位数 2.5%）。然而，在第 7 章的案子里，破产专业人员（律师、会计师和受托人）经常会拿走公司破产后公司价值的大部分。根据他们对破产后剩余价值的估计，第 7 章破产案子中有 68% 的情况是，破产费“吞噬”了整个的破产财产。这个数据也与美国受托管理人执行办公室报告的统计数据相一致，它在报告中也显示，在付完这些专业费用之后，许多申请第 7 章破产的公司就再没有可分配的东西了。另外一项已发表的考虑较小型第 7 章破产案例的研究是由劳勒斯和富利斯（1997）做出的，他们的研究发现，这些破产案子所涉及的费用平均为总资产的 6.1%。对于申请第 11 章破产企业的案子，布利斯等人发现，直接成本平均占了破产后公司资产的 9.5%（中位数 2%）。

总体而言，这些研究显示了若干重要的事实。第一，可能的确存在一个重要的规模经济的效果。尽管关于此问题的许多研究者关注的是较大型的公众公司，较小型的企业可能因为要支付的专业费相比于资产过高而无法在重组过程中生存下来。第二，对于大型公众公司而言，所要支付的专业费金额巨大，但相对于其资产的比重并不是很大。然而，相对于资产的比重虽然不是很高，财务危困的间接成本却可能很大。第三，当电子化程度提高，数据越来越易得时，我们衡量和跟踪这些成本的能力也得到了改善。

在转向讨论破产的间接成本之前，另外一个重要问题是正式的破产诉讼下的直接成本如何与庭外重组相比较。吉尔森、约翰和梁（Lang，1990）提供了一个陷于危困的公共债务而实施股权置换的企业样本的直接成本估算，他们发现这些费用支出是很低的（只有资产额的 0.65%）。然而，本克（1997）的研究报告指出股权置换企业的直接成本平均为 2.51%。有意思的是，破产预重组制度的发展使得企业能够有能力在申请破产前就对第 11 章破产重组计划展开谈判，从而使企业能够在数月而不是数年的时间内走出破产保护。预重组破产安排需要一个企业在递交破产申请前开始谈判重组计划，并征集表决票数，同时，企业向破产法庭提交重组计划和第 11 章破产保护的申请。与庭外重组的方法相比，预重组破产安排能够使企业享有表决规则、破产法案其他条例以及税收等的优惠条件，从而避免陷入长时间和花费巨高的破产保护期。在许多方面，预重组破产安排可以被看作是更加传统的第 11 章破产保护和庭外重组的混合形式。1986 年水晶石油公司（Crystal Oil）和 1991 年南方公司是预重组破产安排的早期案例。本克发现预重组破产安排的直接成本平均占公司破产前总资产的 2.85%，他的数据与传统的第 11 章破产保护相类似，但他的数据中包括了破产申请前已发生的重组成本。唐史建（Tashjian）、里斯（Lease）和麦克科内（1996）发现，平均的直接成本为破产前一个财年末资产账面值的 1.85%，提前实施了重组表决的企业样本的直接成本则占 1.65%。股权置换企业相对较低的直接成本，以及预重组破产安排的发展，意味着企业不通过传统的第 11 章破产保护而获得成功重组所带来的节约成本效果是非常显著的。直接成本也可能随着破产时间的拉长而增加。弗兰克斯和托罗斯（1989）报告了一组在 1970—1983 年进入第 11 章破产保护的企业或其前身的样本花费在破产上的时间。他们发现，平均花费于破产的时间为 3.7 年，但这个长度主要是因为包括了几家铁路公司的破产诉讼时长。离现在更近些时间的非预重组破产安排所花费的时间通常接近两年。卫斯（1990）的研究称第 11 章破产保护的平均时间为 30 个月；吉尔森等人（1990）的研究称平均时间为 20.4 个月；唐史建、里斯和麦克科内（1996）的研究显示预重组破产安排企业花费于第 11 章破产保护的时间平均只有 3.3 个月，在破产申请前已经实施表决了重组计划的企业则耗时更短（1.9 个月）。第 11 章破产保护时间较短与第 11 章破产保护期间所支付的直接成本较低相关联。

间接成本

与直接成本不同，间接成本不能直接被观察到，因此难以确定和实证衡量。然而，研究人员开发出各种方法以推算间接成本的金额有多大。关键的衡量问题在于，我们无法区别公司差的业绩是由财务危困引起的（因此是间接成本的一种），还是当初使企业陷于财务危困的相同经济因素使然。从而，接下来的这些研究试图去确定公司的业绩反映的是财务危困的成本、经济危困的成本，抑或是两者共同的作用结果。

阿尔特曼（1984）是第一个为衡量破产的间接成本提供了一个有代表性的方法的人。对于一组进入第 11 章破产保护的企业样本，他比较其破产前 3 年预期利润和实际利润的差距；预期利润依据的是每个公司破产前 3 年的销售收入和利润率与同行业的比较，或者证券分析师的估计。他发现，平均的间接成本为破产前衡量的公司价值的 10.5%。将直接成本和间接成本合计，平均占公司价值的 16.7%，这意味着总体的破产成本并不低。

在阿尔特曼初创研究之后，其他几个研究使用了大不相同的方法和数据库，尝试将间接成本分离出来。他们的关键在于认识到将财务危困的效果与经济危困的效果区别开来是很重要的。例如，虽然阿尔特曼对盈利大幅下降进行了记录，但他没能够将其同负面的经营冲击因素区别开来。

安瑞德和卡帕兰（Andrade and Kaplan，1998）使用与卡帕兰（1989、1994）相类似的方法，检查了 1980—1989 年因管理层买断或杠杆资本化后陷于危困的 31 家企业。在危困一开始，由于刚刚完成高杠杆交易，他们的研究样本企业大部分是财务危困而不是经济危困。因此，他们的样本设计为他们提供了将纯粹财务危困分离出来的机会。[①] 基于公司价值随时间发生的变化，他们估计财务危困的净成本占公司价值的 10%～20%；对于那些没有经历逆向经济恶化冲击的公司来说，财务危困的成本可以忽略不计。另外，他们发现，危困成本集中产生于公司陷于危困、但在进入第 11 章破产保护前，说明第 11 章破产保护本身并不贡献间接成本。安瑞德和卡帕兰还从定性分析上检查了危困企业的行为特征。一些企业大幅减少资本支出、以血本价出售资产、延缓重组或第 11 章破产保护申请，这些都

---

① 凯特（Cutler）和沙曼斯（Summers）在 1988 年也尝试将财务冲突与经济危困的效果区分开来。他们记录了 1985—1987 年德士古石油公司和彭泽尔石油公司（Pennzoil）诉讼案所涉及的巨大财富损失（超过 30 亿美元）。尽管他们所估计的成本大部分并不是直接与德士古石油公司破产案有关，但这的确说明财务冲突对生产效率产生了很大的影响。

是在某种程度上代价昂贵的做法。这个证据与普微尼（Pulvino，1998、1999）的研究相一致。普微尼对航空业内危困航空公司和正常的航空公司出售飞机的行为做了研究后发现，在出售旧飞机时，财务受限的航空公司所获得的出售价格要低于财务不受限制的航空公司。然而，与安瑞德和卡帕兰不同，他进一步发现，对于处于第7章或第11章流程的航空公司来说，破产了的航空公司在出售旧飞机时所得的价格通常要低于处于财务危困但还未破产的航空公司。

虽然这些研究都指出了陷入财务危困会产生成本，但它们的不同结论在于，是否进入破产状态本身也对成本大小产生影响。财务危困而非第11章破产保护导致价值损失的想法得到了马克斯米珂和菲利普（1998）的研究的支持。他们使用了从美国人口普查局（U. S. Census Bureau）得到的工厂级数据，研究破产企业关闭的决策与生产率的关系。结果发现，与其说是第11章破产保护的状态还不如说工业条件对生产率、资产出售和第11章破产保护企业的关闭条件有更重要的解释力。在下行的行业中，处于第11章破产保护的工厂以及之后重组成功后的生产率并没有显著地异于同行业中的可比公司，且在第11章破产保护期间也没有下降。这表示真实的经济成本并不可归因于破产法第11章本身，以及破产状态对间接成本的影响也不是重要的。

欧帕尔和提曼（Opler and Titman，1994）也在研究中认识到将业绩下降与财务危困相联系时的因果关系问题。他们的方法是根据行业销售收入增速为负和中位数股票回报低于 -30% 的标准，找出经历了经济危困的萧条行业。在这些萧条的行业里，他们调查那些在危困之初已经是高杠杆状态的企业与财务比率更保守的同类企业相比是否在行为上有所不同。他们的假设是，如果财务危困很费成本，那么在经济下行时，杠杆率更高的企业将面临最困难的经营状态。他们发现，与杠杆较低的竞争者相比，高杠杆企业会损失更多的市场份额和经历更低的营运利润率。尽管他们没有提供有关间接成本的具体估计数，但是他们的检测使因果问题的逆向效果降到了最低水平，并且由于因果关系的问题，使得之前的研究成果难以解释。他们认为自己的发现与财务危困的间接成本为正向显著的这一观点相一致。

破产成本研究的启示

归纳起来，研究认为，直接破产成本对大公司的价值而言只是很小的一个百分比，但对于小型企业而言，直接成本的金额是吓人的，并且可能导致公司破产清算。同时，研究显示，即使对于大公司来说，危困所产生的间接成本也是很显著的。还有一点要重点考虑的是，间接成本并不单指公司实际违约或者进入第 11 章破产保护。此外，如安瑞德和卡帕兰（1998）的研究也与陷入财务危困有好处的观点相一致，它逼迫管理层做出有助于公司价值最大化的艰难决定，而在这之前管理层可能会寻求躲避的做法（Jensen，1989）。

然而，由于出现重组公司的规模变大和变复杂的趋势，促使破产成本的增加。除了安然公司，高曝光度的第 11 章破产案涉及破产费超 1 亿美元的还有世通公司（6.57 亿美元）、太平洋天然气和电力公司（Pacific Gas & Electric，4.625 亿美元）、LTV 公司（2.37 亿美元）、环球电信（Global Crossing，1.74 亿美元），以及凯马特连锁超市（1.35 亿美元）。[①] 由于破产公司的复杂性提高，债务人经常会多聘用几位拥有专业技能的专业人员。为了理解在复杂案例中对专业人员的需求，图 4.1 展示了专业人员在第 11 章破产案里所扮演的标准角色。财务顾问特别是投资银行家在其中的角色分量在近几年

① 资料来源：《商业周刊》（*Business Week*），2005 年 3 月 25 日。

有所增加，尤其是有许多大的案子涉及公司大部分资产需要出售。

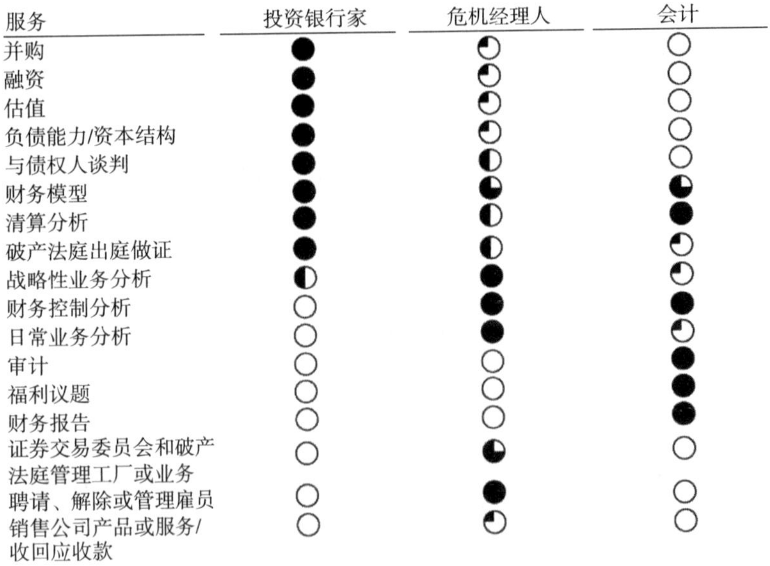

图 4.1　第 11 章破产案例中专业人员的角色

资料来源：拉扎德公司（Lazard）。

在许多后来的第 11 章案子中，重组公司复杂资本结构的处置难度也是非常明显的，这也导致了处置成本的上升。例如，一些案子所涉及的企业，获得了不同银行集团的服务，并在公司资本结构的不同层级上发行了各种债券，因此，不同债权人利益诉求产生冲突的可能性增加了。债权人团体的人数规模可能大到难以达成共识。冲突也存在于破产前的进入者和后来的新进入者之间，而新进入者如风险投资者，他们所购入的权益价格可能远低于面值（见本书第八章）。当利益诉求者的冲突使得重组的谈判越来越困难时，陷入危困的直接和间接成本就都有可能增加。

第五章 危困公司估值

破产法第 11 章的目的是为了给那些持续经营价值大于清算价值的公司一个重组的机会。但重组计划必须以重组公司的估值为前提，因此估值就变成了重组过程中的核心问题。公司估值决定了破产前公司债权人所能分到的蛋糕大小，也决定着预期的赔付大小和追偿率。同时估值也对重组计划的可行性与重组后公司的资本结构有重要影响。

破产在美国是一个行政过程，因此，那些在市场化过程中能够给出可靠定价的定价因素在破产时却是缺失的。在破产法第 11 章的构架下，由于现任管理层仍对破产过程保持了极大的控制力，这可能会对破产公司资产控制权市场的活跃构成限制。由于管理层可以进行 DIP 融资，因而，来自资本市场的忽视所产生的不利影响会减少。破产公司的证券往往鲜少交易（Hotchkiss and Mooradian，1997），因而只有极少数分析师会覆盖到它。这种市场力量的缺失会使得对公司的估值更为困难，有时候，准确性也无法确认。

由破产法第 11 章所产生的公司估值纠纷的程度是惊人的，其中一个著名的案例是发生于 1990 年的全美吉普瑟姆公司破产事件。借款人提出的方案认为公司价值 2 亿美元，而低顺位等级的债权人提出的方案则认为公司价值超过 10 亿美元。当公司从破产保护中脱离出来时，其市场价值接近 5 亿美元，并且公司随后的经营表现大幅超过了之前的预期。表 5.1 展示了另外一些破产谈判的各方对公司价值估计有大幅偏离的例子。估值差异巨大，对于那些在从破产保护走出时持有公司股票并且可能成为最终控制重组公司的人来说有重要的影响。

表 5.1　有关第 11 章估值分歧的案例

公　司	破产宣布的日期	估　值
存储科技（Storage Technology）	1984 年 10 月	债务人对公司的估值为 5 亿～6 亿美元；债权人对公司的估值不高于 2.5 亿美元
全美吉普瑟姆公司	1990 年 10 月	债务人对公司的估值为 2 亿美元；低顺位等级的债券持有人对公司的估值超过 10 亿美元
E-II 控股（E-II Holdings）	1992 年 7 月	债务人对公司的估值为 8.24 亿美元；伊坎公司（Icahn）大量低顺位等级债券的持有人在其所提议的竞争性计划中，对公司估值为 13.45 亿美元
埃克赛德科技公司（Exide Technologies）	2002 年 4 月	债务人对公司的估值为 9.5 亿～10.5 亿美元；无抵押债权人委员会对公司的估值为 15 亿～17 亿美元
迈朗（Mirant）	2003 年 7 月	债务人对公司的估值为 77 亿～90 亿美元；股东委员会对公司的估值接近 130 亿美元，并声称之前的债权人并购谈判时对公司的独立估值也接近这一数值
WCI 钢铁集团（WCI Steel Corporation）	2003 年 9 月	债务人对公司的估值为 1.9 亿～2.5 亿美元；公司票据持有人对公司的估值为 3 亿～3.5 亿美元。

由于公司的内在或是真实价值是不可观测的，我们必须依赖多

种已经被广泛接受的方法去估计公司的价值。本章将对这些方法进行简单介绍，我们会进一步检验这些估值方法的实际应用效果，并试图验证估值如何能更有效地应用于公司破产的谈判过程中。

估值方法

与大多数正常公司的证券分析方法不同，对危困公司进行估值分析的目的并不是要去分析股票的价值，而是要分析整个公司的价值。这里所介绍的方法同样适用于兼并收购（简称 M&A），以及其他公司的重组实践，但是我们关注的重点仍以危困公司为主。

被广泛应用的两种估值方法分别为：（1）相对估值模型（可比公司与可比交易估值），估值来自可比资产的定价；（2）现金流折现模型。① 为方便之后的讨论，我们用“目标公司”来代表将要进行估值的公司。

相对估值模型：可比公司与可比交易估值

可比公司法，也常常被称为交易乘数法，通过应用同类公司的估值乘数来对目标公司进行估值。估值过程包含 3 步：（1）找到同类或是可比的有公开交易的公司；（2）观察可比公司是如何被市场定价的；（3）对应目标公司使用该估值方法。

这种估值方法的最关键问题，就是如何界定一组可比公司。选择可比公司需要研究员的一些主观判断。基本上，可比公司应当在风险和成长前景上与目标公司相匹配。一家完全同行业的公司是最

---

① 破产公司的估值方法简介在潘塔莱奥、赖丁斯（Pantaleo and Ridings，2005）和斯卡贝瑞、可力、牛顿、尼克尔斯（Scarberry，Klee，Newton and Nickles，1996）的研究中都有介绍。

理想的可比公司，但大多数情况下，这种完全匹配的公司并不存在。一般来说，基于标准的工业分类准则的行业筛选法可以找出一组可比公司。在这一组可比公司中，可以通过诸如规模、业务组合、破产阶段、赢利能力、杠杆率、成本结构等指标来进一步确定可比性。当一组可比公司被确定下来，比较可比公司和目标公司的许多财务表现指标是很有用的：一是看这些指标在这一组可比公司中的差异性有多大；二是目标公司是否与这一组公司相匹配。如果这一组公司事实上确实是可比的，那么像赢利能力比率与资产周转率等财务指标的表现应当比较相似。

定义完一组可比公司后，由于每一家可比公司都是公开交易的，我们可以观测到这些公司股票当前的市场价值。我们关注的重点是整体公司的总价值（简称 TEV）而不是股票价值，这里的整体公司的总价值是指股票的市场价值，加上所有债务与优先股，减去现金与现金等价物。整体公司的总价值与特定现金流的比率或与资产负债表中一些科目的比率就构成了估值乘数。举例来说，整体公司的总价值与利息、税收、折旧与摊销前利润（简称 EBITDA）的比率在进行公司重组分析时是极为常用的，因为 EBITDA 可能与公司价值存在着高度的相关性。其他如 TEV/EBIT、TEV/收入，或 TEV/（EBITDA－资本支出）都是可选的指标。这些乘数指标的摘要（平均值、中位数、最大值、最小值）经常被用来说明折现估值乘数。

最后，利用这些从可比公司获得的估值乘数，我们可以对目标公司的价值范围进行估计。举例来说，可以用目标公司的 EBITDA 乘以可比公司平均的 TEV/EBITDA，来对目标公司总价值做出某种估计。运用几种指标的乘数（如 EBITDA 与收入）或者运用乘数的范围（最大值与最小值），就可以获得目标公司的价值区间。如果目标公司的价值与可比公司的平均水平相近，或者至少在可比公司的范围之中，那么运用乘数法就显得较为直观。进行额外主观的调整必须基于一个假设：目标公司与可比公司确实存在根本上的不同，但这很难证明。正如一本知名估值教科书中提到的（Damodaran 1996，第304页）：

> 即使一组合理的可比公司被构建出来，可比公司与目标估值公司在基础层面上也会存在差别。对这些差异的主观调整，并不能给这个问题提供一个满意的解决方案。

除了在同意公司可比性上存在困难之外，我们还需特别注意如何将乘数法应用于进入破产法第11章的重组公司。当公司处在进行重大资产重组过程时，目标公司历史数据的效力是有限的。因此，典型的做法是把乘数与用于支持重组计划的现金流预测相乘。更进一步，重组后立刻产生的现金流可能并不能反映公司正常的经营。举例来说，当一个公司刚出现破产迹象时，EBITDA会暂时比较低，如果利用这个降低的数据来进行乘数估值法，可能会低估公司长期的增长潜力。

在这种情况下，乘数应该乘以代表正常运营的第一年预测值，当然未来预期的营运指标应当折现到现在。通过使用证券分析师的数据，可比公司的未来表现可以被用来确定估值乘数。如果对可比公司的预测数不存在，通过历史表现得到的乘数也可以使用，只要有理由认为乘数在这一段时间没有发生显著变化即可。

表5.2列示了这样进行分析的一个例子。该例子记录了2003年9月WCI钢铁集团申请了第11章破产保护，在向法院提起诉讼时，金融顾问给WCI票据持有者提供了一份更详尽的分析报告。[①]

---

① 这个信息之所以被破产法庭存档，是因为各方对公司价值的估计存在分歧。我们这里使用这个例子只是想说明这种方法，并没有对可比公司的选择、现金流预测的准确性和其他会影响对价值判断结论的因素进行评价。

表格显示了基于过去12个月（简称LTM）与预期的EBITDA表现的乘数。因为历史表现（即LTM）是基于WCI钢铁集团在破产期间的业绩，这会得出一个较低的估值（1.04亿美元），但这并不能反映重组公司预期的业绩。而使用可比公司来确定预测EBITDA的乘数的中位数，提供了WCI钢铁集团更真实的估计值：2.92亿～3.05亿美元。

可比公司法应用广泛，实施也较为容易。当存在大量可在金融市场上交易的可比公司，且大体上市场能正确定价这些公司的时候，这种方法尤其有用。然而任何相对估值法在市场本身出现高估或低估的时候，则会出现错误。

另一种被广泛接受的相对估值模型是“可比兼并重组交易”（comparable M&A transaction）法。这种方法除了是用最近发生兼并对可比公司所支付的价格来计算估值乘数外，其他都十分接近可比公司法。这种方法的最大限制在于，较近的时间内与相似的市场环境下是否发生过足够数量的兼并交易。另外，可比公司的兼并价值一般会有控股溢价，导致一定程度上价格的高估。

当使用这种方法来决定刚摆脱破产的公司价值时，可比公司不能是处于破产法第11章里的被购买公司。浩特凯斯、慕拉迪（1998）和普微尼（1999）指出，在破产法第11章提及的购买公司资产价格，通常会低于相似的非破产公司价格。这会限制可选可比公司的范围，因为尤其在最近的一次破产潮中，同一个行业经常有大量的企业申请破产，同时破产企业出售资产的频率也提高了。

现金流折现模型

现金流折现模型（简称DCF）是将未来的预期现金流进行折现来估计公司价值的方法。因此，这种方法对获取现金流或折现率的一

表 5.2　WCI 钢铁集团——基于 EBITDA 乘数的可比公司分析

（单位：100 万美元）

可比公司	股票市值	公司价值	过去 12 个月 EBITDA	2004 年 EBITDA 估计值	2005 年 EBITDA 估计值	过去 12 个月 EBITDA 乘数	2004 年 EBITDA 乘数估计值	2005 年 EBITDA 乘数估计值
AK 钢铁控股集团	649	1 643	147	335	330	11.2×	4.9×	5.0×
阿赛洛钢铁	8 541	12 913	2 731	3 394	3 516	4.7×	3.8×	3.7×
康力斯集团	1 829	2 804	305	589	665	9.2×	4.8×	4.2×
多法斯科工业	2 978	2 971	623	817	789	4.8×	3.6×	3.8×
国际钢铁集团	2 978	3 491	368	712	781	9.5×	4.9×	4.5×
纽柯钢铁	6 448	6 996	1 035	1 913	1 279	6.8×	3.7×	5.5×
动力钢铁工业	1 514	2 045	297	603	429	6.9×	3.4×	4.8×
美国钢铁	4 068	5 386	726	1 414	1 423	7.4×	3.8×	3.8×

			均值	7.6×	4.1×	4.4×
			中位数	7.2×	3.8×	4.3×
			最小值	4.7×	3.4×	3.7×
			最大值	11.2×	4.9×	5.5×

	WCI 钢铁集团	中位数乘数	隐含估值范围
过去 12 个月 EBITDA	15	7.2×	104
2004 年估计 EBITDA	80	3.8×	305
2005 年估计 EBITDA	67	4.3×	292

注：股票市值是 2004 年 8 月 11 日的数据。

2004 年和 2005 年的 EBITDA 估计值使用的是 IBES 研究员赢利预测的均值。

阿赛洛钢铁以欧元计价。

康力斯集团以英镑计价。

多法斯科工业以加拿大元计价。

资料来源：基于 CIBC 全球市场 2004 年 8 月 16 日的估值报告更新版，同时被美国俄亥俄州北区的破产法庭所收录。这个案例只是用来介绍方法。另外两个数据不全的可比公司没有包含在内。

系列假设非常敏感。不同于相对估值法，这种方法需要分析师明确这些假设。一些人认为，DCF 可以说是对内在价值最有效的估计方法之一（Damodaran，2002）。

由 DCF 模型得出的公司整体价值为：

DCF 价值 = 估计期中现金流的折现值 + 终值的折现值

这种方法需要对重组公司的未来运营业绩做出详细估计。终值体现的是在估计期之后公司的价值，代表了在预测期后所产生的所有现金流的折现值。

因此，DCF 的两个重要方面就在于被折现现金流的计算与折现率的确定。最常用的 DCF 模型就是自由现金流（简称 FCF）模型。这里的自由现金流是指，由可供公司资本提供者（债权人与股权人）共同享有的所有的公司税后现金流。这些现金流的折现率反映的是所有投资者（债务与股权）在投资具有近似风险的资产时所承受的机会成本，也就是所谓的加权资本成本（简称 WACC）。本章中，我们将回顾这种方法最重要的方面，这些内容与绝大多数商学院所讲授的相一致。

在对处于财务危困或破产环境中的公司进行估值时，有一些独特的问题需要考虑，这就需要第二种 DCF 方法，这种方法的基础是调整现值法（简称 APV）。当公司的资本结构在预测期发生重大转变时，使用 APV 通常会比自由现金流法更容易，也更适用于危困重组中面临复杂税务环境的公司。吉尔森、浩特凯斯与鲁拜克（Ruback，2000）使用这种方法估计了 1983—1993 年一个包含 63 家与破产法第 11 章相关的公司样本。APV 的核心优势在本章也会有所提及。

自由现金流模型

自由现金流（简称 FCF）被定义为，公司所产生的且由公司资本的所有提供者（包括普通股股东、债券持有者与优先股持有者）共同享有的所有现金流，计算方法如下：

FCF = EBIT（1 - 税率）+折旧和其他非现金费用 - 资本支出 - 净营运资本

FCF 不包括公司非营运资产产生的现金流，这部分现金流的价值通常单独计算。自由现金流可以看作是无负债公司股东可以享有的全部税后现金流，是在公司融资之前产生的，因此与公司的资本结构无关。换句话说，得益于债务利息抵扣和其他税盾的税收额，并不具体包含在现金流本身当中，而且税务支出的估计方法是用预计的 EBIT 乘以公司的边际税率。尽管资本结构并不进入现金流计算当中，但它却能影响折现率，进而影响公司的估值。

折现率应当反映具有可比风险资产所要求的回报率。由于自由现金流归属于全部资本的提供者，所以适宜的折现率应当是债权与股权要求回报率的综合，其权重按照这些资本提供方对公司总市值的贡献度来确定。所以，最终的加权平均资本成本的公式为：

$$\text{WACC} = r_d\ (1-t)\ \times \frac{D}{V} + r_e \times \frac{E}{V}$$

其中：

- r_d = 重组后公司债务的预期回报率；
- t = 重组公司的边际税率；
- D/V = 重组公司债务市值比；
- r_e = 股权资本成本；
- E/V = 重组公司股权市值比。

通常估计股权资本成本的方法是使用资本资产定价模型（简称 CAPM）：

$$r_e = r_f + \beta_\varepsilon \times\ (r_m - r_f)$$

这里的 r_f 是无风险利率，β_ε 是公司的权益贝塔（equity beta），$r_m - r_f$ 是市场风险溢价。市场风险溢价的估算值，可以通过比较公开发布的很长历史区间的市场指数回报与国库券收益率的差别而直接得到。① 当前的国债收益率可以被当作无风险收益率。

在计算正常企业情况下系统性或市场范围内的风险时，我们通常使用公司历史的股票回报率来估算权益贝塔。在破产公司的情况下，这样的权益贝塔通常并不是很有意义。在债务人进入财务危困时，公司股票回报率通常是负的，并且它们与股东期望从重组成功的债务人那里所获得的回报率之间也没有什么相似之处。另外，破产公司通常会经历重大资产重组，使得公司股票回报率与其历史表现的相关性较低。最后，这些公司往往不存在可交易的股票，因此最佳的替代方法就是使用可比公司，可比公司贝塔可以从历史数据中计算得出，也可以从一些公开数据中直接获得。从可比公司获得的权益贝塔必须要根据可比公司与目标公司之间财务杠杆的差异来进行调整。②

表 5.3 中列出了一个计算 WCI 钢铁集团 WACC 的例子。贝塔使用可比公司算出，并且按重组后的 WCI 钢铁集团的杠杆率进行了调整（在这个例子中假设债务权益比是 1）。这个例子中，计算出 WCI 钢铁集团的 WACC 是 12.3%。

在自由现金流模型中，最后一个重要的输入是计算终值的大小，通常有两种做法。第一种做法是用可比公司法去决定可比公司价值，

---

① 艾伯森协会（Ibbotson Associates）提供了这样的预估。然而之后的一些学术研究表明，股权风险溢价的历史估计数据夸大了投资者在未来需要的股权风险溢价，参见法玛和弗仑希（Fama and French，2002）的研究报告。

② 权益贝塔也可以被称为杠杆贝塔。杠杆贝塔与无杠杆贝塔的关系如下：$\beta_{杠杆} = \beta_{无杠杆} \times [1 + (1-t)\frac{D}{E}]$。这里的 D 和 E 指的是负债与股权的市场价值，是可比公司的平均股权贝塔。可比公司的无杠杆贝塔是目标公司无杠杆贝塔的一个代理变量，然后需要按照重组公司的预期 D/E 的比率进行加杠杆。参见达摩达兰（Damodaran，2002）的进一步讨论。

表 5.3　WCI 钢铁集团——得出折现率（WACC）的方法

输　入	符　号	数　值
无风险利率（30 年国债利率，2004 年 7 月 6 日）	r_f	5.38%
市场风险溢价	r_m	10.10%
可比公司的平均无杠杆贝塔	$\beta_{无杠杆}$	0.91
税率	t	40%
预测股权与公司价值的比率	E/V	50%
预测负债与公司价值的比率	D/V	50%
重组后的公司杠杆权益贝塔 $\{\beta_{无杠杆} \times [1 + D/E \times (1 - t)]\}$	β_e	1.46
税前债务成本	r_d	7.7%
股票资本成本 $= r_f + \beta_e \times (r_m - r_t)$	r_e	20.0%
负债资本成本 $= r_d \times (1 - t)$		4.62%
$WACC = r_e \times E/V + r_d (1 - t) \times D/V$		12.3%

注：市场风险溢价来自艾伯森协会 2004 年各期的风险溢价报告（包括微型市值股票风险溢价）。

资料来源：基于 CIBC 全球市场的分析，2004 年 7 月 6 日的估值报告。

比如，使用一个 EBITDA 乘数对预测期紧随其后的现金流进行乘积（相对一个 T 年预测期的 T+1 年）。用来计算终值的现金流，应当代表正常经营情况下的现金流，并期望可以无限期持续下去。

第二种常用的做法是使用永续增长模型：

$$终值 = \frac{FCF_{T+1}}{WACC - g}$$

同样，T+1 年的自由现金流应当反映的是正常化的长期经营表现。这个模型最关键的输入变量是 g，也就是假设的现金流长期增长率。永续增长法背后假设的详细讨论由麦肯锡公司提供（2005，第

277 页）。

同时，使用可比公司法与永续增长模型来决定终值，常常可以对模型的假设提供一些有用的信息。举例来说，对一个基于 EBITDA 乘数计算出的终值，我们可以从估计的 WACC 和 T+1 的自由现金流计算出隐含的增长率。这些假设尤其重要，因为终值往往会在估计的公司总价值中占较大的比重。以吉尔森、浩特凯斯和鲁拜克（2000）估计的63 家公司的中位数为例，终值占到了公司总价值的70.5%。增长率的假设上出现一个小的变动对最终的估值都会产生重大影响。

表5.4 中，WCI 钢铁集团的估值就使用了自由现金流法。在计算终值时，使用了某个区间的不同折现率（见表5.3），以及从可比公司中获得的不同 EBITDA 乘数。最终的估计值范围是2.8 亿~3.35 亿美元。

调整现值法

调整现值法（简称 APV）是直接根据莫迪利亚尼和米勒（Modigliani and Miller）的研究成果，相关内容可以参见本书第六章与布鲁纳的文章（Bruner，2004，268 页）。公司总价值等于运营资产的价值与债务税盾的现值之和。将上述内容与我们的折现现金流模型关联，得到：

$$\text{企业价值} = \text{企业无债务的价值} + \text{税盾现值}$$

$$= \sum \frac{\text{自由现金流}}{1 + \text{无杠杆的 WACC}} + \sum \frac{\text{税盾}}{1 + r_{\text{税盾}}}$$

税盾可能等于利息费用乘以税率，或者可以包含更复杂的税盾，比如那些来自净经营损失（简称 NOL）的税盾。

这种方法的一种变体叫作资本现金流方法，使用相同的折现率对无杠杆公司现金流和税盾折现，参见鲁拜克的文章（1998）：

$$企业价值 = \sum \frac{资本现金流}{1 + WACC_{无杠杆}}$$

这种方法假设债务与公司价值保持一个固定的比例，这样利息与其他税盾和公司有相同的风险。① 在预测期，资本现金流用下面的公式计算：

$$净收益 + 现金流调整 + 现金和非现金利息 = 资本现金流$$

现金流的调整，包括加回折旧、摊销、递延税金和税后资产处置所得，减掉营运资本投资和资本支出。与之前章节介绍的 FCF 模型相比，资本现金流是基于净收入，因此利用了公司自身对未来税收支出的估计值。虽然现金流本身包含了对税盾的直接预测，但在这种情况下，贴现率是根据无杠杆公司计算的。这可以通过使用无杠杆公司的 CAPM 模型计算：②

$$WACC_{无杠杆} = r_{f} + \beta_{无杠杆} \times (r_{m} - r_{f})$$

这种方法是很有效的，不仅因为预测期内公司的资本结构发生变化时不用重新计算 WACC，还因为更复杂的税盾能够在现金流里清晰地计算出并折现。举例来说，吉尔森、浩特凯斯和鲁拜克（2000）发现，来自 NOL 的税盾现值代表了 5.7% 的位于中位数的样本公司价值，以及 9.9% 的位于平均值的公司价值。

---

① 鲁拜克在 1998 年证明了资本现金流方法在代数上相当于将公司的自由现金流通过 WACC 折现。

② 无杠杆贝塔可以通过可比公司与如下关系估计：$\beta_{无杠杆} = \frac{(\beta_{E} \times E) + (\beta_{D} \times D)}{E + D}$。这里是债务贝塔。科内尔、格林（Cornell and Green，1991）与浩特凯斯、罗南（Ronen，2002）提供的实证估计显示高杠杆公司的债务贝塔大概是 0.25。因为利息税盾价值的风险假设与公司的风险相同，利息税的抵扣并没有改变公司的贝塔值，所以，在计算资产贝塔时并不需要对税收进行调整。更多讨论可见鲁拜克的文章（1998）。

表 5.4 WCI 钢铁集团——折现现金流估值

（单位：千美元）

			2004 年 9 月～12 月	财务年结束日为 12 月 31 日			
				2005	2006	2007	2008
EBIT			17 478	37 382	37 936	21 493	30 966
减：现金税			6 991	14 953	15 174	8 597	12 387
税后净经营利润			10 487	22 429	22 761	12 896	18 579
加：折旧与摊销			6 524	22 422	24 222	25 222	27 022
减：资本支出			（13 683）	（28 500）	（18 000）	（10 000）	（18 000）
减：营运资本变动			39 285	（9 536）	4 803	2 858	1 208
无杠杆自由现金流（FCF）			42 613	6 815	33 786	30 975	
公司价值计算例子							
折现率	0.12						
折现期限			0.3	1.3	2.3	3.3	4.3
FCF 的现值			41 033	5 859	25 936	21 230	17 630
FCF 的限制加总		111 688					
终值乘数	5.5 ×						
终止年 EBITDA							57 988
终值							318 934
终值的折现值		195 174					
公司价值		306 862					

WACC 与终值乘数的敏感性分析

		WACC：		
		11%	12%	13%
终值乘数：	5%	298 235	289 119	280 406
	5.5%	316 681	306 862	297 478
	6%	335 128	324 605	314 551

注：假设现金税有效税率为 40%。

资料来源：基于 CIBC 全球市场的分析，2004 年 6 月 7 日的估值报告。

作为全新开始的公司价值的财务估计

根据美国财务会计准则委员会（简称 FASB）的意见声明（SOP，90-7），在 1991 年 1 月 1 日之后申请破产法第 11 章破产保护的所有公司，或者在 1991 年 7 月 1 日之后确定有重组计划的公司，在破产法案的规定下，这些重组实体的财务报告都需要“按全新公司开始记账”。[①] 该指令要求，一些公司要按持续经营价值的原则重计资产与负债值。重新记账在以下两种情况中必须采用：（1）重组债务人的资产的持续经营价值低于所有可允许的破产申请前债务和申请后债权的价值；（2）破产申请前的股票持有人在重组公司具有投票权的普通股中所占比例小于 50%。重新开始的记账价值，通常使用 DCF 与可比公司法进行估计。[②]

重新开始记账是与行政破产程序过程相伴随的估计值。这些估值是由会计师与经理共同提供的，结果使信息的利用超出了预测，并融入了不同索赔人的利益诉求（详见本章稍后的介绍）。

清算价值

为了从破产保护中走出，公司必须表明其重组计划能够为所有索赔人带来最大的利益。也就是说，根据破产法案规定，每个债权人类别都必须至少能够得到根据破产法第 7 章的情形下所说的绝对优先权规律计算的清盘所得。因此每个企业必须估算出资产的清算价值。

---

① 参见莱哈维（Lehavy，1998）与牛顿（1994）对重新开始记账的更详细讨论。

② 披露声明中很少描述对重新开始估值时所用到的假设。在某些情况下这些声明与在同一个文档里给出的管理现金流预测假设并不完全一致。

对清算分析来说，资产负债表上每一项资产都会被估算出一个在公司假设转为第 7 章破产清算时的清算所得。扣除费用和成本后，追偿所得按照公司索赔人的求偿顺序进行分配。清算会导致额外的费用，包括付给破产受托人的监督破产过程的费用、法律和其他专业费用、资产处置费用、诉讼费用和案件审理过程中债务人运作所引起的费用等。如果资产专用性很高，那么清算价值就会相应很低（如资产在挪作他用时价值低于当前使用的价值）或者该种资产的二级市场很有限。

如果公司的目的是进行破产法第 11 章那样的重组，就要求假设公司持续经营价值高于清算价值，那么很明显的一个顾虑就是，当前计划所显示的清算价值容易被低估。爱德森和本克（1995）估计了根据破产法第 11 章所完成重组的 88 家公司的清算价值。将估计的持续经营价值与清算价值相比，他们发现，平均来看有 1/3 的持续经营价值在清算中会消失。另外，他们发现，具有高清算成本的公司会在走出破产保护时选择较低的债务水平，从而使得未来的财务危困发生的可能性更小。

总结从不同估计方法中得到的估值

对于目标公司而言，每种方法都会给出一个不同范围的估值，所以，最后的总体价值应当是这些方法的加权平均值。对任何一种方法，估值就是现金流的预测。敏感性分析与基于不同假设的替代性预测，同样也很有帮助，通常这些方法比为了考虑一些非特定的额外风险而临时性地调整折现率要有用得多，因为根据这些方法，分析师要对这些风险有更明确的指定。

这些模型到底有多好？在一个正常企业并购的背景下，卡帕兰与鲁拜克（1995）发现这里所描述的方法对一组高度杠杆化的交易给出了相对正确的估值。而对危困公司的估值，由于之前所述的原因会变得更困难一些。吉尔森、浩特凯斯和鲁拜克（2000）通过对一组从破产法第 11 章走出的样本公司所提出的重组计划中预测的现金流，来检验这些方法的有效性。衡量这些方法准确度的具体方式是，将由可比公司与 DCF 模型得出的估值与目标公司在破产后第一次交易的价格进行比较。他们发现，估计值一般是市场实现价值的无偏估计，但并不十分准确。样本的估值与市场价相比较的区间为 -20%~250%。他们解释说，行政而非市场行为以及谈判过程中有策略地使用估值，是导致估值区间比较大的原因。

在谈判中策略性地使用估值

关于估值准确度较低且波动较大的一个解释，就是将估值本身作为计划谈判过程中的一部分。当谈判的参与方出现利益冲突，对估值的表述可以反映他们之间的分歧。吉尔森、浩特凯斯和鲁拜克（2000）所做的案例分析与之前表 5.1 所呈现的例子，都清楚地显示了不同参与者对破产公司价值的陈述是为自身利益服务的。

上述 3 人提出了他们认为与这种分歧相关的几个因素：竞争性索赔人（优先级与劣后级）的相对议价能力，管理层对重组公司的股权持有情况，外界存在收购或投资债务人的意愿情况，高级管理人员的离职情况。他们为这些因素开发了实证代理变量，并且展示了这些代理变量如何与公司相对其从破产法第 11 章走出来时市场价值是高估还是低估联系起来。

在确定重组公司的价值方面，优先级与劣后级就会经常产生分歧。如果计划基本是按照相对次序进行分配，那么更高的公司价值对劣后级更有利，因为他们可以按要求获得更大一块收入。同理，如果重组按照一个相对低的价值进行，优先级求偿人将会首先要求保障收益。如果公司价值低到任何排在优先级后面的求偿人都不能获得任何补偿，那么基本上重组公司大部分股票将分配给优先级求偿人，那些更劣后的求偿人只能收到很少或干脆没有任何分配。实际上，如果公司重组后的价值显著高于计划中假设的价值，那些接受股票的优先级求偿人将会获得意外之财，那些事后仍持有求偿权的人，将获得相对在破产前的求偿权价值超过100%的回报。任何群体所获得的事后财富所得，都是以其他群体的损失为代价的。3 人发现，如果劣后级求偿人控制了重组公司，那么按照计划得出的预测现金流所求得的公司估值更高，反之，如果优先级求偿人控制了公司，则公司的估值更低。

3 人还发现，重组公司股票和期权的分配，与低估值背后的激励机制有关。在破产法第 11 章里，管理者通常被允诺一个固定目标数量或比例的股票，那么如果公司的价值较低，管理层的报酬也会较低。当股票期权被允诺后，一个低的公司估值意味着重组公司的股价估计值也较低，因为期权通常以平价发行，那么期权的行权价就会被设置得较低。如果实际中公司的价值被低估，当公司从破产中脱离出来时，管理层会获得额外的报酬。

第三方股权投资作为重组计划的一部分也是相当普遍的。在他们 3 人检验的例子中，对现任管理层一般都比较友善，公司从破产中走出时，现任管理层仍会留任。他们发现，当将外部投资者购买公司股权作为重组计划的一部分时，公司价值很有可能被低估。在这些情况下，对管理层友善的投资者将以一个巨大的折扣来购买公司股票。

最后，浩特凯斯（1995）与其他研究者一致发现，那些任期早于破产申请结束的管理者会对重组公司产生过度乐观的估计。与此一致的是，当破产前的首席执行官在破产计划提出时仍然在任，公司的价值也可能会被高估。

解决估值方面的争论仍是一个很难的问题。通常，在重组过程中能保持控制力的参与方，更有可能成功推进具有对他们有利的估值的计划。后来，在一些涉及大型上市公司重组的案例中，重组计划的确定对被指定的估值产生了争议，这其中的矛盾是由破产法庭解决的。有意思的是，估值纠纷可能通过发行证券来解决，证券收益由公司未来的市场价值决定（Bebchuk，1998；Hausch and Seward，1995）。这种证券提供了错误的对冲估值工具，并且经常被用在公司收购当中。但迄今为止，在破产法第 11 章的案例中，几乎没有哪家公司使用这种机制以减少估值大幅错误的可能性。

第六章 企业价值和企业融资结构调整

企业价值的概念以及如何使其最大化，也许是企业动态经营过程中最关键的因素。估值问题从来都是金融领域的核心部分，然而，它从来没有像现在这样变得这么重要。这是因为在20世纪80年代美国发生了巨量的公司重组，以及自那时以来在美国和欧洲所爆发的公司治理和资本结构的问题。有大量的文字和文章来赞美企业价值提升技术的优点。

本章的目的就是从企业资本结构的角度来考察企业估值。在杠杆重组尤其是杠杆收购（简称LBO）所带来的时代巨变的背景下，我们来分析资本结构问题。在分析过程中，我们也顺便回答了以下问题：债务是否重要？以及是否存在最佳的资本结构？

我们的调查研究紧跟着美国20世纪80年代所发生的长达10年超常规的兼并收购活动以及2004—2005年再次兴起的杠杆收购的现象。市场中的重组交易价格在早期是非常高的，原因是大量股权并购基金展开了激烈的竞争。相应的，合并后公司资本结构中负债总量和负债比率也被提升到了在美国企业史中从来没有过的高度。因此，企业价值和破产风险都在20世纪80年代中期迅速上涨，在80年代末期则上升更为迅猛。①

---

① 这一章是对阿尔特曼和史密斯所写的一篇文章的延伸和更新，该文章的部分内容被收录于《公司破产和危困重组》［*Corporate Bankruptcy and Distressed Restructuring*, E. Altman, editor, Dow Jones - Irwin, Homewood, IL（1991a）］这本书里，也可以在阿尔特曼和史密斯的研究文章（1991b）中找到。

我们的研究表明，在大部分案例中，只有在重组初期后不久，债务和危困风险的水平开始快速下降的情况下，企业的高估值才能得以维持。如果不是这样的话，相似的交易就难以成功地从市场中吸引到资本。从那些失败的杠杆重组案例中可以看出，债务水平将仍然需要通过危困救助的交换协议来降低，或者失败而进入破产法第11章的破产重组。如果所有这些都不行，企业的资产就将被清算。在后面这几种危困的情况下，企业价值会迅速下降，远低于企业在其重组后就快速削减债务时的估值。

我们首先回顾了有关不同债务政策下企业估值的经典金融理论。这些理论不仅可以有助于解释为什么杠杆重组可以改变企业价值，甚至有时候的改变还很大，而且还可以解释为什么重组的结果会如此不同，有的能取得巨大的成功，而有的却会彻底失败。归根结底，我们的目的是为了分享从过去这些失败的和结构不良的杠杆重组中所总结出的经验教训，通过这种分享，我们希望为未来成功的交易提供更好的资本结构的参考。

公司重组的定义和目的

公司重组是指在企业资产或者资本结构中所发生的任何重大改变。公司重组的目的通常是通过提高运营效率、挖掘负债能力和提高税收利益或者重新部署资产，来增加公司对于其新旧所有者的价值。从运营的意义上来说，在一些案例中，公司重组的目的并不一定有很强的战略性，也并非使公司价值最大化，而是直接简单地在公司控制权方面做出改变，或者进行一项防御以避免失去控制权，也就是说，保持公司的独立性。长久以来，运营的独立性对于董事会或者公司的大股东来说十分重要，尤其是这些大股东已经习惯了不考虑公众股东的权益而直接控制公司行动。有些时候，这些行动是出于对违背管理层意愿的接管的担忧。除此之外，高级管理人员经常公开宣称自己的一个目标，是为了保持一定的独立性，以避免主要借贷人对公司的运营施展可能造成的影响。当以公司治理名义进行高杠杆重组，并可能会对股东的利益产生不利影响的时候，“毒丸计划”（poison pill）就有可能被使用。

公司兼并与收购

美国至少已经经历了4个显著的企业并购周期。最近的一次是在20世纪80年代，那个周期涉及了大型企业财务重组，经常会导致一个公司的控制权被另一个公司所收购。尽管这种周期在美国已经结束，但是隐藏于周期背后的力量在欧洲仍能看到。欧洲在20世纪80年代经历了第一次大规模的企业并购。那次并购主要是对于早已成熟的产业重组需求的响应和其他影响力的结果。欧洲企业并购始于1985年欧洲共同体（简称EC）的计划，该计划意在整合全体成员国的贸易和资本市场活动。跨国公司的兼并障碍被大大降低，是因为人们新近建立的自信，即放松管制的私人部门市场，与之前存在国家收入和贸易保护政策相比，可以有更好的公司业绩。如果你想了解更多的欧洲经济重构的细节，请参考史密斯和沃尔特（1990）、阿尔特曼和史密斯（1991b）发表的研究文章。2004—2005年，我们发现欧洲私募股权公司的重组活动显著增加，其中德国尤甚。

杠杆重组

企业也尝试着通过大规模地使用杠杆来增加股东价值。这些重组的主要形式是杠杆资本化和杠杆收购。前者包括某种类型的债转股，后者包括管理层单独或者与第三方投资公司的合作，通过购买所有流通在外的普通股以使公司完全变成一家私有企业。买回股票的方式是通过杠杆——因此叫作杠杆收购（公司还是上市公司的话，也可以叫作杠杆买入）。在讨论了关于价值分析的金融理论的演变以及与公司资本结构之间的关系之后，我们将对这个机制做更深层次的探索，并进行数量化的分析。

在我们尝试整合金融理论和企业财务实践之前，十分有必要先定义和讨论发生在 20 世纪 80 年代的杠杆重组，特别是发生在 20 世纪 80 年代后期的重组。不论怎样定义价值，公司重组的目的通常是采取下面中的一项或几项措施，从而提高公司价值：

- 重新调配资产使用来改变公司业务的组合；
- 发掘杠杆或者其他财务机会；
- 提高运行的效率。

这些目的可以通过下列的一个或多个重组方法来实现：

- 收购其他的公司或者业务；
- 杠杆收购；
- 改变资本结构，也就是说股票回购或者债转股；
- 公司组织、领导或者治理政策的重大改变。

管理层杠杆收购

在 20 世纪 80 年代的美国，许多新的提高企业价值的方法如雨后春笋般冒出来。这些新的方法通常包括上文概述中所提出的方法。其中最明显的就是管理层杠杆收购（简称 LMBO）或者是杠杆收购。这两种方法均通过收购要约获得一个企业的控制权，而所支付的价格通常比市场价格高出很多的溢价［卡帕兰（1989）指出，杠杆收购的溢价幅度在20世纪80年代早期和中期是46%，然而在80年代后期溢价变得更高，甚至翻倍］。通常情况下，如果董事和经理不是收购团队的成员，他们就会强烈反对这笔交易。当溢价升高，新的股东方就越来越多地依赖从银行和公众那里借取的资金。这导致了一些杠杆过度使用的案例出现。

管理层收购（简称MBO）在美国和欧洲已经流行了很多年。20世纪70年代的早期交易中，经常出现一家公司的高级管理层买入所有的流通股，然后把公司私有化的情况（如果公司是公众上市公司的话）。收购融资最重要的资金主要是由商业银行提供的贷款，剩余部分是由管理者的股权来投资。交易是通过杠杆形式完成的，而公司的规模和相应的所需融资相对较小。尽管最终的资本结构高度杠杆化，但非常简单，债务基本上只有一种类别。

无论过去还是现在，最适合管理层收购的公司的特点都是相同的：有相对稳定和可预测的现金流，而且现金流足以偿还利息和债务本金的固定花费。收购背后最主要的动力是，管理人员可以直接从他们的努力中获利，以股权回报的形式获得公司的利润，而不仅仅是作为管理人员获得固定的或者半固定的工资。并且通常会认为，在所有权和控制权的双重激励下，管理层将更加努力工作。

管理层杠杆收购或者杠杆收购与管理层收购的不同就在于前者规模大，交易更复杂，还包括显著的第二所有者权益的参与。其实，第二所有者通常是以私募股权投资公司或者合伙人的身份出现的，他们提供并获得了大量的股权资本，其中最多有10%～15%的股权会分给管理层。管理层杠杆收购更复杂的地方在于包含了多重债权（除了带有股权参与特征外，还有部分债券是延期付息或者当期付息）和多种股权资本（优先股和普通股，有些时候也包含普通股认购权证和股票期权）。

图 6.1 展示了美国 1987—1988 年管理层杠杆收购的一个典型的资本结构。值得注意的是，银行和保险公司的优先级债务提供了交易所需的 60% 的资金，相当于债务融资总额的 2/3。这些债权人不愿提供 100% 的债务融资，因为他们感觉总额过于巨大且可预估的风险也非常大。而实际情况也的确如此，这些收购金额大多超过 10 亿美元。截至目前，金额最高的是 1989 年的 RJR Nabisco 公司价值 250 亿美元的收购案。最近的是在 2005 年，我们见证了大规模的杠杆收购的复兴，比如价值 115 亿美元的 SunGard 公司并购案，以及在意大利价值 160 亿欧元的 WIND 电信交易案。近期的一个创新是，这些大规模交易中的股权是由几个大型私募并购公司共同分摊的，也就是所谓的“俱乐部”交易（比如 SunGard 公司并购案）。

1987

优先级银行贷款	47%
其他优先级债务	13%
次级债务	20%
递延债务	7%
优先股	3%
普通股	9%

1988

优先级银行贷款	40%
其他优先级债务	19%
次级债务	21%
递延债务	7%
优先股	3%
普通股	10%

图 6.1 选取的 1987—1988 年管理层杠杆收购的资本结构

资料来源：瑞士信贷第一波士顿银行（简称 CSFB）和作者的整理。

在优先债务之下就是次级的当期付息债务，即利息支付是即期发生的。这个层次提供了融资总额的 20%~21%。在很多情况下，这种债务最主要的创新之处在于其可以在公开市场发售，并作为不断增长的垃圾债券发行的一部分。用一个音乐厅来进行类比，这种债务也被称作夹层融资，因为它的优先级是低于楼座（优先债务）和高于乐队（股票融资）的。1986 年以后，美国的次级债务主要是来自公开市场销售的垃圾债券。交易价格中 27%～28% 都是由这种渠道的资金支付的（包括非付息的次级债务）。我们对高收益债的讨论详见第七章。

延期付息债券、实物支付债券和重置债券

为了减少交易的最初现金利息支付负担，次级债的一些新变体在 20 世纪 80 年代晚期被引进来。这些变体包括延期付息债券（简称 DIB）和实物支付债券（简称 PIK）。后者需要向债券持有人派发额外债券，而不是支付利息，所以债务和利息会随着时间而增多。前者通常一开始不需要付息（比如前 3 年），然后才开始支付票息（比如 4 年到期开始支付）。

美国投资银行界开发的另一个创新行为就是重置债券（reset notes）。它保证了利率将被定期重置，以确保这些债券可以按照面值来进行售卖。这种创新就像其他类似的创新一样，在 1989—1991 年，处于垃圾债市场变得越来越关注信用质量的背景下，其最终的运行结果是与发行者的利益相悖的。这种工具极大地增加了未来出现信用问题的可能性。如果债务在现金支付阶段开始或者需要重置之前没有被偿还清，那么这些延期支付债务工具就是定时炸弹。

次级债务和股票的角色

在这些重组中，次级债务扮演了一个关键性角色。尽管次级债务通常被那些关心公司整体估值的人当作债务来处理，但从潜在的

优先级债权人的角度来看，无论是有当期付息还是不付息次级债务，都提供了一个类似于股权的缓冲层。但是不像 20 世纪 60 年代的优先股并购，次级债务提供了重要的税收减免。

最后，在多层次债务结构之下的是优先股和股权融资，它们中有超过 85% 被投资公司持有，剩余的一些由管理层持有。尽管管理层手中持有股权比重较小（12% ~ 15%），但是重组一旦成功，杠杆交易的巨大放大效应会给所有的股权投资者带来极高的回报。

成功与失败的杠杆收购

从所有参与方包括新旧债权人和股权持有者的角度考虑，一个成功的杠杆收购具有如下特性：

- 相对快速、成功地偿付了债权人的债务（利息）；
- 在 3 ~ 7 年的时间里能够兑付现金，使得股权持有人可以收回他们的投资并赚取可观的收益；
- 对于被收购公司不会造成任何重大的经济破坏，比如失业导致的一些政治上的反应。

运营效率和资产出售（如果需要的话）应该给公司提供充足的可在两年内用于偿还优先债务的大笔资金。在这段时间之后，如果公司能继续大量产生现金流，那么即使来自延期利息垃圾债券的债务负担不断增加，也能被顺利地偿还。然而，如果现金流和资产出售令人失望，那么危困就会出现，在大多数的情况下，将导致杠杆收购的失败。

1989—1991 年，几个大型管理层杠杆收购和其他高度杠杆化的交易失败后，杠杆重构导致了严重的破产与其他危困情况的出现。

具体案例包括了 Campeau 连锁商店、Hillsborough 控股、南方公司、全美吉普瑟姆公司和其他几宗公司并购案。在英国，Isosceles 股份公司收购 Gateway 公司后，就出现了危困的问题，原因主要是资产出售不够理想，并且债务偿还比预期的少。

现金偿还意味着那个公司将被卖掉，或者进行整体或部分的资本重组，或者杠杆收购公司会再次变为公众上市公司在公开市场中售卖股份。就只出售部分公司股权的案例而言，变卖收益经常会被用来付给新的持有者，而债务则进行再融资，这种债务再融资通常会有一个很长的到期时间。表 6.1 列出了关于平均大小的公司在 20 世纪 80 年代中期到后期发生的杠杆收购的数据。前一个时间段要早于出现过度杠杆化的 1987—1989 年，这一段时间里许多的收购都以失败告终。需要注意的是，早期付给最初的股权出售者的溢价率是 46%，这也导致了 5.24 亿美元并购额的平均增量债务达到了 4 亿美元。最初的负债与权益比大概是 6∶1。以平均投资 1 亿美元的股权投资为例，成功的杠杆收购在 3～5 年里能为新所有者赚取 250% 的回报。

1987—1988 年出现的过度杠杆化与收购溢价飞涨的情况，导致了表 6.1 中所展现的平均溢价率从早期的 46% 升到了现在的 74%，并且平均资金流乘数从早期的 6～8 倍升到接近 12 倍。最后，在很短的一段时间里，大公司交易的平均规模从 5.24 亿美元提高到了大概 18 亿美元。1982—1986 年将收购的公司再次出售，平均能获得 7.5 亿美元的付款——从中可获得 2.5 亿（50%）美元的收益（率）。当然，由于大量使用了杠杆，股权持有人的实际收益变得更多。因为他们的投资只有 1 亿美元，所以在平均 3～4 年的时间里，他们在股票上的收益可以达到 250%。这解释了价值是怎么通过杠杆收购来增加的。

表 6.1 杠杆收购历史平均经验

	1982—1986 年（百万美元）	1987—1988 年（百万美元）
收购前股权价值	360	1 023
平均杠杆收购价格	524	1 783
收购前原股东的平均收益率	46%	74%
所有者权益占总资本的比重	15%	12%
负债占总资本的比重	85%	88%
负债—权益比	5.8∶1	7.3∶1
增量债务	400	1 570
收购后公司出售价格	750	不适用
收购后出售公司收益（50%）	250	不适用
新股权所有者的收益率（总）	250%	不适用
现金流乘数（税后收入加折旧、摊销与递延税）	6×~8×	12×

资料来源：卡帕兰（1989）与作者整理。基于 1982—1986 年的 46 件杠杆收购案例。

诚然，将次级债当作具有税收抵扣的股权来使用，有助于刺激公司价值的大幅增长，但很多杠杆收购中最终失败的主要原因是过高的价格支付和使用过多的债务杠杆。在 1989 年年末，这个泡沫破裂了。

卡帕兰和斯坦（Stein，1993）分析了 20 世纪 80 年代的大型杠杆收购在估值和资本结构上的变化。他们发现，高度杠杆化的重组的激烈竞争导致了：（1）收购价格对现金流的比率大幅提高；（2）所需银行本金支付加速；（3）私募的次级债被公开发行的高收益债取代；（4）管理团队和中介在交易中获得高额的一次性事先费用。大体上，这些过热的趋势导致了 1989 年年末危机的产生。两位丹尼斯（Denis，1995）研究了 1985—1988 年的杠杆资本重组，发现这些重组中有31%随后都遇到了财务危机。造成危机的原因包括：(1) 经营绩效低下；(2) 资产销售收益意外走低；(3) 高杠杆交易面临市场转熊，导致股票价格下跌。他们认为，危机高发率的主要原因是意外的宏观经济形势与监管的变化。

我们承认自己对若干个重组失败案例所进行的随意分析，除了与两位丹尼斯提出的相似因素外，我们进一步发现，资本结构不善、估值过高与债务过度使用也是导致失败的重要原因。最经典的一个例子就是1988年的Interco公司重组崩溃，它导致了1990年的违约事件，不久之后公司就倒闭了。

资本结构理论与杠杆重组的连接

金融理论学家们对公司的资本结构和实际估值关系的研究兴趣已经持续了40多年，但是直到莫迪利亚尼和米勒（简称M&M）1958年和1963年的著作才把这个主题送上了金融文献的中心舞台。在他们1958年的经典文章中，两人认为，公司债务和权益之间的关系对公司总价值没有丝毫影响，唯一决定公司价值的变量是它未来的赢利能力（包含在预期现金流量中）和公司业务的风险收益等级。换句话说，公司如何包装它的财务报表对公司价值和总体的加权平均资金成本没有实质的影响。公司价值是由公司的业务以及管理者的经营能力决定的，除此之外没有其他的因素了。他们的结论体现在图6.2的水平线V上。

即使这个理论是建立在一套高度理想化的假设（许多假设在他们1958年文章的注脚中都有说明）以及一些过分简单化的实证检验上的，还是在学术界刮起了猛烈的反应旋风。但是，米勒（1989）说："资本结构字面上不相关的说法或在公司财务中根本不重要，这个观点虽然仍归功于我们提出来，但这与我们实际上所说的关于

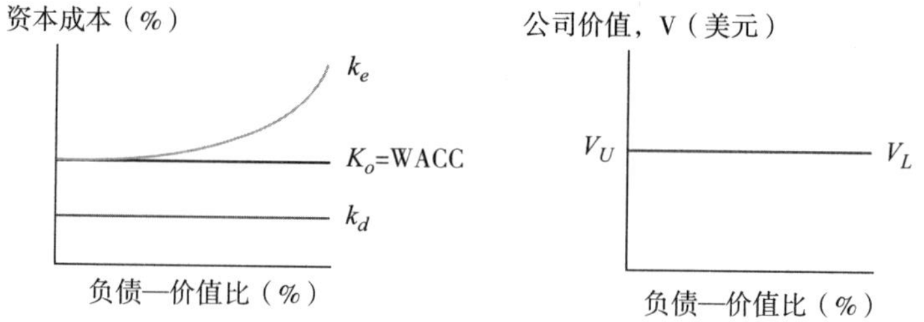

图 6.2　莫迪利亚尼和米勒的原始资本结构理论（1958）

资料来源：莫迪利亚尼和米勒（1958）。

该理论假设在实际中的应用远不是一回事。”我们可以推测，当两人放松他们的限制性假设的时候（比如，没有税收和对赢利前景掌握完全的信息），他们也会赞同债务对公司价值的增长所起的作用。实际上，米勒关于垃圾债券的增长有助于融资重组这一观点的评价是：他不知道为什么这种方法经过这么久才被开发出来。

在 1963 年，两人又发布了一篇更正文章，承认他们低估了债务利息的税收抵扣作用以及较低的资本化率所产生的这些税收优惠对公司价值的贡献。他们解释道，一个公司确实可以通过增加债务来获得一项税率乘以债务总额（简称 TD）的补贴来降低它的资本化率，并且增长它的价值（参见图 6.3）。而且加了杠杆的公司的这种价值增长很明显与债务的总额无关。这就是引领美国随后超过 20 年的

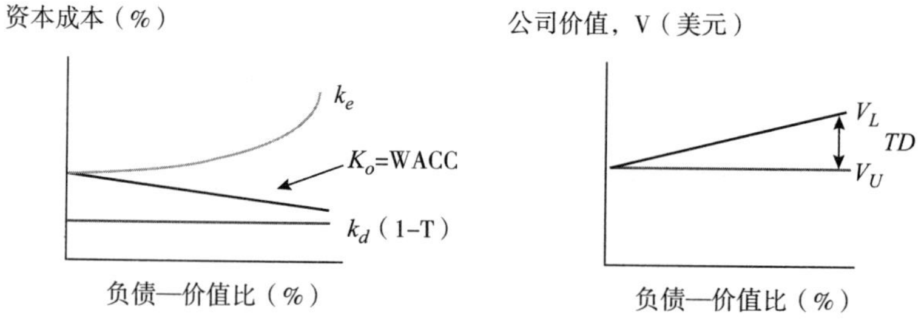

图 6.3　杠杆的作用：含税的莫迪利亚尼和米勒定理（1963）

资料来源：莫迪利亚尼和米勒（1963）与作者整理。

杠杆收购运动的纲领性著作吗？事实上，莫迪利亚尼博士在获得诺贝尔经济学奖后和杠杆收购运动开始后都被问过这个问题。他很强烈地否定了，并强调在杠杆增加时其他的因素也会降低公司的价值。

一些传统主义者反对两人的观点。例如，杜兰特（Durand，1959）说道，债务总量是有影响的，而且因此有一个最优的负债权益比，也就是图 6.4 中的 WACC 计划表中的最低点。他认为，一家公司可以通过增加合理的债务额来降低它的 WACC，并同时提高它的价值（V_L）。尽管相对较低的税后债务成本［k_d（1 − T）］会导致更高的股权成本（k_e），但是仍会降低总支出。最后，在某一个点上，增加的债务与股权成本的组合会提高总成本（公司的资本化率）并且降低公司的价值。而且，一些实证检验，尤其是韦斯顿（Weston，1963）的研究表明，举债经营确实会影响公司总体的资本成本。25 年过去后，韦斯顿（1989）又一次回顾了莫迪利亚尼和米勒资本结构的争论。当然，大部分的公司金融教科书很明显地将两人的理论与传统理论区分开。

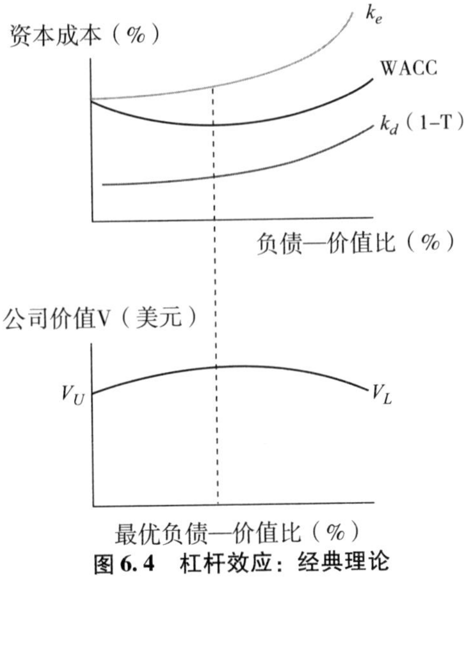

图 6.4　杠杆效应：经典理论

最后，将传统理论新的尝试与应对财务危困成本的新概念（或破产成本），以及委托代理冲突问题（管理层作为所有者代理人与所有者自身最佳利益在决策中出现的冲突）结合起来，可以酝酿出新的严谨理论和实证检验，能够支持100%的债务不是最佳资本结构这一传统观点。现在普遍认为，随着公司杠杆的不断增加，破产的可能性也在逐渐上升。特别是，在破产成本很高的情况下，如果税收减免预期价值的边际增长低于危困成本的期望现值（参见图6.5），公司的价值也会下降。当公司的杠杆率超过均衡点时，公司的资本成本会上升，进而公司的估值会下降。

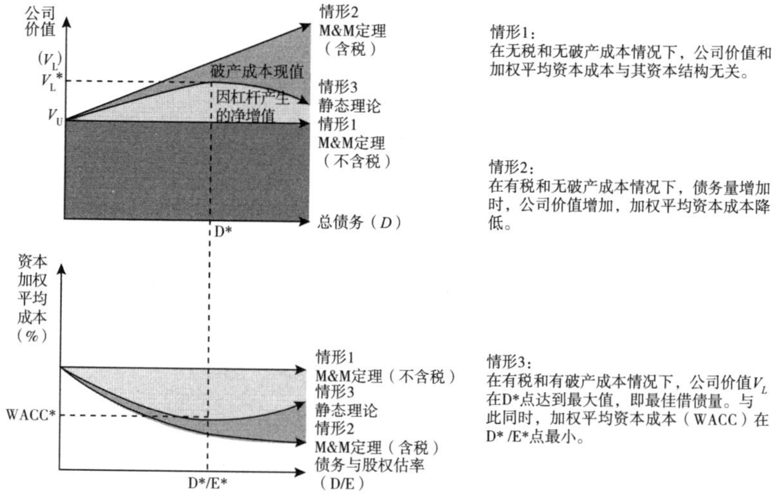

图6.5　杠杆公司价值的净效应：莫迪利亚尼、米勒和阿尔特曼（1984）

资料来源：莫迪利亚尼和米勒（1958、1963）、阿尔特曼（1984）与作者的整理。

阿尔特曼（1984）对破产成本进行了估计。他的成本不仅包括直接掏出钱支付给律师、会计等人员的直接成本，以及因为管理层分心给公司管理业务造成的机会损失成本，而且还包括了各种间接成本。间接成本包括一个是由于客户不愿与很有可能破产的公司做生意，另一个是财务极度脆弱导致的业务成本不断增加（比如更高的债务成本，与供应商更差的关系）——这两个部分所带来的销售收入及利润损失。我们发现，直接成本与瓦纳（1977）的早期研究基本一致，但是间接成本的确非常显著，总危困成本占公司估值的比率为15%~20%。这些百分比的估算与安瑞德和卡帕兰（1998）的研究基本一致。不可否认，重组和重订合同有助于公司财务紧张状况得到缓解，从而降低危困成本。该方面的研究可参考陈、韦斯顿和阿尔特曼（1995）的文章。破产成本在本书的第四章有深入的探讨。

根据詹森和麦克林（Meckling，1976）首次提出的委托代理效应，研究表明，由于债权人和股东之间的矛盾，以及不同等级的债权人之间的矛盾（Bulaw and Shoven，1978），当破产威胁升级时，公司的各种实际成本会迅速产生。但同时也需要注意，有另外一种观点认为，将“单一管理者”模式转变为“管理者所有者混合”的杠杆收购，可以通过消除管理层与所有者之间的某些利益冲突，从而产生积极的代理收益。

图6.5显示，财务危困和代理成本是导致原始莫迪利亚尼和米勒的公司估值（有税收补贴的）和修正后的传统公司估值产生差异的主要因素。最后的结果是，在债务/企业价值轴上有一个 D^* 点，该点实现了企业估值最大化。

去杠杆

像我们之前所论述的，一个成功的高杠杆重组的特征就是必须大量削减它的债务，而且大幅的削减通常需要在重组交易之后很短的时间内完成。如果短期没法完成去杠杆，其后果不仅如教科书上讲得明明白白，而且就像我们在20世纪80年代后期直接观察到的大量增长的高杠杆、高价格收购运动，其结果就是随后的失败数量的急剧增加。1990—1991 年，垃圾债券的违约金额超过了 180 亿美元，造成了这两年里违约率超过 10%。我们之前在第一章中提到了这一点，并且在第七章还会继续讨论。这些违约绝大部分是因为重组，但也并非全部因为重组，其所造成的损失，将因为追偿率降低即违约后债券的出售价格很低而增大。1985—1989 年这 5 年间，追偿率差不多是 39%，而历史上追偿率差不多是 40%；相比之下，1990 年的平均追偿率只有 25%，1991 年也仅仅是 36%。在 2001 年和 2002 年这两个违约事件频发的年份，信用违约后的追偿比率再次探底（见第十五章）。

去杠杆既可以是主动行为，也可以是被动的。后者可由强制的危困换股事件所引发，即危困公司的债权人根据所持有的现有债权而同意接受新的证券作为交换。无法避免的是，这一交换通常包含了问题公司的股权。然而公司“债转股”的能力被 20 世纪 90 年代后半段的股票市场动荡严重损害。去杠杆也可以由对紧急情况的恐惧而引发，尤其是一些行动的触发日期之前，比如利率重置或现金支付的启动日。部分资金充足的公司在债券价格严重下跌的时候也会通过债券回购来完成主动的去杠杆行为（比如，从 1989 年夏天开始，很多高杠杆公司都成功采取了这一方案）。去杠杆通常从债务回购开始，并且在 1992 年股票市场出现反弹时扩张加速。

在面对经济和金融不确定的情况下，部分公司努力进行去杠杆。例如 RJR Nabisco 公司和 Macy's 公司，两者都是 20 世纪 80 年代后期的大型杠杆收购案例。RJR Nabisco 公司在 1989 年被 KKR 集团（Kohlberg Kravis Roberts & Co.）收购，在 20 世纪 90 年代中期已经完成了 60 亿美元的债务削减，但账上仍有大约 200 亿美元的债务。在接下来的几年，随着 1991 年 4 月的利率重置日期的不断临近，为了应对不断增加的巨额利息成本，这家公司又通过债转股的方式赎回了24亿美元的票据。有人可能会说，这种互换是由公司显而易见的财务脆弱性导致的。即使如此，这家公司在1990年的资金流仍极其富裕，允许其对部分债券进行偿付并采取其他的去杠杆行动。

Macy's公司是一家被几个大机构股东杠杆收购的公司，1990年它正在尝试减少它巨大的债务负担。为了削减其56亿美元的债务，其一个战略性的举动就是通过对公众销售可转换优先股来获取资金，从而进行周期性的债务回购。优先股发行再补充Macy's公司的应收账款和一些房地产的出售。这些行动主要是由于所发行流通的几个债券的市场价值猛烈下跌事件和市场对Macy's公司的信用质量恶化的普遍担忧引发的。但是这些努力都没有成功，公司于1992年1月提出破产申请。

举债重组与公司价值——两个案例

我们探讨两个案例，借此展示如何通过重组永久资本来提高公司价值。

案例1：债转股

第一个案例是一种杠杆增加的资本重组，涉及一个经典的债权—股权交易或互换。表6.2展示了一个40%税率的公司将它3 000美元的股权置换新债权的情况。在交易之前，该公司负债2 000美元，税前成本为8%，还拥有4 032美元的股权——后者由8倍的股价—收入比（P/E）乘以504美元的税后收益而得到。公司有价证券的总价值因此达到6 032美元，而且加权平均资金成本为10%。加权平均资金成本等于税后债务成本和股权成本乘以各自所占权重之和。也就是说，10% = 0.048 ×（2 000/6 032）+ 0.125 ×

(4 032/6 032)。股权的成本被认为是 P/E 比率的倒数。

表 6.2 重组与估值案例 1：加杠杆—债转股 =3 000 美元

	之 前	之 后	变 化（收益%）
EBIT	1 000 美元	1 000 美元	-
负债（BV）	2 000 美元	5 000 美元	3 000 美元
（MV）	2 000 美元	4 600 美元	2 600 美元
负债成本			
税前	8.0%	10.0%	2.0%
税后	4.8%	6.0%	1.2%
Tc	40%	40%	-
利息	160 美元	460 美元	300 美元
EAT	504 美元	324 美元	180 美元
股权成本	12.5%	14.3%	1.8%
股权乘数	8 ×	7 ×	-1 ×
股权价值	4 032 美元	2 268 美元（3 000 美元）	1 236 美元 =31%
公司总价值	6 032 美元	6 868 美元	836 美元 =14%
资本成本	10.0%	8.7%	-1.3%

注：BV = 账面价值；MV = 市场价值；Tc = 边际税率；EAT = 税后收益。

互换后，债务/总价值比率从 33% 上升到 67%，而且股权乘数由于金融风险的提高跌到 7 倍，债务的成本上升到 10%。但是，因为现在债务在总资本中占更大的比例，虽然它的税后成本已经从 4.8% 上升到 6.0%，加权平均资金成本仍然跌至 8.7%。新的股权价值有 2 268 元（是 324 美元的收入的 7 倍），加上负债的 4 600 美元（旧债现在正在打折销售），把公司的总价值提高了 836 美元，即 6 868 美元，增长了 14%。将之前的情形与资本重组后相比较，如果股权乘数跌至大约 4 倍，而不是 7 倍，公司价值的平衡点就会出现。注意，如果公司价值增长等于增加的债务带来的税收收益，那么增长就会是 1 200 美元（0.4 × 3 000），而不是 836 美元。因此，我们隐含地假设了破产和代理成本是 364 美元。这一种价值的增长在我们之前的理论讨论中已经有所阐述，而且在图 6.3 和图 6.4 中都有展示。事实上，老股权的价值已经增加了 31%，甚至比 14% 的公司价值的增长还要多。在 7 倍的 P/E 比率的基础上，新的股权价值是 2 268 美元（7 × 324），加上互换带来的 3 000 美元，给原有的股权所有者带来了 5 268 美元的总价值——相比 4 032 美元，增长了 31%。

除了债权—股权互换的内在税收利益，公司提出互换的提议本身也一定会被市场当作未来现金流的信号。科普兰德和李（Copeland and Lee，1990）检查了 1962—1984 年的交易数据，发现其符合信号假说的证据。也可见于麦肯锡公司的报告（2005）。他们还发现增加杠杆的互换提议造成了系统风险的降低以及调整后的收益、销售和资产的升高。在降低杠杆的互换提议中也发现了相反的结果。我们先假设科普兰德和李的样本里的大多数公司都有额外的负债能力。

案例 2：杠杆收购重组

表 6.3 中描述的案例 2 遇到了和案例 1 同样的初期问题，不过这里的互换是一种极端的手段，因为所有的股权都通过杠杆收购的方式被购买了，从而使公众公司变为私人公司。价值 4 032 美元的股权购买计划是通过为老股东提供 40% 的溢价或 5 654 美元而实现的（回忆一下，40% 大约就是 1982—1986 年杠杆收购的平均溢价率）。这部分成本是由 90% 的债务和 10% 的股权进行筹资的，这将债务的账面价值从 2 000 美元增加到了 7 080 美元。股权的投资金额是 565 美元（成本的 10%）。

表 6.3 重组与估值案例 2：LBO 通过 90%的债务与 10%的股权融资

	之 前	之 后	变 化（收益%）
EBIT	1 000 美元	1 000 美元	-
折旧	500 美元	500 美元	-
负债（BV）	2 000 美元	7 080 美元	5 080 美元
（MV）	2 000 美元	6 330 美元	4 330 美元
负债成本			
税前	8.0%	11.0%	3.0%
税后	4.8%	6.6%	1.8%
利息	160 美元	719 美元	559 美元
税率	40%	40%	-
EAT	504 美元	169 美元	335 美元
股权乘数	8 ×		
基于 EBITD 的公司乘数		5.25	
股权价值	4 032 美元	1 545 美元	
	（投资 = 0.10 × 5 645 = 565 美元）		
公司总价值	6 032 美元	7 875 美元	1 843 美元（31%）

注：LBO 以 40% 的溢价购买股票 = 5 645 美元，新债务 = 5 080 美元。BV = 账面价值；MV = 市场价值；EAT = 税后收益。

在收购后，公司的债务成本增加到了 11%（增加了 3%），如果公开发行，毫无疑问会被评为垃圾债券。而且旧债务的市场价值也会成比例地减少。债务的税后成本从 4.8% 上升到 6.6%，而且旧债务的价值从 2 000 美元跌到 1 250 美元。由于高额的债务量以及成本的增加，利息费用现在是 719 美元（旧债务 160 美元，新债务 559 美元），并且净收益跌到了 169 美元。因为现在这是一家高举债的私有公司，P/E 比率不能被用于直接衡量股权和整个公司的价值。即使人们可以用 P/E 比率对高杠杆且公开交易的公司进行估值，但现金流乘数法才是对于高举债公司的常用估值手段。

1982—1986 年，一个典型的杠杆收购公司总价值与现金流的比率范围是 6 ~ 8 倍。随着美国的杠杆收购运动升温以及异常高的利润出现，现金流乘数增加到 10 ~ 12 倍，甚至更高。案例 2 中的公司的 EBITD 为 1 500 美元。假设一个更保守的乘数，比如 5.25 倍，那么公司的总价值就会是 7 875 美元。从公司的总价值中扣去债务的市场价值（6 330 美元），得出股权价值是 1 545 美元。因为股权投资只有 565 美元，所以对新的股东来说其即时回报估计有 173%。不过在这一点上这些回报仅仅是假设的。公司的总价值在最初的 6 032 美元的基础上也大幅增长了 31%，这体现了重组的预期未来收益。

注意，我们从前到后都没有暗示任何 EBITD 的增长——两者都是 1 500 美元。一方面，大多数杠杆收购和财务重组的提倡者认为，一家公司通常会在私有化之后在成本控制和产能增长方面都更有效率。事实上，詹森（1989）认为“债务自律”是一个增加公司价值的积极因素，更不要说我们在案例 1 和案例 2 中所提到的税收好处了。现金流大幅增长的证据在阿米胡德等人（Amihud e. g.，1989）的几篇文章中都能看到。

另一方面，杠杆收购的反对者认为，巨大的债务负担扼杀了新投资，而且把高杠杆公司与一个低负债率的竞争对手相比较，是将其置于明显的长期劣势地位上。更进一步说，乐观预期的更高收入、现金流与成功的资产出售并不总能实现，而令人窒息的负债额却往往会使完美至极的公司摇摇欲坠。在出现此类问题的情形下，新的债权人和股东都很可能使其投资遭受巨大的损失。

在我们所阐述的情景中，我们描述的结果依赖于我们的猜想，我们所认为的比较现实的猜想。无论选择什么乘数，最后的结果表明财务结构可以影响公司的价值。

回到金融理论

正如我们之前观察到的一样，企业的价值可以通过债务的增加而增长，而且价值增长的现值等于 TD（税率乘以债务总额）。因为一个杠杆收购很有可能是自愿的债务增长的一种极端情况，毫无疑问，其中的一个动机就是积累税收的好处，所以，一个持续增长的债务—价值比率在一个危困成本和代理成本都很低的世界里行得通。但是这些成本并不小，而且图 6.5 中的曲线 V_U 在某一个负债最佳点（D^*）之后就下落了。

在阿尔特曼（1984）的著作里，我们看到了一个公司的最佳负债量是在预期破产（危困）成本等于来自债务的预期税收收益这个时候：

$$P_{B,t}\ (\mathrm{BCD}_t+\mathrm{BCI}_t)\times(\mathrm{PV})_t=(\mathrm{PV}_t)\ T_c\ (Id_t)\times(1-P_{B,t})$$

- $P_{B,t}$ = 在时间 t 估计的破产概率；
- BCD_t = 在时间 t 估计的直接破产成本；
- BCI_t = 在时间 t 估计的间接破产成本；
- PV_t = 在时间 t 的调整现值；
- T_c = 企业的边际税率；
- $Id_{t\to\infty}$ = 时间 t 到无限远期的利息费用。

在预期破产成本低于预期税收成本的地方，杠杆就很容易会增加。

破产和危困公司成本

正如之前提到过的，危困成本可以解释为什么公司价值在杠杆超过临界水平时会下跌（参见图 6.5）。仅仅是这些损失成本有多重要这一问题就已经成为很多年来一些争论的主题。在本书的第四章中对破产成本进行了详细讨论。

在对 1984 年的直接以及间接破产成本的调查中，我们发现了总危困成本不是一件可以忽视的小事。被检验的公司样本包括了 1970—1978 年破产的 19 家工业和零售公司，以及 20 世纪 80 年代早期破产的七大工业企业。在许多情况下，总破产成本超过破产前公司价值的 20%，并且在破产前 3 年也是这个水平。平均来说，破产前 3 年，公司的破产成本为 11% ~ 17%。这一数值是通过应用回归方法来捕捉危困公司以外的利润损失时得到的。另一个用来推测间接的、利润损失部分的方法是以证券分析专家对收益的预期与实际收益的对比为基础的，而这些结果更加表明破产成本非常重要。

暂时债务的概念

破产成本/税收利益的比较分析有赖于永久的或至少是长期的负债的前提假设。然而，如果杠杆收购中的初始债务增加计划只是暂时的，那么在我们看来，目标应该沿着图 6.5 中的 $V_L = V_U + TD$ 函数回到最优债务量（约为 D^*）。当预期的税收收益价值很可能在这个点比线上更远的一点还要低时，破产的可能性也会很低。通过举债，杠杆收购公司的拥有者可以收获最初的价值增长，而且可能持续保持这样的收获直到他们套现。在高杠杆重组时，新的债权人可以通过两年内回售他们的债权（尤其是高级债务持有人）或是继续收取次级债务（中间层或垃圾债券）的高额利息来获取收益。

然而，如果公司不能成功沿着价值线移动回来，那么危困成本可能会增长到一个使企业价值急速下降的点——在极端情况下等于其清算价值。这种情况在当未来现金流匮乏、企业无杠杆价值（V_U）下降，和资产出售情况令人大失所望或者根本不能出售（通常情况下是由于市场条件发生了改变）的情况下会产生。最终，当看似健康的实体不能重新为其现有债务进行筹资的时候，另一种形式的危困就可能会出现。理论上，只要资产内在的价值超过了债务负担，这种情况就不应该出现。但是债券和股票市场环境变坏时可能会阻碍再融资，即使本身相当健康，但是高度杠杆化的公司也一样。这就是在1990年出现的情形，市场对高杠杆交易失去信心，美国新发行的垃圾债券市场变得逐渐枯竭，银行对为高杠杆交易再融资变得愈加犹豫，股票市场也表现得越来越差。

成功的杠杆收购和债务部分偿付的实证

我们已经检查了一些成功的和不成功的杠杆收购的实证。在与美国货币管制局（U. S. Controller of Currency）合作展开的一项研究中，摩尔（Moore，1990）调查研究了11个成功的和9个不成功的杠杆收购案例（如表6.4所示）。后一个表格是那些失败的案例，发行的债券出现违约或者危困交易发行已经完成。成功的杠杆收购是指那些在杠杆收购后至少3年时间里仍然平稳运营的，并且被美国货币管制局认为是健康的公司。

在杠杆收购之后，成功样本的平均长期债务/总资产（LTD/TA）比率是62.4%。这个比率在杠杆收购后的4年里依次下降到53.6%、39.7%、37.6%和49.4%。而不成功的杠杆收购在杠杆收购发生时有更低的LTD/TA比率（46.4%），但是在接下来的4年里会升到71.2%。因此，我们发现了债务及时支付和成功杠杆收购的关联性证据。诚然，这是一个小样本且样本中个体差异较大，但是数据看起来是与我们“暂时债务”的观点相符的。

表 6.4　成功与失败的杠杆收购在债务偿还经验上的对比

成功的杠杆收购样本（长期债务/总资产比率）（%）								
样本数	LBO 前 3 年	LBO 前 2 年	LBO 前 1 年	LBO 年	LBO 1 年	LBO 2 年	LBO 3 年	LBO 4 年
1		25.8	23.8	60.6	52.7	35.8	20.3	4.2
2	8.3	1.3	3.7	76.0	72.7	38.7	42.7	44.6
3				54.0	44.7	31.6	18.0	40.6
4					36.7	36.7	63.7	69.6
5	0.6	0.3	2.9	36.0	60.5			
6						38.5	26.4	52.2
7			2.2	59.8	59.3	56.9		
8	2.8	2.9	2.2	83.8	61.4	43.5	34.0	
9	30.4	45.1	34.5	49.5	62.6	58.3	82.0	85.0
10			9.7	64.2	44.5	27.7	31.1	
11				76.6	40.9	29.3	20.2	
均值	10.5	15.0	11.2	62.4	53.6	39.7	37.6	49.4
数量	4	5	7	9	10	10	9	6
标准差	11.8	17.7	11.8	14.2	10.9	10.0	20.6	25.2

（续　表）

失败的杠杆收购样本（长期债务/总资产比率）（%）								
样本数	LBO 前3年	LBO 前2年	LBO 前1年	LBO年	LBO 1年	LBO 2年	LBO 3年	LBO 4年
1		12.6	41.1	33.7	36.1	36.6	33.6	41.7
2			37.3	33.0	35.8	28.1	36.9	75.2
3	8.4	5.1	4.2	61.9	62.8	64.4	67.7	129.6
4				32.4	24.9	36.4	38.0	38.1
5	35.9	35.3	23.1	65.0				
6			21.3	41.1	34.2	46.1	64.1	
7			14.6	56.4	57.1	46.0	76.1	
8			19.5	43.9	49.6	57.0		
9	17.8	31.2	41.2	49.9	50.2			
均值	0.2	21.1	25.3	46.4	43.8	44.9	52.7	71.2
数量	3	4	8	9	8	7	6	4
标准差	11.3	12.5	12.5	11.8	12.1	11.6	16.9	36.7

资料来源：摩尔（1990）。

结　论

我们已经提到过财务重组在企业证券估值中日益增长的重要性。由于不同的融资方式（包括次级债务）可以被用来补充银行的传统作用，企业可以通过增加资本结构中的杠杆来提高企业估值。而在具有显著的陷入危困或违约风险的过度杠杆化的公司情况下，需要做相反的操作，即降低杠杆，使得公司具有较小负担的资本结构。至此，我们证明了资本结构是决定和改变企业估值的关键变量之一。

第七章　高收益债券市场：投资者与分析师的风险及收益

“高收益垃圾债的时代已经结束了！”1990—1991 年公司违约潮爆发后，这是在华尔街和华盛顿常听到的来自权威人士的论调。当时，这些非投资级别债券的主要担保方德崇证券（Drexel Burnham Lambert）遭遇破产，高收益债券市场的缔造者迈克尔·米尔肯（Michael Milken）也受到了刑事起诉。我们当时就认为（Altman，1993），在伴随美国和其他主要国家国内或全球性的每一次信用危机后，高收益债券都是能够帮助信用条件不确定的公司筹集资金的一种合理有效的工具。人们应当想到，在周期性的高违约风险期，企业若想融资的话就要向投资人支付相应较高的风险溢价（这些投资人主要是机构投资者，如共同基金和养老金，它们通常寻求比投资级别公司债和国债收益更高的收益）。

图 7.1 展示了顶级评级机构——惠誉、穆迪和标普所使用的信用级别和违约风险评估体系。请注意我们已经熟悉的相对安全的投资级别债券（AAA ~ BBB -，或 Aaa ~ Baa3）和不太确定的非投资级别债券或称为垃圾债（BBB - 或 Baa3 以下）的区别。

2004 年，1/4 以上的企业债市场由低评级债券构成。垃圾债市场规模迅速成长，在 2004 年年底达到了令人瞩目的 9 500 亿美元（参见图 7.2）。由图 7.2 可见，高收益债券市场规模从 1996 年起持续增加，从 3 000 亿美元一路增长到 2004 年的存量规模。2004 年全年新发债券规模为创纪录的近1 500亿美元，这些债券刚发行就被投资人一买而空，尽管相对10年期无风险政府债券的风险溢价为历史性的低位（仅高于国债收益率3%多一点）。

穆迪		标普和惠誉
Aaa		AAA
Aa1		AA+
Aa2		AA
Aa3		AA−
A1		A+
A2	↑	A
A3		A−
Baa1		BBB+
Baa2		BBB
Baa3	投资级	BBB−
Ba1	非投资级	BB+
Ba2		BB
Ba3		BB−
B1	↓	B+
B2		B
B3		B−
Caa1		CCC+
Caa		CCC
Caa3		CCC−
Ca		CC
		C
C		D

图7.1　债券评级

资料来源：惠誉、穆迪和标普。

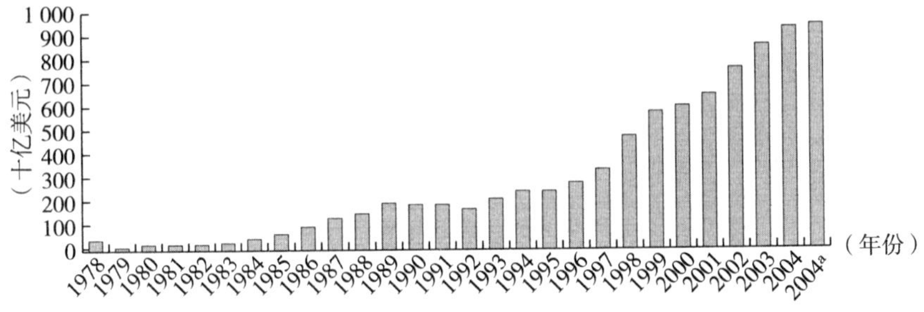

图7.2　1978—2004年美国高收益债市场规模

资料来源：爱德华·阿尔特曼，纽约大学所罗门中心，斯特恩商学院。

债券产品的收益率由市场对于3种主要风险的评估所决定：（1）产品对于利率变化的敏感程度；（2）产品的流动性；（3）产品违约的概率。收益率由市场决定，风险越高，收益率越高。正是第3种风险——违约概率，定义了高收益债券市场，并周期性地为财务危困债券和已违约债券市场提供了组成它的基础债券，这也是本书的另一个关注点。

高收益债券主要由两种公司发行。近年来，25%~30%的市场由被称作“堕落天使”（fallen angel）类型的产品组成。这类产品曾经被评为投资级（通常是在发行时），但是就像我们许多人随着年龄增长而变丑一样，它们随着时间的推移状况会恶化，转移到了非投资级债券，即变为垃圾债。在20世纪70年代末，现代高收益债券市场刚刚兴起，虽然市场规模很小，但是大约100%的市场份额都是由这种堕落天使产品构成。特别是我们在本章提到的，美国工业的典型代表之一，通用汽车公司（General Motors Corporation，简称GM）曾经被至少一家主要评级机构列为可能成为堕落天使的公司，而接受评级机构的审查。2005年5月，通用被标普下调至非投资级别，很快惠誉和穆迪也相继下调了该公司的评级为非投资级。同年，福特汽车公司也被标普下调至高收益债券级别。

高收益债券的另外一种是从发行之初就被评级为非投资级债券。今天，所有的主要投行团队都有银行家、分析师和销售或交易员投身于这种动态发展中的高收益债券产品。由于很多投行实际为大型商业银行的一部分，所以发行人的低等级债券与该公司贷款类似物即杠杆贷款市场之间存在着非常密切的关系。而后者要么是由非投资级别的主体发行的贷款，要么就是其风险溢价通常高于伦敦银行同业拆借利率125~150个基点的贷款。

美国高收益企业债和杠杆贷款市场的持续增长在2004年出现创

历史纪录的发行量：杠杆贷款发行达2 650亿美元，高收益债券发行则达到1 470亿美元。除了在欧洲这两种资产同期有快速的增长外，在其他国家这两种资产的规模要小很多。如我们所明确阐述的，最重要的风险即违约风险，是会在较长一段时间内维持高点，甚至超过10%。然而，2001—2002年的最近一轮高违约期间，市场完全不以为然，随后两年出现了强烈的反弹。当时市场中没有人像10年前一样发出警告。

2004年以及过去25年的违约和违约率

2004年高收益债券违约持续下降，于第4季度见底，仅为30.4亿美元，与2003年第4季度同期持平，全年违约金额为117亿美元。2004年全年违约率为1.25%（参见表7.1），第4季度违约率为0.32%（见附件7.1）。2003年第4季度以来，季度违约率不超过0.41%。我们以2004年中期的9 331亿美元为基期，在最大的几个违约主体中（每个主体有50亿美元的债券存量）有Level 3通信公司（Level 3 Communications）、Pegasus通信（Pegasus Communications）、RCN通信（RCN Corp.）、Tricom公司、特朗普酒店度假村（Trump Hotels & Casino Resorts）、全美航空公司（USAir）。我们关于违约的定义有一条为财务危困重组（如Level 3通信公司），在这种情况下，投资者要么接受压低的利率、较次级的证券（如权益类资产），要么接受低于票面的偿付或接受公司的债务置换。2004年发生了共计79起违约事件，涉及主体39个。2003年，发生违约事件203起，涉及主体86个，违约率为2004年的3.5倍。

表 7.1　1971—2004 年的历史违约率（仅考虑简单债券）　（单位：百万美元）

年　份	存量面值	违约面值	违约率（%）
2004	933 100	11 657	1. 249
2003	825 000	38 451	4. 661
2002	757 000	96 858	12. 795
2001	649 000	63 609	9. 801
2000	597 200	30 295	5. 073
1999	597 400	23 532	4. 147
1998	465 500	7 464	1. 603
1997	335 400	4 200	1. 252
1996	271 000	3 336	1. 231
1995	240 000	4 551	1. 896
1994	235 000	3 418	1. 454
1993	206 907	2 287	1. 105
1992	163 000	5 545	3. 402
1991	193 600	18 862	10. 273
1990	181 000	18 354	10. 140
1989	199 258	8 110	4. 285
1988	148 187	3 944	2. 662
1987	129 557	7 486	5. 778
1986	90 243	3 156	3. 497
1985	58 098	992	1. 708
1984	40 939	344	0. 840
1983	27 492	301	1. 095
1982	18 109	577	3. 186
1981	17 115	27	0. 158
1980	14 935	224	1. 500
1979	10 356	20	0. 193

（续 表）

年份	存量面值	违约面值	违约率（%）
1978	8 946	119	1. 330
1977	8 157	381	4. 671
1976	7 735	30	0. 388
1975	7 471	204	2. 731
1974	10 894	123	1. 129
1973	7 824	49	0. 626
1972	6 928	193	2. 786
1971	6 602	82	1. 242

			标准差
违约率的算术平均数（%）	1971—2004	3. 232	3. 134
	1978—2004	3. 567	3. 361
	1985—2004	4. 401	3. 501
违约率的加权平均数（%）	1971—2004	4. 836	
	1978—2004	4. 858	
	1985—2004	4. 929	
年违约率中位数（%）	1971—2004	1. 802	

注：存量面值为年中值。违约率的加权是根据面值加权。

杠杆贷款的违约率在 2004 年同样下降到了极低的水平，见图 7. 3。特别是下半年的 1% 违约率与 1998 年十分相似。2004 年违约率下降到了 1. 01%，上一年同期则为 2. 25%。新增杠杆贷款规模同比增长 60%，达到了 2 650 亿美元。其中美国构成的部分为 78%，为历史最高，略高于 1998 年。所以 2004 年市场与 1998 年有很多相似的表现，但 1998 年突出的特点是，当年下半年出现了一些极端事件冲击信用市场（如俄罗斯国债违约和美国长期资本管理公司崩盘）。

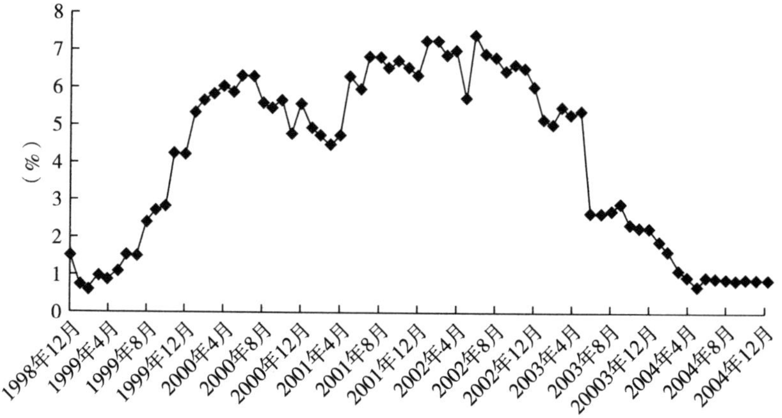

图 7.3　标普杠杆贷款指数 12 个月移动平均违约率

资料来源：S&P, LPC Corp. Copyright © 2006, The McGraw-Hill Companies, Inc. Standard & Poor's including its subsidiary corporations ("S&P") is a division of The McGraw-Hill Companies, Inc. Reproduction of this chart in any form is prohibited without S&P's prior written permission.

从表 7.1 中可见 1971—2004 年违约率的年度算术平均数为 3.2%（用存量债券作权重的加权平均值为 4.8%），标准差为 3.1%。那么未来出现年违约率高于 10% 的概率略高于 2.5%。然而，在过去 35 年中有 4 年（1990、1991、2002、2001）的违约率达到或超过了 10%，这是个令人震惊的比率。

违约率与经济活动

2004 年全年违约率的持续下降，同样与经济的强劲增长保持一致。目前持续下行的季度违约率正处于信用环境的一个良性周期中（见图 7.4）。图 7.5 展示了 2001 年经济危机结束，在滞后约一年以后，违约率在 2003—2004 年的下降情况。2004 年年底面临的关键问题是这种良性的信用环境可以持续多长时间，是否会像 1993—1998

年出现持续6年的长周期。市场中似乎倾向于打赌2004年的周期将会持续到可见的未来，至少可以持续到未来12~24个月。然而，我们担心2003年开始的良性信用周期催生了大量低评级债券的发行，这增加了可能的信用风险，也许会在2005年年末爆发。市场很容易就可以从不断向问题公司提供再融资，转移到信用收紧的状态中。如果投资者的风险承受能力减弱，那么公司的破产倒闭将会进一步恶化信用环境。特别是2004年新发债券中B－及以下债券的比例增加至42.5%，这是至少近15年以来的最高比例（见图7.6）。2003年该比例为31%，与1999—2000年相同，而后的2001—2002年则爆发了违约潮。我们后续将会阐述这些低资质债券会有相对更高的违约率。从我们之前的图表中（表7.1和图7.4）可见，违约率从1999年开始攀升，一跃增加至4%以上，终结了当时的良性信用周期。

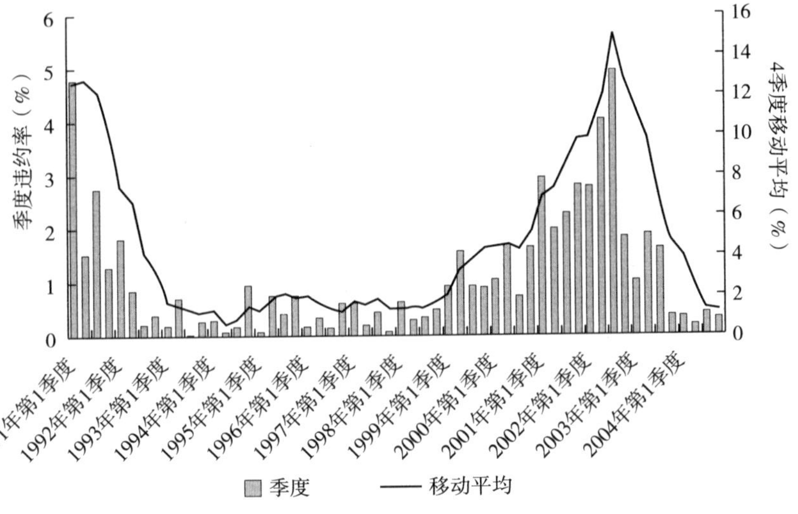

图7.4 1991—2004年季度违约率和4季度移动平均

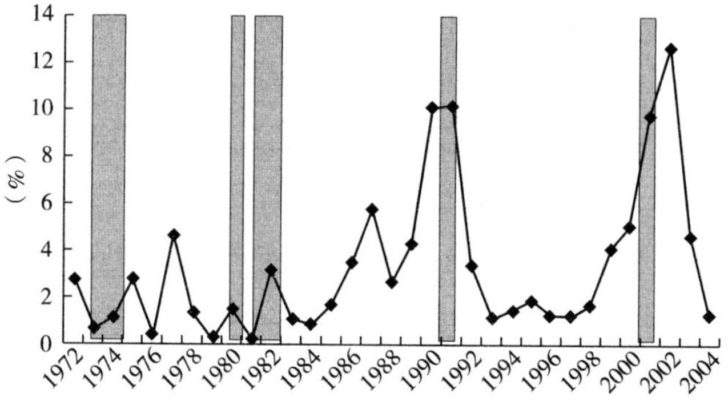

图 7.5　1972—2004 年历史违约率和美国高收益债市场衰退期

注：衰退期为 1973 年 11 月 ~ 1975 年 3 月、1980 年 1 月 ~ 7 月、1981 年 7 月 ~ 1982 年 11 月、1990 年 7 月 ~ 1991 年 3 月、2001 年 4 月 ~ 12 月。

资料来源：爱德华 · 阿尔特曼（纽约大学所罗门中心）和美国国家经济研究局（National Bureau of Economic Research）。

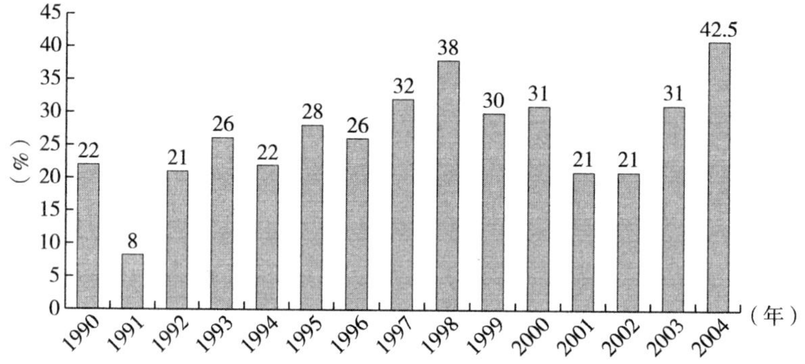

图 7.6　B - 评级及以下的高收益债发行

资料来源：标普。

破　产

在根据美国破产法第 11 章破产的公司数据中，2004 年负债规模超过 1 亿美元的公司有 44 家，总负债规模为 633 亿美元。2004 年的数据相较于 2003 年有所改善，2003 年有 95 家公司负债规模超过1亿美元，破产公司的总负债达1 104亿美元，但这也显著好于2002年共计3 300亿美元的负债规模（见图7.7）。2004年有9家10亿美元以上的超大规模破产案，涉及公司有尤科斯石油（Yukos）、全美航空、RCN通信公司、Stelco钢铁和特朗普酒店度假村等（有超过20亿美元的债务）。2001—2003年，有100家这种10亿美元以上规模的超大破产案，详情可参见第一章的附件。

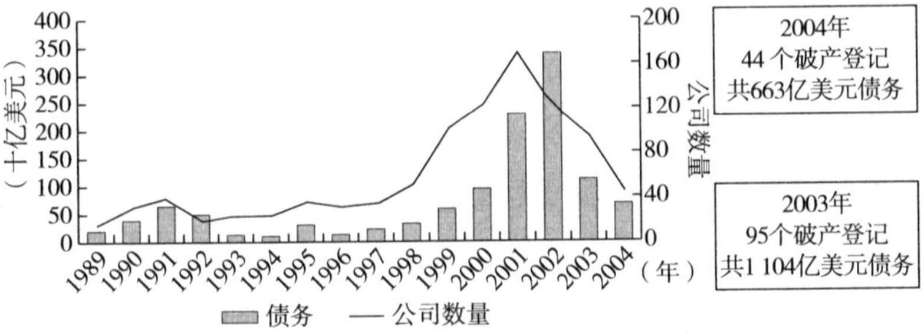

图7.7　根据美国破产法第11章申请破产保护的上市公司总负债（最低为1亿美元）

资料来源：纽约大学所罗门中心破产备案数据库。

行业违约

表7.2展示的是2004年违约的39个主体，其中6个来自通信行业，3个来自零售行业，23个来自制造业或其他工业，是违约主体的主要组成部分。6个通信行业主体中有5个是电信公司，其他工业主体中有5个与食品相关。表7.2展示了1970年以来的违约主体细分。正如2004年的情形，通信行业和零售业在过去35年中一直在违约主体中占据了比较高的比例。

表 7.2　根据行业分类的公司债违约数量

类　别	1970—1982	1983	1984	1985	1986	1987	1988	1989	1990	1991	1992	1993	1994
汽车	3							3	3				
综合						1	3	1	1	3	3		
能源	3	3	5	7	12	2	4			4	2	3	
金融服务	4	1	1	1			4	11	7	14	3	2	1
娱乐						2	4	4	8	2	4	3	4
制造	9	1	1	2	6	3	3	1	5	8	8	7	3
健康						1	2		2	1	1	1	
其他	3	1	2	6	3	1			4	4	3	1	1
房地产	7		1	1		1	1	3	7	5	1		
REITs	11	1									1		
零售	6	1					1	2	6	15	6	4	5
通信	7	2	2	1	1	3	1		3	4	1	1	3
运输	4	2		1	1			1	1	2			2
公用事业						1	1				1		
总计	57	12	12	19	23	15	24	26	47	62	34	22	19

类别	1995	1996	1997	1998	1999	2000	2001	2002	2003	2004	总计
汽车	1				1			1			12
综合					1			1	1	15	
能源	1			1	13	1		8	9		78
金融服务	2	1	2	6	1	6	4	5	6	2	84
娱乐	3	1	5	5	8	9	6	5	6		79
制造	8	6	7	6	16	23	43	22	13	17	218
健康	2			2	8	6	3	4	3		36
其他	1		3	3	16	34	38	25	16	6	171
房地产	2	1	2	1	4	6	4	3		2	52
REITs								1			14
零售	6	3	6	6	12	7	12	5	5	3	111
通信	2	2	1	6	11	8	39	25	21	6	151
运输			2	1	8	5	7	7	6	2	52
公用事业		1	1			1					6
合计	28	15	29	37	98	107	156	112	86	39	1 079

资料来源：爱德华·阿尔特曼，纽约大学所罗门中心，斯特恩商学院。

违约的时点

表7.3 展示了 2004 年 77 个违约债券的时点情况，相比于1989—2004 年的整体趋势，2004 年的特点并不典型。2004 年的违约债券中，大部分是在发行后第 5 年（13%）、第 6 年（21%）、第 7 年（12%）违约的，即大部分债券是在 1997—1999 年发行的。事实上，这一结论并不让人意外，因为在该时期 B- 及以下债券的发行量极高（可参见前文中的图 7.6）。1 ~ 8 年中其他期限的占比约在10%。并且有 13% 的债券是在发行后 10 年或 10 年以上违约的（有10 只债券，涉及 5 个主体），这是一个非同寻常的高比例。我们认为 2005—2006 年的违约债券期限结构会更加典型，发行后短期内出现违约的比例应该较高。

堕落天使违约

堕落天使违约案例在 2004 年来说相对较少，仅有全美航空和Foster Wheeler 两家公司。这些公司曾一度为投资级别，占 2004 年违约债券数量的 19%（见表7.4），违约金额的 17%，但是仅占违约主体的 5%。事实上，2004 年还有一起堕落天使违约事件（Interstate Bakeries 公司），但是该公司只有借款，没有公开债券。从 1977 年开始统计，大约 24% 的违约主体都曾经在某一时点被评为投资级别，剩余的 76% 则一直被评为非投资级别。本书后续将会讨论这些堕落天使违约对于违约损失和追偿率的影响。

由于 2004 年仅有两起堕落天使违约事件，堕落天使的违约率仅为 0.83%（占发行人比例），是 1995 年（0.25%）之后的最低比例（见表 7.5）。堕落天使的平均年违约率低于初始评为高收益债的主体，但是这种差别在统计上并不显著。

表 7.3　1989—2004 年从发行起至违约的时间分布

违约年限	1989		1990		1991		1992		1993/1994		1995		1996		1997	
	违约数量	占比（%）	违约数量	占比（%）	违约数量	占比（%）	违约数量	占比（%）	违约数量	占比（%）	违约数量	占比（%）	违约数量	占比（%）	违约数量	占比（%）
1	4	63	3	3	0	0	0	0	3	8	1	3	2	8	5	20
2	12	18	25	23	18	13	0	0	6	16	9	28	3	13	4	16
3	15	23	23	21	26	19	7	13	5	14	7	22	3	13	4	16
4	13	20	18	17	29	21	10	19	2	5	3	9	8	33	9	36
5	1	2	23	21	35	26	8	15	4	11	1	3	1	4	3	12
6	7	11	5	5	10	7	12	22	8	22	2	6	5	21	0	0
7	7	11	5	5	4	3	5	9	7	19	2	6	0	0	0	0
8	2	3	4	4	10	7	4	7	0	0	2	6	0	0	0	0
9	1	2	1	1	3	2	0	0	0	0	4	13	0	0	0	0
10	3	5	1	1	2	1	8	15	2	5	1	3	2	8	0	0
总计	65	100	108	100	137	100	54	100	37	100	32	100	24	100	25	100

（续 表）

违约年限	1998		1999		2000		2001		2002		2003		2004		1989—2004	
	违约数量	占比（%）	违约数量	占比（%）	违约数量	占比（%）	违约数量	占比（%）	违约数量	占比（%）	违约数量	占比（%）	违约数量	占比（%）	违约数量	占比（%）
1	2	6	32	25	19	10	40	12	29	8	18	9	8	10	166	9
2	5	15	37	30	51	28	69	21	51	15	30	15	7	9	327	18
3	10	30	15	12	56	31	87	26	61	18	26	13	8	10	353	20
4	3	10	14	11	14	8	65	19	56	16	23	11	6	8	273	15
5	10	30	7	6	13	7	27	8	45	13	40	20	10	13	228	13
6	2	6	8	6	5	3	14	4	21	6	20	10	16	21	135	8
7	1	3	10	8	12	6	21	6	8	2	25	12	9	12	116	7
8	0	0	2	2	4	2	5	2	7	2	3	1	6	8	49	3
9	0	0	0	0	3	2	4	1	12	3	5	2	1	1	34	2
10	0	0	0	0	6	3	3	1	54	16	13	6	6	8	101	6
总计	33	100	125	100	183	100	335	100	344	100	203	100	77	100	1 782	100

表7.4　违约债券的初始评级占比（投资级别与非投资级别）

年　份	违约主体	初始评级为投资级别占比（%）	初始评级为非投资级别占比（%）
2004	79	19	81
2003	203	33	67
2002	322	39	61
2001	258	14	86
2000	142	16	84
1999	87	13	87
1998	39	31	69
1997	20	0	100
1996	24	13	88
1995	29	10	90
1994	16	0	100
1993	24	0	100
1992	59	25	75
1991	163	27	73
1990	117	16	84
1989	66	18	82
1988	64	42	58
1987	31	39	61
1986	55	15	85
1985	26	4	96
1984	14	21	79
1983	7	43	57
1982	20	55	45
1981	1	0	100

（续　表）

年　份	违约主体	初始评级为投资级别占比（%）	初始评级为非投资级别占比（%）
1980	4	25	75
1979	1	0	100
1978	1	100	0
1977	2	100	0
总计	1 874	24	76

资料来源：作者根据标普、穆迪的记录整理。

表 7.5　1985—2004 年堕落天使与初始评级为非投资级债券以及所有高收益债

年　份	堕落天使 12 个月移动平均违约率（%）	初始发行为非投资级别违约率（%）	所有非投资级债券违约率（%）	阿尔特曼美元加权平均违约率（%）
2004	0. 83	2. 65	2. 29	1. 25
2003	5. 88	5. 46	5. 53	4. 66
2002	6. 59	8. 55	8. 32	12. 79
2001	8. 46	10. 14	10. 99	9. 81
2000	7. 01	7. 10	7. 03	5. 07
1999	4. 01	5. 10	4. 62	4. 15
1998	3. 31	2. 75	2. 23	1. 60
1997	2. 04	2. 10	1. 71	1. 25
1996	1. 38	2. 00	1. 71	1. 23
1995	0. 25	3. 90	3. 07	1. 90
1994	0. 00	2. 31	1. 70	1. 45
1993	1. 72	1. 99	1. 79	1. 10
1992	4. 50	5. 48	5. 45	3. 40
1991	7. 53	10. 86	11. 66	10. 27

（续　表）

年　份	堕落天使12个月移动平均违约率（%）	初始发行为非投资级别违约率（%）	所有非投资级债券违约率（%）	阿尔特曼美元加权平均违约率（%）
1990	5.77	8.30	8.20	10.14
1989	3.74	4.93	5.33	4.29
1988	4.25	3.39	3.95	2.66
1987	4.36	2.92	2.41	5.78
1986	2.46	6.29	4.78	3.50
1985	6.77	4.06	3.24	1.71
算术平均值	4.04	5.01	4.80	4.40
加权平均值	4.22	5.15	5.10	4.39
按发行人数标准偏差	2.53	2.76	3.06	3.59

注：每年数据为当年平均值。

资料来源：作者根据标普、穆迪数据库以及表7.1整理。

违约损失与追偿

高收益债的违约损失的计算方法为本金损失加半年的票息。加权平均追偿率（根据违约后的市场价）从2003年的45.5%大幅增加至57.7%（见表7.6），明显高于2000年25%~27%的水平，而当时的违约率是非常高的（见表7.7）。

2004年的违约损失率为0.59%，其中包含了6个基点的票息损失，显著低于2003年的2.76%和2002年的10.15%，也远低于历史均值。2004年的低损失率与1996—1997年相似，当时的追偿率触顶达到50%。在我们所观察的27个样本区间当中，高收益债的平均年损失率为2.45%（加权平均为3.51%）。

2004年的损失率未调整堕落天使违约。由于当年仅有两起堕落天使违约，其追偿率为67.4%，2004年调整后违约损失率略低，为0.587%（见表7.6的最后一列）。我们的调整是基于这样的假设，即投资者仅在堕落天使的评级被降低到非投资级别之后才购买该类债券。2004年的低损失率使得高收益债获得超预期收益，具体内容将会在本书后续部分中讲解。

表7.6　2004年违约损失率

	未调整堕落天使（%）	堕落天使（%）	除堕落天使的其他部分（%）	堕落天使调整后（%）
背景数据				
2004年平均违约率	1.249	0.832	1.322	1.267
违约时点平均价格	57.675	60.025	57.354	57.739
下调评级时平均价格		88.994		
平均追偿率	57.675	67.449	57.354	58.810
本金的平均损失	42.325	32.551	42.646	41.190
息票的平均损失	10.296	6.204	10.985	10.296
违约损失计算				
违约率×本金的损失	1.249 42.325	0.832 32.551	1.322 42.646	1.267 41.190
违约损失本金	0.529	0.271	0.564	0.522
违约率×息票1/2的损失	1.249 5.148	0.832 3.102	1.322 5.493	1.267 5.148
违约损失息票	0.064	0.026	0.073	0.065
违约损失的本金和息票	0.593	0.297	0.636	0.587

注：如违约日期的价格不可用，则使用月末价格。

资料来源：作者根据交易员报价整理。

表 7.7　违约率及损失（1978—2004）

年　份	面　值（百万美元）	违约时点价格（百万美元）	违约率（%）	违约后的加权价格（美元）	加权息票率（%）	违约损失率（%）
2004	933 100	11 657	1. 25	57. 7	10. 30	0. 59
2003	825 000	38 451	4. 66	45. 5	9. 55	2. 76
2002	757 000	96 858	12. 79	25. 3	9. 37	10. 15
2001	649 000	63 609	9. 80	25. 5	9. 18	7. 76
2000	597 200	30 295	5. 07	26. 4	8. 54	3. 95
1999	567 400	23 532	4. 15	27. 9	10. 55	3. 21
1998	465 500	7 464	1. 60	35. 9	9. 46	1. 10
1997	335 400	4 200	1. 25	54. 2	11. 87	0. 65
1996	271 000	3 336	1. 23	51. 9	8. 92	0. 65
1995	240 000	4 551	1. 90	40. 6	11. 83	1. 24
1994	235 000	3 418	1. 45	39. 4	10. 25	0. 96
1993	206 907	2 287	1. 11	56. 6	12. 98	0. 56
1992	163 000	5 545	3. 40	50. 1	12. 32	1. 91
1991	183 600	18 862	10. 27	36. 0	11. 59	7. 16
1990	181 000	18 354	10. 14	23. 4	12. 94	8. 42
1989	189 258	8 110	4. 29	38. 3	13. 40	2. 93
1988	148 187	3 944	2. 66	43. 6	11. 91	1. 66
1987	129 557	7 486	5. 78	75. 9	12. 07	1. 74
1986	90 243	3 156	3. 50	34. 5	10. 61	2. 48
1985	58 088	992	1. 71	45. 9	13. 69	1. 04
1984	40 939	344	0. 84	48. 6	12. 23	0. 48
1983	27 492	301	1. 09	55. 7	10. 11	0. 54
1982	18 109	577	3. 19	38. 6	9. 61	2. 11
1981	17 115	27	0. 16	72. 0	15. 75	0. 15

（续　表）

年　份	面　值（百万美元）	违约时点价格（百万美元）	违约率（%）	违约后的加权价格（美元）	加权息票率（%）	违约损失率（%）
1980	14 935	224	1.50	21.1	8.43	1.25
1979	10 356	20	0.19	31.0	10.63	0.14
1978	8 946	119	1.33	60.0	8.38	0.59
算术平均值 1978—2004			3.57	43.0	10.98	2.45
加权平均值 1978—2004			4.86			3.51

注：面值不包含违约率债券。2002—2004 年已调整堕落天使的违约损失率依次为 9.3%、1.82%、0.59%。

资料来源：作者整理及参考表 7.1 和表 7.6。

表 7.8 根据资本结构中的优先劣后顺序列示了 1978—2004 年的平均追偿率。在 2004 年，按优先劣后顺序分类的加权平均追偿率如下（此处百分比是就 100 美元面值而言）：优先有抵押债券为 63.7%，优先无抵押债券为 56.8%，优先后偿债为 37.4%。折价债券的追偿率要高于历史平均水平。所有的优先级债券都表现出了比历史更优的追偿率水平。请注意，从历史平均来说，优先有抵押债券在违约时通常可追偿面值的 56%，但是 2004 年几乎达到了其极大值，优先无抵押债券追偿率平均为 42.5%，优先后偿债平均为较低的 33%，劣后次级债为 31%。

总的来说，在 2004 年 58% 的追偿率高于平均，与我们基于阿尔特曼、布兰迪、雷斯蒂（Resti）、斯罗尼（Sironi）论文中单变量回归模型的预期完全一致（2002、2005）。特别是我们在 2003 年更新了模型（见图 7.8），预测 2004 年的追偿率为 58%，其依据是多个单变量模型以及假设 2004 年的违约率为 1.25%。该违约率低于 2004 年的实际违约率。本书第十五章阐述了追偿率及其与当前违约率相关性的文献，另外可参考阿尔特曼、雷斯蒂和斯罗尼合著的书籍（2005）。

表 7.8　1978—2004 年根据优先劣后顺序分类的加权平均追偿率

违约时间	优先有抵押债券		优先无抵押债券		优先后偿债		后偿债		折价债券以及零息债券		所有债券	
	数量	价格（美元）	数量	价格（美元）	数量	价格（美元）	数量	价格（美元）	数量	价格（美元）	数量	价格（美元）
2004	27	63.67	33	56.77	2	37.44	0	0.00	6	40.66	68	57.72
2003	57	53.51	108	45.40	29	35.98	1	38.00	8	32.27	203	45.78
2002	37	52.81	254	21.82	21	32.79	0	0.00	28	26.47	340	26.25
2001	9	40.95	187	28.84	48	18.37	0	0.00	37	15.05	281	25.62
2000	13	39.58	47	25.40	61	25.96	26	26.62	17	23.61	164	26.74
1999	14	26.90	60	42.54	40	23.56	2	13.88	11	17.30	127	32.20
1998	6	70.38	21	39.57	6	17.54	0	0.00	1	17.00	34	40.46
1997	4	74.90	12	70.94	6	31.89	1	60.00	2	19.00	25	57.61
1996	4	59.08	4	50.11	9	48.99	4	44.23	3	11.99	24	45.44
1995	5	44.64	9	50.50	17	39.01	1	20.00	1	17.50	33	41.77
1994	5	48.66	8	51.14	5	19.81	3	37.04	1	5.00	22	39.44
1993	2	55.75	7	33.38	10	51.50	9	28.38	4	31.75	32	38.83
1992	15	59.85	8	35.61	17	58.20	22	49.13	5	19.82	67	50.03

（续　表）

违约时间	优先有抵押债券		优先无抵押债券		优先后偿债		后偿债		折价债券以及零息债券		所有债券	
	数　量	价　格（美元）	数　量	价　格（美元）	数　量	价　格（美元）	数　量	价　格（美元）	数　量	价　格（美元）	数　量	价　格（美元）
1991	4	44.12	69	55.84	37	31.91	38	24.30	9	27.89	157	40.67
1990	12	32.18	31	29.02	38	25.01	24	18.83	11	15.63	116	24.66
1989	9	82.69	16	53.70	21	19.60	30	23.95			76	35.97
1988	13	67.96	19	41.99	10	30.70	20	35.27			62	43.45
1987	4	90.68	17	72.02	6	56.24	4	35.25			31	66.63
1986	8	48.32	11	37.72	7	35.20	30	33.39			56	36.60
1985	2	74.25	3	34.81	7	36.18	15	41.45			27	41.78
1984	4	53.42	1	50.50	2	65.88	7	44.68			14	50.62
1983	1	71.00	3	67.72			4	41.79			8	55.17
1982			16	39.31			4	32.91			20	38.03
1981	1	72.00									1	72.00
1980			2	26.71			2	16.63			4	21.67

1979							1	31.00			1	31.00
1978			1	60.00							1	60.00
总计/平均	256	54.15	947	35.77	399	30.17	248	31.06	144	21.90	1 994	35.43
中位数		55.75		42.54		32.79		31.00		19.00		40.67

资料来源：作者根据交易员报价整理。

我们根据违约率估计追偿率，主要基于一个简单的概念——违约证券的供需。当违约率高时，追偿率低（例如 2001 年和 2002 年）；当违约率较低时，追偿率较高（例如 2004 年）。

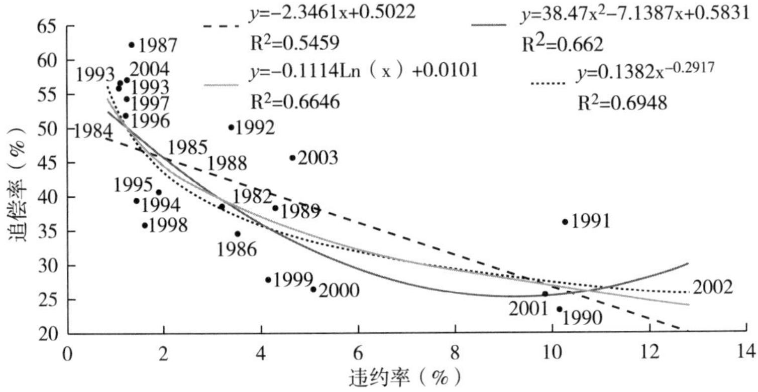

图 7.8 追偿率与违约率的相关性：价格加权平均追偿率与价格加权平均违约率

资料来源：阿尔特曼、布兰迪、雷斯蒂和斯罗尼（2005）。

相关的追偿率

表 7.9 展示了从 1971 年开始的按评级分类的 1 800 多只违约债券的平均追偿率。与我们之前关于堕落天使追偿率的讨论一致，发行评级为 AAA、AA、A 的债券追偿率显著高于发行评级为 BBB 及以下的债券。请注意，对从 BB 到 CCC 评级的非投资级别债券的追偿率来说，差别并不明显（20%～30%，此处百分比是就 100 美元面值而言）。

表 7.10 展示了债券违约时点与最终的追偿率之间并无关系。所以如果一只债券在短期限内违约是很糟糕的一件事情，因为投资者既未来得及收取票息，也不能在追偿率上有任何优势。

表 7.9　1971—2004 年根据初始评级分类的债券违约后价格

评　级	观察数	平均价格（美元）	加权平均价格（美元）	价格中位数（美元）	标准差（美元）	最低价（美元）	最高价（美元）
AAA	7	68.34	76.99	71.88	20.82	32.00	97.00
AA	23	61.33	76.20	54.50	27.04	17.80	99.88
A	118	53.97	47.87	55.32	27.54	2.00	100.00
BBB	318	41.78	32.67	41.00	23.88	1.00	103.00
BB	179	34.88	30.15	33.00	21.54	1.00	107.75
B	994	32.08	28.33	28.00	22.74	0.42	112.00
CCC	210	35.91	32.98	29.00	26.96	0.59	103.25
总计	1 849	36.36	31.44	32.00	24.66	0.42	112.00

表 7.10　1971—2004 年根据违约时点计算的债券价格

自违约时点到发行时的年头	观察数	平均价格（美元）
1	154	30.29
2	322	32.08
3	378	30.36
4	288	35.60
5	224	34.73
6	180	42.13
7	125	37.72
8	62	35.69
9	39	38.37
10	105	37.10
总计	1 877	34.31

死亡率与损失

前文所述的违约率和损失是基于传统方法所计算的高收益债券市场的违约数量和损失的影响。类似的方法还可以应用到其他资产中，比如公司贷款。这种分析方法有助于了解市场现状和过去的表现，新闻记者和分析员也会发现这些信息十分有用。这种长期平均结果，比如4.7%的加权平均违约率（见表7.6）也应有助于评估市场整体在不同时期的风险和收益（请见我们随后在表7.15中的相关讨论）。

虽然传统方法在一些情况下比较适用，但并不适合测度某一具体评级的债券或借款，也不能反映时点效应及其对预期违约率的影响。该方法不能精确反映某一特定评级债券的预期或非预期违约和损失。然而这些信息对于银行，特别是遵守《巴塞尔协议II》要求的银行而言非常重要，这些机构在利用IRB（internal-rate-based，内部费率）方法时，需要这些信息来决定信用资产的资本金。到2007年，大部分大型银行将会全面完成《巴塞尔协议II》的要求。

为了更准确地描述给定评级下债券的预期违约率，阿尔特曼（1988、1989），阿斯奎斯、马林斯和沃尔夫（Asquith，Mullins and Wolff，1989），方斯和鲁卡斯（Fons and Lucas，1990），标普（1991）都进行了相关研究，确认了各自某一时点下的某评级的债券群。后续我们将展示死亡率的测度方法，该方法是按初始评级分类，度量发行后长达10年的情况。穆迪和标普对资产违约率的衡量是把同一评级的债券放到一起，而没有考虑其存续期。其中，穆迪认为宏观和发行时点与评级相关。另外，一些评级机构是以发行人为单位进行度量，但是本研究则是以金额为单位度量，这与惠誉的做法是一致的。

阿尔特曼（1989）指出，单个时期（比如一年）的违约率是针对期初的某一样本群体进行度量的。然而，如果是针对某一特定类别的债券群体，比如同一评级债券群体，其计算过程会更为复杂，特别是还要跟踪这一特定群体各个时期的表现。由于原始样本群体会随时因各种因素而发生变化，我们考虑在存活下来的群体的基础上计算死亡率，即将违约代入作为分子，存活的群体作为分母来计算死亡率。债券从最初样本中退出至少有 4 种方式：违约、赎回、递减资金及其他偿还方式、到期。

每年的死亡率，即边际死亡率（marginal mortality rate，简称 MMR）的计算方法如下：

$$\mathrm{MMR}_t=\frac{t\text{ 年违约债券的总价值}}{t\text{ 年年初样本总体债券的总价值}}$$

累积死亡率（cumulative mortality rate，简称 CMR）计算的是某一时期（1，2，…… T）的死亡率，是 1 减去之前各期存活率样本的乘积，计算方法如下：

$$\mathrm{CMR}_T=1-\prod_{t=1}^{T}\mathrm{SR}_t$$

其中，CMR_T表示 T 时期的累积死亡率，SR_t表示 t 时刻的存活率，等于 $1-\mathrm{MMR}_t$。

某债券评级的某年的边际死亡率是基于那年自发行得到的死亡率汇总而成。例如，所有第一年死亡的债券汇合到一起计算出第一年的死亡率，所有第二年死亡的债券汇合到一起计算出第二年的死亡率，以此类推。

某一年的死亡率的计算是价值加权的而不是未加权的平均值。如果仅对 1 年期、2 年期的死亡率进行简单平均，其结果会因某些年份的特殊性而出现误差。比如，在某一年份发行债券极少，而相对于发行的违约规模过大，则会对未加权平均数造成较大影响。我们所使用的加权平均方法正确地偏向发行量较大的年份，特别是近几年。

我们从 1988 年开始，每年测度并更新公司债违约率和死亡率，涵盖了 1971—2004 年标普的所有级别（AAA、AA、A 等）。更新后的死亡率数据见表 7.11、表 7.12 和表 7.13。表 7.11 展示了根据初始评级分类的所有违约金额，除 BBB 级违约金额高于 BB 级外，违约金额随着级别的下降而增加。BBB 级债券的异常主要是由于世通公司在 2000 年发行了巨额债券并在 2002 年违约，以及 BBB 级的债券本身违约较高。

表 7.11　1971—2004 年根据初始评级分类的违约金额

评　级	观察数	总金额（百万美元）	平均金额（百万美元）	标准差	中位数（百万美元）
AAA	7	764.00	109.14	73.92	125.00
AA	23	3 777.40	164.23	175.59	75.00
A	117	13 751.58	117.53	175.45	60.00
BBB	322	73 528.77	228.35	425.17	125.00
BB	178	34 035.46	191.21	198.36	125.00
B	984	163 626.04	166.29	166.75	120.00
CCC	198	26 446.78	133.57	121.71	100.00
CC	8	1 223.30	152.91	88.60	132.25
C	3	615.97	205.32	207.68	195.00
NR	313	39 230.75	125.34	143.74	93.98
总计	2 153	357 000.10	165.80	224.50	110.00

表 7.12 展示了 1971—2004 年的死亡率数据。总的来说，死亡率水平低于 2003 年的死亡率，而违约率水平则继续趋向缓和。但例

外的是低评级债券发行后的第五年、第六年的死亡率略高。发行后前几年的低死亡率可以在所有评级中观察到。比如，B 级债券的 1 年期死亡率从 2003 年的 3. 06% 下降到了 2. 85%，又在 2 年期下降到 6. 85%。BB 级前两年则降到 1. 19%（从 1. 22%），随后又降到 2. 48%。可以在表 7. 12 中观察到在发行后 3 ~ 4 年的强烈的存续期效应。例外的情况是 BBB 级，主要是由于 2002 年世通公司违约，导致其在第二年有异常高值。

我们可以预期违约率有存续期效应，因为发行后前两年的付息能力取决于公司自身经营和来自债务发行的现金，而在两年之后则主要取决于前者。

表 7. 13 展示了死亡损失，这与死亡率的数据基本一致。损失规模受到债券违约时的追偿情况、票息的损失以及样本大小的影响。由于 2004 年的违约率较低且追偿率较高，该年大部分的死亡损失率都低于 2003 年。

比较不同来源的累积违约率

在表 7. 14 中可以看到，就许多评级分类而言，如果比较死亡率结果和主要评级机构（穆迪和标普）的累计违约率，本研究的一年死亡率存在显著的差别。计算边际和累计比率所使用的不同方法可以解释这种现象：

- 金额加权（阿尔特曼）与发行人加权（评级机构）；
- 美国国内普通债券（阿尔特曼）与国内（国外）普通债券加可转债（评级机构）；

表 7.12　1971—2004 年根据初始评级分类的死亡率（全部评级债券）

		发行后年份（%）									
		1	2	3	4	5	6	7	8	9	10
AAA	边际	0.00	0.00	0.00	0.00	0.03	0.00	0.00	0.00	0.00	0.00
	累积	0.00	0.00	0.00	0.00	0.03	0.03	0.03	0.03	0.03	0.03
AA	边际	0.00	0.00	0.32	0.16	0.03	0.03	0.00	0.00	0.03	0.02
	累积	0.00	0.00	0.32	0.48	0.51	0.54	0.54	0.59	0.57	0.59
A	边际	0.01	0.10	0.02	0.09	0.06	0.11	0.06	0.21	0.11	0.06
	累积	0.01	0.11	0.13	0.22	0.28	0.39	0.45	0.65	0.76	0.82
BBB	边际	0.36	3.22	1.43	1.28	0.77	0.45	0.20	0.20	0.14	0.40
	累积	0.36	3.56	4.49	6.16	6.89	7.31	7.50	7.68	7.87	8.18
BB	边际	1.19	2.48	4.40	2.01	2.51	1.16	1.60	0.88	1.70	3.60
	累积	1.19	3.64	7.88	9.74	12.00	12.93	14.36	15.07	16.52	19.60
B	边际	2.85	6.85	7.40	8.55	6.00	4.16	3.72	2.28	1.96	0.86
	累积	2.85	9.51	16.20	23.37	27.94	30.96	33.46	34.97	36.25	36.80
CCC	边际	7.98	15.57	19.55	12.10	4.26	9.45	5.60	3.15	0.00	4.28
	累积	7.98	22.31	37.50	45.06	47.37	52.35	55.01	56.43	56.43	58.30

注：根据 1 719 只债券发行时标普的评级。

资料来源：标普和作者整理。

表 7.13　1971—2004 年根据初始评级分类的死亡损失（全部评级债券）

		发行后年份（%）									
		1	**2**	**3**	**4**	**5**	**6**	**7**	**8**	**9**	**10**
AAA	边际	0.00	0.00	0.00	0.00	0.00	0.00	0.00	0.00	0.00	0.00
	累积	0.00	0.00	0.00	0.00	0.00	0.00	0.00	0.00	0.00	0.00
AA	边际	0.00	0.00	0.05	0.05	0.01	0.01	0.00	0.00	0.03	0.02
	累积	0.00	0.00	0.05	0.10	0.11	0.12	0.12	0.12	0.15	0.17
A	边际	0.00	0.03	0.01	0.04	0.03	0.06	0.02	0.04	0.08	0.00
	累积	0.00	0.03	0.04	0.08	0.11	0.17	0.19	0.23	0.31	0.31
BBB	边际	0.25	2.25	1.10	0.77	0.46	0.27	0.10	0.11	0.07	0.24
	累积	0.25	2.49	3.57	4.31	4.75	5.00	5.10	5.21	5.27	5.50
BB	边际	0.69	1.44	2.55	1.16	1.46	0.60	0.90	0.38	0.84	1.28
	累积	0.69	2.13	4.62	5.72	7.10	7.66	8.48	9.83	9.60	10.76
B	边际	1.83	4.75	5.18	5.72	4.06	2.41	2.54	1.34	1.02	0.64
	累积	1.83	6.50	11.34	14.41	19.80	21.73	23.72	24.75	25.51	25.99
CCC	边际	5.33	11.68	14.67	9.32	3.10	7.28	4.31	2.52	0.00	3.22
	累积	5.33	16.39	28.65	35.31	37.31	41.88	44.38	45.78	45.78	47.53

注：根据 1 604 只债券发行时标普的评级。

资料来源：标普和作者整理。

表 7.14　累计违约率比较（10 年的百分比）

	1	2	3	4	5	6	7	8	9	10
AAA/Aaa										
阿尔特曼	0.00	0.00	0.00	0.00	0.03	0.03	0.03	0.03	0.03	0.03
穆迪	0.00	0.00	0.00	0.04	0.12	0.21	0.30	0.41	0.52	0.63
标普	0.00	0.00	0.03	0.06	0.10	0.17	0.24	0.36	0.41	0.45
AA/Aa										
阿尔特曼	0.00	0.00	0.32	0.48	0.51	0.54	0.54	0.59	0.57	0.59
穆迪	0.00	0.00	0.03	0.12	0.20	0.29	0.37	0.47	0.54	0.61
标普	0.01	0.04	0.09	0.19	0.30	0.41	0.54	0.64	0.74	0.85
A/A										
阿尔特曼	0.01	0.11	0.13	0.22	0.28	0.39	0.45	0.65	0.76	0.82
穆迪	0.02	0.08	0.22	0.36	0.50	0.67	0.85	1.04	1.25	1.48
标普	0.04	0.13	0.24	0.40	0.61	0.84	1.11	1.34	1.63	1.94
BBB/Baa										
阿尔特曼	0.36	3.56	4.49	6.16	6.89	7.31	7.50	7.68	7.87	8.18
穆迪	0.19	0.54	0.98	1.55	2.08	2.59	3.12	3.65	4.25	4.89

标普	0.29	0.81	1.40	2.19	2.99	3.73	4.34	4.95	5.50	6.10
BB/Ba										
阿尔特曼	1.19	3.64	7.88	9.74	12.00	12.93	14.36	15.07	16.52	19.60
穆迪	1.22	3.34	5.79	8.27	10.72	12.98	14.81	16.64	18.40	20.11
标普	1.20	3.58	6.39	8.97	11.25	13.47	15.25	16.75	18.16	19.20
B/B										
阿尔特曼	2.85	9.51	16.20	23.37	27.94	30.96	33.46	34.97	36.25	36.80
穆迪	5.81	12.93	19.51	25.33	30.48	35.10	39.45	42.89	45.89	48.64
标普	5.71	12.49	18.09	22.37	25.40	27.77	29.76	31.32	32.54	33.75
CCC/Caa										
阿尔特曼	7.98	22.31	37.50	45.06	47.37	52.35	55.01	56.43	56.43	58.30
穆迪	22.43	35.96	46.71	54.19	59.72	64.49	68.06	71.91	74.53	76.77
标普	28.83	37.97	43.52	47.44	50.85	52.13	53.39	54.05	55.56	56.45

资料来源：阿尔特曼，市值加权，从标普初始发行计算存续时间。

穆迪，发行人加权，群组分析，1971—2004 年，依据实际或隐含的优先无抵押评级。

标普，发行人加权，静态债池，1971—2004 年，依据实际或隐含的优先无抵押评级。

- 初始发行评级（阿尔特曼）与仅按评级分组但不管存续期的评级（评级机构）；
- 死亡率（阿尔特曼）与违约率（评级机构）；
- 样本时期。

我们认为，目前为止最重要的原因是上面的第 3 点，我们研究中使用的是债券发行时的评级和规模。但评级机构使用的是某一时点下同一评级的一篮子债券，并不考虑债券已存续的时间及其初始评级。因此我们在阿尔特曼的研究中，会看到初始几年的死亡率要明显低于评级机构。比如，B 级债券在发行后 1 年期的死亡率为 2.85%，但穆迪计算的 1 年期违约率为 5.81%，显著高于 2.85%。这种差异会持续到第 4 年至第 5 年，之后存续时间的效应将会消失，各种方法的计算结果基本一致。

这些结果的差异对于银行或投资者而言非常重要，因为他们需要根据《巴塞尔协议 II》估计 1 年期的预期违约率（如银行），或者估计预期违约和损失准备金（银行和投资人两者都需要）。我们认为方法以及数据的选择应该取决于组合的存续时间分布。当然，在发行债券以及投资新发债券时，死亡率方法适用于估计不包含违约的现金流以及其他研究用途。对于更为成熟的组合，评级机构所使用的方法可能更为适用。

回报与风险溢价

表 7.15 展示了高收益债在 2004 年以及 1978—2004 年所有样本区间的相对良好的业绩情况。尽管和 1978—2004 年这 27 年的 11.37% 的平均收益率相比，花旗高收益债券指数（Citigroup's High Yield Bond Index）全收益取得了略低的 10.79% 的收益率，但其对

10 年期美国国债收益率 5.92% 的风险溢价仍令人印象深刻。

2004 年的回报将高收益债券的风险溢价的历史均值，相对于 2003 年提高了 14 个基点，达到 2.36%（算术平均）。在我们计算的样本区间，高收益债券在 27 年间有 17 次取得了高于 10 年期国债收益率的表现，在 27 年的 22 年间则取得了正的绝对收益。除去违约后的净收益优于流动性更好的无违约风险的国债是高收益债券能够吸引投资者的先决条件，似乎至少两个百分点的溢价才能足以补偿投资人超预期的损失以及更高的预期损失。

较高的预期损失以及超预期损失使得高收益债券的收益高于国债。过去 27 年 4.9% 的风险溢价历史均值就证实了这一结论。事实上，2004 年年底风险溢价下降至 3.14%（见表 7.15 最后一列），为 1984 年以来的最低水平（与 1996 年相近），说明市场预期良性信用周期将会持续。

如果用 4.9% 的平均实际风险溢价减去平均实际违约损失率 2.45%（见表 7.7），结果得到预期 2.45% 的风险溢价，与实际 2.36% 的风险溢价十分接近（见表 7.15 第 4 列）。该结果简单合理，让人印象深刻，证明了实际风险溢价与预期结果完全相符。

2004 年年底的风险溢价仅为 3.14%，说明市场预期 2005 年的违约率将会远低于历史均值。如果来年风险溢价实现了历史均值水平的 2.36%，假设违约率为 1.25%，追偿率为 50%（与 2004 年相近），并有 2004 年年底的 7.35% 的高收益债券的到期收益率，那么 2005 年预期高收益债券风险溢价便为 2.39%。以上数据是根据我们自己的研究方法计算得到的（Altman and Bencivenga，1995）。

$$\text{BEY} = \frac{R_f + \left[D_r\ (1 - RR)\ + D_r \frac{HYC}{2}\right]}{1 - D_r}$$

表 7.15 年回报、收益与 10 年期利差（1978—2004）

年份	收益率（%）			承诺收益率（%）		
	高收益债券	国债	风险溢价	高收益债券	国债	风险溢价
2004	10.79	4.87	5.92	7.35	42.1	3.14
2003	30.62	1.25	29.37	8.00	4.26	3.74
2002	(1.53)	14.66	(16.19)	12.38	3.82	8.56
2001	5.44	4.01	1.43	12.31	5.04	7.27
2000	(5.68)	14.45	(20.13)	14.56	5.12	9.44
1999	1.73	(8.41)	10.14	11.41	6.44	4.97
1998	4.04	12.77	(8.73)	10.04	4.65	5.39
1997	14.27	11.16	3.11	9.20	5.75	3.45
1996	11.24	0.04	11.20	9.58	6.42	3.16
1995	22.40	23.58	(1.18)	9.76	5.58	4.18
1994	(2.55)	(8.29)	5.74	11.50	7.83	3.67
1993	18.33	12.08	6.25	9.08	5.80	3.28
1992	18.29	6.50	11.79	10.44	6.69	3.75
1991	43.23	17.18	26.05	12.56	6.70	5.86

1990	(8.46)	6.88	(15.34)	18.57	8.07	10.50
1989	1.98	16.72	(14.74)	15.17	7.93	7.24
1988	15.25	6.34	8.91	13.70	9.15	4.55
1987	4.57	(2.67)	7.24	13.89	8.83	5.06
1986	16.50	24.08	(7.58)	12.67	7.21	5.46
1985	26.08	31.54	(5.46)	13.50	8.99	4.51
1984	8.50	14.82	(6.32)	14.97	11.87	3.10
1983	21.80	2.23	19.57	15.74	10.70	5.04
1982	32.45	42.08	(9.63)	17.84	13.86	3.98
1981	7.56	0.48	7.08	15.97	12.08	3.89
1980	(1.00)	(2.96)	1.96	13.46	10.23	3.23
1979	3.69	(0.86)	4.55	12.07	9.13	2.94
1978	7.57	(1.11)	8.68	10.92	8.11	2.81

（续　表）

年　份	收益率（%）			承诺收益率（%）		
	高收益债券	国　债	风险溢价	高收益债券	国　债	风险溢价
1978—2004 年算术平均数	11.37	9.02	2.36	12.47	7.57	4.90
1978—2004 年标准差	12.45	11.92	12.34	2.85	2.61	2.06
1978—2004 年复合平均数	11.16	8.76	2.41			

注：表中所指为年终收益率。

资料来源：作者整理和花旗高收益债券指数。

$$HYRS = HYY - BEY$$

其中：

- BEY = 损盈平衡收益率；
- R_f = 无风险利率（10 年期美国国债收益率）；
- D_r = 预期违约率；
- RR = 预期追偿率；
- HYC = 高收益债券票息率；
- HYRS = 高收益债券预期风险溢价；
- HYY = 高收益债券到期收益率。

本公式的含义是：高收益债券投资者获得的是发行人保证的收益率减去存活市场（$1 - D_r$）的违约损失率。

新发行以及其他渠道债券

2004 年新发行的高收益债券达到破纪录的 1 472 亿美元。如果除去再融资、堕落天使、新兴企业和违约的影响，高收益债券的市场规模攀升至 9 400 亿美元，对比 2003 年年底的 8 860 亿美元，实现了 6% 的净增长。该年堕落天使（341 亿美元）与新兴企业（282 亿美元）的比例略高于 1。该比例通常较高，因为投资级别的债券更容易成为堕落天使，反之则较难。

结　论

当前，美国高收益债券因种种原因已成为一个成熟的且被广泛接受的为公司融资的工具，同时，它也成为一种被广泛认可的金融资产。接下来我们将探讨那些处于财务危困或已违约的公司债券和贷款。

附件 7.1 季度违约率比较：阿尔特曼/NYU – SC 比对穆迪高收益债券市场（1990—2004）

季度		已发行债券面值（十亿美元）	按季度未清偿债务（十亿美元）	季度违约率（%）	阿尔特曼/NYU – SC 违约率 12 个月移动平均（%）	穆迪基于发行人债务违约率 12 个月移动平均（%）
1990	第 1 季度	185.00	4.16	2.25		6.51
	第 2 季度	185.00	2.51	1.36		7.93
	第 3 季度	181.00	6.01	3.32		8.99
	第 4 季度	181.00	5.67	3.13	10.14	9.74
			18.35			
1991	第 1 季度	182.00	8.74	4.80	12.67	12.28
	第 2 季度	182.00	2.75	1.51	12.73	13.00
	第 3 季度	183.00	5.01	2.74	12.18	11.97
	第 4 季度	183.00	2.36	1.29	10.31	10.42
			18.86			
1992	第 1 季度	183.20	3.33	1.82	7.35	7.76
	第 2 季度	151.10	1.26	0.83	6.52	6.19
	第 3 季度	163.00	0.37	0.23	4.84	5.58
	第 4 季度	151.89	0.59			
			5.55			
1993	第 1 季度	193.23	0.38	0.20	1.71	4.98
	第 2 季度	193.23	1.33	0.69	1.39	4.59
	第 3 季度	206.91	0.05	0.03	1.22	4.23
	第 4 季度	190.42	0.52	0.27	1.10	3.84
			2.29			

（续 表）

	季 度	已发行债券面值（十亿美元）	按季度未清偿债务（十亿美元）	季度违约率（%）	阿尔特曼/NYU－SC违约率12个月移动平均（%）	穆迪基于发行人债务违约率12个月移动平均（%）
1994	第1季度	232.60	0.67	0.29	1.35	3.14
	第2季度	230.00	0.16	0.07	0.60	2.02
	第3季度	235.00	0.41	0.17	0.76	2.33
	第4季度	235.00	2.18	0.93	1.45	2.07
			3.42			
1995	第1季度	240.00	0.17	0.07	1.24	1.40
	第2季度	240.00	1.68	0.70	1.85	2.39
	第3季度	240.00	0.98	0.41	2.09	2.70
	第4季度	240.00	1.72			
			4.55			
1996	第1季度	255.00	0.44	0.17	2.01	3.80
	第2季度	255.00	0.89	0.35	1.58	3.08
	第3季度	271.00	0.41	0.15	1.36	2.29
	第4季度	271.00	1.59	0.59	1.23	1.93
			3.34			
1997	第1季度	296.00	1.85	0.63	1.75	1.85
	第2季度	318.40	0.60	0.19	1.51	1.89
	第3季度	335.40	1.48	0.44	1.74	2.40
	第4季度	335.40	0.27			
			4.20			
1998	第1季度	379.00	2.37	0.63	1.41	2.66
	第2季度	425.70	1.22	0.29	1.41	2.99
	第3季度	465.50	1.62	0.35	1.29	2.75

（续 表）

	季　度	已发行债券面值（十亿美元）	按季度未清偿债务（十亿美元）	季度违约率（%）	阿尔特曼/NYU - SC违约率12个月移动平均（%）	穆迪基于发行人债务违约率12个月移动平均（%）
	第4季度	481.60	2.26			
			7.46			
1999	第1季度	515.00	4.76	0.92	2.05	3.87
	第2季度	537.20	8.42	1.57	3.31	5.12
	第3季度	567.40	5.24	0.92	3.85	5.91
	第4季度	580.00	5.11			
			23.53			
2000	第1季度	584.00	6.06	1.04	4.28	5.69
	第2季度	595.60	9.97	1.67	4.52	5.52
	第3季度	597.50	4.32	0.72	4.27	5.23
	第4季度	608.15	9.95			
			30.29			
2001	第1季度	613.20	18.07	2.95	6.96	7.42
	第2季度	648.60	12.82	1.98	7.37	7.92
	第3季度	649.00	14.65	2.26	8.56	9.17
	第4季度	647.70	18.07			
			63.61			
2002	第1季度	669.00	18.54	2.77	9.89	11.24
	第2季度	674.00	27.07	4.02	11.71	10.29
	第3季度	757.00	37.48	4.95	15.01	9.01
	第4季度	756.30	13.77	1.82	12.79	7.33
			96.86			
2003	第1季度	750.00	7.62	1.02	11.36	5.78

（续　表）

季　度		已发行债券面值（十亿美元）	按季度未清偿债务（十亿美元）	季度违约率（%）	阿尔特曼/NYU－SC违约率12个月移动平均（%）	穆迪基于发行人债务违约率12个月移动平均（%）
	第2季度	774.50	14.54	1.88	9.79	5.81
	第3季度	825.00	13.25	1.61	6.56	5.67
	第4季度	856.00	3.04			
			3.04			
2004	第1季度	886.00	3.07	0.35	3.96	4.40
	第2季度	919.60	1.75	0.19	2.38	3.76
	第3季度	933.10	3.80	0.41	1.27	2.73
	第4季度	948.50	3.04			
			11.66			

注：NYU－SC 指纽约大学所罗门中心。

资料来源：作者整理的资料、花旗银行、穆迪投资服务公司及纽约大学所罗门中心数据库。

第八章　危困债券投资

在本书1993年的版本中，我们曾经提起过危困债券市场，即所谓“秃鹫市场”（vulture market），吸引了投资者从未有过的兴趣与想象空间。在10多年之后的2005年，不仅这个论断仍然正确，甚至这个市场的规模已经较1993年增长了将近5倍，并且专注于这类资产的投资机构数量也已经是原来的两倍以上（参见附件8.1中我们列出的2005年6月危困债券投资者名单）。这个市场已经十分成熟，以至于我们有理由将其称作一个真正的资产投资分类。通过数据和分析，我们一直在关注着这个市场，记录着这个市场，培育着它的成长与成熟。除了已经发表的关于这个市场的几篇文章和报告之外，有几本书同样与这个话题密切相关，包括拉马斯瓦米和莫勒（Ramaswami and Moeller，1990）、阿尔特曼（1990、1991、1992、1999、2002）、罗森伯格（1992、2000）、布兰奇和雷（1992）、卡尔森和法博齐（Carlson and Fabozzi，1992年）以及帕克（Parker，2005）的书。

市场规模

以下两章将对危困债券市场特点和参与者进行描述性剖析，并对于价格动态进行分析性处理，从而记录和分析危困债券的资产分类。第九章将回顾1987—2004年这18年间的市场表现，研究其特征，并对2004年的情况加以特别地剖析。

随着20世纪80年代美国高杠杆重组浪潮的到来，1989—1991年为危困企业的高库存年。这一时期成为我们对危困债券市场产生兴趣的催化剂，并促使我们在1991年写出第一本书。在图8.1中，我们可以看到，加总了公募和私募债券之后，已违约债券和危困债券在1990年年末的市场规模，面值上一共是3 000亿美元，而市值上一共是2 000亿美元。在1991年，这个市场中的利基投资者回报率激增并超过41%。这一数据来自我们当时最新研究出的已违约债券表现指数的计算［参见Altman Foothill Reports对于债券（1990）和银行贷款（1992）的报告以及我们之后的讨论］。另一个巨大的增长催化剂是2000—2002年的大规模违约破产，在这段时期内，市场的规模再次风起云涌，达到了2002年创纪录的9 400亿美元面值以及超过5 000亿美元市值。最近的这次增长是在1993—1998年随着市场规模减小，由良性信贷循环作用其中而来。危困公司和已违约公司的数量达到了前所未有的数量，其原因包括俄罗斯经济的崩溃、长期资本管理公司的垮台；大型且高杠杆公司［包括安然、世通、阿德菲亚（Adelphia）、环球电讯和其他公司］中的大量欺诈、电信泡沫的破灭，以及在航空、钢铁、健康、零售等行业中的大量公司破产（参见附件1.1中的破产公司列表）。

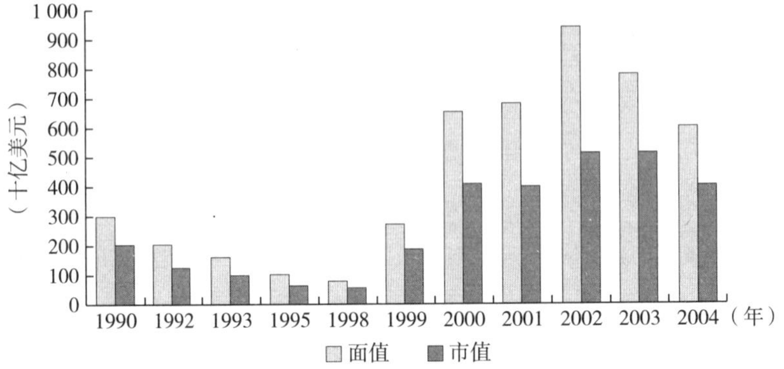

图8.1　1990—2004年已违约和危困债券市场

资料来源：阿尔特曼，纽约大学所罗门中心，斯特恩商学院。

2001—2003 年的破产情况极为严重！事实上，在这 3 年间，按破产法第 11 章宣告破产且负债规模在 10 亿美元以上的就有 100 家公司——其中有 12 家公司至少有 50 亿美元的负债！10 亿美元负债的公司数量在 2004 年下降到了 10 家，但仍然是一个巨大的数量。破产的负债在 2002 年一年就超过了 3 300 亿美元，紧随而来的是在 2003 年的 1 100 亿美元和 2004 年的 660 亿美元（参见上一章图 7.7）。这些负债，不论以什么形式——债券、贷款、租约、交易借款以及其他形式债务，都是危困债券投资行业投资的标的。

我们对于危困债券市场规模的衡量包括公募债券和私募债券，其中主要是银行借款、按揭和交易负债。我们在统计中包含了已经违约的负债，和尚未违约但处于危困中的负债。后者是指投资到期收益率至少超过 10 年期的国债 1 000 个基点的企业债和售价低于每百美元面额 90 美元的银行贷款。

表 8.1 展示了 2003—2004 年，我们在公募和私募市场上对于已违约债券和危困债券市场规模的估计。我们跟踪公募市场的规模已经有很多年了，其数量虽然巨大，但却是基于坚实的数据。为了估计私募市场的规模，我们使用了一个关于破产实体的样本技术，来评定私募与公募债券的比例，然后用这个比例来得到我们要的私募债券的数据。例如，最近对于 2002—2004 年超过 150 家破产案例的取样表明，私募债券和公募债券的平均比例约为 2.2，而在之前的 1990—2002 年，我们使用过高达 2.4 和低到 1.4 的比例，这些比例帮助我们估计得出表 8.1 所示的市场规模时间序列数据（请注意，其中某些年的规模估计无法得到）。正如我们很快将要分析的，市场规模在 2004 年年底，缩减到了大约 6 000 亿美元（面值），或 4 000 亿美元（市值），其原因是最近的良性信用循环正全面铺开。基于我们在 2004 年年底预测违约率以及危困债券从 2004 年低谷将会逐渐增加，我们估计危困债券市场将会在 2005 年恢复增长。

表 8.1　2003—2004 年已违约债券和危困债券市场规模的估计

（单位：十亿美元）

	面值		市值			
	2003 年 12 月 31 日	2004 年 12 月 31 日	2003 年 12 月 31 日	× 面值	2004 年 12 月 31 日	× 面值
公募市场						
违约	193.58	152.00	87.11	0.45	76.00	0.50
危困	50.51	36.60	32.83	0.65	23.79	0.65
公募市场合计	244.09	188.60	119.94		99.79	
私募市场						
违约	425.88	334.41	298.11	0.70	234.09	0.70
危困	111.12	80.60	94.45	0.85	68.51	0.85
私募市场合计	536.99	415.01	392.56		302.60	
合计	781.08	603.61	512.50		402.39	

注：2004 年 12 月 31 日的违约面值是用 2003 年违约数据加 2004 年违约数据，再减去 2004 年突发数据得来的。

2004 年 12 月 31 日的危困面值是以 3.9% 的高收益债券市场规模（9 400 亿美元）作为基础得来的。

2003 年 12 月 31 日和 2004 年 12 月 31 日的私募市场面值和市值数据，我们采用私募债券和公募债券之比为 2.2 进行估算。

资料来源：阿尔特曼，斯特恩商学院，纽约大学所罗门中心已违约债券和银行贷款数据库。

图 8.2 展示了 1990—2004 年公募债券市场中已违约债券和危困债券在高收益债券加已违约债券市场中的比例。例如，请注意在 2002 年的次高违约率之前，危困债券在 2000 年年底的所占比例（31%）相当高。尽管这个比例是未来违约的晴雨表，但如果信贷市场就如同其在 1998 年一样，即在上一次良性信贷周期中迅速转向，并且正常债券变成危困债券以及会在 12 个月内发生违约，那这个比例就有一定的误导性。比如，我们注意到 2004 年年底危困债券的比例仅有 3.3%。

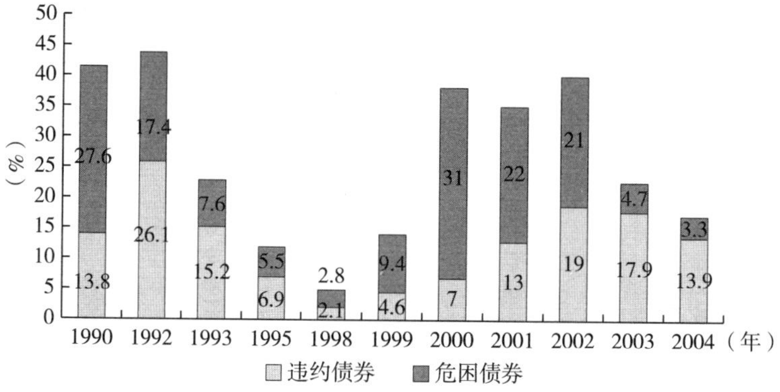

图 8.2　1990—2004 年已违约债券和危困债券占高收益债券加已违约债券市场的比例

资料来源：纽约大学所罗门中心违约数据库。

危困债券的投资者

我们观察到，1990—1991 年，随着大量违约的发生，危困债券投资者的数量迅速增长。我们在 1992 年估计，在这一领域，或许有超过 100 亿美元的资金有专门的管理。多数此类投资者都是专门从事危困债券投资以及从破产法第 11 章中重生的公司的股权投资。我们公布了（阿尔特曼，1991，附录 A）第一份危困投资者的名单，在名单上有超过50个。在2004年年底，我们的名单上美国投资者超过150个（见附件8.1），欧洲投资者大约22个（见附件8.2）。其中既包括2~5人的小型管理公司，管理资产规模小于5 000万美元，也包括拥有几十名资产管理组合经理和分析师，并且管理着100亿~150亿美元的大型管理公司。

我们并没有确切的有关投资于危困债券的资金总额，但一个可靠的预测是在2005年年初大约有1 500亿美元。大型投资者和私募基金有时可能会对这些证券以及对控制危困中或破产的企业感兴趣，但我们并不会在我们的投资者名单和规模的估计中包括他们［例如，沃伦·巴菲特的伯克希尔·哈撒韦（Berkshire Hathaway）买入Finovia公司的控制权］。我们的清单会包括那些越来越多的，在危困债券上拥有显著资产且将其作为不同投资策略组合中的一部分的对冲基金和私人券商。例如，在Concordia Advisors公司管理的超过20亿美元的资产中，有大约3.5亿美元专门投资于危困债券和破产再生公司的股权。

所以，从供需视角来看，这个市场在2004年就已经达到了平衡，因为随着需求逐渐赶上供给，20世纪90年代初和2002年的两次巨大不均衡被显著地缩减了。正如我们在第九章中的讨论，在众多原因之中，供需的原因导致了近期（2003—2004）债券市场的表现如此之好。然而，在短期的未来，我们相信形势会变得富有挑战性。

投资策略

伴随着危困债券市场规模与多样性的迅速增长，一些轰动一时的“秃鹫”型投资者的成功故事（罗森伯格，1992、2000）成为这些债券和新兴股权市场又一个吸引人的地方。尽管这些故事各有各的内容，但这些片段往往涉及对公司经营状况好转的豪赌以及近期增加的新的投资者与资本。成功投资的秘诀始终是要拥有一套难以掌握的技术，其中包括债券与股票的通过基本面的估值以及技术、法律、固定收益等相关方面的知识，外加耐心、坚守既定准则以及时不时积极主动的资产管理。我们总是告诉我们的学生，为了在危困投资方面取得成功，不应该只把它看作是固定收益领域或者是股票投资，而应当把它看作是二者的组合且含有一系列信用方面的二级策略，这些二级策略提供了一个更加现代化、更加严谨的风险回报框架。进一步而言，这一资产类别之所以有吸引力，不只是在于其自身的表现，更加重要的是这类资产的收益与其他资产极低的相关性。我们将在这一章的后面部分进一步探究此要点。

谈到投资策略，表 8.2 展示了 3 种主要的类型，以及一些其他的二级策略，同时也包括危困投资者的目标收益。这些投资者的投资组合一般包括已违约公募债券、私募债券、高收益债券以及处于危困中的杠杆贷款，还有剩余的现金及类现金资产。此外，投资者可能会持有其他的投资工具来满足对冲的目标，例如信用衍生品和短期的卖空。

表 8.2　危困债券投资风格和目标收益率

主动控制	主动但不控制	被动投资
要求至少持有 1/3 以阻止决策，拥有一半以达到控制目的，或许需要合作伙伴 通过股权债券置换控制公司 重组甚至购买相关业务公司，以及本行业兼并 追加股权，并经营管理公司 在两三年后退出 以大中型企业为主 目标收益率 20% ~25%	优先级有抵押债券，优先级无抵押债券 主动参与重组过程并施以影响 通过股票或债券市场退出 通常不对公司进行控制 持有期 1 ~2 年 主要关注大中型企业 目标收益率 15% ~20%	投资于处于危困资产价格水平的、价值被低估的证券 分策略包括：交易/买后持有/优先级债或优先级有抵押债/后偿债/垃圾可转债/资本结构套利/空—多头，价值投资等 以交易为主导，有时受到限制 持有期 6 个月 ~1 年，有时更长 目标收益率 12% ~20%

主动控制

主动控制策略主要包括危困债券买方中的“主力军”。这个策略要求对特定公司的证券进行大规模投资以便控制整个公司实体。在某种意义上，这种策略主要是私募股权投资，其最初为了进入交易并最终取得控制权，往往是通过银行贷款或公司债券实现的。此外，控制通常需要后续的资本注入以确保公司重组成功并实现经营好转。在电影、钢铁和零售行业，已有一些成功的投资案例。

和主动控制投资有点关联的策略还包括在同一行业板块下购买几个公司，主导几个公司合并，并最终经营或卖出合并后的公司。一个例子是20世纪早期威尔伯·罗斯在美国钢铁业进行的一系列并购，耗时近两年，涉及诸如LTV公司、Acme钢铁公司、伯利恒钢铁公司、Weirton公司及乔治城钢铁公司（Georgetown Steel），并最终将合并后的国际钢铁集团（简称ISG）卖给了另一买家。当我们在写本章的内容时，这场交易正在缔约，购买ISG的是一家叫米塔尔钢铁集团（Mittal Steel Group）的印度公司。其他的例子包括菲利浦·安舒茨（Philip Anschutz）投资电影行业以及埃迪·拉姆伯特（Eddie Lampert）收购零售公司凯马特和希尔斯百货。这些破产收购的目标是挖掘潜在的赢利能力，重构公司债务，大幅降低成本。如果投资成功，会反映在之后的股价上，这些股权是通过债转股实现的，而这些债又是以显著的折价买入的。

购买这些危困资产的主要动力是基于新的管理层在有足够的股权资本和资本市场信誉的条件下，可以使危困中的公司经营好转的理念。在钢铁行业的例子中，一个非常关键的因素是解决职工退休金和医保福利等遗留下来的巨额开支的问题，如果不是破产法院有更灵活的谈判环境，这个问题基本不可能得到解决。2000年LTV公司在按破产法第22章破产后所处的退休金环境比它在1986年第一次面临破产时所处的环境更为宽松。1986年，它在与政府的养老金福利保障公司（Pension Benefit Guarantee Corporation）激烈地争论后，花了7年的时间才最终解决了职工退休金问题，实际上，政府的养老金福利保障公司最终接管了公司大部分退休金的负债。

基本的估值情况是，LTV公司持续经营比停业清算估值更高，只要公司不承担绝大部分过往遗留下来的成本即可。从社会的角度看，公司重组后的工作机会、资产和预期利润总体会比清算下的价值大。并且，由于此案例中危困投资者威尔伯·罗斯通过在一个或多个债务类别中持有至少1/3的债务而控制了整个进程，债权人很明显有动力为此方案投票。在LTV公司和伯利恒钢铁公司卖给罗斯之后，紧跟着钢铁价格上升，其投资策略获得巨大成功。之后，罗斯又将相同的策略用于纺织工业。

正如表8.2所示，通过危困资产收购的主动控制策略通常需要在金额上占有1/3的股权，并且在一个或多个主要出问题的债务类别中（无抵押债券和贷款）占1/2的比例。另外，通常还要求危困债务投资者或策略合作者进行资本注入，通过股债掉期取得公司的控制权，之后无限期地经营公司或者在2~3年卖出重组后的公司，实现每年至少20%~25%的目标投资收益率。在大多数情况下，投资主要集中在大、中型公司。事实上，很多优秀的私募股权公司在2001—2002年危困债券市场高速发展后进入了或准备进入该市场。通常，这些基金会通过设立子基金或在旗下设立一个部门，先在该市场取得经验。

主动但不控制

这个策略也包括危困投资者的主动参与，但不要求投资者在重组后取得对公司的控制权。投资者通过成为债权委员会的成员或安排融资，主动参与到重组程序中，他们通常会在公司复苏后持有公司股票6个月~2年，甚至会委派公司成员进入重组公司董事会。相比起控制策略，非控制策略要求的资本相对较少，因此目标收益率也较低，通常年化率为15%~20%。同样的，目标公司往往是大、中型公司，至少从销售和负债的角度来衡量是这样。另外，这种操作通常包括几个主动但不控制的投资者。

被动投资

危困投资者遵循的一个非常普遍的投资策略是购买危困公司的债券或贷款，以期公司好转且不至于破产。上升的空间来自低价买进，比如面值的50%~60%，以期在公司可能实现危困重组之前，或获得一笔资本从而可以比之前危困投资人买入债券时更高的价格赎回之前，实现价格上升至面值或是达到比买入时高很多的价格。这里有一个关于Level 3通信公司的例子，就是以15%的折价率回购了自己发行的债券。在宣布回购的当天，债券价格就发生好转，马上升到面值的80%甚至更高。相同的情况还发生在2005年的Charter通信公司案例中。

与陷入危困而非破产公司相关，债务投资策略是预测公司是否会破产。像Z值评分模型、KMV的EDF模型、Creditsight的债券评分模型或其他的违约预测模型可以用来评估破产的概率（这些模型将在第十一章中予以介绍）。近年来，尤其是2003年，在相对短的时间内（6~12个月），债券从危困状态下的价格恢复到面值的有很多，包括主动和被动投资。在那一年，最低评级（C级）的未违约债券的投资者在这一年实现的平均投资收益达60%。实际上，投资于我们的违约债券指数的投资者实现了超过80%的收益，并且在

2004 年实现了近 19% 的收益（下一章将会继续讨论这个问题）。

被动投资者也会投资于已违约或已破产公司的证券，以期等到公司情况十分糟糕时，进行正式的重组。正如图 8.3 所示，在到达价格最低点后对价值回升的预期，是激发这一投资的因素。图 8.3 是一个优先级无抵押债券从违约前一年到违约期间债券价格时间序列的程序图，这段时间债券陷入深度危困，以极低折价出售，在一系列不成功的重组尝试后又继续陷入违约程序，最后违约。在我们标准的债券时间轴上，标准破产申请书是在公司首次拖欠利息并且违约后的几个月。事实上，我们研究的 40% 的例子，破产的申请是在违约日之后，而不是同时发生的。

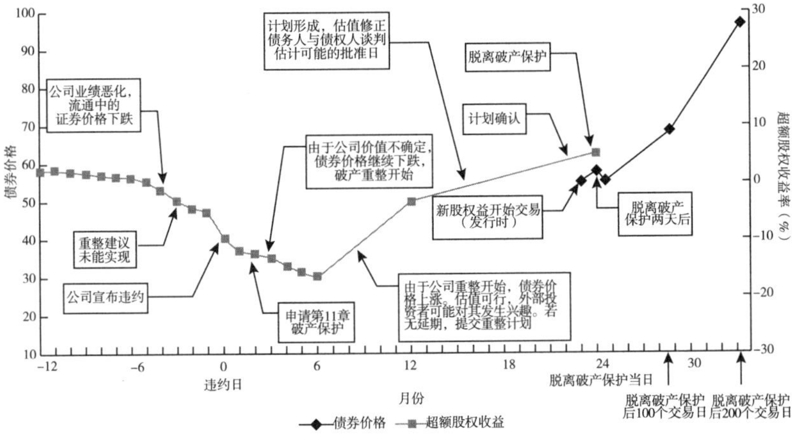

图 8.3　经典的证券价值时间线：优先级无抵押债券违约以及破产企业新权益

在公司破产后，公司的前景变得更加明晰，在 DIP 融资的救助下，基于对公司重组的估值预期，价格开始上涨。在计划提交并得到法院确认后，依据债权人的确认或破产法官的裁定，公司通常会在确认后的 1 ~3 个月重生。新债置换旧债，在某些情况下，原有的股权可能会参与到新存续的实体中。公司从破产中获得新生之后，通常仍然持有公司债券的投资者会得到新的债务或股权。此刻，关键的选择在于继续持有还是出售新的股权。艾博哈特、阿格瓦和阿尔特曼（1999）的一个研究表明，这些新的股权，即 IPO（首次公开募股）的一种类型，在重组后的 240 天时间段内表现优异（阿尔特曼在 1969 年，阿尔特曼和艾博哈特在 1994 年也曾提到）。艾博哈特等人基于 1993 年以来的数据，于 1995 年开始直至 1999 年才发表的研究文章伴随了危困投资者对这些证券的新的投入。在 1993—1999 年温和信用周期开始的期间，这些证券的表现最多是普普通通，2002 年后才真正表现得比较优异。的确，在 2003 年及 2004 年，新生公司的证券收益极为可观，大概为平均每年超过 100% 的年化收益率。这个没有进一步的学术实证研究记录，但有一些相对不是那么学术的分析——比如，杰夫里公司（Jefferies & Company，2003）和摩根大通（2004）的分析就展现了这些超乎寻常的回报。

被动的投资者在大多数情况下通常就是投资期短于一年的特定危困证券的交易者。对冲技术会被使用，以防止相反情况的出现，这或许是购买被认为有可能升值但也不排除会违约的公司的危困债券或贷款后做空公司的股票。也可通过购买信用保险对冲，通常要通过信用衍生品市场，这样，如果公司在一只或多只债券上违约，投资者可获得本金加利息的补偿。当然，所有的对冲工具都是有成本的，并不一定会被行权。我们现在将分析其中一个新的对冲策略，这个对冲策略被称为资本结构套利。

资本结构套利

资本结构套利可以宽泛地定义为同时持有两个或多个同一主体发行的股票或债券。用正规语言表述为，投资者将试图捕捉不同资产间暂时存在的异常定价。在更广义的范畴中，资本结构套利用于在特定交易下修正风险收益风貌的参数至所需水平。这种策略的对冲属性对于对冲基金而言非常有吸引力。

以最简单的两层资本（two-tiered capital）为例，公司发行零息债券和普通股。结构模型中会将权益视作公司资产的看涨期权。由期权评价公式可得，债券可以视作无风险的零息债券加看跌期权的组合，其中看跌期权的行权价格为债券的面值。在这个案例中，如果我们知道公司资产的价值，那么看跌期权和看涨期权的隐性波动率将会一致。如果二者不一致，那么将存在套利机会。

然而，单纯通过结构模型识别资本结构机会的方法在实际操作中十分复杂，因为实际操作中的资本结构要比上文提到的两层结构复杂很多，影响变量并不明确。首先，公司的价值不能得到观测。很多公司通过多种方式分割其资本结构，从而在兼顾最小化资金成本的目标下，保证融资灵活性、资金流动性。所以公司可能拥有多种资产，包括有抵押浮动利率银行借款、固定利率优先级债券、后偿债券、可转债、优先股、普通股等。由于不同期限的债务、现金支付工具、含权工具、担保的存在，建立资本结构模型并实现套利在实战中具有很大的挑战性。

尽管存在以上情况，仍有投资者试图捕捉异常价格。不同证券可能隐含了完全不同的违约概率。比如即便投资人不了解发行人的基本面情况，如果 XYZ 公司折价销售 1 年后到期的 10% 的优先级债券，而相同发行人、相同期限的 11% 的后偿债券价格为 108 美元，那么可以推测存在价格异常。虽然这个例子确实展示了资本结构套利的使用方法，但是这种异常极少存在。下面是一个更为真实的例子：

- 5 年到期 10% 票息的优先级债券价格为 100 美元（到期收益率为 10.00%）；
- 6 年到期 11% 票息的优先后偿债券价格为 98 美元（到期收益率为 11.47%）。

两种资产的相对价差为 147 个基点，是不同期限、不同违约率、不同追偿率的体现。比如我们相对倾向于认为违约概率极低，即便是违约公司，其价值也可以覆盖优先级和后偿债务，那么这种利差可以视作比较合理的水平。如果公司有可能违约，基本面分析显示优先级债务可追偿，但次级债务的追偿率仅为 50%，那么两种债券的价差就太小。在这种情况下，投资者可以创造一个类看跌期权，做多优先级债券，同时做空后偿债券。这种策略将会在发行人财务困难、价差变宽时获利。债券可以和股票一样做空。投资者必须先找到债券（即找到愿意借给做空者的债券持有人），通常核心做市商的融券业务将会提供该服务。尽管有保证金要求，债券交易员无须向经纪人声明做空，也不受制于加价机制。做空债券的交易员必须向借出人支付等价的票息收入，类似于股票的做空人必须支付红利一样。

为了简化说明，我们假设一年之后有两种情形：发行人要么违约，要么不违约（见表 8.3）。在后续的例子中为了简化，我们将假设收益率保持不变。在未违约情形下，我们将在一年中得到一个比较小的负票息收入，并且会随着后偿债券价值逐渐上升逼近面值而在空头上损失 0.25 美元。

在违约情形下，我们假设优先级债券和后偿债券最终追偿额分别为 100 美元和 50 美元。由于最终追偿值是破产法第 11 章重组流程所需时间的函数，我们假设违约时优先级债券会以最终追偿率折价出售（例如表 8.3 中的 85 美元）。即便我们假设两种债券都会在临近违约时明显折价，在资本结构套利中的逻辑是后偿债券的价格下跌会更多（例如表 8.3 中的 40 美元）。这样空头带来的收益将会弥补多头的损失。

表 8.3 资本结构套利案例：同一公司不同级别的债券

	今日	一年后			
	价格（美元）	价格（美元）	收益率（%）	收益（美元）	全部收益（美元）
情景：不违约					
票息率为 10% 的优先级债券	100	100	100.00	10	10
票息率为 11% 的后偿债券	98	98.25	11.47	-11	-11.25
					-1.25
情景：违约					
票息率为 10% 的优先级债券	100	85	不适用	5	-10
票息率为 11% 的后偿债券	98	40	不适用	-5.5	52.5
					42.5

注：假设由于公司违约，第二期票息未能偿付。

对于原债券被认定为市场公允价，其预期收益率应当为一年的无风险利率。假设无风险利率为 3%，意味着违约概率必须在 10% 以下。如果交易员认为违约概率显著高于 10%，就应该采取这种交易策略（相应的，如果违约概率接近于 0，就应该采取反向操作：做多后偿债券，做空优先级债券）。在这样的情况下，尾部风险（如违约风险）的可能会比较小。

读者们应当意识到，上述的在某一特定时点出现两种情形是为了便于说明，而在实际中并不常见。因此，有必要使用累积违约率函数从而更精确地对结果进行模型拟合。类似的，追偿率作为一个时间的函数，将会受到未来经营性现金流、资产贬值、公司未来资本结构变化、债券市场供需（见第十五章关于追偿率的讨论，阿尔特曼等人，2003、2005）等多种因素的影响。未来状态将会是当前价格的一个多维复杂连续函数，而并非只有两种结果的离散函数。

资本结构套利策略是基于不同资本的优先级别差异，包括有抵押银行贷款与无抵押债券之间，以及债券与股票之间的差别。这种交易策略适用于牛市或熊市。策略的对冲比例可以通过一系列参数得到优化。比如，交易员可以在各种情形下所能承受的最大损失的约束下，根据最优预期追偿率决定对冲比例（在限定资金的情况下）。

资本结构套利交易同样可以用于不同期限的两种同等优先级别的资产之间。在这种情形下，已知两种资产违约时的追偿率相同，但是资产价格和收益率不同，反映了发行人的累积违约概率曲线和资产相对票息率信息。

如果发行人存量有多种同优先级别债券，可以考虑构造收益率期限结构。对于非危困资产来说，通常收益率会随期限的增加而增加。然而，一旦发行人信用资质恶化出现财务危困，收益率曲线将会逆转，短期限债券将会有更高的到期收益率。长期限债券将会以相对更低的收益率交易，并且其较低的价格将会趋近于预期最终违约追偿率。为了理解这种现象，需要认识到短期票据所面临的违约概率更低，很可能在近期得到偿付，而长期债券则面临更高的不确定性。1 年期债券将会有更高的收益率（高回报），同时会被以更高的价格交易，因而一旦发生违约也有较大的下跌空间（潜在高损失可能）。

逆转的收益率曲线对公司而言并不具有可持续性。总的来说，情形会变好（恢复）或变差（违约）。举个例子，假设一个财务困难的发行人有以下两种债券：

- 1 年期票息为 8% 的票据，价格为 80 美元（到期收益率为 33.1%）；
- 20 年期票息为 8% 的票据，价格 45 美元（到期收益率为 18.5%）。

通过基本面分析可得，如果公司违约，这两只资产的交易价格会在 35 美元左右（即最终追偿价为 45 ~ 50 美元）。可以假设，如果公司恢复，1 年期债可以偿付，20 年期债将会上涨 10 个百分点，从而收益率为 15.4%。如果做空 1 份短期票据，做多 1 份 20 年的长期票据，其交易结果就会如表 8.4 显示的这样。

表 8.4　资本结构套利案例：同一公司不同期限的债券

	今　日	一年后			
	价　格（美元）	价　格（美元）	收益率（%）	收　益（美元）	全部收益（美元）
情景：恢复					
票息率为 8% 的 1 年期票据	80	100	到期	-8	-28
票息率为 8% 的 20 年期票据	45	55	15.40	8	18
					-10
情景：违约					
票息率为 8% 的 1 年期票据	80	35	不适用	-4	41
票息率为 8% 的 20 年期票据	45	35	不适用	4	-6
					35

注：假设由于公司违约，第二期票息未能偿付。

读者们可以发现，该交易会在公司违约时赢利，在公司恢复时遭受损失。如果我们改变对冲比例，做空 1 份短期，同时做多两份长期，那么将会在两种情形下都得到正收益。特别是，只要是 1.55 ~ 6.8 的对冲比例都可以保证赢利。再次强调，对冲比例可以根据交易员的偏好得到最优化，从而实现最大收益及最小风险或其他目标。

我们应当意识到该例子的明显缺陷，即并不包含第三种结果，而实际中的结果往往是非常多变的。比如，发行人可能会让债务滚动，发行 4 年期债券偿还 1 年期债券，原来的 20 年期债券实际上成了新发债券的后偿债券。在这种情况下，20 年期无抵押债券会因此以更低的美元价格交易，反映其在优先级别上的变化。

尽管我们讨论了两个相对简单的资本结构套利的例子，读者应当明确，交易结构和对冲比例的组合非常多样。随着公司的资本结构愈加复杂，衍生品种类持续增加，资本结构套利的机会会更丰富。特别是，投资者现在可以直接购买信用衍生品，而不必再去交易实际资产（比如，购买保护应对可能出现的违约）。

我们的例子中未考虑交易成本。实际上这一因素需要被考虑，特别是对于长久期对冲空头而言。因此需要认真权衡资本结构套利策略的净收益，将交易成本、交易对手风险等其他不确定性考虑在内。其中后者在衍生品交易中是一个非常重要的因素，一旦发生违约，其收益将受到交易对手方违约率及与发行人相关的追偿率的影响。

债券与贷款的比较

一个与资本结构套利策略相关的研究是，同一个公司违约前后其债券和贷款价格变化的相关性。阿尔特曼、甘德和桑德斯（Gande、Saunders，2004）近期研究发现，在公司临近违约时，其贷款价格下行先于债券。基于每日二级市场交易信息，我们得出结论，贷款的价格信息效率比债券的价格信息效率更高。

附件 8.1　2005 年美国危困债务和权益经理人

Abrams Capital	Carl Marks
AEG	Carlyle Strategic Partners
Angelo, Gordon & Company	Catlock Capital
Apollo Management	Cerebrus Partners
Appaloosa Management	Citadel Investments
Ares Corporate Opportunities Fund	Cohanzick Management
Ashmore Asian Recovery	Commonwealth
Avenue Capital Partners	Concordia Advisors
Basso Asset Management	Contrarian Capital Management
The Baupost Group	Corsair
Bay Harbour Advisors	Cypress Management
Bayside Capital	D. B. Zwim Partners
Beltway Capital	D. E. Shaw
Bennett Management Company	Davidson/Kempner (MH Davidson)
Black Diamond	DDJ Capital Management
Blackport Capital Fund, LTD	Deephaven Capital Management
The Broe Companies	Delaware Street Capital
Buckeye Capital Partners	Deltec Recovery Fund
Canyon Capital	Durham Asset Management
Cardinal Capital	Eagle Rock Capital
Cargill Value Investment	
Elliott Advisors	Marathon Capital LLC
Endurance Capital	Mariner Investment Group
EOS Partners	Mason Capital Management
Epic Asset Management	MatlinPatterson Global Advisors
Fairfield Greenwich	Mellon HBV Capital Management
Farallon Partners	MHR

（续　表）

Forest Investment Management	Millenium
Fortress Capital	MJ Whitman Management Co.
Franklin Mutual Recovery	Moore Asian Recovery Fund
GE Finance	MSD Capital
Glenview Capital Management	Murray Capital
Golden Capital	MW Post
Golden Tree LLC	New Generation Advisers
Gracie Capital	Oakhill
Gramercy Capital	Oakrree Capital
Greenwich Capital	Och Ziff Friedheim
Greywolf Capital	Owl Creek Capital
Gruss Asset Management L. P.	Pacholder Associates, Inc.
GSC Capital	Pacific Alternative Asset Management
H. I. G.	Patriarch
Halcyon/Slika (Alan B.) Management	Pegasus Investors
Harvest Capital	Pequot Capital
Helios Advisors	Perry Partners
Highbridge	Peter Schoenfeld Asset Management
Highland Capital	Pine Creek
Ivory Investment Management	Pinewood Capital Partners LLC
JLL Partners	Plainfield Asset Management
JMB Capital	PMI
John A. Levin & Co.	PPM America
K Capital Partners	Proprietary Trading of Market Makers
KD Distressed Capital	Quadrangle Group LLC
King Street Advisors	Questor Management
KPS Special Stuations Fund	Radius Equity Partners

（续 表）

KS Distressed Debt	Redwood Capital
Lampe Conway	Republic
Langley Management	Resolution Partner
Laurel Ridge Asset Management	Restoration Capital Management
Leucadia National Corporations	Resurgence Corporate Fund
Levco Debt Opportunities	Salisbury
Litespeed Partners	Sandell Asset Management
Loeb Partners	Satellite Asset Management
Lonestar Partners	Schuhze Asset Management
LongAcre Capital Partners	Scoggin Capital
Longroad Asset Managernent	Scott's Cove Capital Mgmt. LLC
Seneca Capital Investment	Triage Capital
Partnership	Trilogy Capital
Signature Capital Partners	Trust Company of the West
Silvergang	Turnberry Capital
Silverpoint Capital	Tyndall Partners
Spring Street	Van Kampe
Stanfield Capital Management	Varde Partners, Inc.
Stark lnvestments	W. L. Ross & Co.
Stonehill Capital	Wayland Fund
Strategic Value Partners	Wellspring Capital Partners
Summit Capital	Wexford Capital
Sun Capital Partners, Inc.	Whippoorwill Associates, Inc.
Sunrise Capital Partners	William E. Simon & Sons
TA Mackay & Co.	Woodside Management
Taconic Capital Partners	York Capital
Third Avenue Value Fund	Xerion Partners
Third Point Management	

附件 8.2　欧洲危困债权的投资人

2005 年在欧洲设办事处的美国危困债务投资基金	2005 年欧洲危困债务和权益经理人
Cerebrus Partners	Argo Capital
Citadel Investments	Bluebay Asset Management
Elliott Advisors	Centaurus Capital
Fortress	Cognts Capital
Highbridge	Cyrus Capital
LoneStar	Orn Capital
Millenium	Picus Capital Management
Oaktree Capital	RAB Capital
Och Ziff Friedheim	Sisu Capital
Strategic Value Partners	Thames River
	Tisbury Capital
	Trafalgar Asset Managers

第九章　已违约债券和银行贷款的风险收益表现

上一章对不良债务市场做了剖析，其中包括了对投资财务危困证券和已违约证券的探讨。在讨论中，我们触及了这一市场的多个侧面，包括市场的规模、增长、主要参与人以及投资策略等。这一章我们把注意力转向已经违约的债务市场的表现情况，将从投资回报、风险参数以及此类资产投资回报与其他若干相关资产回报的相关性方面进行论述。

已违约公司债券指数

阿尔特曼—纽约大学所罗门中心已违约债券指数是1990年创立的，旨在对已违约债务的表现进行监测和度量。[①] 当时，还没有度量这些资产表现的体系，于是我们决定建立一个。指数的时间起点是1987年1月，截至2004年12月31日，已包含了54家公司发行的104只债券。2004年，该指数的市值已达169亿美元，面值则达到321亿美元。在20世纪90年代，该指数所代表的已违约的公募债券的面值是该指数面值的1.5倍，是该指数市值的3倍，但仅仅是2002年记录的违约债券面值的一半。由于现有债券价格的大幅上涨

① 该指数的创立最早在Altman's Foothill Report（1990）上被提出，之后由纽约大学斯特恩商学院的所罗门中心按月发表。

以及2003年和2004年新违约债券价格的上涨，2004年年底该指数的市值实际上高于2002年的市值。表9.1显示了该指数自1987年以来有关规模大小的各种指标。值得注意的是，债券发行数量一直有

表9.1　1987—2004年阿尔特曼—纽约大学所罗门中心已违约债券指数

年　末	债券数量	涉及公司数	面　值（十亿美元）	市　值（十亿美元）	市值/面值比率
1987	53	18	5.7	4.2	0.74
1988	91	34	5.2	2.7	0.52
1989	111	35	8.7	3.4	0.39
1990	173	68	18.7	5.1	0.27
1991	207	80	19.6	6.1	0.31
1992	231	90	21.7	11.1	0.51
1993	151	77	11.8	5.8	0.49
1994	93	35	6.3	3.3	0.52
1995	50	27	5.0	2.3	0.46
1996	39	28	5.3	2.4	0.45
1997	37	26	5.9	2.7	0.46
1998	36	30	5.5	1.4	0.25
1999	83	60	16.3	4.1	0.25
2000	129	72	27.8	4.3	0.15
2001	202	86	56.2	11.8	0.21
2002	166	113	61.6	10.4	0.17
2003	128	63	36.9	17.7	0.48
2004	104	54	32.1	16.9	0.53

波动，比如1998年的低点时为36只，1992年的高点时为231只。1996—1999年非投资级债券的大量发行（见第七章）导致了后来几年违约数量的上升直至2002年。随着2003年和2004年违约数量的下降以及相当一部分发行的债券不进入二级市场交易，我们注意到违约债券的数量明显下降，同时，到2004年年底该指数的面值下降到了321亿美元。

已违约银行贷款指数

管理不良资产的专业人士经常会在处于违约边缘的公司的不良债券和银行贷款之间进行套利。随着做市商在贷款的二级市场交易方面投入越来越多的资源，不良贷款市场的规模和流动性都增加了。根据贷款定价公司的数据，2003—2004年，二级市场上银行贷款的交易活动（指交易价格在90%和90%以下的交易）相当活跃。的确，2003年，大约40%的交易是围绕不良贷款和已经违约的贷款进行的，2004年，这一数字为37%。针对银行贷款交易活动的增加，我们于1996年引入了已违约银行贷款指数以及已违约债券和已违约银行贷款结合在一起的指数。

和已违约债券指数一样，阿尔特曼—纽约大学所罗门中心已违约银行贷款指数是一个市场加权、包括美国和加拿大公司在内的月全收益指数。该指数在1995年12月建立时，有17笔贷款，截至2001年12月31日增加到56个借债人共141笔贷款。但随后该指数又降至2004年年底的26个借款人共45笔贷款（见表9.2）。该指数的市值在2004年年底为182亿美元，面值为229亿美元。市场规模的下降主要是因为2004年公司破产数量和相关负债的减少，以及当年相当一部分公司从破产状态重获新生。

表 9.2　1995—2004 年阿尔特曼—纽约大学所罗门中心已违约银行贷款指数的规模

年　末	发行量	公司数	面　值（十亿美元）	市　值（十亿美元）	市值/面值比率
1995	17	14	2.9	2.0	0.69
1996	23	22	4.2	3.3	0.79
1997	18	15	3.4	2.4	0.71
1998	15	13	3.0	1.9	0.63
1999	45	23	12.9	6.8	0.53
2000	100	39	26.9	13.6	0.51
2001	141	56	44.7	23.8	0.53
2002	64	51	37.7	17.4	0.46
2003	76	43	39.0	23.9	0.61
2004	45	26	22.9	18.2	0.80

市值对面值的比率

我们认为组成上述指数的债务的总市值和面值的比率是衡量已经违约债务市场当下的相对表现和潜在未来收益的重要指标。对已违约的债券而言，以年底数字衡量，其比率从 1987 年最高点的 0.74 到 2000 年最低点的 0.15（见图 9.1）。尽管已违约债券指数的市值对面值比率在我们 18 年的样本期内是在 0.30 ~ 0.55 狭窄的区间内波动，但指数某些异常年收益仍然导致了指数市值对面值比率远在这个区间之外。的确，1998—2002 年的 5 年间，该比率是在 0.25 及以下，2002 年年底甚至达到 0.17。2003 年，该比率上升了将近 2 倍，达到 0.47，之后，进一步上升到 2004 年创纪录的 0.53。请注意，已违约的贷款指数的比率在 2002 年跌到了 0.46 的历史最低水平，但一年后反弹至 0.61，之后又进一步于 2004 年上升至 0.80。

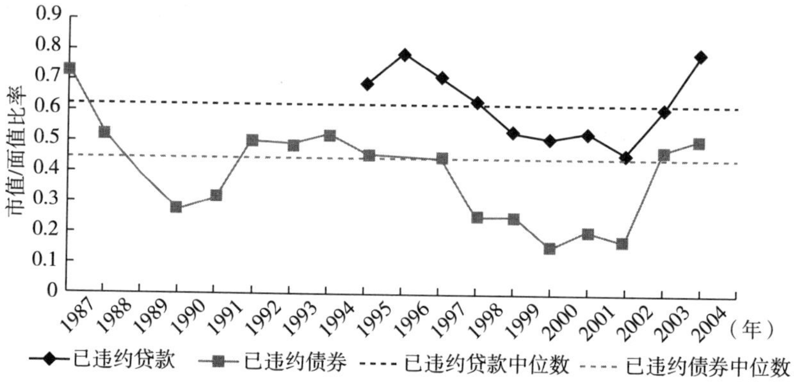

图 9.1　已违约债务指数：市值/面值比率（1987—2004）

注：已违约贷款的市值/面值比率的中位数为 0. 62，均值为 0. 63。

已违约债券的市值/面值比率的中位数为 0. 45，均值为 0. 39。

从图 9. 1 中可以看出，2004 年年底，对已违约的债券而言，市值对面值的比率是高于 1987—2004 年已违约债券的均值和中位数的（分别为 0. 39 和 0. 45），而对于已违约的贷款而言，该比率（0. 80）则远高于其均值（0. 63）和中位数（0. 62）。可以得出结论，如果已违约债券和已违约银行贷款的平均价格向均值移动，那么 2004 年后，两个指数都应该下降，或至少不会再上升很多。

我们的指数是建立在只做多头投资策略的组合的基础之上的。当然，很多不良资产投资人并不是采用只做多头的策略，相反，他们会采用诸如信用衍生品和资本结构套利在内的空头策略来对冲其组合的风险。除此之外，不良资产投资人还可能投资于其他金融工具，比如，破产后重生公司的股票、高收益债券和贷款，以及持有现金等。

投资表现的度量

我们的指数包括了在破产或重组不同阶段下公司的债务。我们从收集的数据中计算指数的回报，而这些数据收集的时间段是从违约发生到公司自破产法第11章中获得重生之日，或是公司清算之日，抑或是到违约得以矫正之时，又或是到通过交换得到解决之日。危困和重组公司债务的数据也包括在指数之中，直到重组完成。已违约的债券指数包括资本结构中的整个债务链，从有抵押的优先级债到无抵押的次级债等。由阿尔特曼和艾博哈特开创的、后来被标普更新的一项研究，度量了已违约的债务从发行到违约再到自破产重生的表现。这些研究的结果显示，债务在资本结构所处的位置是已违约债务在特定时期内，无论是从发行到重生，还是从违约到重生，表现的极为重要的特征。两项研究都表明，优先级债的表现要比低于优先级债的债务的表现更好。

我们的研究不包括可转债、非美国或非加拿大以及以非美元发行的债务，也不包括处于危困但尚未违约的债务。正如前文中提到的，债务表现的度量是基于完全投放、只做多头的投资战略。收益是根据个债的表现计算的，而不是一些管理公司表现的均值。这些收益是毛收益，不包括管理人的管理费收入和管理费用。另外，《华尔街日报》（*Wall Street Journal*）也会每天报告危困投资人管理公司表现指数。

2004年已违约债券的表现

阿尔特曼—纽约大学所罗门中心已违约债券指数在2004年继续它的良好表现，增长了18.93%。这代表了在18年间的第12年的正回报（见表9.3）。该指数在2004年的12个月里有7个月是正增长。这些正面的表现并不令人吃惊，因为整个2004年违约的债券一直在减少，从而导致价格上升。指数水平从2003年年底的337.5增加到2004年年底的401.3（1986年12月为100）。

标普 500 指数 2004 年的收益率为 10.88%（假设将红利再投资）。已违约债券已连续第 4 年超过标普 500 指数全收益。已违约债券指数也超过花旗集团高收益债券指数，该指数本身在当年也有 10.79% 的良好表现。10 年期政府债券输给了所有上述指数，只拿到 4.87% 的年回报率。后面，我们将分析这些资产的相关性问题。

18 年可比较的表现

表 9.3 显示了已违约债券、普通股和高收益债券在 1987—2004 年整个 18 年间的表现。阿尔特曼—纽约大学所罗门中心已违约债券的算术平均值增加了 11.34%，比上一年增加了 0.45%。这个算术平均值大约比标普 500 指数的平均收益率（13.38%）低了两个百分点。然而，同期已违约债券指数的年平均收益率则高于花旗集团高收益债券指数（年平均为 9.77%）。在 18 年中的 8 年里，已违约债券指数好于其他两个指数，但有 7 年不及另外两个指数。

2004 年，已违约债券指数年收益的标准差有所下降，但连续两年，其标准差比另外两个指数都高。如果是在月收益的基础上比较波动性，已违约债券指数的标准差（4.35%）事实上要比标普 500 指数（4.49%）略低，但无论是已违约债券指数还是标普 500 指数，都比花旗集团高收益债券指数的波动性（2.12%）高得多。高收益债券指数和已违约债券指数的波动性的差距是预料之中的，因为高收益债券是支付稳定的利息的，而已违约债券指数则不付任何利息。

表 9.3　1987—2004 年阿尔特曼—纽约大学所罗门中心已违约债券指数：收益比较

年　份	阿尔特曼—纽约大学所罗门中心已违约债券指数（%）	标普 500 指数（%）	花旗集团高收益债券指数（%）
1987	37.85	5.26	3.63
1988	26.49	16.61	13.47
1989	-22.78	31.68	2.75
1990	-17.08	-3.12	-7.04
1991	43.11	30.48	39.93
1992	15.39	7.62	17.86
1993	27.91	10.08	17.36
1994	6.66	1.32	-1.25
1995	11.26	37.56	19.71
1996	10.21	22.96	11.29
1997	-1.58	34.36	13.18
1998	-26.91	28.58	3.60
1999	11.34	20.98	1.74
2000	-33.09	-9.11	-5.68
2001	17.47	-11.87	5.44
2002	-5.98	-22.08	-1.53
2003	84.87	28.70	30.62
2004	18.93	10.88	10.79
1987—2004 年算术平均年收益率	11.34	13.38	9.77
标准差	28.32	17.51	12.30
1987—2004 年复利年收益率	8.03	12.03	9.15
1987—2004 年算术平均月收益率	0.74	1.04	0.76
标准差	4.35	4.49	2.12
1987—2004 年复利月收益率	0.60	0.91	0.73

资料来源：纽约大学所罗门中心、标普、花旗集团。

已违约银行贷款的表现

通常，危困债务投资的管理人既投资于处于违约边缘公司的债券，也投资于它的银行贷款。如前面提到的，随着银行贷款市场的规模和流动性的增加，投资在已违约的银行贷款也增加了。有关违约公司的贷款和公募债券的相对信息的有效性在阿尔特曼、甘德和桑德斯的文章中（2004）有所分析。他们发现，在公司接近违约状态时，银行贷款的价格比债券价格下降得更快，至少在1999—2001年是如此。

2004年，已违约银行贷款指数和其他资产相比表现得相当不错，年收益达到11.7%，指数达171.4（1995年12月为100）。该指数的表现不如已违约的债券指数，但比高收益债券指数和标普500指数略好（见表9.4）。1996—2004年，已违约银行贷款指数表现不如股票和高收益债券，但时间序列比较短。该指数在我们9年期的样本中有3年是表现最好的，但又有3年是最差的。已违约银行贷款指数在2004年的8个月里收益是正的。自1996年创建以来，已违约银行贷款指数从2003年年底的6.2%上升到2004年的6.81%。在可比的期间内，该指数算术年平均收益率略低于花旗集团高收益债券指数（7.72%）。已违约贷款的波动性远比已违约债券的波动性低，同时也比股票的波动性低，但比高收益债券的波动性略高。

债券和贷款联合指数

我们的债券和贷款联合指数是基于已违约的公募债券和银行贷款的相对价值和全收益计算的。表9.5显示了自指数创建的1996年

表 9.4　1996—2004 年阿尔特曼—纽约大学所罗门中心已违约贷款指数：收益比较

年　份	阿尔特曼—纽约大学所罗门中心已违约贷款指数（%）	标普 500 指数（%）	花旗集团高收益债券指数（%）
1996	19.56	22.96	11.29
1997	1.75	34.36	13.18
1998	-10.22	28.58	3.60
1999	0.65	20.98	1.74
2000	-6.59	-9.11	-5.68
2001	13.94	-11.87	5.44
2002	3.03	-22.08	-1.53
2003	27.48	28.70	30.62
2004	11.70	10.88	10.79
1996—2004 年算术平均年收益率	6.81	11.49	7.72
标准差	12.31	20.71	10.60
1996—2004 年复利年收益率	6.19	9.64	7.28
1996—2004 年算术平均月收益率	0.56	0.88	0.62
标准差	2.76	4.69	2.36
1996—2004 年复利月收益率	0.53	0.71	0.56

资料来源：纽约大学所罗门中心、标普、花旗集团。

到 2004 年的收益情况。该指数从 2003 年年底的 144.4 上升到 2004 年年底的 166.3（1995 年 12 月为 100）。联合指数使我们能够在更广的已违约债务的市场里确立表现的标准。2004 年年底，债券市场和贷款的市场价值相当接近，分别为169亿美元和182亿美元。

表9.5　1996—2004年阿尔特曼—纽约大学所罗门中心已违约债券贷款联合指数：收益比较

年　份	阿尔特曼—纽约大学所罗门中心已违约债券贷款联合指数（%）	标普500指数（%）	花旗集团高收益债券指数（%）
1996	15.62	22.96	11.29
1997	0.44	34.36	13.18
1998	-17.55	28.58	3.60
1999	4.45	20.98	1.74
2000	-15.84	-9.11	-5.68
2001	15.53	-11.87	5.44
2002	-0.53	-22.08	-1.53
2003	49.30	28.70	30.62
2004	15.14	10.88	10.79
1996—2004年算术平均年收益率	7.40	11.49	7.72
标准差	20.10	20.71	10.60
1996—2004年复利年收益率	5.81	9.64	7.28
1996—2004年算术平均月收益率	0.52	0.88	0.62
标准差	3.26	4.69	2.36
1996—2004年复利月收益率	0.41	0.71	0.56

资料来源：纽约大学所罗门中心、标普、花旗集团。

多样化：管理人投资风格和相关性

现在我们来探讨一下已违约债务风险的各个维度以及投资人不同的投资策略。

收益相关性

我们的分析建议是，一个有效的投资策略应当在风险资产组合中包括已违约的债务。一些美国国内的养老基金和国外的资产组合通过把部分投资投向危困债务，已经有效地应用了这一策略。当然，这也是某些 FOF（基金中的基金）的一个主要策略。这一策略背后的思想是，投资危困债务的收益与其他资产收益的相关度较低，并且，对于 FOF 而言，这一策略也和其他策略形成一种互补。关于相关性这一点，可以从我们这几年跟踪的相关性数据中明显地看出，同时，也可以从上一章的表 8.2 里列举的投资策略中看出。

表 9.6 显示了阿尔特曼—纽约大学所罗门中心 1987—2004 年已违约债券指数和其他两种资产——股票和高收益债券，以及美国 10 年期国库券的相关性。截至 2004 年 12 月 31 日，在 1987—2004 年这一期间，已违约债券和标普 500 指数的月收益相关系数只有 28.84%。2004 年已违约债券和标普 500 指数的相关系数略高于 2003 年（28.64%）。值得注意的是，两者的相关性不高，因为已违约债券的投资人通常会在破产公司经过破产法第 11 章重生之后将债券转为股份，除非投资人在公司重生前就卖出了这些债券。然而，我们还没有一个反映重生公司股票的指数。巧合的是，2004 年重生公司股票的表现和 2003 年一样令人印象深刻（我们还没有很精确的数字）。有关从破产法第 11 章重生的公司的股票表现的分析请参考艾博哈特、阿格瓦和阿尔特曼的文章（1999）及摩根大通的报告（2004）。

表 9.6 1987—2004 年阿尔特曼—纽约大学所罗门中心已违约债券指数月收益率与其他资产相关系数

月收益相关系数：1987 年 1 月 ~ 2004 年 12 月				
	阿尔特曼—纽约大学所罗门中心已违约债券指数（%）	标普 500 指数（%）	花旗集团高收益债券指数（%）	10 年期国库券（%）
阿尔特曼—纽约大学所罗门中心已违约债券指数	100.00	28.84	61.35	-19.07
标普 500 指数		100.00	50.13	3.90
花旗集团高收益债券指数			100.00	10.61
10 年期国库券				100.00

资料来源：纽约大学所罗门中心、标普、花旗集团。

已违约债券和高收益债券的相关性相对较强。两种资产月收益的相关度为 61.35%，而季度收益的相关度还要稍高一些，但两个数字都略低于 2003 年的水平。和以往的情况一样，高收益债券和已违约银行贷款指数的相关性要比高收益债券和已违约债券的相关性弱，分别为 44.69%（见表 9.7）和 61.35%（见表 9.6）。已违约贷款与标普 500 指数的相关性为负值（-0.9%），而与 10 年期国库券的相关性则更低，为 -19.64%。最后，两个已违约资产（已违约债券和已违约贷款）的相关度仅为 61.09%。按理说，这两个资产的相关性会更高一些，但现实是，这可能反映了危困投资人的投资策略，比如多头债券空头贷款或相反的跨资本结构的套利，又或是在破产过程中债券和贷款之间清偿权的互换。的确，我们注意到有些月份可能贷款的价格暴涨［如 2005 年 2 月的欧文斯科宁公司（Owens Corning）］但债券价格暴跌，或完全相反的情况。

表9.7和表9.8展示了这18年样本中分段的相关性。1993—1998年违约率很低的那一时段，已违约债券和其他资产的相关性最低。如我们在第七章中讨论的那样，到2004年年底的前15个月里，信用市场正处于一个良性的阶段（而这个情况一直延续到2006年的上半年）。

表9.7　1996—2004年阿尔特曼—纽约大学所罗门中心已违约贷款指数月收益率与其他资产相关系数

月收益相关系数：1996年1月~2004年12月					
	阿尔特曼—纽约大学所罗门中心已违约贷款指数（%）	标普500指数（%）	花旗集团高收益债券指数（%）	10年期国库券（%）	阿尔特曼—纽约大学所罗门中心已违约债券指数（%）
阿尔特曼—纽约大学所罗门中心已违约贷款指数	100.00	-0.90	44.69	-19.64	61.09
标普500指数		100.00	49.48	-16.67	24.18
花旗集团高收益债券指数			100.00	-6.49	63.69
10年期国库券				100.00	-25.57
阿尔特曼—纽约大学所罗门中心已违约债券指数					100.00

（续　表）

月收益相关系数：1996 年 1 月～2000 年 12 月					
	阿尔特曼—纽约大学所罗门中心已违约贷款指数（%）	标普 500 指数（%）	花旗集团高收益债券指数（%）	10 年期国库券（%）	阿尔特曼—纽约大学所罗门中心已违约债券指数（%）
阿尔特曼—纽约大学所罗门中心已违约贷款指数	100.00	-7.41	39.51	-30.73	58.68
标普 500 指数		100.00	56.12	16.55	18.53
花旗集团高收益债券指数			100.00	2.97	56.16
10 年期国库券				100.00	-44.65
阿尔特曼—纽约大学所罗门中心已违约债券指数					100.00

（续　表）

月收益相关系数：2001 年 1 月～2004 年 12 月					
	阿尔特曼—纽约大学所罗门中心已违约贷款指数（%）	**标普 500 指数（%）**	**花旗集团高收益债券指数（%）**	**10 年期国库券（%）**	**阿尔特曼—纽约大学所罗门中心已违约债券指数（%）**
阿尔特曼—纽约大学所罗门中心已违约贷款指数	100.00	14.74	50.95	10.27	60.16
标普 500 指数		100.00	52.50	-47.92	45.72
花旗集团高收益债券指数			100.00	-11.83	75.59
10 年期国库券				100.00	-9.69
阿尔特曼—纽约大学所罗门中心已违约债券指数					100

资料来源：纽约大学所罗门中心、标普、花旗集团。

表 9.8 1987—2004 年阿尔特曼—纽约大学所罗门中心已违约债券指数月收益率与其他资产相关系数

月收益相关系数：1987 年 1 月 ~ 1992 年 12 月				
	阿尔特曼—纽约大学所罗门中心已违约债券指数（%）	标普 500 指数（%）	花旗集团高收益债券指数（%）	10 年期国库券（%）
阿尔特曼—纽约大学所罗门中心已违约债券指数	100.00	37.62	60.28	-18.64
标普 500 指数		100.00	49.25	21.52
花旗集团高收益债券指数			100.00	21.40
10 年期国库券				100.00
月收益相关系数：1993 年 1 月 ~ 1998 年 12 月				
	阿尔特曼—纽约大学所罗门中心已违约债券指数（%）	标普 500 指数（%）	花旗集团高收益债券指数（%）	10 年期国库券（%）
阿尔特曼—纽约大学所罗门中心已违约债券指数	100.00	14.59	50.49	-25.18
标普 500 指数		100.00	61.45	26.74
花旗集团高收益债券指数			100.00	33.92
10 年期国库券				100.00

（续　表）

月收益相关系数：1999 年 1 月～2004 年 12 月				
	阿尔特曼—纽约大学所罗门中心已违约债券指数（%）	标普 500 指数（%）	花旗集团高收益债券指数（%）	10 年期国库券（%）
阿尔特曼—纽约大学所罗门中心已违约债券指数	100.00	32.69	68.92	-15.06
标普 500 指数		100.00	46.76	-31.53
花旗集团高收益债券指数			100.00	-8.80
10 年期国库券				100.00

资料来源：纽约大学所罗门中心、标普、花旗集团。

管理人风格的多样化

几乎所有的不良资产市场的投资管理人都是这个领域的专家，而不仅仅是投资于不良资产的、以更宽泛资产为投资组合的投资人（一些对冲基金为投资人提供多资产的产品以供选择）。因此，多样化的渠道似乎应当是通过不同投资管理人来实现的。在极少数情况下，共同基金［如富兰克林共同回收基金（Franklin Mutual Recovery Fund）］在向投资人提供传统的股票和债券资产的同时，会加上危困债券。一些 FOF 和外国封闭式基金采纳了不同风格的危困资产投资管理人的策略，比如主动型、被动型、控制型、多空头、优先与后偿的策略等。在第八章我们讨论了三大策略及它们的分策略。截至 2004 年年底，差不多有 150 个投资机构专门从事危困资产的投资。

我们估计，2004 年年底这些机构投放在重生企业包括股票和债券在内的总资产大约为 1 500 亿美元。

危困和已违约公私募债务市场的规模及比重

2004 年年底，美国的危困和已违约的公募债券占公司高收益债券和已违约债券市场的 17.2%（约 1.1 万亿美元），远低于 2003 年 22.6% 的比重（见图 8.2）。同年，超过 10 年期国库券收益 1 000 个基点的危困部分的债券只占市场的 3.3%（是高收益市场的 3.9%）。这一占比较 2003 年的 4.7% 略低，也是自 1998 年该比重为 2.8% 以来最低的一年。虽然 2.8% 的低值通常意味着未来一年违约率会较低，但 1999 年的违约率达到 4.15%（见表 7.1），且 1998 年危困债务占比很低（见图 8.2）。

2004 年已违约债务的比重也降低了，从一年前的 17.9% 降到 13.9%。这反映了 2004 年新违约较少的现实（117 亿美元），而重组公司的债券总额则为 530 亿美元。

2004 年，已违约和危困债券市场总额分别降到了 6 000 亿美元的面值和 4 000 亿美元的市值（见图 8.1 和表 8.1）。这包括 1 520亿美元面值的已违约债券，比上一年减少了 400 亿美元，尽管重生企业的情况相比新的违约继续占主导地位。的确，2004 年至少有 30 家债务在 1 亿美元以上的企业的公募债务依据破产法第 11 章获得重生。这包括 MCI/世通公司 2004 年 4 月的巨额破产案，是一共 7 家总额超过 10 亿美元债务的破产公司重生中的一家。2004 年年底，危困债务面值总额不到 370 亿美元。而公私募已违约债务的总额跌到略高于 4 000 亿美元，一年中减少了超过 1 000 亿美元。我们注意到，2005 年上半年危困和已违约债务的总额又再次增加了。

结　论

我们认为，危困债务市场已经发展到一定程度，完全可以作为一个独立的投资资产类别，这个资产类别有自己的表现特征，有专注的投资人队伍以及有与其他资产特定的相关关系。尽管这个市场的规模可能会随着时间发生变化，但有一点是明确的，就是它将继续作为一个独立的资产类别，受到市场应有的关注和拥有一套适合自身的分析方法。

第十章 危困企业的公司治理

当企业进入财务危困和破产时，公司治理的方方面面几乎都会受到某种形式的影响。首先，当公司进入了所谓的无力偿付区域时，经理和董事们的信托义务就从通常效忠于公司和股东扩大到了包括对债权人的信托义务。由于在重组中各个不同参与者包括债权人和股东的利益经常发生冲突，这给经理的责任确定带来了困难。其次，特别是在公司申请了破产保护后，管理层和董事会成员的变化频率可能会很高。与这些变化相伴的是，薪酬合约也在重组过程中会有修改。最后，更为彻底的重组会导致所有权较大的改变，经常是过去的债权人取而代之成为公司的新股东。结果就是，控制权发生变化是很正常的，但所经历的过程却与正常企业不同。本章讨论治理结构的相关内容以及对重组过程中经理和其他参与者激励的影响。

除了很少数的场合下，债权人或其他方能够成功向法庭申请任命一个托管人外，在绝大多数情况下，在第 11 章破产程序保护下，债务人管理层将继续经营和管理公司的业务。在破产保护期后的 120 天以及法庭批准的延长期内，管理层拥有起草重组计划的排他性权利。破产法案倾向于友善地对待债务人的特征，使得现职的管理人员对重组的进程和重组计划的编制有相当大的影响。给定了债权人、股东以及其他可能参与的众多人数，破产法庭也会任命其他团体的委员会。这些委员会由专业顾问组成，费用由债务人支付（最终从重组计划的分配方案里出）。对于大型公司而言，无担保债权人委员会是经常会被任命的，但其他的委员会也必须得到法庭的批准并由美国受托管理人执行办公室任命，这使得他们在谈判过程中的影响力不太确定。例如，本克（1995）发现，1982—1990 年，75 家第 11 章破产保护企业样本中只有 37.3% 组成了权益人委员会。处于破产保护下的公司治理结构对允许的参与者的作用和重组计划的形成有着重要的影响。

经理人员和董事的信托义务

当公司有偿付能力时，经理和董事的信托责任是要忠实于公司和股东的利益。债权人的利益保护全部由他们原合约条款的内容所提供。然而，当公司变成无偿付能力时，这个关系就发生了变化。法律学界的主流观点是，一个无力偿付的公司的董事对债权人和股东负有信托的责任（Branch，2000）。

信托责任扩大的转折点并不是发生在容易观察到的事件上，如破产法的第 11 章破产保护申请，而是在公司处于无力偿付区时。[①] 这使得衡量公司何时处于无力偿付成为一个明显的难题，并让危困公司的估值成为一个关键的议题。由于股东和不同的债权人之间的利益是相反的，信托责任的扩大也造成了潜在的冲突。例如，高级债权人可能倾向于资产清算以避免他们担保物的价值损失，而股东们则持有虚值期权，他们倾向于公司能够继续营运下去，因为他们希望提升公司价值的事件能够发生，从而回收一些权益的残余价值。

① 有关这些问题的开创性案例是 *Credit Lyonnais Bank Nederland*，*N. V. v. Pathe Communications Corp.*，1991 Del. Ch. Lexis 215（1991）。许多裁决讨论了无力偿付区，通常包括以下的例子：*Hechinger Investment Co. of Delaware*，*et al. v. Fleet Retail Finance Group*，*et al.*，280B. R. 90（D. Del. 2002）；*In re Kingston Square Assocs.*，214B. R. 713（Bankr. S. D. N. Y. 1997）；and *Geyer v. Ingersoll Publications Co.*，621 A. 2d 784（Del. Ch. 1992）。

卫斯和弗鲁克（1998）所记录的1989年美国东方航空公司的破产案，清楚地说明了上述冲突的严重程度有多大。卫斯和弗鲁克估算，在申请破产保护时，针对东方航空公司的固定收益类证券总价值超过了37亿美元，基于有人愿意收购它的出价，公司价值大概只有12亿美元。若公司在破产申请时就走资产清算的程序，那么它就已经是无力偿付状态了，而基于可感觉到的继续经营的价值，在最初债权人和其他团体就支持公司进行重组。然而，当案子往前推进时，东方航空公司继续出现了巨额的亏损。为了让航空公司继续营业，破产法庭（纽约南区）授权东航经理层将变卖的资产收入用于支持营运。

最终，为保存航空公司的所有努力都失败了，东方航空公司在1991年1月19日停止了营运。卫斯和弗鲁克估计，在破产保护的22个月间，东方航空公司的价值下跌了超过20亿美元，因此，很明显，公司在破产清算前已经是无力偿付状态了。如果管理层的目标是为了提高股东的利益，那么他们的最佳策略是继续经营下去，希望公司能有一个可行的复苏态势。然而，当公司处于无力偿付的状态时，如果将变卖的资产收入用于偿还债权人的债务，而不是继续支持不赢利的业务，那么，债权人的处境就会变得更好。尽管东方航空公司的案子是清算和重组发生冲突的极端例子，但是债务索求人之间的紧张关系和相伴随的代表债权人和股东利益的困难性，以及代表不同债权人团体的利益冲突，在许多重组的案例中都是司空见惯的。

经理人员和董事更换的时机和频率

在财务危困时，经理人员特别是首席执行官被更换的可能性对危困前和危困中的经营决策将产生重大影响。更进一步来说，第11章破产程序的批评者认为美国破产法里所规定的破产程序对现任的管理者太友善了。例如，布莱利和罗森卫格（Bradley and Rosenzweig，1992）称，甚至当企业的业绩差到无力偿付时，由于破产法案允许企业现存的经理层继续对公司资产施行控制，因此他们没有受到什么惩罚。有一些学术研究对财务危困特别是处于第11章破产保护的企业对经理层在失去工作意义上所带来的成本进行过研究，其中的一些列于表10.1中。吉尔森（1989）是第一个系统地研究了《1978年破产改革法案》以来危困企业经理层的变更频率的人。吉尔森检查了“高级经理”离职率，他将“高级经理”定义为破产申请前4年中拥有首席执行官、董事长或总裁头衔的个人。在他所研究的69家破产案例里，这些人有71%于破产申请后两年里被更换。处于破产企业的高管的离职率显著高于那些处于财务危困但成功实行了庭外债务重组的公司。很有意思，吉尔森发现，那些丢了工作的行政人员在离职后的3年时间内，没有一个再被上市公司聘用，这意味着对他们个人是较大的损失。另外的损失包括工资下降导致他们个人收入下降、企业财务条件恶化引起持有股票价值下降，以及当经理离开后原公司特别的人力资本的贬值损失。

更近期的对申请第11章破产保护的公司管理层离职研究也显示了相类似的特别高的离职率模式。例如，本克（1995）追踪了重组确认后一年和违约前两年的有关第11章的案子样本，发现从破产保护走出时首席执行官的离职率高达91%。作为对比，若干项学术研究记录了未曾陷于财务危困的公司的首席执行官离职率。魏斯巴赫（Weisbach，1988）发现在纽交所上市的一组样本企业的平均年化离职率只有8%。瓦纳、沃兹（Watts）和弗鲁克（1988）发现，在纽交所和美国股票交易所上市的一组随机样本中，每家企业管理层的平均年度离职率为0.12次。他们的研究都发现，高管离职率确与企业业绩相关，但也很明显，他们的样本中最差业绩表现企业的离职率并不比财务危困或破产企业的高。

表 10.1 金融危困企业管理层变更研究

研究	样本	变更率
吉尔森（1989）	1979—1984 年陷于财务危困的企业，包括 69 家采取第 11 章破产保护的企业和 57 家达成和解的企业；从债务重组或破产申请前两年开始后的 4 年间首席执行官、董事长或总裁的变更率	和解：债务重组两年后离职率为 60% 申请第 11 章破产保护：申请破产后两年内离职率为 71%
本克（1995）	1982—1990 年 75 家申请第 11 章破产保护的公司；违约前两年首席执行官更换的频率	破产申请时离职率为 51% 走出破产保护前离职率为 75% 走出破产保护后离职率为 91%
娄普开和卫弗特（1993）	1979—1988 年 43 家申请第 11 章破产保护的大型公司；破产申请前 18 个月首席执行官的更换率	重组确认 6 个月后的离职率为 91%
浩特凯斯（1995）	1979—1988 年 197 家第 11 章破产申请企业；破产申请前两年的首席执行官更换频率	破产申请时离职率为 41% 破产重组计划递交时离职率为 55% 走出破产保护后离职率为 70%
浩特凯斯和慕拉迪（1997）	1980—1993 年公共债务违约时 288 家企业，包括 77 家和解和 197 家第 11 章破产保护案子；违约或破产申请前两年内首席执行官的更换频率	和解：到违约时离职率为 19.5%；和解结束时离职率为 36.4% 第 11 章破产保护：到违约时离职率为 18.8% 重组计划递交时离职率为 54.9% 走出破产保护时离职率为 81.2%

虽然很明显，危困企业的高管离职率出奇的高，但有证据表明，

现有管理层对重组公司的前景更可能采取过分乐观的态度。如本书第三章所述，一些研究表明，与脱离破产后实际的业绩相比，在披露报告中所提供的现金流预测平均而言是过于乐观了。浩特凯斯（1995）证明，当预测现金流时，如果破产前管理层仍在职，那么上述偏误就会更大。另外，有一些研究也讨论了某些破产法庭对债务人过于友善从而造成偏误。例如，浩特凯斯（1995）发现，从纽约南区申请依据破产法第 11 章破产保护的企业，在走出破产保护后再次陷入危困重组的可能性更大。娄普开（2004）激烈地争辩，特拉华州近期涌现的更多案例就是对债务人相对友善所导致的结果。他认为，这个特征导致了“地区选择性”（venue shopping），即经理人员选择在可能会裁定让他们保留流程控制权的地区进行破产申请。经理人员的高离职率与经理人员过分受到程序保护的说法之间存在背离情况。然而，研究显示，在重组计划递交前，相当一部分的经理人员仍然在职，但在破产保护结束时他们很可能已不再任职了。

当企业需要重新谈判债务合约时，除了经理层的更替，还有相当一部分的董事会成员和构成会发生改变。当企业陷入财务危困时，经理人员和董事会成员需要花费大量的时间和精力去关注企业的经营问题和制订一个重组计划。另外，董事和行政官员对个人责任的顾虑也增加了。然而，某些参与者，例如危困企业的投资者，或者考虑保护重组中利益的团体，会希望在董事会中占据席位。而在另一些案例中，一些个人在重组完成前并不愿意占据董事会席位，因为他们怕这样做的话会影响他们在危困企业债权方面的交易能力。①

学术研究提供了与这些看法相一致的证据。吉尔森（1990）发

① 董事会成员和债权人委员会成员能够接触对公众未披露的信息，如财务预测。见本书第八章中有关破产中债权交易问题的讨论。

现，当企业处于财务危困时，董事会成员规模会减小，而更多具有特殊技能或对管理问题公司有兴趣的人（如投资银行家和和解专家）会得到董事任命。他进一步发现，平均而言，在公司走出破产保护或在少于两年的时间内与债权人私下和解时，只有46%的财务危困前已居董事会席位的成员和43%的首席执行官仍然在位。浩特凯斯和慕拉迪（1997）关注专业投资危困企业的风投者在董事会及其他治理上的活动。他们的研究显示，在公共债务上违约的一个大样本里，这些投资者在重组公司的治理结构中非常活跃。在他们所研究的27.8%的企业中，风投者最终参与了董事会的席位，在公司脱离破产保护的至少一年时间里他们有超过一半的时间占据着这些位置。然而，在一些近期的案例包括MCI（前身为世通公司）中，困境债务投资者不愿意加盟董事会，因为同时要对股东和他们自己的基金投资者负责的信托责任将与投资者的利益发生冲突。[①]

管理层报酬

即使当企业经理被换掉了，经理忠诚于谁仍然是不明确的。在应对财务危困时，薪酬政策通常是公司总体策略的一个重要部分，它通过各种条款来改变经理激励政策或加快与债权人谈判。

当企业陷于财务危困时，通常有必要换掉那些导致业绩变差的经营决策的现任管理者。然而，为了保住公司价值，提供激励留住关键员工有时候也很重要。在破产诉讼期间，对核心员工提供现金奖励会获得常规性批准，但有时候并不清楚这类奖金的支

---

① 资料来源：Mitchell，Pacelle，and Shawn Young. "Carrion Call：As MCI Tries for a Second Act，'Vultures' Add to the Drama—How Soon Will Big Investors Cash Out After Company Emerges from Chapter 11？—Refusing to Join the Board." *Wall Street Journal*（April 16，2004）.

付是否满足债权人或股东的最大利益。近期的若干案例也说明了这些顾虑。在 2002 年 1 月凯马特连锁超市申请破产保护的前几天，为了让一些资深经理不离开公司而向他们发放了超过 3 000 万美元的留置费和调换工作的安置贷款。这其中有超过 1 800 万美元是支付给 9 个最高层的经理人员，而他们在第二年春季都无一例外地离开了公司。[①] 在 1996 年申请第 11 章破产保护前，福如豪拖车公司（Fruehauf Trailer Corporation）批准给约 40 位重要员工发奖金以便留住他们。然而，公司的工厂和配送中心随即在破产中被清算，参与公司清算的官员认为，公司管理层不恰当地将资产分给了自己，而不是用于偿还债权人。[②]

吉尔森和范素彭思（Vetsuypens，1993）对危困公司的薪酬政策展开了一次系统的研究，对公司进入财务危困时尚且在位的经理层以及替换他们的经理层进行了对比。他们发现，除了之前记录过的高离职率外，留下来的经理层的薪酬和奖金也大幅缩减了。当一位现职经理人员替代离职的首席执行官时，该首席执行官的薪酬同样会下降。内部提拔上来的首席执行官比他的前任平均（中位数）要少挣 35%。相反，外部来的首席执行官替换者比他所替换的首席执行官平均（中位数）要多挣 35%。

薪酬合约变化的一个重要方面是，对于走出破产保护企业的首席执行官，他的财富与公司股价的表现高度相关。吉尔森和范素彭思表示，外部人士接替首席执行官通常在薪酬上能够获得一个很大的股票期权。另外，吉尔森、浩特凯斯和鲁拜克（2000）在研究破

① 资料来源：Burton, Thomas M. “Departing CEO at Kmart Is Set to Get Big Payoff.” *Wall Street Journal* (October 20, 2004).

② 资料来源：Schroeder, Michael. “Court Rules Against Pension Bonus—Fruehauf Plan to Award Special Benefits to Staff Is Considered Excessive.” *Wall Street Journal* (January 25, 2005).

产企业的估值问题时，发现在所研究的 63 家第 11 章破产保护企业里有 32 家（50.8%）的管理层获得了重组企业的股票或期权，作为对其进行激励的薪酬。这可能会在决定企业价值上出现偏差，如果股票或期权的行使价格就是其估值，或者股票、期权的分配比例根据那个估值而较高，那么，估值低对经理人员有好处。如本书第五章所述，如果从破产保护走出后，公司股票的表现好的话，那么，这将给经理人员带来意外之财。不管怎么样，薪酬与业绩的高度相关性对重组企业来说是有一个重要的激励效应的。

然而，在第 11 章破产保护期间，这种基于长期业绩的薪酬机制可能不会有效，是因为当企业走出破产保护时，破产时在位的经理层已经离开了企业。如果重组专家被聘请进来领导重组工作，这更是尤其可能发生的。在这些案例中，吉尔森和范素彭思发现，现任经理薪酬常常是与短期的目标相联系，这些短期的目标包括为成功化解公司破产、债务重组，或对债权人提供有价值的回报等问题提供解决方案。在近期的案例里，公司资产的大部分是根据 363 条款而出售的，奖金也经常与完成这些资产的出售相联系。

最近获得很高关注度的一个相关议题是那些业绩很差的企业的无价期权的重新定价问题。重新定价是指对以前发给雇员的股票期权降低行使价的一种操作。这通常是因为股价大幅下降导致股票期权变得没有价值。批评者认为在业绩变差后重新定价是在奖励经理人员，而支持者认为在这个时点上为管理层提供合适的激励是很有必要的。齐达巴拉和帕拉哈拉（Chidambaran and Prabhala，2004）的研究显示，绝大部分企业附加了一个等待期，或对员工继续服务期间的价外期权行使条件设置了限定，表明重新定价是保留关键员工的一个重要方面。然而，美国财务会计准则委员会在 1998 年规定，重新定价期权会被收费，意图是不鼓励这种操作。更近期一些的做法是，企业建立一种不取消旧的无价期权的更新期权基金，或采用一种叫作解除合同的操作。所谓解除合同的操作，即员工将在行使期权后获得的股票退还给公司，公司以当初的行使价返钱给员工。与重新定价相类似，批评者认为这是公司管理不善的症状，但为危困企业修复激励机制所必需。

所有权和控制权的改变

当危困企业重组债务时，有关企业残余权索求的所有权结构也经常会发生改变，这是因为以下几个原因。首先，在破产重组中，原有股东在重组后公司里通常只有很少甚至没有股份，绝大多数的股份分配给了之前的债权人，他们成为公司的新股东。其次，专业投资危困企业的投资者常常从众多的债权人那里买入债权，然后集中起来换成可观的股权数量，这些股权足够使他们控制重组的公司。最后，作为重组计划的一部分，有时候投资者还会向重组后的公司注入新的资本。

《1978 年破产改革法案》后关于所有权变化的最早期研究，在所研究的企业里并没有发现很多控制权活动。一种可能的解释是，由于允许现有管理人员继续行使控制权的破产法第 11 章的规定，阻止了并购的意愿。与破产外并购不同，作为重组计划一部分的并购需要债权人的批准，使得对处于第 11 章保护的企业实施敌意的收购更加困难。另外，可能成为并购方的同一行业的其他企业自己或许也同时陷入了危困。浩特凯斯和慕拉迪（1998）对处于第 11 章保护的企业被另一个上市公司收购的 55 项交易样本进行了调查。他们发现，破产企业的目标通常是被同行业的企业所并购，且提出并购的公司与破产企业一般在之前已经有了某种关系。例如，它们可能在之前已经购入了该企业的部分资产。竞购者常常也不止一个，在 55 个样本中有 18 个样本的竞购者的数目不比正常企业的竞购人数少。

但最终的成交价格比同一行业中非破产企业被并购时低了很多。该项研究发现，与同行业非破产企业并购价格相比，破产企业的并购价格折扣达45%。然而，从合并后现金流相对于合并前的增加，以及增加的幅度大于观察到的相类似非破产企业的并购案来看，这些并购的确产出了一个成功的重组案例。

尽管在依据破产法第11章启动破产保护的早期，公司控制权的变化还不是很普遍，但在重组计划下的股权分配仍然使企业的所有权向以前的债权人手里集中。吉尔森（1990）研究了1979—1985年经历了严重的财务危困的111家上市公司，其中61家申请了破产法第11章的破产保护。而这61家破产公司，在其重组后平均有80%的普通股被分配给了债权人。美国的联邦和各州的银行法允许美国的银行有权因为贷款重组而持有重组企业的普通股。在吉尔森研究的样本里有大约3/4的企业，在债务重组和第11章破产重组中，银行和其他债权人获得了相当多的有表决权的股票。平均而言，银行获取了企业36%的普通股，而在个别的案子里银行还派遣代表进入企业的董事会。詹姆斯（1995）讨论了银行参与危困企业的重组过程。他研究了1981—1990年102家银行债务重组的样本，发现有31%的交易中银行获得了股权占比。另外，银行通常在重组后至少两年内还持有该企业的大量股权。近期，由于危困企业债权交易市场的兴起，以及银行贷款可进行交易，为银行较早卖出股权提供了机会，新的投资者在谈判重组计划时替代了银行的位置。浩特凯斯和慕拉迪（1997）发现，在他们所研究的49%的违约企业样本中，风投成为它们的机构持股人（对重组企业持股超过5%）。

随着20世纪八九十年代初大型上市公司陷于财务危困的数量增加，危困公司的债权交易市场得到了迅猛的发展（见本书第八章）。这给危困企业的控制权活动带来一个显著的效果：想控制一个危困企业所能采取的一个共同策略，就是购买该企业大量的债务。由于所持有的股份足够多，潜在地有可能会阻止重组计划，投资者因此获得了对重组过程的影响力。投资者的股份有可能转化为对企业的控制权，这取决于计划最终的谈判条款。[①] 通过研究一个由288个债务违约企业组成的较大样本，浩特凯斯和慕拉迪（1997）发现，样本企业占16.3%的控制权为风投机构所获得。这与正常企业控制权之争形成了鲜明的对比。通常一个投资者对一家上市企业的股份持有超过5%时，它需要向证券交易委员会提交一份13-D的报告，说明目前对该企业的持股数量，及以后的持股打算。但是，若是购买债权，就不受此规定的限制。因此，一个想控制一家危困公司的投资者可以购买其一大块债务，当将其转成重组公司的股权时，他就成了该危困公司的控股股东。事实上，一些投资者因为使用这样的策略对破产公司获得控股而成名，结果，他们管理了一组从破产法第11章走出的公司的股权投资组合。表10.2描述了一些有关控制权变动的例子。

还有一些由外部投资人注入资本而发生控制权改变的有关第11章的破产案例。吉尔森、浩特凯斯和鲁拜克（2000）发现他们所研究的63个案例中有12个（占比19%）有外部投资人投资：由此所获取的平均股权比（中位数）为54.2%，投资范围的大小为13.6%~82.4%。与第11章破产保护外的并购不同，有9个案例在递交重组计划时在位的首席执行官在企业走出破产保护后仍然留在原岗位，而这些案例被媒体杂志批评为对债务人管理层太友善的典型代表。总体上，这一类别的控制权活动，加上管理层和董事会成员的高离职率，导致了危困公司治理的改变。

---

① 参与了一些大型破产案的投资人威尔伯·罗斯说：“几乎我们所参与的破产案都面临了控制权变化的问题，而在5年以前，这是很少见的。”（“Debt Raiders See Bull Market in Bankruptcy,” *Los Angeles Times*, October 21, 1990）

表 10.2 陷于第 11 章破产保护企业的控制权变动示例

公　司	投资者	变动描述
凯马特公司 2003 年 5 月 6 日走出破产保护	爱德华·兰珀特	在第 11 章破产保护期间先购买债券后再购买银行贷款；然后实施债转股，并在重组公司里增加投资，成为公司最大的股东（持股 48%），并担任董事长职位
XO 通信公司 2003 年 1 月 16 日走出破产保护	卡尔·伊坎	购买了公司 85% 的优先级担保债务，及超过 13 亿美元面值的优先级票据，以及 5 亿美元次级的以股票和证券支付利息分红的优先票据
伯林顿工业公司 2003 年 10 月 30 日重组计划确认 2003 年 11 月并购交易完成	威尔伯·罗斯	担任非担保债权人委员会主任职务，从而拥有了 8 200 万美元非担保债券和 700 万美元银行贷款，后在破产法庭监督下的拍卖会上，成功竞得公司资产
帝王影院 2002 年 1 月 30 日走出破产保护	菲利浦·安舒茨和橡树资本管理	购买了该公司 82% 的银行债务和 93% 的债券；在重组公司股权中，安舒茨占 60%，橡树资本占 15%

资料来源：新闻报道、公司年度 10-K 报告和披露信息陈述。

第二部分

公司财务危困分类与预测的技术及其应用

第十一章　企业信用计分——破产风险模型

本章讨论影响企业信用计分模型近期发展的几个积极因素。至少有两个因素推动了这些进展：一是《巴塞尔协议Ⅱ》（巴塞尔新资本协议）所提出的信贷资产资本要求的意义，二是21世纪最初几年美国涌现出的巨大的违约金额和违约率以及破产数量所隐含的意义。尽管我们已经从2001—2002年动荡艰难的信贷环境过渡到了2004—2005年相对温和良性的信贷环境，但目前对信用风险模型的研究有增无减。审视信用风险模型的演进过程，重点应该放在两个比较突出的信用计分技术上，即我们的Z－评分模型和穆迪投资者服务公司/KMV公司的预期违约率（简称EDF）模型。我们通过违约概率测算，以及借助臭名昭著的安然和世通破产案这两个事件，对这两个模型进行评估。为了保证模型使用的有效性，我们建议公司应当具备良好的信用风险文化，即在信用分析过程中仅将模型作为附加工具，而非唯一的决策标准。

21世纪的最初几年，《巴塞尔协议Ⅱ》在界定信用风险资本充足率的过程中，赋予了信用计分模型前所未有的意义，具体参见巴塞尔银行监管委员会的公告（1999、2001、2004）。全球的银行以及大多数其他金融机构，正在积极改进现有的内部信用风险系统，并同时开发新的工具以符合最佳实践系统和流程，从而评估违约率（简称PD）以及所有类型信用资产上的违约损失率（简称LGD）。这些投入是获得《巴塞尔协议Ⅱ》所谓“高级”内部评级

（简称 IRB）资质的必要条件。巧合的是，美国企业的违约和破产数量在 2001 年达到了前所未有的水平，并在 2002 年持续处在高位。

企业信用资产（主要是公司债券、贷款和应收账款）的还款风险评估信用计分模型已被美国金融机构和其他贷款人使用了至少 150 年（见图 11.1）。早期的模型包括对公司和其私人业主的定性评估，这可以追溯到 19 世纪 50 年代。当时，邓白氏公司的前身和商业银行等机构为融资公司提供了信用度方面的意见，以帮助这些公司融资并支持美国经济增长。第一个企业债券可能是由费城的 Schuylkill Permanent Bridge Company 等公司在 19 世纪的最初 10 年里发行并出

- 定性（主观）
- 单变量（会计/市场评估）
- 多变量（会计/市场评估）
  判别式，对数模型，概率模型（线性，二次）
  非线性模型——例如递归参与分析（Recursive Participating Analysis，RPA）和神经网络（NN）
- 判别式和在用对数模型（Discriminant and Logit Models in Use）
  消费者模型（例如Fair Isaacs）
  Z-评分——制造业
  ZETA 评分——工业
  私人公司模型[例如风险计算（穆迪），Z″-评分]
  EM 评分——新兴市场、工业
  其他——银行专用系统
- 人工智能系统
  专家系统
  神经网络[例如信用模型（标普），Central dei Bilanci（CBI），意大利]
- 期权/或有债权模型（Option/Contingent Claims Models）
  破产风险
  KMV 信用监测模型
- 混合比率/市场价值模型（Blended Ratio/Market Value Models）
  穆迪预期违约率计算模型
  债券评分（CreditSights）
  Z-评分模型（市场价值模型）

图 11.1　企业信用计分系统的演变

售给私人投资者和机构投资者的，也可能是由第一花旗银行等较大的公司于1820年发行的。这些定性变量评估（例如产业环节、个人担保、抵押、管理经验）在20世纪初期很快被单变量比率和其他财务报表数据充实起来。1909年，正式的评级机构开始成立，首先是穆迪，随后标准普尔（1916）成立。我们在第七章回顾了这些机构的信用评级标准术语。

我们建立了第一个多变量信用计分模型（Altman，1968），被称为Z－评分，该模型结合了一些财务报表和市场价值评估方法。我们以评分数值为依据，将观察样本（公司）分为危困（破产）组和正常组。我们所用的统计分类技术是判别分析，它是统计技术谱系成员之一，可用于区分或预测公司的健康状况。随后的用于类似用途的技术有逻辑回归（logistic regression）、概率模型（probit，例如Ohlson，1980）、递归划分（recursive partitioning，例如Frydman，Altman，and Kao，1985）、二次判别式（quadratic-discriminant，Altman，Haldeman，and Narayanan，1977）、神经网络（neural networks，例如Altman，Marco，and Varetto，1994，和Trippi and Turban，1996，发现的多个方法）以及遗传算法（genetic algorithms，例如McKee and Lensbergn，2002）等一些高度复杂的技术。在我们看来，本章讨论的许多技术是同一主题（对公司指标的严格分析以便对企业危困进行分类预测）的各种变体。这些技术已应用到制造商、其他工业、新兴市场公司、金融机构等领域。类似的结构已经使用了几十年，用来评估金融机构和企业的零售客户的信用（例如零售商、石油组织，特别是信用卡和抵押贷款）。

用于区分企业健康程度的最新技术包括人工智能系统、期权/或有债权（例如穆迪/KMV的EDF模型）和混合模型（例如CreditSights的债券评分）。接下来，我们将会介绍信用计分模型的最新发展和一些最受欢迎的模型的具体细节。

大型企业倒闭事件显著增加

正如本章前面部分以及第一章中所提到的，现在美国的大企业违约和破产相当常见。事实上，如果统计按照破产法第 11 章提出破产/重组申请的负债超过 1 亿美元的公司，2001 年这些公司的总负债至少达到 2 400 亿美元，2002 年这一金额达到 3 370 亿美元。2003 年和 2004 年，这一负债水平分别跌至 1 100 亿美元和 660 亿美元。在 2001—2003 年这 3 年间，有 100 家负债超过 10 亿美元的公司依据美国破产法提出破产保护，第一章的附件中有这些 10 亿美元级别企业的列表。在债券领域，630 多亿美元的美国国内公开发售的高收益债券（低于投资级）在 2001 年违约，高收益债券的违约率达到了接近创纪录的 9.8%。2002 年，违约总数激增到接近1 000亿美元，违约率达到了前所未有的 12.8% 的水平，其中包括 2002 年 7 月规模 300 亿美元的世通公司破产（见第七章）。[①] 这一数字于 2003 年骤降，2004 年继续大幅下降，此时高收益债券的违约率仅为 1.25%。

鉴于公司违约概率评估的紧迫性，经过 5 年的讨论，《巴塞尔协议Ⅱ》的最终版本于 2004 年 6 月 26 日被提交（巴塞尔银行监管委员会，2004），随后不久获得许多国家原则上的通过。尽管最近有所冷却的违约和破产浪潮预示着良性信用周期的来临，[②] 并且排除了《巴塞尔协议Ⅱ》提出的建议所存在的任何进一步的不确定性，关于信用风险模型的研究、获得违约概率的计分模型的应用以及确定违约损失率的数据库的开发仍有增无减，有关这些主题的主要会议也

① 资料来源：纽约大学所罗门中心企业债券违约和破产数据库。见阿尔特曼和阿吉亚尔（2005）关于 2004 年的研究结论。

② 事实上，美国货币管制局发布的报告指出，美国国家银行的不良贷款在过去的 20 年中，于 2004 年 11 月已经下降到最低水平（逾期 90 天以上的贷款占 0.97%）。

时常举行。[①]

我们接下来讨论本书作者之一于38年前开发的一个模型，即所谓的Z－评分模型，并且讨论最初的Z－评分模型与其近期发展的相关性。为了提高Z－评分模型的适用性，我们还在模型测试与应用方面做了一些更新。我们同时讨论了另一种广泛使用的信用风险模型（被称为穆迪/KMV方法），并利用安然公司（2001）和世通公司（2002）破产事件对KMV和Z－评分模型进行了比较。但这并不意味着我们会比较所有知名且可用的信用计分模型，例如穆迪的Risk-Calc、CreditSights的Bond评分、Kamakura方法、Hillegeist等人的H－模型（2003），或ZETA计分模型（Altman et al，1977）。

企业信用资产适当违约概率的分配包含3个步骤，须按顺序依次使用：

1. 信用计分模型；
2. 资本市场风险等值——通常为债券评级；
3. 信用组合上违约概率和可能的违约损失率的分配。[②]

我们的重点将放在步骤1以及Z－评分模型（Altman，1968）如何成为确定违约概率所用3个主要框架之一的样机模型上。其他两个信用计分结构涉及债券评级过程本身或期权定价的资本市场估值技术，以穆迪/KMV预期违约率（简称EDF）方法（McQuown，

① 例如，穆迪/KMV和纽约大学所罗门中心于2004年5月19日和20日召开了主题为“信用风险研究的最新进展”的重要会议；相关更多信息，可登录穆迪和纽约大学所罗门中心网站（www. stern. nyu. edu/salomon）获取。2005年5月26日和27日，在伦敦商学院举行了一次后续会议。另外，请参见阿尔特曼、雷斯蒂和斯罗尼有关LGD（2005a）的评论文章和违约债务追偿风险的专著（2005b）。

② 有些人可能会争辩说，统计方法可以结合步骤1和2，其中步骤1中将自动提供PD的估计。这是后期主要咨询公司的许多建模者喜欢分对数回归方法而不喜欢我们所推荐的判别模型的其中一个原因。

1993；KMV，2000；Kealhofer，2000）为代表。这些技术也是多数信用资产风险价值（简称 VaR）模型（例如 CreditMetrics，1997）的支柱。从本质上说，我们强烈地感受到，如果初始信用计分模型是健全的，并基于全面且具有代表性的数据，则信用 VaR 模型是有可能准确的，且对监管部门、经济资本分配以及危困预测有帮助。否则，再复杂的定量模型或者组合分析结构都将无法获得有效的信用风险结果。

信用计分模型

目前正在使用的几乎所有的统计信用计分模型均是类似主题的变体。它们将公司业绩的一系列可定量财务指标与捕捉信用过程的一些定性元素的少量附加变量相组合。然后，不管是结构化的方法将资产价值与感知的债务义务相连接的统计上的多变量模型，还是外生的简化方法，都将与过往的违约数据库相比较，以便这些模型既包括与资产价值相关联、识别债务责任的结构方法，又包括统计多变量模型以及外生简化方法。虽然我们应专注于量化方法，主要是财务比率和资本市场价值，但人们不应低估评分过程中定性指标的重要性。①

从 20 世纪 60 年代开始，一些从业者，当然还有许多学者，一直尝试淘汰将比率分析作为公司业绩评估这一分析技术。理论家们不再重视从业者广泛使用的主观的经验规则（如公司比率比较）。学术界许多受尊敬的专家抨击比率分析的相关性，这是否意味着比率分析的使用仅限于细节的世界？或者比率分析本身的意义不具有吸

---

① 银行从业者的报告指出，这些所谓的定性元素（涉及风险官做出的判断）可提供计分模型高达 30%～50% 的解释力。

引力，从而处于不利的地位？我们是否能缩小这种间隙，而非切断传统比率分析与学者常用的更严格的统计技术之间的联系？事实上，斯科特（1981）探讨了结构模型与多变量方法（如 Z－评分模型和 ZETA模型）之间概念上的联系，并得出结论——理论和实证模型有很多共同点。

传统比率分析

检测公司经营和财务困难的这一主题一直特别适合用财务比率进行分析。在开发衡量公司业绩的量化方法之前，已经设立了各种机构，以便提供定性类型的信息来评估特定商家的信誉度。比率分析和破产分类领域的经典作品是由比弗（Beaver，1966、1968）创作的。他对一些破产预测因素的单因素分析工作，为本书的作者之一和后来者的多变量尝试工作做了铺垫。比弗发现，一些指标可以区分倒闭前长达 5 年的倒闭和非倒闭公司的匹配样本。然而，他对多变量分析的使用提出了质疑。由本书作者同时期开发的 Z－评分模型则表明比弗的早期担心不成问题。

上述研究显示比率作为破产预测因素在改善传统比率技术方面拥有明显的潜力，它能够提供公司的多变量概括，而这种概括基于各变量的客观权重，并且结果清晰、没有歧义，同时（希望）不会产生误导。一般地，衡量赢利能力、流动性、杠杆和偿债能力的比率，以及衡量赢利与现金流覆盖范围等的多维度方法，逐渐成为最显著的指标而盛行。其重要性的顺序不明确，因为几乎所有研究指出不同的比率是即将发生问题的最有效的指标。因此，有必要适当扩展前面引用的研究，要在以往发现的基础上，集成现有几项评测方法以建立一个更有意义的预测模型。

判别分析

经过慎重考虑这个问题的性质和这个分析的目的之后，我们选择多重判别分析（简称 MDA）作为我们最初（Altman，1968）结构中的适用统计技术。虽然不像回归分析那样受欢迎，MDA 自从 20 世纪 30 年代在生物科学中被首次使用之后，一直在各种领域中广泛使用。MDA 作为一种统计技术，用以根据观察值的个体特点，将观察值归类到多个先验分组中的一个。人们主要用它进行分类，或做出问题的预测，在这种情况下，因变量以定性形式出现，例如，男性或女性、破产或非破产。因此，第一步骤是建立明确的小组分类。原始组的数量可以是两个或多个，建立之后，收集组中的对象的数据。该技术具有的优势是考虑相关公司共有特性的整个轮廓，以及这些性质的相互作用。参见图 11.2，了解线性判别结构，并通过简单的两变量（赢利能力和杠杆措施）结构区别健康（O）与不健康（X）公司。

继早期使用判别分析之后，另一种多变量方法——逻辑分析，也很受欢迎（如 Ohlson，1980；Zavgren，1985），特别是咨询公司在协助银行时会使用它。尤其是当分析师需要考虑每个变量的具体贡献，并且将得到的结果作为违约概率的直接度量时。

线性形式

$$Z = a_1x_1 + a_2x_2 + a_3x_3 + \cdots + a_nx_n$$

Z =判别评分（Z－评分）

$a_1 \longrightarrow a_n$ =判别系数（权重）

$x_1 \longrightarrow x_n$ =判别变量（例如比率）

例子

举例如图 11.2 所示。

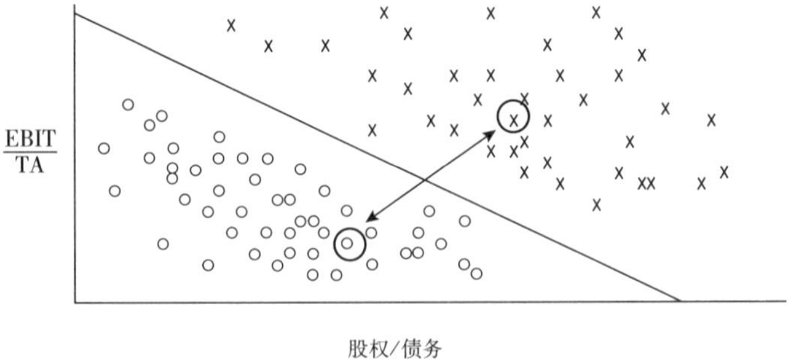

图 11.2　用判别分析方法预测危困

Z-评分模型开发

样本选择

最初的样本由破产和非破产公司的配对样本组成。破产（危困）组是 1946—1965 年根据破产法第 10 章提交破产申请的所有制造商。为期 20 年的样本期不是一个最佳选择，因为平均比率会随时间而变化。理想情况下，我们倾向于检验期间 t 内的比率清单，以预测下一个时间段（t+1）内的其他公司的情况。遗憾的是，由于当时数据的限制，这些是无法做到的。最近大量的企业破产提供了一个更加适宜的环境。认识到这个组不是完全同类（行业和规模差异），我们认真选择了非破产（正常）控制公司。该组包括按照随机分层机制选择的制造业公司的成对样本。这些公司按行业和规模分层，资产规模范围为 100 万～2 500 万美元。是的，在这些日子里，2 500 万美元的破产规模被视为非常大的破产案！同时收集了未破产公司相同年份的数据。对于初次样本检验，数据从破产前一年报告期的财务报告中产生。有些分析（Shumway，2002）批评了这种静态式分析，但是我们发现，危困前一年财务报表的结构得出了最准确的建模后检验结果。

变量选择与权重

首先是定义初始组，然后选择公司，紧接着收集资产负债表和利润表的数据。由于与企业问题有关的潜在显著指标的变量个数很多，为了评价，我们选择了22个潜在有帮助的变量（比率）列为一个表。最初列表中的5个变量在预测企业破产过程中取得了整体一致的效果。由于这个过程基本上是迭代的，所以在评估整个框架贡献的过程中，没有要求关于所得判别函数的最优性。

最终的判别函数如图11.3所示。请注意，该模型不包含常数项。[①] 其中最常见的问题是："你怎么确定系数或权重?"这些权重由计算机算法客观决定，而非分析师。因此，如果样本发生变化，或者如果使用新变量，它们会有所不同。

X_1，营运资本/总资产（WC / TA）

营运资本/总资产的比例是相对于资本总额的公司净流动资产的衡量尺度。营运资本指流动资产与流动负债之间的差额。流动性和规模特征是明确被考虑的。这个比率是对两组之间的判别最不重要的贡献者。所有情况下均使用有形资产（不包括无形资产）

---

① 这是由于使用了特定软件，因此，两组之间的相关评分底线不为零。现在许多统计软件程序会配备一个常数项，如果两组的样本量相等，该常数项可将评分底线规范到零。

进行计算。

$$Z=1.2X_1+1.4X_2+3.3X_3+0.6X_4+1.0X_5$$

X_1=营运资本/总资产

X_2=留存收益/总资产

X_3=息税前收益/总资产

X_4=股权的市场价值/总负债的账面价值

X_5=销售额/总资产

Z=全面指数或评分

图 11.3　Z－评分模型

资料来源：阿尔特曼（1968）。

X_2，留存收益/总资产（RE / TA）

留存收益是公司整个生命周期再投资收益和损失的总金额。该账目也称为已获盈余。这是公司生命周期内累积赢利能力的尺度。考量这个比率时也隐含地参考了公司的年龄。大规模重组或者大规模发放股息可能让这个指标产生偏差，如果发生这种情况，应该对这些账目进行适当的调节。

此外，RE / TA 比例也会衡量一个公司的杠杆率。RE 与 TA 之比很高的公司已经通过利润留存为其资产筹资，从而降低了对债务的依赖。这个比率突出了促进增长的内部生成基金的使用（低风险资本）或 OPM（别人的钱）——更高风险资本的使用。

该变量显示了过去 20 年中正常公司平均价值的显著恶化，在随后的模型更新中，我们利用了转换结构，以便显著减少其对当前Z－评分的负面影响。有关这一更新修改的部分描述，参见我们在本章后面部分的讨论，特别是在评估 Z－评分的债券评级等值时。

X_3，息税前收益/总资产（EBIT / TA）

这是公司资产生产力的尺度，独立于任何税收或杠杆因素。由于一个公司的最终存在基于其资产的赢利能力，这个比例似乎特别适用于信用风险的研究。我们发现，这个赢利能力的尺度尽管依赖于所得的数据，且所得数据经常是可以被操纵的，但它至少像现金流尺度一样可以预测（参见 Altman，Haldeman and Narayanan，1977；Altman，1993 中的 ZETA 结果）。

X_4，股权的市场价值/总负债的账面价值（MVE / TL）

股权是通过所有优先股和普通股的合并市场价值来测量，而负债包括当前和长期债务。该变量显示公司有多少资产价值可能在负债超过资产且公司资不抵债之前被吃掉（通过市价股权加上负债来衡量）。早在 KMV 方法（将在稍后讨论）出现之前，也就是在默顿（Merton，1974）把这些关系放入期权—理论结构模型对企业风险债务进行评价之前，我们就讨论过这种比较。

这个比例增加了大多数其他破产研究没有考虑的市场价值尺度。在以后某个时候，我们将用资本净值的账面价值代替市场价值，以便为私有公司（Z′）和非制造商（Z″）获得判别函数。

X_5，销售额/总资产（S / TA）

资金周转率是标准的财务比率，说明公司资产的销售生成能力。这个最终比率是独特的，因为它的显著性是最小的，根据单变量统计显著性试验，根本不应该选它。然而，由于其与模型中其他变量的关系，销售额/总资产（S / TA）比例在对模型的总体辨别能力的贡献上排位很高。尽管如此，产业之间以及国家在资金周转方面仍有广泛的不同，我们将在稍后详细说明一个没有 X_5

的另一个模型（Z″）。

在破产之前根据财务报表计算的变量值及平均值，得到其 F 统计值；变量 $X_1 \sim X_4$ 的显著性均在 0.001 的水平，说明各组之间存在了极为显著的差异。变量 X_5 没有显示各组之间的显著差别，将其列入变量框架的原因在目前尚不明确。在严格单变量检测水平上，所有比率表示非破产公司的价值更高，系数显示正值，这是人们所期望看到的。因此，公司的危困可能性越大，其判别评分越低。虽然很明显，5 个变量中的 4 个显示组间差异显著，但是 MDA 的重要性在于它能够在使用多变量检测模型时分离各组。

一旦估计出判别系数的值，就可以计算样本或公司中各观察结果的判别评分，并基于该评分将观察结果分配给其中一个组。该程序的实质是将个别公司的轮廓与替代分组（危困或正常）的轮廓进行比较。

利用后续危困公司样本测试模型

在 Z－评分模型开发之后执行的 3 个试验中，我们调查了 1969—1975 年的 86 家危困公司、1976—1995 年的 110 家破产企业和 1997—1999 年的 120 家破产企业（见表 11.1）。我们发现，Z－评分模型，采用 2.675 的评分底线，准确率为 82%～94%。经过反复试验，根据破产之前一个财务报告期的数据，危困公司样本上的 Z－评分模型的准确度一直为 80%～90%。然而，第 II 类的错误率（当该公司没有破产或债务没有违约时，将该公司分类为危困）大幅增长，高达所有 Z－评分 1.81 以下公司的 25%。使用未知区域（1.81）的下界，可获得比 2.675 更现实的 Z－评分底线，虽然后者获得了初始检验中最低的整体误差。之后将会提出对公司进行分类的替代技术，该技术也将提供违约概率（简称 PD）估计，是利用与每家公司评分等值的债券评级法（简称 BRE）来进行。

表 11.1　Z - 评分（1968）倒闭模型的分类和预测准确性　（单位：%）

倒闭前年度	初始样本（25）	保留样本（33）	1969—1975 预测样本（86）	1976—1995 预测样本（110）	1997—1999 预测样本（120）
1	94（88）	96（72）	82（75）	85（78）	94（84）
2	72	80	68	75	74
3	48	—	—	—	—
4	29	—	—	—	—
5	36	—	—	—	—

注：将 2.67 用作评分底线（括号内为将 1.81 作为底线的准确性）。

重新校准模型

从最初开发后的近 40 年间，我们不断观察原始 Z - 评分模型的准确性和相关性。尽管第 I 类的准确性仍然完全可以接受（在违约日期一年内，大于违约预测的 80%），但第 II 类的错误率变得相当高。如前面提到的，或许多达 25% 的美国公司财务信息更类似于破产公司而不是健康的实体。这种高错误率的主要原因在于，一般情况下，美国公司比过去更为危险。这种更高的风险在 Z - 评分模型的一些金融指标的恶化中很明显，尤其是留存收益/总资产比和股权/债务比。通过指定对该尺度进行对数转换，我们既增加了第 I 类的准确性，又降低了第 II 类的错误率。详细内容，参见阿尔特曼与瑞坚（Rijken，2004）的讨论。

非上市公众企业应用的适用性

我们收到的另一个常见的问题是："为了将模型应用到私营领域的公司，我们应该做些什么？"信用分析师、私募交易商、会计审计师和公司本身都关心原始模型是否只适用于上市实体（因为 X_4 要求股票价格数据）。而且，为了保证准确性，Z－评分模型是上市公司模型，专门的调整在科学上是无效的。例如，最明显的一个修改是用股权账面价值替代股权的市场价值。

我们认为，与其简单地将一个代理变量插入现有模型，以适应非上市企业，还不如完全地重新估计模型，用股权的账面价值代替 X_4 中的市场价值。人们期望所有系数都发生变化（不仅是新变量的参数），并且所述分类标准和相关评分底线也将改变，而这正是所发生的情况。

图 11.4 给出带有新 X_4 变量的修正后 Z－评分模型的结果。该公式现在看起来与以前的模型不同。例如，X_1 的系数从 1.2 降到 0.7。但是，模型总体上看起来与使用股权市场价值的模型相当类似。

$$Z'=0.717X_1+0.847X_2+3.107X_3+0.420X_4+0.998X_5$$

$$X_1=\frac{\text{流动资产}-\text{流动负债}}{\text{总资产}}$$

$$X_2=\frac{\text{留存收益}}{\text{总资产}}$$

$$X_3=\frac{\text{息税前收益}}{\text{总资产}}$$

$$X_4=\frac{\text{股权的账面价值}}{\text{总股本}}$$

$$X_5=\frac{\text{销售额}}{\text{总资产}}$$

$Z'>2.90$：安全区
$1.23<Z'<2.90$：灰色地带
$Z'<1.23$：遇险区

图 11.4　Z′－评分非上市公司模型

资料来源：阿尔特曼（1993）。

债券评级等值

建立信用计分模型的其中一个主要原因是在给定的风险估值水平下对违约概率进行估计。事实上，《巴塞尔协议Ⅱ》的“基础”和“先进”内部评级（简称 IRB）方法要求根据银行或资本市场的经验进行估计。虽然我们都知道，所有评级机构［穆迪、标普、惠誉和多美年债券评级服务机构（DBRS）］在信用风险评估中都不完善，但是，一般人们还是认为这些评级机构主要通过其评级而提供重要的和一致的违约估计。此外，尤其是在美国，由于一直以来违约证券带有悠久的评级历史，且经历了数量很多的违约，将信用评分与这些评级联系起来，我们就能因此而获益，并得出预期的和预期之外的违约概率和违约损失率。估计的范围覆盖评级日期之后的固定期间（例如 1 年）或累计覆盖一定的投资时限（例如 5 年）。从评级机构的计算中可以得到，即从所谓的“静态库”（标普）或“动态队列”（穆迪）方法可获得这些估计。替代方案是使用阿尔特曼的（1989）死亡率方法（每年更新），该方法基于从原始发行日期起预期的违约率及其相关评级。这些结果的比较，在本书第七章中已有讨论。

对于没有评级的主体，可以根据某些可用的模型计算评分，并且将其与债券评级等值联系起来。后者可能得出违约概率的估计。例如，表 11.2 基于各自类别中评级债券的平均 Z－评分，列出各种 Z－评分间隔的债券评级等值。可以观察到，1996—2001 年，AAA 等级债券的平均 Z－评分为 6.2，而 B 级债券的平均评分为 1.8。回想一下，1.8 的评分为我们原始 Z－评分危困区域的上限。我们还表明了，根据破产申请前最后一次财务报表的数据，破产企业的平均评分略低于零（－0.2）。这种“破产评分”来自 2000—2004 年 244 家破产公司的样本。

表 11.2　1996—2001 年按标普债券评级的平均 Z－评分

评级	年度平均公司数量	平均 Z－评分	标准差
AAA	66	6.2	2.06
AA	194	4.73	2.36

（续　表）

评级	年度平均公司数量	平均 Z - 评分	标准差
A	519	3.74	2.29
BBB	530	2.81	1.48
BB	538	2.38	1.85
B	390	1.8	1.91
CCC	10	0.33	1.16
D	244	-0.20	-

注：D 级为中位数，根据 2000—2004 年的数据。

资料来源：标普数据库，1996—2001 年。

然后，分析人员可以从穆迪、标普或惠誉观察 B 级债券平均 1 年的违约概率，发现该违约概率在 6% 左右，或者发行 1 年后平均违约概率为 2.85%（基于第七章讨论的死亡率）。请注意，我们得出的第一年违约概率的死亡率显著低于穆迪/标普 B 级债券产生的违约概率，后者包含一篮子不同年龄和期限的债券。我们提醒分析师根据信用资产的相关投资组合的质量来采用正确的违约概率估计。

进一步修订，适应非制造商及新兴市场的模型

Z - 评分模型的进一步修改在于对不包含 X_5——销售额/总资产的模型特点和精度进行评估。我们这样做是为了尽量减少潜在的行业影响，例如，如果资产周转率成为一个行业的敏感变量时，就很有可能发生这种影响。此外，我们用这个模型来评估非美国公司的财务状况。特别是，阿尔特曼、哈策尔和佩克（Hartzell and Peck，1995a、1997）已经将这种增强型 Z″ - 评分模型应用到新兴市场公司上，特别是发行了以美元计价的欧洲债券的墨西哥公司（参见我们

在第十二章对这种模型的深入讨论)。在此情况下,X_4的计算使用了股权的账面价值。

分类精度结果与修订的(Z′-评分)5变量模型相同。全新Z″-评分模型是:

$$Z'' = 3.25 + 6.56 (X_1) + 3.26 (X_2) + 6.72 (X_3) + 1.05 (X_4)$$

其中,低于零的Z″-评分表示危困情况。

变量$X_1 \sim X_4$的所有系数不同于我们最初的Z-评分模型,因为它们是组均值和评分底线。在本书第十二章中深入讨论的新兴市场(简称EM)模型中,我们加入了常数项+3.25,以便用零评分等同于D级(违约)债券,而将评分值标准化。有关本模型中评分的债券评级等值,参见表11.3。我们相信,这种模型比最初的Z-评分模型更适合非制造业企业。当然,为特定行业(例如零售商、电信、航空等)开发的模型,是评估类似工业企业危困可能性的更胜一筹的方法。

估算违约概率:债券评级等值法

在本章的一开始,以及第七章,我们提到扩展信用计分模型,以确定企业的违约概率。正如我们所讨论的,尽管Z-评分模型为企业健康评估提供了一个连续指标,但我们无法直接从该评分获得违约概率的精确估计。虽然有些统计分类技术,如对数或概率回归模型,提供0和1之间的违约估计,但我们更愿意依靠债券评级等值(简称BRE)方法,该方法是基于过去35年2 000多家违约企业的经验。此外,我们还不能确定具体的概率回归模型是否是精确违约率估计的合适模型。事实上,我们在罗吉特模型(logit model)上的经验是,检验样本的一个不寻常部分产生了幅度极高或极低的违约估计。

表 11.3　基于新兴市场（EM）评分的美国债券评级等值

$Z'' = 3.25 + 6.56(X_1) + 3.26(X_2) + 6.72(X_3) + 1.05(X_4)$

美国等效评级	平均 EM 评分
AAA	8.15
AA +	7.60
AA	7.30
AA −	7.00
A +	6.85
A	6.65
A −	6.40
BBB +	6.25
BBB	5.85
BBB −	5.65
BB +	5.25
BB	4.95
BB −	4.75
B +	4.50
B	4.15
B −	3.75
CCC +	3.20
CCC	2.50
CCC −	1.75
D	0.00

资料来源：In-Depth 数据公司，基于 750 多家美国企业评级债券的平均值；1995 年数据。

正如前面提到的，BRE 方法是一个三步骤方法，涉及以下内容：

1. 计算投资组合中新信用或现有信用评分；
2. 将信用评分映射到债券评级等值上；

3. 利用新发行债券的死亡率，或季节性发行人的累计违约概率，以便在未来某个投资期限确定违约概率的准确估计。

此前，在表 11.2 和表 11.3 内，我们分别为 Z－评分和 Z″－评分模型指定了 BRE。这些数据基于最近样本各主要债券评级平均评分。汲取 35 年的违约研究经验，校准到发行的最初债券评级（死亡率）或截至某一阶段的评级（穆迪和标普的累积违约率），我们可以观察到这样的历史性概率：一个特定评分和 BRE 值的债券在计分期后 1～10 年内发生违约的具体表现。表 11.4 给出了 1971—2004 年的死亡率指标，而死亡率的比较和评级机构的累积违约率（例如在穆迪和标普的年度研究中）在本书第七章开头部分已述。

我们可以观察到，最近发行的 Z－评分 1.8 的证券，其 BRE 为 B（见表 11.2），在发行后第一年的违约概率为 2.85%，而基于标普估计，成熟的 B 具有 5.71% 的一年违约概率（见第七章表 7.14），基于穆迪估计，具有 5.81% 的一年违约概率。

这些违约概率估计对于《巴塞尔协议Ⅱ》的相关输入至关重要，其中还涉及内部或外部确定的 IRB 评级法以及任何信用资产（如债券）的估值计算方法。然后，基于违约（和恢复）估计调节债券发行时所承诺的现金流，以确定预期的现金流。现值计算的折现率可以被评定为无风险利率的函数加上基于该具体 BRE 类别中债券非预期损失的溢价。

比较破产模型

许多研究已经分析了不同统计技术在预测破产时的相对准确度（如 Zmijewski，1984）。此外，莫斯曼等人（Mossman et al，1998）比

表 11.4　1971—2004 年按最初评级的死亡率：所有等级企业债券

（单位:%）

		1	2	3	4	5	6	7	8	9	10
AAA	临界	0.00	0.00	0.00	0.00	0.03	0.00	0.00	0.00	0.00	0.00
	累积	0.00	0.00	0.00	0.00	0.03	0.03	0.03	0.03	0.03	0.03
AA	临界	0.00	0.00	0.32	0.16	0.03	0.03	0.00	0.00	0.03	0.02
	累积	0.00	0.00	0.32	0.48	0.51	0.54	0.54	0.59	0.57	0.59
A	临界	0.01	0.10	0.02	0.09	0.06	0.11	0.06	0.21	0.11	0.06
	累积	0.01	0.11	0.13	0.22	0.28	0.39	0.45	0.65	0.76	0.82
BBB	临界	0.36	3.22	1.43	1.28	0.77	0.45	0.20	0.20	0.14	0.40
	累积	0.36	3.56	4.49	6.16	6.89	7.31	7.50	7.68	7.87	8.18
BB	临界	1.19	2.48	4.40	2.01	2.51	1.16	1.60	0.88	1.70	3.60
	累积	1.19	3.64	7.88	9.74	12.00	12.93	14.36	15.07	16.52	19.60
B	临界	2.85	6.85	7.40	8.55	6.00	4.16	3.72	2.28	1.96	0.86
	累积	2.85	9.51	16.20	23.37	27.94	30.96	33.46	34.97	36.25	36.80
CCC	临界	7.98	15.57	19.55	12.10	4.26	9.45	5.60	3.15	0.00	4.28
	累积	7.98	22.31	37.50	45.06	47.37	52.35	55.01	56.43	56.43	58.30

注：由标普在发行时评级。基于 1 796 个违约发行。

资料来源：标普；阿尔特曼和凡胡尔（Fanjul，2004）。

较了4种不同的但有所限制的破产模型的类型（只有比率变量，只有现金流变量，只有回报率变量，只有回报方差变量），以确定在倒闭前各种时期的破产预测精度。他们发现，在破产之前的最后财年，没有任何一个模型可以被排除在解释力的损失之外。这一发现与我们的论点一致，即多变量模型可以改进任何单变量模型。他们还发现，虽然现金流变量在破产前的2~3年占主导地位，但比率变量在破产后的一年里最成功。

违约损失率估计（违约资产追偿）

大多数现代信用风险模型和所有VaR模型（如CreditMetrics）都假设了违约概率和违约债务追偿率之间的独立性。然而，阿尔特曼、布兰迪、雷斯蒂和斯罗尼（2002，2005）的研究表示这是一个不正确的假设，并且将随时间变化的违约率与追偿率呈现显著负相关的因素考虑进来，模拟了它们对资本要求的影响。特别是，我们发现，在债券的高违约率时期，追偿率相对于历史平均水平会低很多，表明损失可能较大，例如2001年和2002年，债券追偿率（违约后的价格）分别为26.4%和25.5%。违约率较低时（例如2003年和2004年，追偿率攀升到45%~57%）则相反。胡和佩罗丹（Hu and Perraudin，2002）发现了类似的结果，弗莱（Frye，2001）详细说明了系统性宏观经济因素对回收率的影响。有关基于评级的方法（该方法由《巴塞尔协议Ⅱ》推荐）的潜在顺周期性，引起了某些美国央行官员的严重担忧。事实上，巴塞尔委员会在2004年发起了一项研究，分析“经济低迷时期的LGD”，以评估这种相关性的影响。此外，高风险企业债券和债权抵押证券（简称CDO）中的投资者需要注意，追偿率通常在高违约时期走低。其他LGD研究包括穆迪（1996），惠誉（2001），古普滕、盖茨和卡蒂（Gupten，Gates and Carty，2000），以及阿尔特曼、雷斯蒂和斯罗尼（2005）等。我们将在本书的第十五章更深入地探讨 LGD 的估计。

然而，《巴塞尔协议Ⅱ》的确起到了一个真实的作用，它鼓励银行（和监管机构）大力构建和评估涉及计分技术、违约和损失估计以及信用风险问题的投资组合方法的信用风险模型。不过这种驱动力在美国多少有些消解，因为只有最大的 10 家银行，也许还有 10～20 家银行会选择高级内部评级法。其他银行仍将是旧《巴塞尔协议》银行。我们接下来转向讨论 Z－评分模型的其他方法。

预期违约率（EDF）模型

2002 年被穆迪收购的 KMV 公司开发了一个估计公司违约概率的程序，该程序在概念上基于默顿（1974）的期权理论、零息债券、企业债券估值方法。KMV 模型的出发点是这样的一个命题，即当一个公司的市场价值低于一定的负债水平时，该公司将无法偿还其债务。在 KMV 概念性框架（参见 Caouette 等，1998）中，对该公司的价值，预测至其一个给定的未来日期（例如一年），呈现出一个以预期值和标准差（见图 11.5）为特点的概率分布，在概率分布的曲线下面，低于公司账面负债的分布区域为 PD，低于 PD 的区域称为 EDF。模型的三个步骤决定了一个公司的 EDF。在第一步中，该公司的市场价值和波动性从其普通股的市场价值、其股票的波动性及其负债的账面价值估算。在第二步中，该公司的违约点相对于公司随时间到期的债务来计算，进而建立一个尺度，表示从预期公司价值到违约点（违约距离）的标准偏差的数值。在第三步中，基于公司距离违约的距离值和相类似公司在此违约距离时的历史违约经验，在两者之间建立起一个映射。

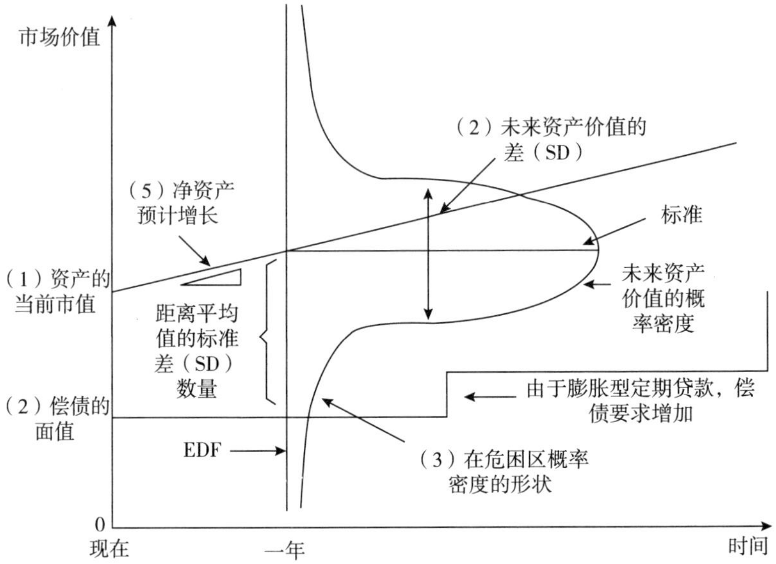

图 11.5　穆迪/KMV EDF 模型

资料来源：版权归考埃特、阿尔特曼和纳拉亚南（1998）所有。经 John Wiley & Sons 公司授权后印刷。

例如，在图 11.6 中，我们表明，拥有当前市场价值 9.1 亿美元资产的公司可能在一年内增长 10%，达到 10 亿美元，该数值距离负债水平存在两个标准偏差（7 亿美元）。在这个假设计算中，EDF 的计算基于公司在穆迪/ KMV 数据库的比例，这些公司的违约确实具有相同的特性（5%）。请注意，基于数据库的 EDF 计算，与从理论上的两个标准偏差违约距离（2.5%）获得的估计不同。因此，虽然 EDF 模型是从默顿的概念模型上获得的，但实际的计算在很大程度上是经验估计，类似于我们 Z－评分的依据和估算违约概率的死亡率 BRE 依据。事实上，这两种模型使用 BRE，如前文表 11.2 和 11.3 所示。20% 的 EDF 相当于穆迪/ KMV 模型中的 D 级评级。

对于私营公司来说，股票价格和违约数据一般都是不可得的，KMV 基于市场比较数据而不是公司证券的市场价值，因此需要通过直接观察私营公司的特征和价值，以代替对这些公司的市场价值进行估计。

基于对违约公司数量历史频率的经验观察，资产价值（股权+债务）在违约的前一年时，超过债务偿还面值一定数量的标准偏差。

例如：

资产的当前市场价值	9.1亿美元
资产预期一年增长率	10%
预期一年资产价值	10亿美元
标准偏差	1.5亿美元
一年内债务偿还的面值	7亿美元
因此：	
与债务偿还的标准偏差数量	2
预期违约率（EDF）	

$$\text{EDF}=\frac{\text{资产价值与债务偿还有两个标准偏差的违约公司的数量}}{\text{与债务偿还有两个标准偏差的公司总数}}$$

例如 = 50次违约/1 000个公司总数=0.05=EDF

图 11.6　KMV 的预期违约率（EDF）

对于公开交易股票的公司，可观察到股票的市场价值。接下来，横轴上预期的资产价值和违约率的点将被确定。持有资产的投资者期望得到分红和等于预期回报的资本收益。但 KMV 使用资产的系统风险方法，根据历史资产市场回报确定预期回报，而这又减缩为依据公司的利息和股息支付情况确定的分红率，当这一结果应用于当前资产价值时，就能得出资产的预计未来价值。当初假设，当其总市值低于其负债的账面价值时，公司将违约。基于违约的实证分析，KMV 发现，最常见的违约点，处于公司价值大约等于流动负债加长期负债的 50% 时（第一次尝试用 25%，但效果不理想）。

鉴于该公司的预期值及其在横轴上的违约点，KMV 确定了到达违约点时公司价值的百分比跌幅。用跌幅除以波动性，KMV 能够控制不同波动性的影响。资产价值必须下降以到达违约点的标准差的数量，将成为违约距离。

违约距离度量是一种标准化尺度，因此可用于公司之间的比较。KMV方法的一个关键假设是，确定相对违约风险的相关信息都包含在资产的预期市场价值、违约点和资产波动性内。行业、国家位置和规模等导致的差异，也被假定为包括在这些尺度内，特别是资产波动性内。

违约距离也是一个类似于债券评级的序级尺度，但仍然不会告诉你违约概率是多少。为使这种风险尺度扩展到基数或概率尺度，如前面所提到的，KMV使用历史违约经验将预期违约率确定为一个违约距离的函数。将计算出的违约距离与KMV专有数据库中大量公司的实际观测违约率相比较，就可以做到这一点。适合该数据的平滑曲线产生作为违约距离函数的EDF。虽然KMV及其拥护者报告说第I类的准确性令人深刻印象，但我们从来没有看到以前Z-评分所讨论的第II类的错误率的文件。

安然公司：模型与评级

我们已经研究了两种信用计分模型——Z-评分模型和KMV的EDF，在这两种情况下，可向安然分配债券评级等值。许多评论家指出，定量信用风险度量工具可以使银行和其他投资者避免损失大量资金或至少减少他们的风险敞口。典型的例子是最近的安然公司倒闭事件，在这个事件中损失了数十亿美元的股票和债务资本。下面我们来举例说明缜密的信用风险程序可能带来的节约潜力。

2001年12月2日，安然公司根据破产法第11章申请破产保护，并成为美国历史上最大的企业破产案件，据报道，提出破产申请时，其负债超过310亿美元，加上资产负债表外负债，负债总额达到600多亿美元。桑德斯和艾伦（Allen，2002）向投资者提供的1997—2001年的数据（见图11.7）表明：KMV的EDF重点关注安然的股份，在1999年年终将安然评为AAA级或AA级，但随后又表示了相当一致的评级恶化，导致其一年后评级为 BBB，在破产申请提出之前其评级为 B－至 CCC＋。我们的 Z″－评分模型（非制造商用 4 变量模型）在 1999 年年终，曾将安然评级为 BBB，与评级机构相同，但随后显示截至 2001 年 6 月，其评级持续下降到 B。因此，早在坏消息袭击市场之前，两个定量工具均发出了警告。

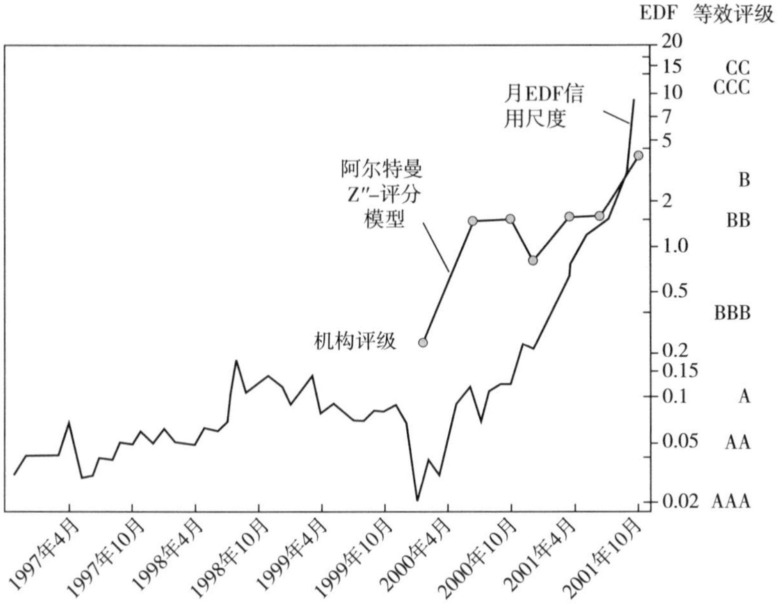

图 11.7　安然信用风险尺度

资料来源：版权归桑德斯和艾伦（2002）所有。经 John Wiley & Sons 公司授权后印刷。

尽管两种模型实际上均未用人为数据预测破产，但是这些工具也肯定提供了评级机构未能提供的明确预警（刚刚在破产前其评级维持在 BBB /Baa）。这两种模型均使用了比真实负债远低得多的低估数据。如果我们使用约 600 亿美元的真实负债，这两种模型将会预测到公司即将面临严重危困。为了公平起见，评级机构受到了限制，因为从 BBB 开始降级对于安然这样的公司而言就是个丧钟，它要依赖在其庞大交易对手贸易和结构性金融交易中获得的所有重要的投资级评级。

完全基于公开可用的会计和市场信息的客观模型则不受此约束，因为分析师可自行跟随信号，并有动力深入挖掘表面上看起来是一种良性局面的东西。

世通公司：巨大的间接破产成本案例

我们运用两个信用评分模型评估的第二个引人注目的破产案件是世通公司破产案件，它在与安然破产案争夺美国历史上最大的依据破产法申请第11章破产案的位子，在申请破产时负债超过430亿美元。世通是过去几年里接受破产的众多的电信公司之一，但该公司有大量实物资产，2001年其评级从A－降至BBB＋，然后在2002年5月降至垃圾债券的地位，终于在此后不久被压垮，并在7月中旬申请破产保护。

我们在世通案件上进行了多次检验，包括Z″－评分4变量模型和KMV EDF风险度量，其中前者更适合非制造商。Z－评分检验是在3套财务情景方案的基础上完成的：（1）在揭示大规模高估盈利和冲销商誉之前公众可用的未经调整的报表；（2）为首次承认2001年和2002年第一季度虚增利润38.5亿美元而调整的报表；（3）为进一步冲销33亿美元和大规模冲销500亿美元资产（商誉）而调整的报表。这些结果可见图11.8。

我们的研究结果表明，Z″－评分（使用未经调整的数据）为1.50或4.75，添加常数项为3.25，以便获得在2000年年底我们的债券等值评分。这将其转换成BB－评级。截至2000年年末，EDF数值相当于BBB－/BB＋。当时，实际的标普评级为A－。该BRE基本保持不变，甚至在2001年全年还提高了一点，与EDF的数值相同，当时评级机构开始将该公司降级至BBB＋。2002年第一季度末，根据破产之前可用的最后财务状况，世通的Z″－评分为1.66

(4.91，其中3.25为常数项)，仍然维持BB－债券等值评级。

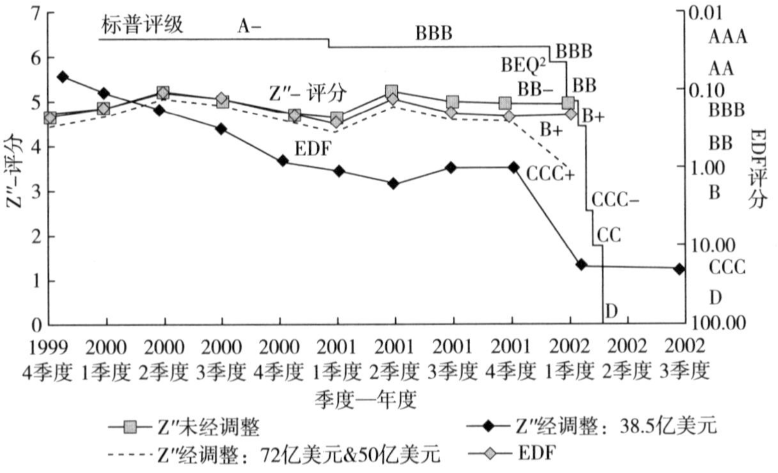

图11.8　世通公司信用风险尺度

注：Z″－评分债券等效评级。

资料来源：爱德华·阿尔特曼（纽约大学斯特恩商学院），KMV（穆迪）网站以及标普公司。

EDF上涨，世通的评级等值则在2002年3月之前下降到BB－左右，到6月继续下降到CCC/CC，当时，标普评级只是在违约之前降至BB，然后降至CCC。因此，虽然两种模型均显示世通在实际降级到投资级以下及其最终破产之前多达18个月时已为非投资级公司，但我们根据可用的财务状况无法预测到它的灭亡。而该公司确实破产了，主要因为存在造假行为且丧失信用导致的附加成本。我们把这些成本称为间接破产成本，通常与公众对违约概率大幅提高的认知度有关（Altman，1984）。这是表明这些难以量化的成本的潜在影响巨大的经典案例，也是破产预期成本压倒债务产生的预期税收优惠的一个明显例子。

在第二种情况中，我们把截至2002年第1季度前的5个季度的收入、资产和净值减少38.5亿美元。所得的Z″－评分截至2001年年末为1.36（4.61 BRE），截至2002年第1季度为B +债券等值（4.55，仍然是B +等值）。世通公司的Z－评分（初始5变量模型）在2002年第1季度为1.7，B评级等值，但处于危困区。虽然修订后的评级等值较低，但我们仍然没有预测到世通会破产，即使是采用调整后的财务状况。事实上，在对“第二批”不适当的利润会计和大规模商誉注销进行调整后，现在所得的债券评级等值较低（CCC +），但仍没有处于违约区。

结　论

在安然和世通案件以及我们都知道的其他几个诈骗案件中，虽然可以利用像Z－评分和EDF这样的工具，但即使是最成熟的投资者和金融机构，仍然遭受了损失。仅有模型是不够的。我们需要的是这些金融机构中的信用文化，那样的话，信用风险工具在好的时候和坏的时候都能够被重视和应用。而且，我们要再次重复这一重要的警告，信用计分模型不应该是信贷决策中所使用的唯一分析程序。同时，应鼓励分析师考虑或重新评估这样的一种情况，即传统的技术没有明确表示危困情况，但违约预测模型会显示企业倒闭的潜在风险。

附件11.1　非美国公司的危困分类和预测模型（参考资料）

本书集中讨论了美国的企业危困和破产。在本书第二章中，我们列出并比较了其他许多国家的破产法典；在本章，我们详细讨论了为分类和预测企业危困而建立的模型，主要偏重于使用美国公司的数据来进行计算和测试；下一章，我们会探讨新兴市场环境下的其中一个模型。随着20世纪90年代拉丁美洲和亚洲出现的各种问题以及全球出现的周期性的宏观和微观经济危机，危困预测模型的相关性似乎无处不在。

我们一直认为，财务危困的基础实际上是一样的，无论公司位于何处。事实表明，关于财务危困的分类和预测，研究人员已经进行了大量的研究，并在期刊上公开发表了。其中多数尝试将会计和市场数据与统计分类方法结合起来，类似于我们的 Z - 评分方法。在本附件中，我们只列出这些研究的代表性书目，它们涉及对美国以外的 20 多个国家的企业的研究。如果有未列出的研究成果，我们在此表示歉意，并请读者告诉我们，以便我们可以在将来更新我们的统计信息。

对于参考书目中列出的大多数研究的评论，参见阿尔特曼与纳拉亚南的研究文章（1997）。

国际参考书目

我们没有足够的篇幅来考察在世界各地所做的有关破产分类和预测的众多研究。这些大量的研究已经发表在《银行与金融》（*Journal of Banking & Finance*）的两期专刊上（1984 年第 8 卷第 2 期，1988 年第 7 卷的“金融专题研究”）。这些研究至少囊括了 20 个国家，充分显示出专业人士对这种模型的兴趣和重视程度。

以下是众多国际危困模型的参考资料（并非全部）。

阿根廷

Swanson, E. , and J. Tybout. 1988. “Industrial Bankruptcy Determinants in Argentina.” *Journal of Banking and Finance* 7: 1 – 15.

澳大利亚

Altman, E. I. , and H. Y. Izan. 1983. “Identifying Corporate Distress in Australia: An Industry Relative Analysis.” Australian Graduate School of Management, Sydney.

Castagna, A. D. , and Z. P. Matolesy. 1977. “An Examination of Company Deaths: A Comparative Study of the Financial Profits of Acquired and Failed Companies.” Research Paper #1, Center for Securities Industries Studies, Kuringai College of Advanced Education, Sydney.

Castagna, A. D., and Z. P. Matolcsy. 1982. "The Prediction of Corporate Failure: Testing the Australian Experience." *Australian Journal of Management* (June).

Izan, H. 1984. "Corporate Distress in Australia." *Journal of Banking and Finance* 8, No. 2 (June): 303.

Lincoln, M. 1984. "An Empirical Study of the Usefulness of Accounting Ratios to Describe Levels of Insolvency Risk." *Journal of Banking & Finance* 8, No. 2 (June): 321.

Webb, L. 1980. "Predicting Australian Corporate Failures." *Chartered Accountant in Australia* (September).

巴西

Altman, E. I., T. Baidya, and L. M. Riberio-Dias. 1979. "Assessing Potential Financial Problems of Firms in Brazil." *Journal of International Business Studies* (Fall).

Kanitz, S. 1974. "*Como Prever y Falencia de Empresas.*" Exame (December).

加拿大

Altman, E. I., and M. Lavalle. 1981. "Business Failure Classification in Canada." *Journal of Business Administration* (Summer).

Knight, R. M. 1979. "The Determination of Failure in Canadian Firms." ASA Meetings of Canada, Saskatoon, May 28 – 30; University of Western Ontario working paper (May).

芬兰

Laitinen, T., and N. Kankaanpaa. 1999. "Comparative Analysis of Failure Prediction Methods: The Finnish Case." *The European Accounting Review* 8, No. 1: 67.

Prihti, Aalto. 1990. "*Konkunssin Ennustaminen Kaseinforrnation Avulla*" (with English summary: "The Prediction of Bankruptcy with Published Financial Data"). *Acta Academiae Oeconomica Heisingiensis* A, No. 13 (Helsinki).

Suominen, S. I. 1988. "The Prediction of Bankruptcy in Finland." *Studies in Banking and Finance* 7: 27.

法国

Altman, E. I., M. Margaine, M. Schlosser, and P. Vernimmen. 1974. "Statistical Credit Analysis in the Textile Industry: A French Experience." *Journal of Financial and Quantitative Analysis* (March).

Collongues, Y. 1979. "*Ratios Financiers et Prevision des Faillites des Petites et Moyennes Enterprises*" ("Financial Ratios and Forecasting of Small and Medium Size Enterprises"). *Review Banque* No. 365.

Ghesquiere, S., and B. Micha. 1983. "*L'analyse des Defaillances d'Enterprises.*" *Rapport de la Journee d'etude des Centrales de Bilans.*

Mader, F. 1975. "*Les Ratios et l'Analyse du Risqué*" ("Ratios and Analysis of Risk"). *Analyse Financiere*, Zeme trimestre.

Mader, F. 1979. "*Un Enchantillon d'Enterprises en Difficulte*" ("A Sample of Enterprises in Difficulty"). *Journee des Centrales der Bilans.*

Micha, B. 1984. "Analysis of Business Failures in France." *Journal of Banking & Finance* 8, No. 2 (June): 281.

德国

Baetge, J., M. Huss, and H. J. Niehaus. 1988. "The Use of Statistical Analysis to Identify the Financial Strength of Corporations in Germany." *Studies in Banking and Finance* 7: 183.

Gebhardt, G. 1980. "Insolvency Prediction Based on Annual FinancialStatements According to the Company Law—An Assessment of the Reform of Annual Statements by the Law of 1965 from the View of External Addresses." In H. Besters et al., eds., *Bochumer Beitrage Zur Untennehmungs und Unternedhmens-forschung*, Vol. 22, Wiesbaden.

Schmidt, R. 1984. "Early Warning of Debt Rescheduling." *Journal of Banking & Finance* 8, No. 2 (June): 357.

Von Stein, J. H. 1981. "Identifying Endangered Firms." Hohenheim University, Stuttgart-Hohenheim.

Von Stein, J. H., and W. Ziegler. 1984. "The Prognosis and Surveillance of Risk from Commercial Credit Borrowers." *Journal of Banking & Finance* 8, No. 2

(June): 249.

Weibel, P. F. 1973. "The Value of Criteria to Judge Credit Worthiness in the Lending of Banks." Bern/Stuttgart.

Weinrich, G. 1978. *Predicting Credit Worthiness, Directions of Credit Operations by Risk Classes.* Weisbaden: Galder.

希腊

Gloubos, G., and T. Grammatikos. 1988. "The Success of Bankruptcy Prediction Models in Greece." *Studies in Banking and Finance* 7: 37.

Grammatikos, T., and O. Gloubos. "Predicting Bankruptcy in Industrial Firms in Greece." *Spoudai* 33, Nos. 3 – 4: 421.

Papoulias, C., and P. Theodossiou. 1987. "Corporate Failure Prediction Models for Greece." Working paper, Fordham University.

Theodossiou, P., and C. Papoulias. 1988. "Problematic Firms in Greece: An Evaluation Using Corporate Failure Prediction Models." *Studies in Banking and Finance* 7: 47.

印度

Bhatia, U. 1988. "Redicting Corporate Sickness in India." *Studies in Banking and Finance* 7: 57.

Satyanarayana, P. V., and P. K. Sen. n. d. "An Empirical Model to Predict Corporate Sickness." In S. K. Chakraborty and P. K. Sen, eds. *Industrial Sickness and Revival in India.* n. p.

以色列

Tamari, M. 1966. "Financial Ratios as a Means of Forecasting Bankruptcy." *Management International Review* 4.

意大利

Altman, E. I., G. Marco, and F. Varetto. 1994. "Corporate Distress Diagnosis: Comparisons Using Discriminant Analysis and Neural Networks; the Italian Experience." *Journal of Banking & Finance* 18: 505 – 529.

Appetti, S. 1984. "Identifying Unsound Firms in Italy." *Journal of Banking and Finance* 8：269.

Cifarelli，D. M.，F. Corielli，and G. Forestieri. 1988. "Business Failure Analysis，a Bayesian Approach with Italian Firm Data." *Studies in Banking and Finance* 7：73.

日本

Ko，C. J. 1982. "A Delineation of Corporate Appraisal Models and Classification of Bankruptcy Firms in Japan." Thesis（New York University）.

Takahashi，K.，and E. Altman. 1981. Conference on the State of the Art in Bankruptcy Classification Models，June 25（Keio Graduate School of Business，Yokohama）.

Takahashi，K.，K. Kurokawa，and K. Watese. 1979. "Predicting Corporate Bankruptcy Through Financial Statements." Society of Management Science of Keio University（November）.

Yoshimura，K. 1979. "Z-Score—There Are 90 Corporations Whose Score Was Below 1. 0." *Nikkei-Business*（June 5）.

马来西亚

Bidin，A. R. 1988. "The Development of a Predictive Model（PNB Score）for Evaluating Performance of Companies Owned by the Government of Malaysia." Studies in Banking and Finance，*Journal of Banking & Finance* 7：91.

墨西哥

Altman，E. I.，J. Hartzell，and M. Peck. 1995. "Emerging Markets Corporate Bonds：A Scoring System." Salomon Brothers. Reprinted in *The Future of Emerging Market Flows*，edited by R. Levich and J. Mei. Holland：Kluwer，1997.

荷兰

Abrahams，A.，and R. A. L. van Frederikslust. 1976. "Discriminant Analysis and the Prediction of Corporate Failure." *European Finance Association* 1975 *Proceedings*，R. Brealey and G. Rankine，eds. Amsterdam：North Holland.

Bilderbeek，J. 1979. "An Empirical Study of the Predictive Ability of Financial-Ratios in the Netherlands." *Zeitschrift fur Betriebswirtschaft* No. 5（May）.

Van Frederikslust，R. A. L. 1978. "Predictability of Corporate Failure." Leiden：

Martinus Nijhoff Social Science Division.

挪威

Lensberg，T.，A. Eilifsen，and T. McKee. 2005. “Bankruptcy Theory Development and Classification via Genetic Programming.” *European Journal of Operations Research*，in press.

新加坡

Ta，H. D.，and L. H. Seah. 1988. “Business Failure Prediction in Singapore.” *Studies in Banking and Finance* 7：105.

韩国

Altman，E. I.，Y. H. Eom，and D. W. Kim. 1995. “Failure Prediction：Evidence from Korea.” *Journal of Financial Management and Accounting* 6，No. 3：230－249.

西班牙

Briones，J. L.，J. L. Martin，and M. J. V. Cueto. 1988. “Forecasting Bank Failures：The Spanish Case.” *Studies in Banking and Finance* 7：127.

Fernandez，A. I. 1988. “A Spanish Model for Credit Risk Classification.” *Studies in Banking and Finance* 7：115.

土耳其

Unal，T. 1988. “An Early Warning Model for Predicting Firm Failure and Bankruptcy.” *Studies in Banking and Finance* 7：141.

英国

Argenti，J. 1983. “Predicting Corporate Failure，Institute of Chartered Accountants in English and Wales.” *Accountants Digest*，No. 138.

Ashton，R. H. 1979. “Some Implications of Parameter Sensitivity Research for Judgement Modelling in Accounting.” *Accounting Review* 54，No. 1：170－179.

Bank of England. 1982. “Techniques for Assessing Corporate Financial Strength.” *Bank of England Quarterly Bulletin*（June）：221－223.

Betts，J. 1983. “The Identification of Companies at Risk of Financial Failure.”

Working Environment Research Group Report no. 5, University of Bradford, Bradford.

Earl, M. J., and D. Marais. 1982. "Predicting Corporate Failure in the U. K. Using Discriminant Analysis." *Accounting and Business Research.*

Marais, D. A. J. 1979. "A Method of Quantifying Companies' Relative Financial Strength." Working Paper No. 4, Bank of England, London.

Taffler, R. J. 1982. "Forecasting Company Failure in the U. K. Using Discriminant Analysis and Financial Ratios Data." *Journal of Royal Statistical Society.*

Taffler, R. J. 1984. "Empirical Models for the Monitoring of U. K. Corporations." *Journal of Banking and Finance* 8, No. 2 (June): 199.

Taffler, R. J., and H. Tisshaw. 1979. "Going, Going, Going—Four Factors Which Predict." *Accountancy*: 50.

乌拉圭

Pascale, R. 1988. "A Multivariate Model to Predict Firm Financial Problems: The Case of Uruguay." *Studies in Banking and Finance* 7: 171.

国际调查

Altman, E., and P. Narayanan. 1997. "Business Failure Classification Models: An International Survey." In F. D. S. Choi, editor, *International Accounting and Finance Handbook*, 2nd ed. New York: John Wiley & Sons, Chapter 35.

第十二章　企业的新兴市场信用计分系统

在前一章，我们阐述了基本上以美国数据为基础的多个企业信用计分模型的开发和测试。虽然找不出理由来解释为什么这些模型不能适用于世界其他地区的公司，但我们认识到每个环境都有其特殊性，因此，局部模型或许优于美国模型，至少在其测试阶段是如此。事实上，在本书第十一章中，我们提出了过去30年在全世界20多个国家建立的众多模型的参考资料。尽管如此，我们认为，由于公司破产分析的基础无时无处不具有关联性，因而通用的信用风险模型在多数环境下都适用。不同之处在于本地破产法（见本书第二章）的区别，因此无论是基于意料之中还是意料之外的因素，违约损失函数都将受到影响。

本章中，我们将探讨我们用于信用评分的工具之一——Z-评分在新兴市场中的应用。我们在20世纪90年代中期（Altman et al, 1995）首先开发了这种模型，为当时正在发展但仍处于初期阶段的企业市场提供分析框架，这些企业是用非本地货币（通常为美元）发行债券的新兴市场企业。因为自从20世纪90年代推出欧洲债券市场以来，几乎没有基于违约的本地数据来推动模型的建立。

新兴市场评分模型（EMS模型）

新兴市场评分模型（EMS模型）用以评价新兴市场信用，其首先基于定量风险模型衍生的基本财务审查，其次基于我们对新兴市场具体的信用风险的评估，以最终得到一个修正的评级。投资人在考虑适当的主权收益率差后，可以利用这个评级，以评估对等债券评级和内在价值。

EMS 模型的核心是我们的 Z″-评分模型的增强版，用来生成 EM 评分及相关的债券评级等值（BRE）。然后，可以根据以下 3 个关键因素改良 EM 评分评级等值：（1）企业承受货币贬值的影响；（2）行业归属；（3）在行业中的竞争地位。同时也应考虑债券发行的独特特征。这些主观改良是对 EM 评分的重要补充。将生成的分析师改良评级与实际债券评级（如果有的话）相比较，如果机构评级不存在，我们的分析师改良评级是评估信用质量和国家境内信用及与美国企业相对价值进行比较的一个工具。基于以分析师改良评级为基础的收益率差，可以从美国公司债券市场上得到。下列 6 个步骤概括了我们用 EM 评分得出分析师改良评级的过程。你会注意到，我们的分析师改良评级不受所谓的主权上限等任何方式的限制。主权上限是一个标准的评价协议，这个协议通常限制企业发行人接收高于其所处主权的国际评级，理由是如果发生某种危机，主权国家通常可以从公司征收资源。在多数情况下，当投资新兴市场企业债券达到所需的回报率时，我们确实提倡考虑新兴市场国家与可比期间美国国库券之间适当货币主权的利差差额。

步骤 1：美国债券评级等值

在开发新兴市场评分模型时，我们基于以下一系列步骤。我们通过 EM 评分给每种债券评分，并根据其相对于独立评估的美国债券评级等值对其分类。新兴市场企业信用分析最初应该通过与传统的美国企业相类似的方式进行。这涉及对业绩尺度进行检查，从而确立特定发行人的评级等值。我们没有特别设立一套全新系统，因为它可能并非基于对信用的严格分析，相反，我们应该使用现有的经过了反复检验的系统。由于目前尚不能依靠新兴市场的信用样本建立全新的模型，我们建议测试初始 Z－评分模型的改良版本的适用性。这种 Z″－评分模型基于破产的和非破产的美国制造商的比较资料。我们希望我们的改良模型可以适用于非制造业、工业企业以及私营与公共实体。

初始 Z－评分模型基于至少有两个使其不适用于所有新兴市场企业的数据源：（1）公司有公开交易的股票；（2）主要针对制造商使用。经过 35 年以上、针对各种用途的信用评分模型的建设、测试和使用的经验，初始模型经过增强后，可适用于私人公司和非制造商。这一模型是我们 EMS 模型方法的基础，它采用以下的形式：

$$\text{EM 评分} = 6.56\ (X_1)\ + 3.26\ (X_2)\ + 6.72\ (X_3)\ + 1.05\ (X_4)\ + 3.25$$

其中：X_1 = 营运资本/总资产

X_2 = 留存收益/总资产

X_3 = 营业收入/总资产

X_4 = 股权的账面值/总负债

模型中的常数项（3.25）来自美国破产企业的 Z″－评分中位数，这就使违约等效评级（D）与低于零的评分一致（实际评分低于 1.75，被评为 D)，从而让我们能够进行标准化的分析。

我们的数据也必须纳入新兴市场国家与美国之间的主要会计差异。例如，留存收益的计算基于下列之和，即过去留存收益、股票发行价值、资本公积、资产价值重述（restatement of assets）的盈余（或不足）以及本期净收益（或亏损）。

我们在美国的非制造商和制造商的样本上测试了初始 Z″－评分

模型，其准确性和可靠性仍然很高。我们还用美国债券评级等值仔细校准了变量和评分值，图 12.1 中给出的这些等值，基于 750 多个仍在流通中的评级债券的美国公司样本。

	Z″-评分		评级	Z″-评分		评级	
安全区	8.15	>8.15	AAA	5.65	5.85	BBB-	灰色区
安全区	7.60	8.15	AA+	5.25	5.65	BB+	灰色区
安全区	7.30	7.60	AA	4.95	5.25	BB	灰色区
安全区	7.00	7.30	AA-	4.75	4.95	BB-	灰色区
安全区	6.85	7.00	A+	4.50	4.75	B+	灰色区
安全区	6.65	6.85	A	4.15	4.50	B	危险区
安全区	6.40	6.65	A-	3.75	4.15	B-	危险区
安全区	6.25	6.40	BBB+	3.20	3.75	CCC+	危险区
安全区	5.85	6.25	BBB	2.50	3.20	CCC	危险区
				1.75	2.50	CCC-	危险区
				<1.75	1.75	D	危险区

图 12.1　Z″－评分和债券评级等值

资料来源：E. Altman，J. Hartzell，and M. Peck，“A Scoring System for Emerging Market Corporate Bonds，” Salomon Brothers，May 1995.

步骤 2：外币贬值脆弱性调整后的债券评级

然后，我们针对发行公司在维护外币计价债务时是否存在脆弱性问题，对每种债券进行了分析。对脆弱性进行评估，一是基于非本地货币收入减去成本与非本地货币利息支出的关系；二是基于非本地货币收入与非本地货币债务之间的关系；三是基于现金水平与下一年度将到期的债务的比较。

如果企业脆弱性较高（弱），也就是说，其非本地货币收入很低或为零，或其收入/债务很低或为零，或大量外币债务即将到期但现金流很少，则步骤 1 的债券评级等值被降低一个全评级等级，如从 BB ＋到 B ＋。对于中性脆弱性评估，我们会下调一个等级（从 BB ＋至 BB），但货币贬值的低（强）风险评级不会有变化，这是因为我们对美国的 BRE 感兴趣。

步骤3：行业调整

如表12.1所示，将初始（步骤1）债券评级等值与美国普通行业安全评级等值进行比较，针对两个评级之间的各全字母等级差，将步骤2的债券评级等值上调或下调一个等级。例如，如果步骤1的评级为BBB，行业评级为BBB－、BB＋或BB，则下调一个等级；如果差值超过一个全评级等级，但低于两个全评级，则调节两个等级。最后，将具体新兴市场国家的行业环境纳入分析之中。例如，后比索危机期间的墨西哥建筑业的弱点是应该考虑的问题，其行业风险评级被调整后低于美国的行业风险评级。

表12.1　行业集团的平均信用安全

行　业	平均信用安全
电信	高A
独立财务	高A
天然气公用事业	高A
饮料	高A
优质电力企业	高A
铁路	高A
食品加工	中A
灌装	中A
国内银行控股公司	低A
烟草	低A
中等质量电力公用事业	低A
消费品行业	低A
高品位多元化制造企业集团	低A
租赁	低A

（续　表）

行　业	平均信用安全
汽车制造商	低 A
化学制品	低 A
能源	低 A
天然气管道	高 BBB
纸/林业产品	中 BBB
零售	中 BBB
财产保险	中 BBB
航空航天/国防	中 BBB
信息/数据技术	中 BBB
超市	高 BB
有线电视与媒体	高 BB
汽车零件	高 BB
纺织/服装	高 BB
低质量电力公用事业	中 BB
博彩	中 BB
餐饮	中 BB
建筑	中 BB
酒店/休闲	中 BB
低质量制造	中 BB
航空公司	低 BB
金属	高 B

资料来源：Salomon Brothers，1995 年 6 月。

步骤 4：竞争地位调整

步骤 3 的评级被向上（或向下）调整一个等级，取决于公司在规模、政治影响力以及管理质量方面是否在其行业或国内占据主导地位。一致的竞争地位的结果也可能是中性的（评级没有变化）。

步骤5：特殊债务问题特征

如果特定的债务问题具有独特性，例如，抵押品或真正的高品质的担保人，那么应该相应升级这个问题。

我们主张，如果有高品质担保人，就应该是合法的担保而不是非正式担保。百事可乐灌装公司的一个位于阿根廷的附属企业（Baesa，S. A.）出现违约时，就是这种情况。

步骤6：与主权利差的比较

将分析师改良评级与目前售卖的相同评级的美国企业债券进行比较，然后将美国企业信用质量利差添加到主权债券的适当期权调整利差上。例如，如果债券的改良评级为BBB，且此类优质债券在美国以美国国库券上浮100个基点销售（例如，2005年年初10年期长期国债利率为4.5%），墨西哥可比期间国库券以美国国库券上浮200个基点销售，则所需回报率应为7.5%（4.5% + 100个基点 + 200个基点）。

分析师会评估特定新兴市场企业债券的实际收益率，并将其与基于EM计分模型的所需收益率进行比较（例如在这种情况下为7.5%）。如果实际的收益率大于7.5%，则该债券被认为有潜在购买吸引力，反之亦然。

图12.2总结了我们刚才列出的6个步骤。尽管最后一步说明了在是否选择个别债券时我们的模型对投资过程的适用性，但无论其是否具有流通在外的国际债券，通用过程都是评价新兴市场环境中

任何公司相关信用质量的一种方法，我们现在讨论在建立模型之后某个期间里基于模型分析进行的数次改良和检验，然而，在观察这些检验之前，我们建议没有信息或时间操作步骤2～步骤6的分析师仍能够使用初始的步骤1计算。

- 步骤1：计算EM评分及其与美国债券市场比较的债券评级等值（BRE）
- 步骤2：考虑了外国货币脆弱性的债券评级等值
  高脆弱性＝-1个评级类别（3个等级）
  中性脆弱性＝-1个等级
  低脆弱性＝没有变化
- 步骤3：依据新兴市场的行业风险和美国的行业风险调整BRE
  ±1或2个等级
- 步骤4：调节竞争地位的BRE
  行业中的主导企业＝+1个等级
  行业中的一般企业＝没有变化
  竞争地位不良＝-1个等级
- 步骤5：评估特殊抵押品或担保对BRE的影响
- 步骤6：评估美国市场相对新兴市场信用改良BRE的收益率，然后添加主权收益率差价。最后，将产生的可得收益率与市场上的收益率做比较

图12.2　新兴市场信用计分系统

EMS模型在墨西哥企业中的应用

在表12.2中，我们计算了曾经在欧洲债券市场发行企业债券的接近30家墨西哥公司的EM评分。请注意，截至1994年年末，只有13家公司从3家评级机构中的至少1家获得了评级。另外，你可能会发现，全范围债券评级等值的评分在AAA到D之间。确实，在比索危机时期（1994年12月），只有Aeromexico一家公司被评为D级，该公司已经在破产法院的实验性测试过程中申请破产。

表 12.2 墨西哥企业发行人——EM 评分和改良评级（1994 年 12 月）

公　司	行　业	EM 评分	债券评级等值	改良评级	穆迪/标普/达夫菲尔普斯评级
Aeromexico	航空	-4.42	D	D	NR/NR/NR
Apasco	水泥	8.48	AAA	A	Ba/NR/NR
CCM	超市	4.78	BB -	B +	NR/NR/NR
Cemex	水泥	5.67	BBB -	BBB -	Ba3/BB/BB
Cydsa	化学制品	4.67	BB -	B +	NR/NR/NR
DESC	砾岩	4.23	B	BB +	NR/NR/NR
Empresas ICA	建筑	5.96	BBB	BB	B1/BB -/B +
Femsa	灌装	6.37	A -	BBB +	NR/NR/NR
Gemex	灌装	5.4	BB +	BB +	Ba3/NR/NR
GIDUSA (Durango)	纸张和林业产品	4.61	B +	BB	B1/BB -/NR
GMD	建筑	4.85	BB	B -	B3/NR/NR
Gruma	食品加工	5.56	BBB -	BBB +	NR/NR/NR
Grupo Dina	汽车制造	5.54	BBB -	BB +	NR/NR/B
Grupo Sidek	砾岩	4.68	BB -	B	NR/NR/CCC
Grupo Simec	钢铁	4.42	B +	B -	NR/NR/CCC
Grupo Situr	酒店及旅游	5.17	BB +	B	NR/NR/CCC
Hylsamex	钢铁	5.51	BBB -	BB -	NR/NR/NR
IMSA	钢铁	5.45	BBB -	BB -	NR/NR/NR
Kimberly-Clark de Mexico	纸张和林业产品	8.96	AAA	AA	NR/NR/NR
Liverpool	零售	9.85	AAA	A +	NR/NR/NR
Moderna	砾岩	5.28	BB +	BB +	NR/NR/NR
Ponderosa	纸张和林业产品	6.64	A	BB	NR/NR/NR

（续　表）

公　司	行　业	EM 评分	债券评级等值	改良评级	穆迪/标普/达夫菲尔普斯评级
San Luis	汽车零件	2.69	CCC	CCC -	NR/NR/NR
Synkro	纺织/服装	1.59	CCC -	CCC	NR/NR/NR
TAMSA	钢管	3.34	CCC +	B	NR/NR/NR
Televisa	有线电视与媒体	7.29	AA	BBB +	Ba2/NR/NR
TELMEX	电信	9.57	AAA	AA -	NR/NR/NR
TMM	运输	5.34	BB +	BB +	Ba2/BB -/NR
Vitro	玻璃	5.18	BB +	BB	Ba2/NR/NR

资料来源：阿尔特曼等（1995）。

4 家墨西哥企业获得了最高的 BRE，许多企业的评级超过了墨西哥主权的上限（BB）。同时，显示了改良的评级中，多数企业获得的评级低于步骤 1 的原始 EMS 评级。

新兴市场模型的改良和检验

对新兴市场模型进行初步测试后，我们决定做出进一步的重要改良，处理企业股权的市场价值。

股权市场价值考量和影响

我们在首次改良我们的美国 Z″ - 评分模型以使之适应新兴市场债券领域时，决定将股权账面价值而不是市场价值用作模型的第 4 个变量。这样做有多个原因，其中包括人们担心新兴股票市场不具有很强的流动性并且流动性可能严重不足。此外，我们还不确定是否可以为一些样本公司找到连续的股票价格。之后我们发现，许多公司是有持续适用的股权价格的，特别是足可以在国际债券市场发行企业债券的大型公司，而且在股权数量和股权数量随时间的变化上可能包含一些有价值的信息内容。

尽管新兴市场股权估值上存在不足，但股价在金融圈里得到高估的公司通常可以更容易地筹资并筹集新股本，或者能够按比被投资者打折的价格更好的价格出售资产。由于按照评级机构定义，新兴市场公司的企业债券几乎全部是非投资级别，与投资级别企业相比，有时候这些企业的债券收益率和波动模式与股票市场活动更加相关。对于在美国高收益债券市场发行债券的企业而言，情况也如此。

我们可以用两种方法将股权市价因素引入我们的系统。第一个方法是可以向现有的四个变量中增加一个新变量，以反映市场中股权的账面价值或某些类似的度量。由于用以构筑新兴市场计分系统的原始数据库不包含该变量，因此用新数据库重新估计该等式是不切实际的。第二个方法是向我们的改良等值债券评级过程添加附加内容，即引入后面两个债券评级等值比较：一是股权账面价值与总债务（模型中的 X_4）之比；二是股权市场价值与总债务之比（股票的数量乘以股票价格）。

第二个方法是我们在 EMS 模型的迭代中实际执行的方法。我们遵循的程序是用传统方式计算债券评级等值，该方式涉及基于多变量模型的初始债券评级，和基于货币贬值脆弱性、行业从属关系和竞争地位所做的改良。最后，将使用账面价值的债券评级等值与使用股权市场价值的评级等值相比较。

如果这两个系统提供相同的评级或仅相差一个等级，则改良评级保持不变。然而如果两个版本产生两个等级的差别，我们则将最终改良评级增加或减少一个等级。最后，如果差别为全评级类别（三个等级）以上，改良评级更改两个等级。

测试 EMS 模型

作为这种新型调节的应用范例，基于截至 1996 年 6 月的 6 个月的数据，用股权市场价值与账面价值比较时，有 14 家公司的债券评级等值较高。在这 14 家公司中，6 家的改良评级相同，因为差别只有一个等级；1 家升级一个等级，7 家升级两个等级。合计 6 家公司的 EM 评分较低，用股权市场价值与账面价值比较，4 家公司下降了一个等级，其他两家公司未变。通过使用股权的账面价值和市场价值方法，9 家公司的评级相同。具体每个公司的实际比较情况并未显示。

在公司的最终改良评级中，使用股权的市场价值和账目价值的影响是相当大的。然而，这种影响可能反映出墨西哥公司股权市场的低效。墨西哥比索的波动及其对墨西哥股权的影响可能掩盖了墨西哥股权的内在价值。此外，因为利润表非现金费用和后续变动的留存收益和股东权益，通货膨胀会计可能扭曲了墨西哥企业股权的账目价值。我们认为，尽管效率低下，墨西哥股市已经充分反弹，并且有效和全面，足以在后危机时期为我们的模型增加价值。

后比索危机时期墨西哥企业 EMS 模型的表现

我们继续监控新兴市场计分系统模型，在 1994 年年末，我们首次用该模型评估了墨西哥企业的信用度。当时，比索危机正在袭击墨西哥（见表 12.2）。在 1995 年第 3 季度到 1996 年第 2 季度（年中）期间，我们计算了它们中许多企业的后续债券等值改良评级。我们密切关注着这些企业，模型将它们归类为非常危险（CCC 或更糟）或可能短期违约（D）的企业。正如前面我们所提到的，我们将市场/账面股权改良评级添加到了债券评级等值评级改良中。

新兴市场模型明确显示了后危机时期墨西哥艰难的经济和企业环境，并相当准确地预测了 1995 年不断恶化的信用质量和 1996 年正在复苏的经济。更重要的是，该模型准确预测了后危机时期每个违约企业的债务，同时指出了少数实体的成功重组。表 12.3 列出了后危机时期——1995 年第 3 季度和 1996 年 6 月（第 2 季度）29 家墨西哥公司（在所列 31 家公司中）的 EM 评分，以及 1994 年 12 月危机发生时这些公司的评级。

表 12.3 墨西哥企业发行人——改良评级（1994—1996）

公 司	行 业	1994 年第 4 季度	1995 年第 3 季度	1996 年第 2 季度	穆迪/标普/达夫菲尔普斯评级
Aeromexico	航空	D	CCC +	B	NR/NR/NR
Apasco	水泥	A	BBB –	BBB	Ba2/NR/NR
CCM	超市	B +	B	BB +	NR/NR/NR
Cemex	水泥	BBB –	BB +	BB	B1/BB/BB
Cydsa	化学制品	B +	BBB –	BB +	NR/NR/NR
Condumex	钢铁	NR	BBB +	BBB +	NR/NR/BB
DESC	砾岩	BB +	BB	BBB	NR/NR/NR
Durango	纸张和林业产品	BB	BBB	BB +	B1/BB –/NR
Elektra	零售	NR	NR	A +	NR/B/BB +
Empaques Ponderosa	纸张和林业产品	BB	A +	A	NR/NR/NR
Empresas ICA	建筑	BB	B +	B	B1/BB –/B +
Femsa	灌装	BBB +	BB +	BBB +	NR/NR/NR

（续　表）

公　司	行　业	1994 年第 4 季度	1995 年第 3 季度	1996 年第 2 季度	穆迪/标普/达夫菲尔普斯评级
Gemex	灌装	BB +	B +	BBB +	Ba3/NR/NR
GMD	建筑	B –	CCC	D	B3/NR/NR
Gruma	食品加工	BBB +	BBB –	A –	NR/NR/NR
Grupo Dina	汽车制造业	BB +	B +	B +	NR/NR/B –
Grupo Sidek	砾岩	B	CCC –	D	NR/NR/DD
Grupo Simec	钢铁	B –	B +	D	NR/NR/DD
Grupo Situr	酒店及旅游	B	CCC –	D	NR/NR/DD
Hylsamex	钢铁	BB –	BBB +	BBB	NR/NR/NR
Kimberly-Clark de Mexico	纸张和林业产品	AA	A +	AA –	NR/NR/NR
Liverpool	零售	A +	A +	A +	NR/NR/NR
Moderna	砾岩	BB +	BBB –	BB	NR/NR/NR
San Luis	汽车零件	CCC –	B –	BB –	NR/NR/NR
Synkro	纺织/服装	CCC –	D	D	NR/NR/NR
TAMSA	钢管	B	B +	BB	NR/NR/NR
Televisa	有线电视与媒体	BBB +	BBB –	A +	Ba3/BB/NR
TELMEX	电信	AA –	AA –	AA –	NR/NR/NR
TMM	运输	BB +	BBB	A +	Ba2/BB –/NR
Tribasa	建筑	NR	CCC	CCC +	Caa/B +/B
Vitro	玻璃	BB	B	B –	NR/NR/NR

资料来源：作者计算、穆迪、标准普尔、惠誉国际评级（原达夫菲尔普斯）。

EMS 评级非常准确地评估了后危机时期 18 个月内的信用风险迁移。例如，我们首先在 1994 年 12 月将 Vitro 公司评为 BB，在 1995 年第 3 季度将其降级到 B，在 1996 年 6 月又降级到 B –。我们的调整是基于陷入危困的 Vitro 美国子公司 Anchor Glass 及其连续的现金流问题，以及前者对 Vitro 信用地位的综合影响。在前几年，Anchor Glass 曾占 Vitro 合并收入的 40% 以上。1996 年 7 月，穆迪和标普将 Anchor Glass 的等级分别从 B2 下调到 Caa、从 B 下调到 CC +。1996 年 9 月，Anchor Glass（美国）通过预包装的破产法第 11 章重组提交了破产申请。在其他范例中，Grupo Sidek 与其子公司 Grupo Situr 和 Grupo Simec 艰难地通过了开始于 1995 年年初的重组。基于目前重组的现状，以及对于这些公司财务独立性的不确定，我们于 1996 年 6 月将所有 3 家公司的评级定为 D。在 1995 年 12 月的评级分析中，Grupo Sidek、Grupo Situr 和 Grupo Simec 被分别评为 CCC -、B + 和 CCC -。在我们的 D 评级之后，这 3 家公司均错过了其债务的利息支付时间。

评级转移和违约预测

表 12.3 中列出了 31 家公司的评级转移。1994 年 12 月到 1996 年 6 月期间，我们的分析产生了 13 个升级和 12 个降级，6 个评级保持不变。这是后危机时代初期（1995）升级/降级比例的一次逆转，与墨西哥经济的转折趋势一致。自 1996 年开始，墨西哥经济已经显著反弹，第 2 季度国内生产总值（简称 GDP）同比增长 7.2%。同样，我们开始看到私营领域经济增长的迹象，截至 1996 年 9 月的第 3 季度，墨西哥国内许多重点行业的利润率和流量出现了增长。这也反映了我们将股权因素的市场/账面价值添加到改良评级系统后的影响。

其中 8 家公司的改良评级显著提高，至少增加了 3 个等级，包括 CCM、DESC、Femsa、Gemex、Gruma、San Luis、Televisa 和 TMM。这些公司代表了对其产品恢复需求的国内重点行业。只有两家公司——Grupo Carso（表 12.3 中没有显示）和 GMD 被显著降级，下降了2～3个等级。Carso则仍然保持了非常体面的A－改良评级。然而，GMD面临着显著的流动性问题，被降到D（违约前景）。其他所有的降级均为一个等级，Sidek、Situr和Synkro稳稳地陷入了D评级类别中。

违约、D评级和低评级债券

如刚才所述，我们给GMD以D评级，这是唯一一家获得此等级却还没有到破产境地的企业。评级为D的其他3家公司Sidek、Situr和Synkro由于部分债务未偿清而全部重组。这3家公司在违约之前均获得了CCC－或D评级。而GMD确实在随后发生了违约。

其他低评级实体为Grupo Tribasa（CCC＋）和Vitro（B－）。如上所述，Vitro的美国子公司在1996年9月无法偿还其美国债券。同时应该注意到，截至1994年12月，一家评级为D的公司（Aeromexico）在墨西哥企业法院策划的重组中，罕见地从破产边缘恢复到B评级。

评级机构比较

在我们最初分析的29家墨西哥公司中（见表12.2），只有13家在当时经过至少一家主要评级机构（达夫菲尔普斯、穆迪和标普）的评级。在本部分，我们将这些公司的改良EMS评级与3家机构的评级相比较。我们的评级不受主权上限（Ba2/BB）的约束，以便对公司及其担保给出独立的基本信用观点。

我们的1996年第2季度EM评分改良评级中，在13家公司中有7家高于其他评级机构的评级（Apasco、Cemex、Dina、Durango、Gemex、TMM和Televisa）。EMS模型给GMD、Tribasa和ICA这3家公司的评级低于评级机构给予的评级。对于 GMD，我们给这家公司以最低的评级（D），表示其处于高风险状态，违约的可能性很高。穆迪给 GMD 评级为 B3，其他两家机构没有给出评级。我们对 Tribasa 的改良评级为 CCC +，穆迪给出的评级为 Caa，标普给出的评级为B +，达夫菲尔普斯给出的评级为 B。最后，我们的评级与标普和达夫菲尔普斯相同，与穆迪给 Cemex（改良评级：BB）和其他两家公司的评级仅相差一个等级。

一些时间序列样本和风险比较

图 12.3 和图 12.4 显示了 1998—2002 年两家重要的墨西哥公司的 EMS 评分（步骤 1）。Cemex 作为墨西哥信用的长期基准和世界第二大水泥公司，显示出相当稳定的 EMS 和 BRE。最近（2002）4.70 的评分，反映出 Cemex 正在寻求积极的收购策略的同时提高了融资杠杆。

Telefonos de Mexico 则基于现有的市场和用户群，呈现出与全球电信行业主要公司相类似的表现。其在 20 世纪 90 年代后期的评分极高，2000 年和 2001 年则显著下降，2002 年有所反弹。

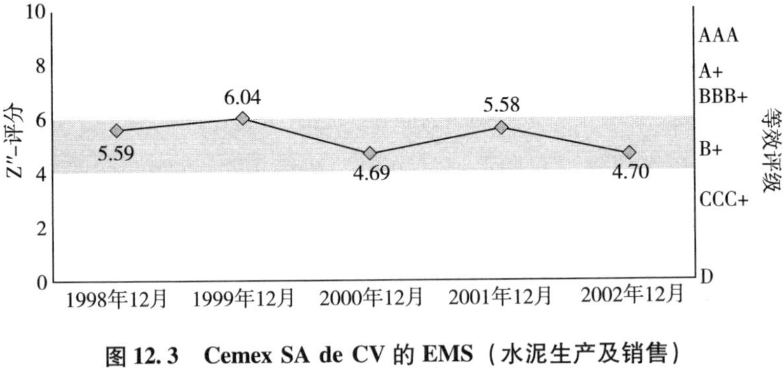

图 12.3 Cemex SA de CV 的 EMS（水泥生产及销售）

资料来源：彭博，作者计算。

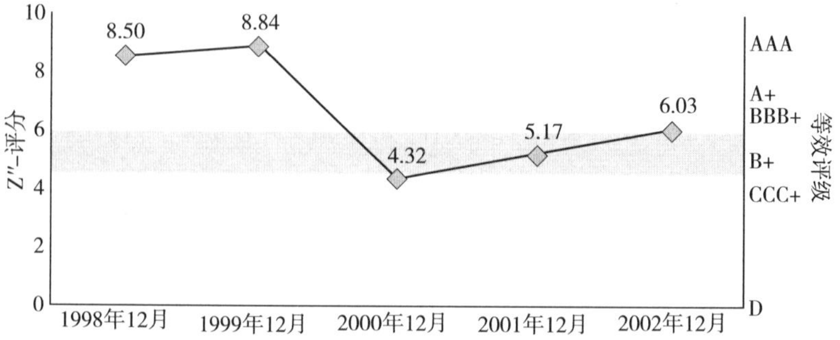

图 12.4　Telefonos de Mexico SA de CV 的 EMS（电信服务）

资料来源：彭博，作者计算。

图 12.5 显示了我们的 EMS 模型的 BRE 与一家主要评级机构（标普）的可比公司评级之间的比较。斜线上方指示的公司为标普评级高于 EMS 评级等值的公司，斜线下方的公司则相反。另外，我们

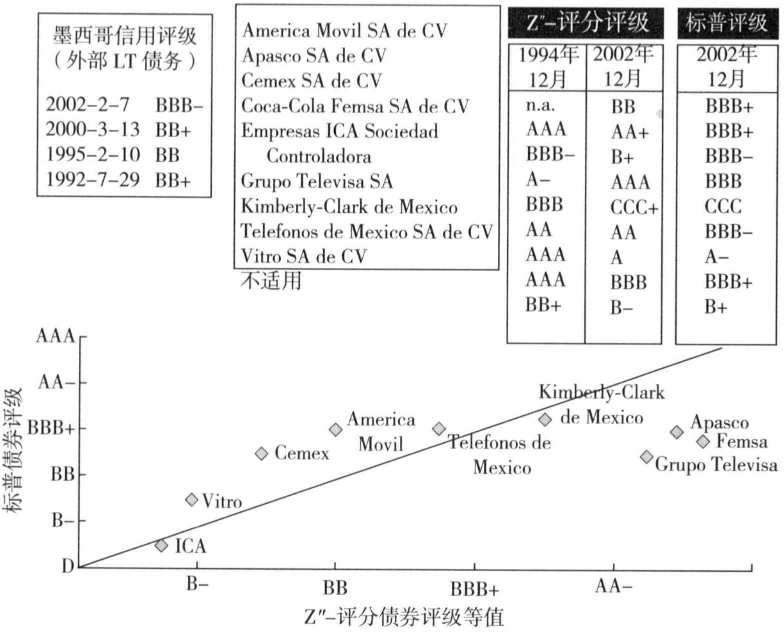

图 12.5　EM **评分、债券评级等值和标普评级（截至 2002 年 12 月 31 日）**

资料来源：彭博，作者计算。

的模型及其 BRE 不受主权上限的影响。对于图 12.3 和图 12.4 所示的两家公司的债券，EMS 模型给出的评级的风险性略高于标普评级。需要注意的是，我们并没有采用前文步骤 2 ~ 步骤 6 中讨论的定量改良。

结 论

自 1996 年以来，我们随时将 EMS 模型应用于墨西哥以外的市场上的公司。因为结果数量很多，不便在此讨论。在 20 世纪 90 年代末的巴西和阿根廷以及 1997 年亚洲金融危机前后的东南亚国家，我们得出的结果的显著性很强。虽然我们对改良后的美国模式在非美国环境下的成功应用有很深的印象（坦率地说是有一些吃惊），但我们仍主张根据国家自身的数据和经验（如果可能的话）建立和测试模型。

第十三章　危困预测模型的应用

本章探讨了多种用户对于企业危困预测模型的直接和间接的应用，虽然已经列出了相当长的潜在应用清单，但仍不详尽。限于篇幅，本章无法对应清单中的每个项进行展开，但希望读者能把握我们意图的精髓。应用列表见图 13.1。关于最后一项“危困公司管理人”，将在第十四章详细阐述。针对金融破产重组管理的应用也是交互式应用的一个例子。

- 贷款专家
- 应收账款管理人
- 投资者
- 证券分析师
- 监管机构
- 审计师
- 破产律师
- 法律指导（如深化破产）
- 债券评级机构
- 风险管理顾问
- 重组顾问和破产重组管理人
- 政府机构和其他买家
- 并购分析师
- 危困公司管理人

图 13.1　金融危困预测模型的用户

贷款人

也许危困预测/信用计分模型的最显著应用领域是在信贷功能方面。银行和其他信贷机构需要不断地对企业进行信用风险评估。可以详细说明违约概率（简称 PD）的信用计分模型，其重要性因为《巴塞尔协议Ⅱ》的规定以及银行开发与实施内部评级（简称 IRB）模型的需求而得到加深和极大的激励。美国监管机构（如美国联邦储备委员会）并不要求美国的大多数银行遵守《巴塞尔协议Ⅱ》，但我们希望这不会打消银行开发这些模型的积极性（虽然许多情况下我们的担心确实会发生）。同时，世界多地，尤其是欧洲，十分成功地鼓励银行根据《巴塞尔协议Ⅱ》的要求实现信用风险系统现代化。

贷款分析的一个重要维度是指定信用的“价格”（合适的利率）。使用信用计分模型，能够在通过定价算法确定 LGD 的过程中详细说明 PD。例如，在图 13.2 中，我们使用被计分模型评级为 BBB 的贷款，开始 LGD 过程（参见我们在之前章节的讨论）和定价决策。PD 和追偿率假设给定（分别是每年 0.3% 和 70.0%），预期损失率为每年 0.09%。

提供：5年期优先无抵押贷款
- 风险评级= BBB
- 预期违约率=每年0.3%（30个基点）
- 预期追偿率=70%
- 非预期损失（σ）50个基点，每年（0.5%）
- BIS资本配置=8%
- 股权资本的成本= 15%
- 日常管理费+运营风险费=每年40个基点（0.4%）
- 基金成本= 6%

贷款价格1=6.0%+[0.3%×（1−0.7）]+6×0.5%×15%+0.4%=6.94%
贷款价格2=6.0%+[0.3%×（1−0.7）]+8.0%×15%+0.4%=7.69%

图 13.2 基于风险的定价示例

注：贷款价格 1 为资本分配的内部模型，贷款价格 2 为 BIS 资本分配方法。

下一步骤是将所需数量添加到基于非预期损失的价格上。我们可以从两个方面着手：基于经济资本标准或监管资本要求。经济资本标准要求为筹划贷款的非预期损失增加一个额外的成本，其数值基于贷款机构的保守程度（自身的风险偏好）。例如，偏好规避高风险的银行，即想要获得高信用评级，要求自己置身于不超过特定损失的非常高的置信区间。在我们的例子中，采用6个标准偏差指标，这一指标往往是一家AA银行所需的平均资本回报率（简称RAROC）。每年50个基点（给定）的估计标准偏差乘以6，得到为评级相应为BBB的交易对手放贷所需的资本量。最后，将所得的资本需求量（300个基点）乘以该银行未投资300个基点的净机会成本，将此乘积添加到预期损失和其他损失上，得到所需的经济资本。我们建议在计算时使用净权益成本（权益成本减去无风险利率）。我们还考虑纳入每年所估计的40个基点，以弥补一些非信用项目，包括日常管理费用和运营风险的变化（后者在《巴塞尔协议Ⅱ》中有要求）。

因此，对于经济资本的计算，在我们的例子中，结果是一个要求的价格或6.9%的利率。而当前监管资本需求一律是8%，并非要求3%的经济资本。监管资本利率较高，为7.7%。现在人们可以理解，为什么大多数银行会选择《巴塞尔协议Ⅱ》框架，因为准确的计分模型对现代定价结构至关重要。即使一家银行或非监管机构由于竞争条件而不使用或不能使用经济资本定价标准，在确定资本需求量和定价时，《巴塞尔协议Ⅱ》框架有利于确定实际价格与基于经济定价的价格的差距。请注意，我们的例子不包括定价功能中的相关性和集中性问题。这些因素增加了信用决策的复杂性，应由金融机构投资组合管理团队考虑。

应收账款的管理

对于客户组合风险高且赊销其产品和服务的企业实体而言，上一节中讨论的批发银行业务应用也具有可类比性。正如银行使用 PD 模型估计不良贷款额一样，应收账款管理人需要评估客户的还款潜力，并详细说明估计的“坏账准备”科目。计分模型被这些管理人广泛使用，该行业由美国国家信用管理人协会（简称 NACM）[①] 及其附属信用研究基金会提供服务。这些管理人的工作重点是接受或拒绝决定，以及公开允许的数量。

投资者

除了商业贷款中的金融机构投资者外，各种金融机构和个人可以在其固定收益（与权益）的投资策略中受益于测试良好和适当的信用计分系统。也许最明显的应用是确定是否投资于以面值或接近面值出售的债务工具。如本书第七章中所讨论的，违约概率的确定对于投资级债券和贷款以及更加投机的非投资级或垃圾债券非常重要。的确，在所有违约问题中，大约有 1/4 在最初被专业评级机构评为投资级！因此，职业管理人在提供审议意见时应纳入违约风险分析以及收益率和集中性问题。

如果评级达到投资级的公司财务组合中包括了一个评级较低的实体，那么，所要求的回报率应反映这一点。考虑一下通用汽车公司（GM）在 2005 年前几个月（当时我们正在编写本章）的长

---

① 该组织（www.crfonline.org，位于马里兰州的哥伦比亚）出版了名为《信用和财务管理评论》（*Credit and Financial Management Review*）的季刊以及定期报告，并且组织了相关会议。

期债务。当时，通用汽车的债券被所有评级机构评为投资级，但其到期收益率（或最差收益率）的销售更像 B 级证券而不像 BBB 级证券。2005 年 4 月 15 日，市场将其违约风险评估为等值美国国债上浮约 600 个基点，大大高于高收益债券的历史平均水平，至少比当时销售的 BBB 级债券高出 450 ~ 500 个基点。Z – 评分和 Z″ – 评分早在 2003 年和 2004 年，就将通用汽车的债券评为 CCC + 级和 B + 级之间。如我们现在所知，2005 年 5 月 2 日，通用汽车的债券被标普下调到 BB 级，2005 年 6 月和 8 月，又分别被惠誉和穆迪下调了等级。

对于危困状态下的债券销售（比国债高出 1 000 个基点以上），关键问题是询问该公司是否将继续移动到更低的信用质量状态（或者，其实是违约），或者其 PD（违约概率）很低，足以评估其价格将回归到面值（假设它已经下移了，甚至达到“堕落天使”的降级条件）。从危困到面值的上涨潜力，可以达到权益型的回报，远大于典型的债务组合所能产生的预期回报。事实上，2003 年 CCC 级债券的投资组合平均收益率为 60% 左右，因为其中有很大一部分企业债券在 2002 年年底时陷入了危困，但仅仅在一年之内就回到面值或面值以上了。相对于对信用违约分析的影响，良性（宽容）信贷周期的启动可能对不可信经营的正面影响更大，所以当信用模型将高债券评级等值归于证券而不是市场暗示的评级等值时，可能使人们更有信心选择以“深层垃圾”或危困收益率水平出售的证券。

第Ⅱ类的错误，即出售或不购买危困证券（实际上其价格已回归面值）的错误，始终可能发生，涉及的成本对于多数传统的债券投资者而言不是最重要的成本。然而，如果是危困债务或高杠杆对冲基金投资者，则无所谓。我们坚信，训练有素的投资者会从投资过程中找到盈利空间相当大的信用计分和违约风险模型。

证券分析师

金融业的一个基本公理是，证券分析师应该比普通股票分析师更加重点关注证券可能的下跌趋势。所以，证券分析师的重要工具就是违约预测模型。传统的比率分析和一个或多个危困预测模型似乎是证券分析师分析过程的明智补充。

证券分析师还应考虑对实体进行惯例的危困预测处理，尤其是当公司管理层预期通过一系列步骤可能使公司高杠杆的状态发生改变时。我们在本书的第六章已经看到，高风险资本结构可能导致健康和高回报的结果，也可能导致违约的结果，这取决于管理层是否成功减少债务并提高其评级等值状态。我们认为，证券分析师赢得其业内地位，靠的是对管理层是否能成功实现其资本结构目标和现金流目标的理性和实际的预测。很显然，高杠杆企业，尤其是在刚进行重大重组交易之后，会被大部分信用计分技术评估为危困企业。我们提倡进行切合实际的、符合惯例的情境分析，以及在分析过程中依据当时的财务报表标准。

监管机构

监管机构，特别是银行审查部门人员，应该意识到并自如地评估分支银行和其他机构使用的信用风险系统。《巴塞尔协议Ⅱ》框架的其中一个挑战是监管机构的作用和专长，尤其是在评价银行的第一支柱资本要求规范和第二支柱监管监督功能时。银行查账员需要接受培训，以评估各种信用评级和银行所估计的违约概率/违约损失率（PD / LGD）。而且，从众多银行获得的有关同一对手的各种可能的 PD 结论，将作为这一过程的有益成果。

此外，对于法兰西银行、意大利银行或美国联邦储备委员会等国家中央银行，利用其自己的信用计分评估系统来评估银行资产组合的信用质量以及监控其个别银行客户做出的评估是司空见惯的。

审计师

在原始Z-评分模型非常早期的应用中，我们就信用计分模型的潜在应用写了一篇文章（Altman and McGough，1974），以帮助会计师事务所审计部门去评估客户账户的持续经营资格。当时我们得出的结论是，在提交破产申请之前的一年，有很大比例（约40%）的破产公司收到了持续经营资格，而Z-评分方法则预测到这些公司中的80%以上其实已处于危困区。这种较高的破产预测准确率并不奇怪，因为审计师并未涉足危困预测的业务领域，并且他们的独立地位意味着他们会通过谨慎的模型来预测实体失败的可能性。诚然，会计专业人员对其需要承担的责任非常敏感，主张其不应该对公司财务状况是否合格承担责任，因为公司本身就处于高风险、低评级等值状态。

尽管非常保守的专业审计师姿态与其不给客户造成问题的愿望之间存在潜在冲突，并且给予持续经营资格存疑的判别可能使其失去一个客户，但如果使用信用计分模型和其他危困评估技术，审计师应该可以更了解客户的实际情况。这些方法可以在其自我评估以及与客户就其财务状况和前进计划的讨论中增加客观的反馈。

破产律师

破产和危困公司领域中突出的参与者之一是破产律师。公司破产的决定是一项重大决定，尽管多数破产是不由自主的并且是在万不得已时才决定的，但是无论是否提交申请还是提交申请的时机都是非常关键的决定。公司推迟决定的时间越长，重组成功的可能性就越小，而在多数情况下，重组都能成功。同时，如果可以不在法院管理下进行成功的重组，脱离财务危困的成本可能低于破产重组（参见 Gilson、John and Lang，1993）。通常情况下，在是否提交申请以及何时提交申请方面，破产律师是公司管理层的首要顾问。破产律师事务所将向运营困难公司的潜在顾问推荐围绕破产或法庭外重组决定所应采取的行动途径，这些顾问（也会在本章讨论）可能是破产重组和其他重组专家、救市融资或 DIP 融资银行家等。

虽然可能有明确无误的财务危机信号，破产律师仍可以在其服务客户的顾问工作中高效使用财务危困预测模型。无论企业处于轻度还是深度危困，所处的危困程度都是一个重要的决定因素。正如我们在本书的下一章要探讨的那样，管理层本身可以将这样的模型用在其公司决策中。在破产公司原则和越来越重要的深化破产议题等领域，破产律师可以从破产预测模型中受益。我们接下来就讨论这些话题。

法律应用

多年来，破产预测模型在法律领域有很多直接的应用。这些领域包括：（1）破产公司原则；（2）养老金义务的避免；（3）所有者、管理人、董事和专业顾问等企业内部人员的受托责任。最后一个方面涉及被称为“深化破产”的概念和条件。

破产公司原则

这一原则可以在试图合并的公司因避免垄断指控的辩护中使用，

即如果一家或者两家合并实体即将破产，其市场份额将被其他市场主体吸收，就应该允许另外一方对其进行非法合并。在本书的第一版（1983）和阿尔特曼与古德曼（Goodman，1980、2002）发表的文章中详细解读了这种所谓的破产公司原则，但由于本书篇幅限制，不做详细解释。

从本质上讲，如果可以看出尽管试图合并的竞争对手在地理位置上或细分市场上毫无疑问地有联系，但至少一方濒于破产和倒闭，则可启用破产公司原则。实例包括在一个标准都市区竞争的两份报纸，一份报纸的消亡几乎肯定导致其市场份额流入其最接近的竞争对手。在20世纪80年代初，涉及《底特律新闻报》和《底特律自由新闻报》的反垄断争议中，就出现了这种情况。本书的作者之一当时在证词中提出，通过使用多个Z-评分模型，至少一家实体在短期内可能破产，或者二者均运营不佳。法院的解决方案是允许合并，但要求编辑人员具有独立性。两家报社的实体仍然存在，但收入、成本和利润方面的所有权被合并了。允许合并的原因在于当只存在一份主要报纸时，可能带来报纸成本、劳务关系和其他负面垄断的隐患。

另一个例子是20世纪70年代初期美国东北部的两家低价啤酒公司——费城的Schaefer Beer与Schmidt's的潜在合并。两家公司曾为获得啤酒市场的低价客户展开过竞争。我们认为Schaefer Beer是可能会破产的公司，如果允许合并，Schmidt's肯定会吸收Schaefer Beer的市场份额，但无论合并是否被批准，这最终都会发生。在本案中，Schaefer Beer本身作为原告，不想被Schmidt's接管，认为自己没有破产，因为它从审计师那儿收到了持续经营资格（见前文的讨论），并且主要债权人没有要求其偿还早已过期的贷款，这些贷款已经有两年未支付利息了。法官最后同意并基本上裁定Schaefer Beer没有破产，因为它还未破产！另一家啤酒公司——密尔沃基的

Stroh's，没有与这两家公司发生过直接竞争，不久后购买了 Schaefer Beer。本案件中一个相关的问题，是该公司是否处于所谓的破产区，我们接下来讨论这一问题。

深化破产

库尔思（Kurth，2005）所讨论的深化破产理论，起源于 20 世纪 80 年代初的两个联邦案例：In re Investors Funding Corporation 与 Schacht v. Brown。他的简单论点是，公司不是一个生物实体，我们不能假设能够延长其存在的任何行动都对它有好处。这个论点与破产重组管理行业的基本前提形成鲜明的对比，破产法案潜在的规则是，如果危困企业可以成功重组，受益的通常是债权人、股东和雇员。另外，深化破产理论认为，拯救显然垂死的实体可能使一部分人受益，但另一部分人则会付出相当高的代价。例如，管理人、顾问和试图拯救实体的其他人员在破产重组时期所收到的服务费，则会导致破产后债权人等其他人员的债务追偿率下降。

库尔思观察到，破产深化正日益被认为是一项独立的行动步骤。这一行动可能主张，破产公司或其代表可以从顾问、会计师、投资银行家和律师等专业人员的费用中要求损失赔偿，因为这些人员促使公司管理不善或未如实叙述其财务状况，从而掩盖了公司从破产状态到破产深化的进一步恶化。公认的计算损失的方法是衡量公司破产深化的程度。

围绕这个合法论点，出现了几个问题。你怎么知道一个公司处于破产区，你如何衡量其深化状态？是否可以简单地说，只要公司没有破产或没有拖欠债务，抑或没有参与危困重组（例如债转股），就不在破产区？我们不这样认为！一个公司可能资不抵债，但仍然没有违约。

法院似乎依赖公司资产的公平市场价值与其负债的市场价值之间的比较，从而确定其是否资不抵债。在第十一章描述 KMV 模型时，我们将此作为违约的基本定义（资产比负债少）加以讨论。有时，我们会认为对资产来说，合适的比较基准不是债务的市场价值，而是其账面价值，因为后者需要向债权人偿还。如果你将资产价值衡量为债务市场价值与权益之和——就如多数金融经济学家所做的那样，这一点尤其准确。

在任何情况下，我们都认为，对公司是否处于破产区的合理测试就是用多个统计方法计算其债券评级等值或破产评分。特别是我们提倡使用 Z－评分模型和其他技术，如穆迪/KMV 预期违约率（EDF）方法。如果这两种方法均将该企业归类为“违约”（例如，Z－评分低于 －0.20，且 KMV EDF 为 20 以上），那么它想作为非破产或非违约实体生存下去的可能性将会受到严重质疑。虽然我们不能说恶化的程度与评分的变化呈线性关系，但是恶化的分数表示状态的深化。当然，Z－评分为 －2.2 的公司，其状态要比 －0.2 糟糕。阿彭策勒（Appenzeller）和帕克（2005）讨论了 Z－评分模型在深化破产案例和分析中的使用。

接下来是关于深化破产法律索赔的最后说明。多数法律分析师指出，争论的初衷是基于内部人士制造庞氏骗局或导致欺诈、盗用的一些其他行为后引发的破产，以不知情的债权人的损失为代价，而使其经营者或顾问得利。而且，有人认为，这些犯罪者知道或应该知道，公司不可能有生存的机会。所以，虽然我们可以帮助说明公司是否有破产的迹象，但我们不能肯定地说，某些破产重组战略是否能够成功。

当然，如果公司的真实状况众所周知，但那些能够从公司持续存在中得益的人却没有披露，那么从法律行动上寻求赔偿是有效的。但是，如果一切都得以公开，并尽最大的努力保障所有者的残余权益，我们也只能勉强地说，一个公司在危困区的 Z－评分或 D 评级等值，仅仅意味着公司无法拯救。我们所主张的是公司能够有清晰明确的财务状况指标，而不是仅依靠专家对公司资产的合理估值。

本书的下一章将展示管理人在 Z－评分模型的协助下，成功地利用自己的商业头脑和判断力来实施公司的破产重组。本案例研究的前提是财务危困的所有指标都是透明的，而对达到公司“健康指数”的可能结果进行模拟纠正的措施不仅是适当的，而且也是审慎的。即使这些行动失败了，我们也不会认为该案例中深化破产将成为一个合法的论据。

债券评级机构

虽然债券评级机构不使用破产预测模型来得出其评级结论，但我们认为一个或多个经过良好测试且成功的模型结果可能对评级过程有帮助。显然，穆迪在 KMV EDF 模型结果中看到了巨大的利益（第十一章讨论），因为它在 2002 年用大规模的资金收购了 KMV。但是，评级机构依法认为，虽然这些项目如业内分析、对管理层的采访和更长期的“周期循环”等方式会决定其评级指定，但模型的时间点角度不应成为评级决策的依据。有关评级稳定性、准确性和周期循环与时间点模型之间的比较，参见莱夫勒（Loeffler，2002、2004）、阿尔特曼及瑞坚的相关文章（2004、2005）。

风险管理和战略顾问

《巴塞尔协议Ⅱ》也一直是风险管理咨询公司增长的重要催化剂。Mercer-Oliver-Wyman、Algorithmics（由惠誉评级在 2005 年购买）、RiskMetrics、Kamakura、CreditSights 和其他主要评级机构的风险管理分支机构（如 KMV/Moody's、S&P's Risk Solutions、Fitch Risk）等实体随着现代信用风险系统需求的不断壮大而发展迅速。这些公司的大多数已经开发出自身的信用风险工具，包括计分型、结构型，或这两种信用计分模型的组合。此外，提供估值和投资组合管理相关服务的较小咨询机构可能会发现，客观的信用风险工具有助于它们评估客户。

管理咨询建议的一个相关领域是兼并和收购（M&A）。当公司在客观的评估过程中被指出持续经营存在问题时，可以鼓励危困公司请求采购/战略合作伙伴。如果潜在收购者没有使用相同的内部评估，这种做法会特别有用。显然，如果人们普遍知道公司处于高度危困的情况下，收购的价格将被降低。因此，准确的预警模型可以为用户提供竞争优势——无论它们是否为目标公司或收购公司。

重组顾问和银行家、破产重组危机管理人和会计师事务所

作为危困公司行业中重要参与者的 3 个最出色的顾问，是来自精品投资银行的重组专家、来自运营管理顾问公司的企业破产重组或危机管理人，和来自传统会计师事务所的重组顾问。图 13.3 说明了他们在危困公司行业中的关系与主要职能。到 2005 年，随着出售或重组业务的放弃，会计师事务所在危困公司行业中的角色已经全部消失了。

破产重组咨询行业的竞争格局是以下列方式发展起来的。20 世纪 80 年代中期到末期，市场受到会计师事务所和较大投资银行工作的引导，这些银行曾在高杠杆重组热潮（主要是时运不济的杠杆收购和杠杆资本重组）中产生大量债务。例如，德崇证券公司是 20 世纪 80 年代庭外重组的主要支持者。20 世纪 90 年代初，随着第 11 章破产企业的大幅增加，一些大投资银行，以及涌现出的小型银行越

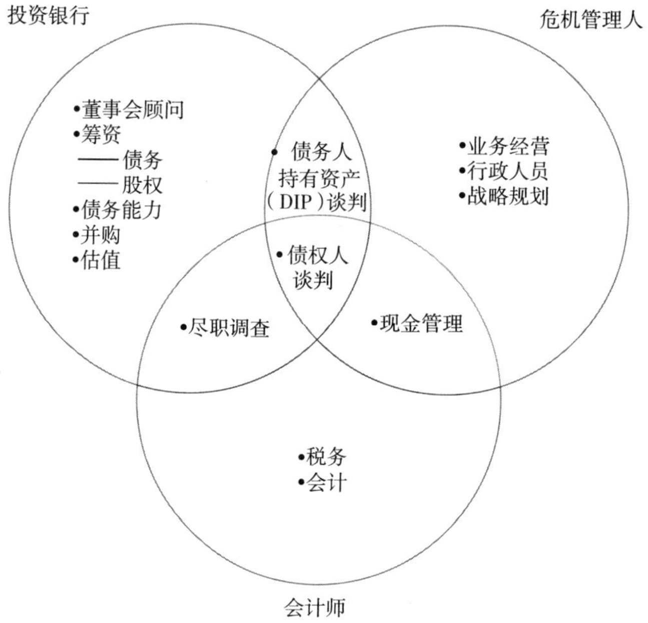

图 13.3 财务顾问作用的比较

资料来源：拉扎德公司（Lazard Freres），2005。

来越新奇的精品部门，填补了大投资银行承销公司债券产生的利益冲突所导致的业务空白。2001—2005 年，特别是并购活动放缓以来，出现了更多的这样的精品银行，有时会作为大型会计师事务所或投资银行的分支机构以及较大承销商，将资源投入危困再融资中。

除了这些顾问外，还出现了一个相当活跃的银行市场，为处于破产阶段的企业提供资金，如债务人持有资产（DIP）融资，并在其有能力融资时退出。许多主要商业银行和通用金融集团（GE Capital）、Congress Finance 与 CIT Finance 这样的公司也成为这一领域的主要参与者。

破产重组顾问们在重组公司资产（运营顾问被称为危机管理

人）和负债（重组银行家和会计师）中发挥技术顾问的作用。2005 年，这些领域专家在全球的数量膨胀到 20 000 多个，很多是日益重要的破产重组管理协会（简称 TMA，网址：www. turnaround. org）的会员。该专业教育和网络组织的总部设在伊利诺伊州的芝加哥，曾在全球有 34 个分会（美国 27 个，澳大利亚、新西兰、英国、日本和法国各 1 个，加拿大 2 个），截至 2005 年年中，共有 7 000 名成员。①

公司可以聘请破产重组管理人来协助公司避免申请破产，或者一旦进入合法破产状态，协助重组公司的资产和负债。最近一直以双重身份工作的破产重组咨询公司是 Kroll，ZolfoCooper，该公司协助 Krispy Kreme 努力“艰难谋生”，避免破产；同时在安然公司清算资产并与债权人打交道时，该公司也提供了协助，最终帮助安然公司于 2005 年完成了其第 11 章破产程序。其他大型破产重组管理咨询公司有 Alvarez & Marsal 和 AlixPartners。这些公司通常还提供金融和资本结构方面的建议。以上的这 3 家公司较大，均有 300 多名员工，但多数破产重组管理公司规模相当小，全职顾问数量不超过 10 名。②通常情况下，这些专业人士在金融、市场营销、运营、人力资源和信息系统等领域具有全职企业管理人的经验，并选择与境况不佳的公司合作，以帮助他们的企业重建。除了主要运营职能外，这些公司还经常在债权人谈判、现金甚至战略管理等领域提供协助。在过去的 10 年里，新的职位已经建立，以应对公司在危机时面临的许多复杂的重组问题，如首席重组官（CRO）。

---

① 本书的两位作者在 TMA 就职，担任其学术顾问委员会的成员，并与市场从业者一起，致力于这个组织的月度出版物《企业重建杂志》（*Journal of Corporate Renewal*）的出版以及定期会议（包括几乎完全专注于教育的会议）的召开。

② 也有一些比较大的破产重组管理专家组织，雇员 20 ~ 100 名，可以提供全方位咨询服务，包括 Huron、XRoads 和 BBK 这样的公司，它们各自都至少有 100 名专业人员（见 TMA 网站）。

投资银行的企业重组顾问往往专注于资产负债表的“左侧”，特别重视协助危困公司管理层（或破产重组专家）在重组期间获得所需的资本。这类融资，已被证明对第 11 章程序的早期阶段至关重要，属于债务人持有资产融资，并且在这种情况下，新债权人的地位通常超过所有现有债权人。我们在第二章和第三章讨论了这个筹资机制。重组时期的另一端就是所谓的退出融资，据此，公司需要摆脱第 11 章的破产保护时，既要其资本结构呈现财务上完备的特点，又能够提供持续经营所需的运营资本。

专注于向债务人提供咨询的一些规模较大的重组顾问是精品投资银行家，如拉扎德公司、黑石集团（Blackstone Group）、Miller Buckfire、罗斯柴尔德父子银行（N. M. Rothschild & Sons）、Evercore 和格林希尔（Greenhill），也有像 Miller-Mathis 这样的几家较小的成功运营者。在债权人咨询方面，较大的顾问公司有 Houlihan Lokey Howard & Zukin、Jefferies、Chanin、FTI 和 Giuliani Partners。最后两个是由于会计师事务所的分拆或部门被卖出后而来的。

破产改革法案

在 2005 年《防止破产滥用及消费者保护法案》（BAPCPA）颁布之前，《1978 年破产改革法案》历史性地限制了较大投资银行参与第 11 章重组工作，特别是在破产前的 3 年内银行作为债务人债券的承销商时。不过这种限制也有例外，有时需要利益相关者的某一群体提出正式上诉，才能够完全杜绝大投资银行的参与（例如，从瑞银切换到拉扎德，使其作为 2005 年特朗普赌场和娱乐公司的第 11 章债务人顾问），一般而言，大承销商被认为是有利害关系的专业人士，因此要受到限制。

随着 BAPCPA 的通过，危困公司咨询工作的竞争格局可能会有所改变。该法律于2005年4月17日签署，自2005年10月17日起生效，将会影响企业破产及消费者破产申请。现在该法律允许在此之前被排除在外的投资银行担任顾问，只要与帮助危困企业融资或其他咨询工作没有明显的冲突即可。公正无私的原则仍然要求一个实体不得通过任何关系、联系，或在债务人中的利益，对财产权益或作为权益证券持有人的任何类型的债权人产生重大不利影响。因此，尽管当前或前任承销商仍然可能没有被视为公正无私，但其他公正无私的大型投资银行应该是合格的，这一发展方向是非常确定的。这将导致目前表现突出的作为危困公司顾问的精品银行的市场份额被稀释，或较大投资银行买断涉及这类业务的较小公司或个人。费用也可能更有竞争力，但不确定。

我们主张，破产重组管理人（他们试图在提出第11章破产申请之前或在破产重组期间挽救企业）和重组债务人顾问可有效地将危困预测信用计分模型用作评估企业财务状况的预警工具，或作为一个重组后的实体健康状况的晴雨表。如果公司之后仍然看起来像个处于危困的破产实体，那么它后续陷入危困的可能性，即经历破产法第22章再次破产的情况，很可能会较高。不幸的是，根据第22章的发生频率或其他形式的持续危困（如因危困而出售），重组过程看起来不总是成功的。事实上，在研究破产法第11章是否成功时，吉尔森（1997）发现，公司在破产重组完成时往往有过高的杠杆或运营问题，而浩特凯斯（1995）发现，从破产重组走出的公司的表现往往没有它们业界的同行好。另外，艾博哈特、阿尔特曼和阿格瓦（1999）发现，从破产重组走出的公司股票在破产法第11章后一年的交易期间表现极好。近期的（2003—2004）证据（例如，摩根大通，2004）支持这一结论。

总之，我们主张公司应该具备持续经营能力，尽可能使用类权益证券，包括后进债权人和老股东的期权和认股权证，以免“新”

公司在破产保护后的最初几年负担太多的固定成本债务。

政府机构和其他买家

许多规模较大的美国政府机构也有一项政策来筛选其供应商，该政策考察供应商一旦陷入危困时所具有的生存能力以及不需要政府支持的独立能力。一个相关问题是供应商是否能够交付合同约定的商品和服务。多年来我们了解到，政府机构及其审计同人使用的其中一个筛选工具是 Z - 评分模型。例如，像政府的会计审计机构一样，美国国防部也采用这个政策。如果按照 Z - 评分筛选标准，某个实体的结果较差，则将被更严密地监视或取消其潜在供应商的资格。因此，政府和那些试图成为或保留供应商给联邦政府或州政府的公司应该理解使用 Z - 评分等自动化财务预警模型的利弊。我们特别建议使用这种方法的任何机构在这样做时应结合其他筛选工具，特别是定性方法，如采访供应商的现有客户的方法。

采购代理商使用金融筛选模型的模式，不应该仅限于公共机构，事实上，民营企业也应关注其供应商的健康状况。尤其是在生产过程中实践类似于及时（简称 JIT）库存方法的采购商。例如计算机制造商，如 IBM 或戴尔，希望确保计算机的其余部分做好出厂准备的时候，可准时获得其 PC（个人计算机）的键盘。相对而言，供应商的健康和制造商的健康都非常重要的另外一个行业是 2005 年的美国汽车工业。这一行业运营现状更显脆弱，持续经营能力和未来发展前景不明。一些大中型汽车零部件供应商已经被压垮（例如，Intermet Corp.、Tower Automotive 和 Collins & Aikman），并于 2004 年和 2005 年申请破产保护。

与汽车制造商相关的是供应商运营成本，如果后者持续亏损并濒临破产，最后就不得不接受救助。这种情况在日本曾经常发生，而且以后仍有可能发生。

在第十四章，我们转向讨论危困预测信用计分模型应用的最后一部分——可能由危困公司自行使用的情况。

第十四章 财务危困预测模型：助力建设性变革的催化剂——管理好财务重振[①]

我们经常会被经理人员或分析师问到一些难以回答的问题，比如，“你们的模型已将该企业确定为很有可能出现经营失败的类别，但我们需要怎么做才能避免经营失败的悲惨命运呢？”我们既不是营运经理也不是财务重组专家，只能举起双手，并不十分情愿地回答“你们自己得采取新的管理措施或去找危机管理专家进行咨询”，或者更难以令人满意的答复是“那是你们的问题”。毋庸置疑，这样的回答不仅不受欢迎，也是不可接受的，因为这样的回应没有切实抓住早期预警体系的真正实质和精髓。这样的预警系统在其他领域，例如医疗、天气、军事科学等，通常意味着会对如何修复、调整开出处方。遗憾的是，在管理学中，早期预警系统是典型的只针对单一的企业实体而言的，很难概括出符合所有企业情况的恢复调整的一般化的措施。

但是，我们对于危困预测这一重要且无法回避的自然结果的看法已有所改变。有一个重要的事件给我们上了非常有价值的一课，那就是，我们相信财务危机有可能会转换成其他的危机。这

---

① 本章来自阿尔特曼和拉弗勒（LaFleur）合著的文章《回归财务健康》［“Managing a Return to Financial Health,” *Journal of Business Strategy* (Summer 1981)］，并做了部分更新。GTI 财务变革的案例则来自 Michael Ball（*Inc.*，December 1980）为大众传媒撰写的报告。

一认识并非来自概念、学术分析，而是来自一位著名的和有洞察力的首席执行官在运用Z－评分模型对现实问题进行分析时所得到的。让我们重新回顾GTI公司的案例，该公司是为计算机、汽车和电子产业生产零部件、辅助系统和处理设备的制造商。GTI公司在美国股票交易所上市，詹姆斯·拉弗勒（James LaFleur）曾担任该公司首席执行官多年。尽管该公司出现的问题是在30年前，但在2005年，这一事件仍与1975年一样具有十分重要的意义。

主动地还是被动地运用财务预测模型

统计上可以被实证的预测模型在商业研究中已经有很长的运用历史。一般来说，这些模型通常由科学家开发，由分析人员进行模型实证检验，而分析人员不会在验证过程中对模型进行互动或者干预模型指标的设定。因此，在模型有效时，模型对事件的预测就可以获得令人满意的精确度，商业分析家们也会对模型充满信心。正如我们在前面的章节所讨论的那样，这样被动地运用模型进行信用分析、投资分析等的做法完全忽略了可以主动地运用这些模型的可能性。在主动运用预测模型的过程中，分析人员的角色就有可能转换成为一个事件参与者的角色。比如，一个公司经理人员可能会有意识地尝试通过影响模型的计量结果而使用预测模型来预测公司相关的商业事务，也会为了控制预测结果而根据模型所建议的参数估值进行相应决策。

在我们将要讨论的特定案例里，Z－评分破产预测模型被用来管控GTI公司的财务重振，而GTI公司当时正处于破产边缘。为了逆转模型预测的破产局面的出现，公司做出了一系列的决策。而这些决策中，很大一部分是因为它们对于模型中财务比率的影响效果而被选中的，却直接促使公司经营得以恢复正常并确立了稳健的财务基础。

在本书前面的部分，我们曾经提及一旦有迹象表明一个企业正走向破产，那么管理层可以宣布该企业破产，换言之，该企业的总体财务状况与过去已经破产的企业情况完全一样。而 GTI 公司通过詹姆斯·拉弗勒所制定和实施的管理战略，将模型翻了一个个儿，证明模型有能力帮助企业制定避免破产命运的业务战略。

Z－评分模型教会了 GTI 什么

詹姆斯·拉弗勒毕业于加州理工学院，是一个成功的企业家和企业高管，他最近虽已退休但仍是几家公司的董事，其中之一便是 GTI 公司。在 1975 年上半年，GTI 遭遇到以下财务困境：

- 流动资金减少了 600 万美元；
- 零售收入减少了 200 万美元；
- 亏损 200 万美元；
- 净资产从 620.7 万美元减值为 437 万美元；
- 权益市值下降 50%；
- 销售下降 50%。

在拉弗勒的早期职业生涯中，他就已经注意到刊载在《董事会报告》（*Boardroom Reports*）上的一篇介绍 Z－评分模型的文章。拉弗勒很快意识到这一破产预测模型对 GTI 面临的问题可能会有用。正如我们在第十一章中说的，初始的 Z－评分模型如表 14.1 所示。

表 14.1　初始的 Z－评分模型

因　素	定　义	权　重
X_1	营运资本/总资产	1.200
X_2	留存收益/总资产	1.400
X_3	息税前收益/总资产	3.300
X_4	股权的市场价值/总负债的账面价值	0.600
X_5	销售额/总资产	0.999

作为审计委员会的一名成员，拉弗勒受命接替现任首席执行官。他将上述 5 项比率的初步数据输入，运用 Z－评分预测指标检测 GTI 经营面临的问题。Z－评分模型检测的结果是 0.7，这一预测值表明公司正处在财务危困之中，并有很大的可能会破产。当他将更为精确的数据加入 Z－评分模型计算公式中，得出的结果比先前预测的数据低一半，只有 0.38。这样的预测结果让人感觉心情沉重。

复苏的工具

尽管从预测结果看似乎前景暗淡，但事实上 Z－评分模型也可以作为财务复苏的管理工具来使用。预测模型中的 5 个财务比率是 Z－评分观测值上下变动的关键。如果说早期的经营管理所遵循的战略不经意间造成了上述比率的减少，从而引起 Z－评分的分数下降（见图 14.1），而 GTI 新的管理层决定采取经过深思熟虑的管理措施以扭转各项指标急速下降。在做出每一项决策之前，拉弗勒和他的团队都会用模型对决策的影响进行模拟。在 Z－评分模型中内生的变量之一是关于低效资产的相关信息，这些未得以充分利用的资产可能是造成公司财务状况恶化的主要原因。

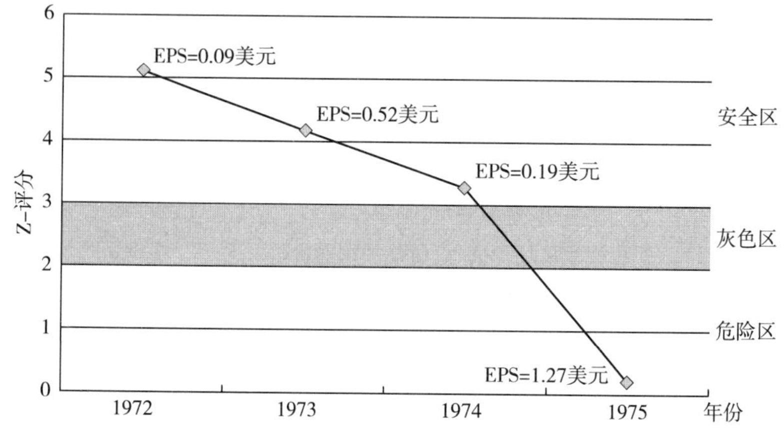

图 14.1　Z－评分对财务危困企业的预测模型：在 GTI 公司上的应用，1972—1975 年

注：EPS 指每股收益。

而这样的财务状况恶化在 GTI 公司已经持续好几年了，公司总资产的扩张与其他财务指标变动完全不成比例。我们在很多经营失败的企业中也发现了类似的情况，特别是大型企业更是如此。

通过对公司过往历史的回溯分析，拉弗勒认为 Z－评分模型已经就公司财务危困的恶化状况进行了有效的预测。比如，1975 年的历史数据表明 GTI 公司的 Z－评分得分至少在 1975 年春季的前两年就已经出现断崖式下降。

迅速采取行动

在 1974 年年末，GTI 公司的 Z－评分得分已接近灰色区域，其每股收益已下降至 0.19 美元。也就是说 GTI 公司的 Z－评分得分几年间持续下降，即使是在公司利润增长时期也是如此。这进一步证明预测模型的有效性，说明模型具有帮助公司制定战略以引导公司重新复苏的作用。

狂热扩张的后果

两年多的时间中，拉弗勒一直在告诫管理层过于激进的债务扩张政策和 GTI 公司经营规模的过度膨胀存在潜在的风险。不幸的是，这些警告并没有产生什么效果。与其他大多数的行业一样，GTI 公司也不得不屈服于 20 世纪 60 年代因高度竞争而形成的扩张狂潮。在那几年里，许多管理人员几乎把全部的精力都聚焦于利润表（P&L）。为增加销售和利润，他们心甘情愿地增加债务。随着股票市值的上升，他们预期可以通过未来优惠的股权融资来支付累积的债务（这听起来与 20 世纪 90 年代末期的情况有似曾相识的感觉）。在 1972 年经济滑坡之前，这样的经营战略一直都运行正常。然而，随着利润的下降，很多公司在债务的还本付息问题上遇到了麻烦，而这一切在几年前还是一个非常容易应付的事情。尽管经济状况已经变化，但 GTI 公司仍像很多别的公司一样持续同样的扩张战略，并顺利运行了一段时间。但到了 1975 年年初，GTI 公司开始出现亏损。在利润下滑停止之前，GTI 公司在 1975 年实现销售 1 200 万美元，累计亏损达 260 万美元，每股净亏 1.27 美元。

并且，在 5 月当月，审计委员会的一位委员发现 1975 年第 1 季度的数据有误。随后，审计委员会进一步找到证据证明公司经营显然已经面临十分严重的问题了。GTI 公司的审计师事务所开始对公司第 1 季度的活动情况进行全面重新审计，很快便确认数据存在严重的自相矛盾并着手进行修订。作为审计委员会主席的拉弗勒立刻与证券交易委员会进行沟通，通报了数据存在自相矛盾的问题，请求允许自行纠正和说明。同时他也要求美国证券交易所暂停公司的股票交易。因其很快发现并报告了相关问题，所以 GTI 公司在不到 10 天的时间里又重新恢复交易。如此一来，公司股票不但没有受到退市惩罚，反而因其迅速主动的自我监督行为而得到分析家们的称赞。

借此机会，GTI 公司董事会重组了管理团队，要求拉弗勒转为管理层成员并接任主席和首席执行官。尽管销售和利润在账面上有着良好记录，但拉弗勒发现 GTI 公司为维持其经营规模扩张，几年前就已经债务缠身。他下定决心要搞清楚公司根本问题之所在，这并没有花费太多时间。毫无约束地增加存货成为公司资产泡沫的主要影响因素，大量退货通常被弃置一旁，也不进行适当的会计处理。考虑到上述问题，半成品存货与成品销售完全不成比例。这一情况再次说明处于财务危机中的企业似乎都有同样的“症状”。

新战略的形成

由于过量的剩余资产这一造成公司财务危困的新证据的出现，一个恢复公司财务平衡的新战略浮出水面。即找到减少 GTI 公司总资产的办法，但并不会同时严重影响 Z－评分模型中 X 比率分子中的各项影响因子：营运资本、留存收益、息税前收益、股权的市场价值、销售额。GTI 公司开始查找没有有效利用的各类资产，也就是说这些资产并没有为公司挣钱。而被认定为过剩资产的将会被出售，出售收入将用于减少公司的债务。明确这一战略后，拉弗勒开始实施消除过剩资产的行动。过量库存和积压产品很快被处置，有的甚至以废料的价格出售。这一做法的直接结果是全部 5 个 X 比率的分母同时减少。这不仅是一个简单出售资产的过程，而且出售资产的收益很快被运用起来，GTI 公司的 Z－评分也相应得以提升。

设计公司破产预测模型最初的目的是帮助观察人员用于分析公司财务状况，而 GTI 公司却将其作为管理公司事务的一个工具。

堵住资金失血漏洞

通过快刀斩乱麻的办法，GTI 公司的现金流失被制止了。两个位于西海岸的已经不再赢利的工厂 10 天里便被裁减到只剩下骨干员工，其公司总部的员工从 32 人削减到 6 人。而在一年前，在公司赢利仅为 150 万美元的情况下，其人工费用竟然高达 100 万美元！在留存的公司业务中，所有的资本项目被冻结，只允许维持最基本的生产需要和修理、维护等业务。GTI 公司对向其债权人借入的额外短期贷款，在到期前就全力以赴筹集资金以备到期还款。同时，所有存货被置于严格的管控之中。这些手段产生了良好的效果，使现金和费用始终处于严格控制之下，改善了公司承担债务的能力。但是，要进一步降低成本还需要进行更多的分析研究。GTI 公司的每一家工厂都分别构建了管理职能/地理区位的矩阵，即“工作岗位和成本”的网格体系。网格体系明确了每一个工作岗位要完成什么工作、需要公司支付多大的成本。当发现工作岗位有重叠则会将其合并。网格管理体系可参见图 14.2 的说明（每一个职能/区位实际的价格没有在图中显示）。当来自各个地方的收入不能覆盖可确定的成本时，就清楚地表明了企业经营的问题所在。

	宾夕法尼亚	印第安纳	纽约	加利福尼亚	联邦德国	
运营	1	1	1	1	1	5
营销	1	1	1	1	1	5
工程	1	1	1	1	1	5
财务	1	1	1	1	1	5
	4	4	4	4	4	20（美元）

图 14.2　职能/区位矩阵

在员工的帮助下找回丢失的利润

公司员工也要参与财务重组计划。公司将一份简化的问卷分发给 GTI 公司位于宾夕法尼亚的萨吉尔敦（Saegertown）的最大工厂中的 250 位员工，就公司为什么不能再获得利润来征询他们的意见。

员工问卷所隐含的问题就是为什么低效利用的资产降低了 GTI 公司的 Z-评分得分。员工们完全清楚公司的问题所在，他们非常了解如何才能更好地利用他们的机器设备，因而很多建议被采纳从而使生产效率得到提高。但是，不幸的是这家工厂最终被卖掉了，生产线搬到了别的地方。几周后，在宾夕法尼亚的哈德利（Hadley）工厂进行了同样的问卷调查，员工们的回应直接促成了工厂组织从功能型组织向生产线型组织的转变，这是促进其更为有效地利用公司资产的另一个动作。由于直接参与公司变革，员工的努力使得公司重组取得了成功。几周后，工厂重新开始具备赢利能力。实际上，重新赢利的生产线是从萨吉尔敦搬到哈德利的。

随着时间的推移，上述工厂的扭亏为盈还只是开始，在此之后公司的其他分厂实现赢利也完全可以预期。在这样的小幅利润改变的情况下，Z-评分虽然没有出现波动，但它开始产生方向性的改变。到 1976 年年中，持续下滑 3 年之后，公司的 Z-评分开始触底反弹，GTI 公司逐渐转危为安。

出售生产线

虽然成本下降、利润增加缓解了公司面临的突出问题，但 GTI 公司还需要进一步强化相关的恢复措施。职能/区位矩阵被进一步用于分析各类生产活动，以使其能够衡量公司整体内各类产品的赢利能力。公司制订了淘汰弱者、做大强者的计划。结果到1976年年末，GTI公司出售了许多未得以充分利用的资产。从表面上看GTI公司的石英基地生产线显现出较大的优势，但根据生产矩阵的分析却得出完全不同的结论。虽然生产线过去一直有少量盈利，但石英基地不仅与GTI公司的其他产品没有互补性，而且产品需求也可能出现下降。同时，该生产线未来还需要投入相当多的资本，这会与其他项目的资金利用产生竞争。而如果卖掉石英基地的生产线，则可以获得资金以削减债务。随之发生的资产和债务的同步减少产生了令人瞩目的效果。Z－评分从1.0以下跃升至2.95，仅此一项交易，就使GTI公司急速上升至Z－评分预测值的“安全”区域范围。从外部观察者的角度看，在随后的一年半时间里，公司业绩并没有出现明显好转的迹象，但拉弗勒已经感觉到在出售石英基地生产线之后，公司正在步入恢复阶段，因为公司从濒临破产的边缘进入可以考虑重新进行新的生产的阶段。在不到18个月的时间里，公司从Z－评分0.38这一濒临死亡破产的边界，回升到始终保持在Z－评分的安全区域内（见图14.3）。评分模型的结果增强了管理层的信心，

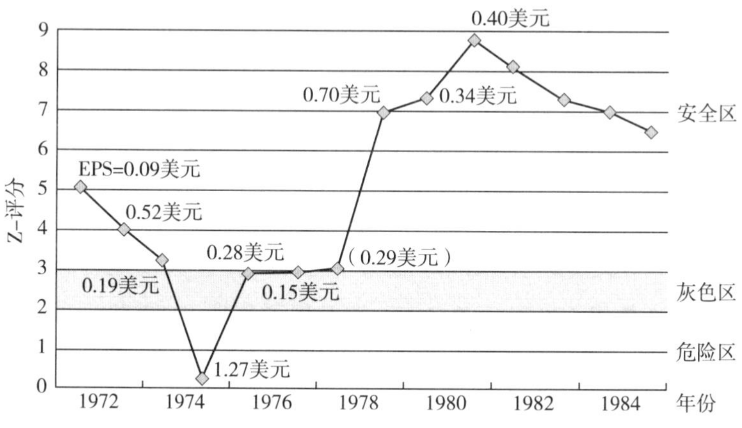

图14.3　Z－评分危困预测模型：在GTI公司上的应用，1972—1984年

GTI 公司开始努力把 Z－评分稳定地保持在安全区域。由于公司财务的稳定和赢利能力改善充分证明了 Z－评分方法的有效性，GTI 公司总部的员工开始琢磨哪些产品或金融交易手段能够有效地提升公司的 Z－评分。他们将过去仅包含简单的盈利、亏损的生产评估矩阵拓展成涵盖跨年资产收益规划的模型，这就需要对计划的流动资本和资本支出需求按每个产品进行严格的审核。这样的分析思路确定了如果公司要扩大现有的市场，成本将会是多少。

运营方面的进展

在实施重组计划以来，GTI 公司在运营方面持续取得成效。1976 年年末，每股收益达到 0.28 美元，Z－评分也同步上升。1977 年、1978 年虽然每股收益又下降到 0.15 美元和－0.29 美元，但整体财务状况得到有效改善，GTI 公司的 Z－评分也仍在逐渐提升。公司甚至以资产抵押方式融资收购了竞争对手的玻璃密封生产线，而这一收购对 Z－评分造成的负面影响几乎可以忽略不计。

1978 年，GTI 公司关闭了整个陶瓷电容器分部并出售其全部资产。此次交易仍然是基于出售低效利用的资产以偿付债务的战略，本该尽早实施。这是一个情感干预了理性、行之有效的战略。拉弗勒曾对是否保留这一在技术上令人关注的生产线有过动摇，但Z－评分体系的战略评估持续地建议公司应该尽快处理。虽然有所延误，困难重重，但终究还是果断地做出了处置决定。关闭电容器分部并出售其资产使得 GTI 公司在 1978 年保住了每股 0.29 美元这一亏损底线。但由于公司偿付了更多的债务，其 Z－评分却提高了。如之前所预期，1979 年全年公司的利润持续增长，出售相关资产为公司全年走强奠定了重要基础。

步入安全区域

1978年后，GTI公司的Z－评分持续攀升，并且步入了安全区域，当时的税前利润达到190万美元，每股收益0.7美元，销售收入达到2 100万美元。从资产负债表看，5年中GTI公司实施的新战略使得负债与股东权益比率从128%下降到30%。股东权益从350万美元增加到470万美元。负债与股东权益（市值计算）比率在1981年的改善更加出乎意料——下降到10%以下。1980—1981年，GTI公司进一步强化其财务状况，提升股东权益。公司持续保持其相对保守的财务管理政策，密切关注商务决策对Z－评分的影响。1980年8月，公司与研发有限合伙公司（简称R&D）签订合作协议，探讨在几个新合作开发项目上结成合伙的关系，这就反映了对这样一种精神的坚持。进一步，为提高投资收益和为新兴的电子行业发展提供资金，1981年年初，GTI公司处置了金属和塑料加工生产线。1981年7月，GTI公司以16%的利率谈成了100万美元的10年期贷款，来增加流动资金。就是如此，20世纪80年代早期的利率就是这么高。

由于细致的财务计划和公司持续的赢利能力，GTI公司在投资净收益和贷款组合中始终保持了正现金流。最为重要的原因是公司已将Z－评分控制内部化，使其始终能得到充足的资金以偿付债务。这种做法在模型中的含义就是：企业能够主动影响和控制财务比率（X_4），即权益价值与债务融资余额之间的关系。GTI的Z－评分在1979年急速上升到7.0，并在1981年年末继续提升到8.8，这主要得益于X_4指标值的改善。考虑到20世纪80年代初正值经济衰退时期，且公司经营在1980年还出现了下滑的情况，GTI公司的Z－评分指标值的提升就更加令人印象深刻。GTI公司在1992年被一家位于斯堪的纳维亚的企业并购前是在美国证交所上市的企业，并且一直是作为一个财务稳健的、以有控制的增长来追寻新的发展道路的标杆企业。而其最为成功的地方则在于执行了基于 Z－评分破产预测模型所提出的财务战略。

将 Z－评分模型作为成功重组的晴雨表

我们现在可以相信某些预测模型是可以用作管理工具的。GTI 公司对 Z－评分破产预测模型的运用，提供了一个有力的证明，即一个普通的被动性模型是如何主动用于管理实践并取得巨大成功的。其要点在于对模型审慎的选择和运用的强调，要鼓励经理人员去找到并评估有关公司经营活动的相关预测性模型。实施经过改良的商业战略是能够产生很好的效果的。我们完全可以想象到，现在许多正处于财务危困之中的企业能够从这一案例中学到很多，或许通过采用 GTI 公司所使用的战略就可以让企业走上复苏的道路。

除了在公司重组战略中规范地使用财务模型之外，我们还主张用 Z－评分模型作为任何企业重构的一个晴雨表。我们经常会听到重组的经理人员在运用模型后诊断出企业的财务状况变得有多么糟糕。模型额外的用处是在对企业采取重构行动之前可对重构的可行性进行测试，这不仅对于企业避免进入第 11 章破产保护来说是重要的，而且对于降低再次破产（第 22 章）的概率也是十分重要的！

第十五章　估计违约债务追偿率

在本书前面的章节，特别是第七章和第十一章，我们讨论了信用交易中有用的估算交易对手违约概率的模型和步骤。与估计给定违约损失率（LGD）大小同样重要的是还要估计违约证券（如债券或贷款）的预期追偿率（RR）。无论是预期还是非预期违约损失率，它们都是确定银行信贷资产最低监管资本要求中非常重要的变量，这是巴塞尔委员会2004年制定并努力推行、要求全球银行必须遵守的监管要求。通常由证券违约后的市场价格进行定义的预期追偿率，是市场人士对非常重要的信贷衍生品市场进行定价和其他变量分析的两个重要变量之一。

通常追偿率也可以为进入破产法第11章的公司重组结束时进行测算，这时预期可追偿的比率或数量常常被称作“最终的追偿率”。标普在2003年年末的专项通报强调了该变量的重要性，把“追偿率”作为大型商业和机构担保贷款违约后名义本金最终追偿率的一个估计参数。①

在此之后的2005年2月，惠誉评级公司也宣布将针对低评级的

① 衷心感谢标普的布兰迪和米兰博科尼大学的雷斯蒂、斯罗尼一起对本章所做出的贡献。该章的各部分得自阿尔特曼、雷斯蒂和斯罗尼（2005a，b）的文章。标普对按本金追偿规模设置了6个追偿等级，从1+（完全回收本金的最高期望，100%）到5（可忽略不计的本金回收规模，0~25%）。标普还会继续提供其传统的信用评级指标以反映企业的违约风险和信用资质情况［Chew and Kerr（2005）in Altman，Resti，and Sironi（2005b）］。

投资证券引入一套全新的、涉及“违约评级与追偿比例”的评级计划。[①] 这样做的结果表明，两家机构都意识到市场对构成信用风险的两个主要因素（违约概率和追偿率）的相关信息有很大需求。穆迪投资服务机构多年来一直认为信用评级应整合违约概率和追偿率（PD 和 RR）两类指标计量，但目前（2004—2005）还只能对这两个重要的因素分别进行测算。当然，我们期待穆迪尽快推出自己的追偿率指标新版本。

追偿率理论

有 3 个变量影响着金融资产的信用风险：（1）违约概率（PD）；（2）违约损失（LGD），等于 1 减去违约后可追偿率（RR）；（3）违约风险敞口（EAD）。关于信用风险的诸多文献都把注意力倾注在估值中的首要影响因素——违约概率（PD）上，却一直很少将注意力放在追偿率（RR）估值和 PD 与 RR 之间的关系上。这主要是以下两个方面的因素影响的结果。首先，信贷定价模型和风险管理应用工具都倾向于聚焦信用风险中的系统性风险，因为它们是为了获得更高风险溢价的唯一方法。其次，习惯上，信贷风险定价模型一直假定 RR 并不会对系统性风险做出反应，主要依赖于单个个体特征（如抵押品或信贷偿还等级），是独立于 PD 的一个变量。

日益增加的、致力于分析 RR 估值和 PD 与 RR 之间关系的诸多研究，一定程度上正在逆转上述习惯于聚焦违约概率分析的思路（Fridson, Garman, and Okashima 2000; Gupton, Gates, and Carty 2000; Jokivuolle and Peura 2003; Altman, Resti and Sironi 2001 and

① 慧誉公司的最终追偿指标如果推出的话，将对证券追偿级别从 R1（高追偿）到 R6（低追偿）进行排序，并推荐用于全球证券评级在 B 级或更低级别的产品，也包括结构化金融工具。

with Brady 2003；Frye 2000a，2000b，and 2000c；Hu and Perraudin 2002；and Jarrow 2001）。这些研究成果出现的部分原因是1999—2002年登记的违约率增加和追偿率下降的情况同时并存。总体来看，近年来很多国家的证据表明抵押品的价值与追偿率之间的关系并不稳定（如Franks and Sussman，2005），而且在经济下行期间，违约数量会大幅上升，而这些抵押品的价值则有可能一路下行（Schleifer and Vishny 1992；Altman 2001；Hamilton，Gupton，and Berthault 2001）。

本章首先全面回顾了过去30年间各种信用风险模型是怎样看待追偿率，特别是如何看待追偿率与债务人违约概率之间的关系的。这些模型可以被分成两个主要的大类：信贷定价模型和组合信用风险价值模型（VaR）。信贷定价模型依次可分为3种：第一代结构式模型、第二代结构式模型、简化式模型。我们将对这3种方法连同其基本假设、优势、缺陷、实证检验表现进行回顾评论，同时也将对信用风险价值模型进行回顾评论。我们也将对一些新的研究文献进行回顾评论，这些研究主要是针对PD和RR之间的关系进行经验研究和直接建模。我们还对违约债券和违约信贷的追偿率、违约率与追偿率之间的关系方面出现的一些新的经验证据进行了分析评估。

信贷定价模型

第一代结构式模型

第一类信贷风险模型是根据默顿（1974）利用期权定价原理（Black and Scholes，1973）构建的创新性架构开发出来的。在这一框架中，公司违约的过程是被公司的资产价值所驱动，因此企业违约风险明显受企业资产价值的波动性影响。正如本书第十一章所讨论的那样，默顿模型背后的基本直觉其实相对简单：当企业资产价值（企业市值）低于其负债时的价值时，违约就会发生。因此债务持有人在债务到期时偿付的数量将是下列两个数量指标中的较小值：债务的票面价值或者企业资产的市场价值。假定公司债务持有的完全是零息债券，如果到期时企业价值大于债券票面价值，则债券持有人将收回债券票面价值的本金。然而，如果企业的价值小于债券的票面价值，股东将一无所有，而债券持有人则可以企业的市场价值抵补债券面值。因此对债券持有人到期支付的报酬等于债券面值减去企业价值的看跌期权（卖方期权），履约价等于债券面值和债券到期的期限。根据这样的直观判断，默顿提出了一个风险债券的显式公式，以用于估计企业的 PD 和风险债券与无违约债券之间的收益差异。

除默顿外，第一代结构化模型还应包括布莱克和考克斯（Cox，1976），格斯克（Geske，1977），以及瓦西塞克（Vasicek，1984）所提出的模型。他们当中每一个模型都试图通过移除一个或多个不符合实际的假设，以进一步完善最初默顿的框架。布莱克和考克斯提出了包含次级债券的更为复杂的资本结构的可能性；格斯克引入了付息债务；瓦西塞克说明了短期和长期债务之间的区别，这些研究促使了 KMV 模型具有与众不同的特征。①

在这些模型里，所有相关信用风险的要素，包括违约率和追偿率都是企业结构特性的函数：资产水平、资产波动性（商业风险）和杠杆率（财务风险）。而由于对债权人的偿付是违约公司资产残值的函数，因此 RR 也是一个内生变量。更准确地说，在默顿的理论框架中，PD 和 RR 常常是逆相关的。比如，如果企业价值增加，则

① 在第十一章中讨论 KMV 模型时我们曾提到，当企业资产价值低于一个临界值，即达到短期债务总额和长期债务的一半时，违约就会发生。

PD 将趋于下降，而预期 RR 在违约时则会相应上升（其他条件不变的情况下）。另外，如果企业债务增加，其 PD 也会上升，而预期 RR 在违约时则会下降。最后，如果企业资产价值波动性增大，其 PD 也会增加，而预期 RR 在违约时可能会由于资产价值变得远远低于负债而下降。

虽然按照默顿方法的研究思路，可以证明在处理信贷风险定价中重要的定性研究非常有价值，但在实践中却很少能成功运用。[①] 模型未能被成功应用的原因有多重。首先，在默顿的模型中，企业违约是仅仅就到期债务而言的，这一假设的情景与现实格格不入。其次，模型通常会用于对资本结构中（复杂的资本结构）不止一个等级的企业债券违约风险进行估值，需要对优先权/优先等级结构予以专门说明。模型框架实际上要假定必须坚持绝对优先偿付的规则，即违约债务偿付次序应按到期期限先后确定。然而，正如卫斯（1990）以及弗兰克斯和托罗斯（1994）提供的经验证据表明，绝对优先规则经常会发生变化。另外，在基本的默顿模型中使用对数正态分布（替代宽尾分布）可能会夸大违约情况下的追偿率。

第二代结构式模型

面对上述的困难，研究人员一直都在开发其他可以替代的方法，就涉及的违约过程而言，这些模型虽仍沿用最初默顿的框架，但移除了模型不符合实际的假设：违约只会在债务到期而企业资产已不足以覆盖债务时才会发生。代之以假设违约在债务到期日之前随时都有可能发生，只要企业资产的价值达到一个较低的临界水平，违

① 标准的参考文献来自穆斯、梅森和罗森菲尔德在 1984 年的研究，他们发现即使对于资本结构非常简单的企业而言，默顿的这类模型在对投资级公司债券进行定价时也并不比其他假定无违约风险的简单模型做得更好。

约就会被触发。[①] 这些新发展的模型包括了基姆、托马斯瓦米和圣达信（Kim，Ramaswamy，and Sundaresan，1993）；赫尔和怀特（Hull and White，1995）；尼尔森、萨阿－勒克若和圣塔克拉拉（Nielsen、Saa-Requejo、Santa-Clara，1993）；郎斯塔夫和施瓦兹（Longstaff and Schwartz，1995）等学者的工作。

在这些模型中，违约事件中的 RR 不依赖于企业资产价值的外生变量，其通常被定义为未偿债务价值的一定固定比率，因此这一变量是独立于 PD 的。比如，郎斯塔夫和施瓦兹就认为：通过考察各类可比企业不同级别债务的违约和追偿率的历史，可以得出 RR 的可靠估计。在他们的模型中，均考虑到了随机利率期限结构和违约与利率的关系。他们发现违约风险和利率水平之间的关系对信用利差的属性具有重要的影响。[②] 这一方法通过破产中指定风险债务与现金流的比例关系以及对破产程序的简化从而简化了第一代模型。当企业标的资产价值触及某一外生指定的边界时，后者就可能发生。

尽管相对于默顿的初始框架而言，这些模型已经有了很大改善，但第二代结构式模型仍然存在实证检验结果较差的 3 个主要缺陷。[③] 首先，它们仍然要求企业资产价值的估算值，而这一参数是无法计算的。事实上，这与运用估算股票期权的布莱克－舒尔斯（Black-Scholes）公式来计算股票价格不同，企业资产的市场现值通常是不容易观测到的。其次，对于可能发生违约的风险公司债券，其信用评级容易发生变化，而结构式模型无法整合信用评级的各种变化。多数公司债券在实际违约之前信用等级就会被下调，因此，任何信

---

① 基于这一框架最早的研究是布莱克和考克斯（1976）。但是，在如何处理追偿率的意义上该文并不属于第二代模型。

② 根据穆迪公司债券收益数据，他们发现信用利差与利率负相关，风险债券的期限也依赖于与利率的关系。

③ 参见埃翁、海尔维奇和黄（Eom，Helwege，and Huang，2001）所完成的结构式模型的实证分析。

用风险模型都需要考虑信用等级变化的不确定性以及相关实际违约的不确定性。最后，多数的结构式模型都假定企业的价值在时间上是连续的，因此违约发生的时间是可以在发生之前进行预测的，正如达菲和兰多（Duffie and Lando，2000）认为的那样，不会出现"意外之惊喜"。换言之，不需要发生一个所谓跳跃扩散的过程，企业的违约概率 PD 就已经是确定的了。

简化式模型

简化式模型源于为克服结构式模型前述的不足所进行的各种尝试和努力。包括利特曼和伊本（Litterman and Iben，1991）；马登和于纳尔（Madan and Unal，1995）；杰罗和特恩布尔（Jarrow and Turnbull，1995）；杰罗、兰多和特恩布尔（1997）；兰多（1998）；达菲（1998）；达菲和辛格尔顿（Singleton，1999）等人的研究。与结构式模型不同，简化式模型不以企业价值估值为假设前提，企业相关的价值参数也不需要进行专门估算。除此之外，简化式模型还分别引入了 PD 和 RR 两个动态变量变动状况的明确假设。这些变量依据企业的结构特征、资产波动性、杠杆率进行独立建模。通常而言，简化式模型假定 RR 属于外生变量，独立于 PD。更为特殊的情况是，简化式模型将无违约利率、违约债券在违约时的 RR 及违约强度为随机过程等行为视作一种原生状态。在每一个瞬间，企业都存在某种的债务违约概率。违约概率和违约发生时的 RR 服从随机变化的分布。这一随机变动的过程决定了信用风险的定价。虽然这些变化的过程与企业的资产价值在形式上并没有什么直接关联，但在其背后的确有一些可以假定的关系。由此达菲和辛格尔顿将这些可以替代的方法称为简化式模型。

由于简化式模型可以包容突发的违约情形，因此在违约预测性上根本不同于结构式模型。典型的简化式模型假定是某个外生随机变量驱动着违约的产生，而在任何一段时间间隔区中违约概率都不为零。每当这一随机变量经历离散水平的一个变化，违约就会发生。这些模型将违约视作不可预测的泊松事件（Poisson events）。因为在当下可获得的信息基础上，离散变化何时发生是不可能被事前预测的。

简化式模型的另外一个有别于其他模型的地方是 RR 被参数化了。例如，杰罗和特恩布尔（1995）假定在违约时，债券仍会具有一个市场价值，即等于由外生确定的等值与无违约债券价值的一定比例。达菲和辛格尔顿（1999）随后开发的模型提出，当违约债券的市场价值（即 RR）是外生规定的时候，模型就应将信用利差期限结构的闭式解考虑进去。他们的模型也允许有一个随机的追偿率（RR），其依赖于违约前债券的价值。该模型假定违约预期损失是一个外生过程，那就意味着 RR 并不依赖于违约索赔权的价值，但是，模型将违约风险率的变动过程和 RR 之间的相关性纳入其中。确实，在该模型中 PD 和 RR 两者的行为表现可能受到企业特定的或宏观经济变量的影响，因此它们是相互关联的。

而其他的模型则假设同一发行者、同样优先级别和面值的债券在发生违约时会有相同的 RR，不论债券剩余到期时间是多久。比如达菲（1998）假定：违约时，面值既定的债券持有人会收到一定的固定回报，与票息水平和期限无关，且与其他同一优先级别的债券面值保持同等的比例。这使债券持有人可以利用由穆迪这样的评级公司基于统计学而提供的追偿参数（recovery parameters）。杰罗、兰多和特恩布尔（1997）也考虑到了将某一公司不同优先级负债转换成不同 RR 的问题。兰多（1998）及杰罗、兰多和特恩布尔（1997）的模型则利用迁移矩阵（transition matrices，信用评级变动的历史概率水平）来对可能违约的债券进行定价。

有关简化式模型的经验证据比较有限。迪菲（Duffee，1999）在利用达菲和辛格尔顿（1999）的分析框架进行实证检验时发现，这些模型很难对所观察到的具有不同信用风险特性的企业信用利差期限结构做出解释。特别是针对信用风险低的企业和信用风险高的企业，该模型很难生成一个相对平滑的收益率价差曲线和一个相对陡峭的收益率价差曲线。

近期在周（Zhou，2001）的论文中尝试把结构模型的优点——违约过程背后清楚的经济逻辑，和简化式模型的优点——违约的不可预见性整合到一起。最终这一思路将企业价值的演化构建为跳跃－扩散模型。该模型将违约时的企业价值与 RR 联系到一起，这样，模型中 RR 的变化完全是内生的，且 RR 与信用评级所具有的相关性得到了证实。首先讨论上述关系的人是古普顿、盖茨和卡蒂（2000），之后是阿尔特曼、雷斯蒂和斯罗尼（2001）。

信贷风险价值模型

20 世纪 90 年代后半期，银行和分析师们开始开发信贷风险模型来测度在事前确定的置信水平下、特定投资期限里（通常为一年）投资组合信用风险敞口中可能面临的潜在损失。信用风险管理日益增长的重要性大大促进了这些模型的开发，特别是自 1999 年开始提出建议而 5 年后才成型的《巴塞尔协议 II》（巴塞尔委员会关于银行监管的规定，2004）最终推出之后，信用风险的管理更加重要。这些风险价值模型（VaR）还包括摩根大通的信用矩阵模型（现为风险矩阵模型）（Gupton，Finger，and Bhatia，1997），瑞信金融产品信用风险模型（CreditRisk +，1997），麦肯锡的信用组合评估模型（CreditPortfolioView，Wilson，1998），KMV 的信用组合经理人模型及镰仓的风险经理人模型。

信用价值风险模型可以分为两个主要类别：违约式模型（简称DM）和盯市模型（简称MTM）。在前一类模型中信用风险是以违约风险来进行识别的，并采用二项式的方法进行测度。在这一类模型中只有两类可能事件是被考虑其中的：违约和残余值（survival）。残余值这一参数包含了借款人资信状况各种可能的变化，技术上我们将其称为信用迁移。在DM模型中，只有在违约发生时才会产生信用损失。与之相反，MTM模型是多项式的，即当企业信用出现负向迁移时也会产生损失。这两种方法的差异基本上在于所需输入的数据量方面的不同：违约式模型需要的数据量是有限的，而盯市模型需要的数据量则更为宽泛。

信用风险模型最主要的输出成果是信贷组合未来损失的概率密度函数（简称PDF）。从对损失分布的分析中，金融机构可以对信贷组合中的预期损失和非预期损失两者进行估计。预期损失等于损失分布的（绝对）平均数，以此说明投资者在一个特定时期内（通常为一年）可以预期的损失数额。另外，未预期损失则表明预期损失和实际测定的组合风险之间的偏差。这反过来也可以通过损失分布的标准差进行测定。这种测定只有在正态分布的情况下才会有意义，因此对信贷风险的实际测定没什么用处。实际上，信贷损失通常是非对称的和厚尾的。这意味着与正态分布相比，出现更大损失的概率更高。金融机构一般会用信贷风险模型来评估其信贷组合面临的风险所必需的经济资本。在这样的一个框架中，信贷损失拨备将会覆盖预期损失，[①] 而经济资本则被作为未预期损失的缓冲垫。实际上，《巴塞尔协议II》在最后的重申中对这两种损失进行了区分。

信贷VaR模型大部分可以看作简化式模型，其RR被看作外生的不变参数或者与PD独立的随机变量。有些模型如信用矩阵，将违

① 正如琼斯和明戈（1998）所讨论过的，储备是用来覆盖预期损失的。

约时的 RR 看作一个随机变量，通常由与 PD 独立的贝塔分布进行模型估算。而另一些模型如信用风险模型则视其为一个固定的参数，需要从每一单个信用风险上进行指定来输入。对这些模型进行全面综合性分析超出了我们讨论的范围，[①] 但强调所有信贷 VaR 模型都将 RR 和 PD 视作独立变量这一点却是十分重要的。

近年来关于 PD-RR 关系研究的进展

过去 3 年间，用新方法系统地构建模型，并就 PD 和 RR 之间的关系进行实证考察的研究一直在进行。其中包括弗莱（2000a and 2000b）；杰罗（2001）；胡和佩罗丹（2002）；乔基武勒和佩乌拉（Jokivuolle and Peura，2003）；凯丽和戈迪（Carey and Gordy，2003）；巴克希等人（Bakshi et al.，2001）；阿尔特曼、雷斯蒂和斯罗尼（2001 and with Brady 2003）；阿查里亚、巴拉特和斯里尼瓦桑（Acharya，Bharath，and Srinivasan，2003）。

弗莱提出的模型借鉴了劳格（1999）和戈迪（2000）提出的条件法。在这些模型中，违约是因为单一的系统性因素——经济状况而出现的，并非由有多个相关关系的参数所决定。这些模型的假设是：引发违约上升的相同的经济状况可能会导致 RR 出现下降，也就是说违约债务追偿率分布状况在高违约时期是不同于低违约时期的。在弗莱的模型中，RR 和 PD 两者都依赖于系统性因素的状况。这两个变量的相关性源自它们都依赖于这个系统性因素。

弗莱理论模型的直觉相对比较简单：如果一个借款人贷款违约，银行贷款追偿情况将会依赖于贷款抵押品的价值。而抵押品的价值

---

① 对这些模型的全面分析，参见克劳伊、加莱和马克（Crouhy，Galai and Mark，2000）以及戈迪（2000）的研究文章。

则与别的资产价值一样，取决于经济状况。如果经济体正在经历经济衰退，RR 会减少，而违约率易出现上升，这就使违约率与 RR 出现负相关关系。

在弗莱（2000a）原来建立的模型中隐含着贷款追偿率要由一个确定抵押品价值的方程来确定，而后来弗莱（2000b）则直接将追偿率纳入模型之中。这就使得他可以利用美国公司债券数据中关于违约率和追偿率的资料对他的模型进行实证分析。更准确地说，用于实证分析的资料是来自穆迪违约风险服务机构数据库中 1982—1997 年的数据资料。[①] 检验结果表明公司债券的违约率与 RR 之间存在很强的负相关关系。这一结论与最近美国债券市场的情况完全一致，表现为 1999—2002 年违约率与违约损失率均同步上升。[②] 弗莱（2000b and 2000c）的实证分析证明，在严重的经济衰退时期，债券追偿率可能会比正常年景的平均数下降 20 ~ 25 个百分点。贷款追偿率也会以同一幅度下降，但是是从一个更高的水平上往下降。

杰罗（2001）在方法论上提出了一种新的思路，从债券和股票价格中估算隐含的 RR 和 PD。与弗莱一样，他也假定 RR 和 PD 是彼此相关且都依赖于宏观经济状况的。而杰罗的方法直接将股票价格整合到估算过程之中，并允许利用扩展的和相关的数据序列分别确定 RR 和 PD。除此之外，该方法在估计过程中直接将流动性溢价也整合其中，而流动性溢价通常被认为是影响风险债券与美国国债之间收益利差高波动性的关键因素。

利用 1970—1999 年 4 个不同的数据序列，凯丽和戈迪（2003）分析了违约损失率估计和其与违约率之间的关系。他们的初步结论

---

① 1970—1981 年的数据因为可用于计算年度追偿率的违约价格数据的数量太少，通常都会将这些年份从样本期中剔除。

② 汉密尔顿、古普顿和贝尔托（2001）以及阿尔特曼、布兰迪、雷斯蒂和斯罗尼（2003）为这种现象提供了十分清晰的经验证据。

与弗莱（2000b）的研究发现形成了鲜明的对比：违约率和违约损失率之间简单的相互关系的估计值接近于零。然而，他们发现如果将样本期间限定为1988—1998年，估计的相关系数与弗莱的估计结果会更加一致（优先债为0.45，次级债为0.8）。两位作者假设在短时间内相关系数不会上升太多，肯定不是因为1993—1996年违约损失率比较低，而是因为1990年和1991年是高违约年份，其违约损失率也相对较高。他们由此得出结论：弗莱模型背后的基本直觉并不适合用来描述违约率与违约损失率之间的关系。事实上，违约率与违约损失率之间较弱的或非对称的相互关系说明两者可能分别受到经济周期中不同因素的影响。

利用1982—2002年样本期违约债券的数据，其中包括了相对高违约率的2000—2002年，阿尔特曼、雷斯蒂和斯罗尼（2001）所得出的实证检验结论与弗莱的直觉一致：违约率与追偿率之间存在负相关关系。然而，他们也发现单一的系统性风险因素——经济表现，比弗莱模型建议的可预测性要小。他们的单变量和多变量计量模型赋予了违约债券的供应数量（违约率）十分关键的作用，表明这个变量与代表高收益债券市场规模和经济周期的变量一起，可以解释覆盖所有级别和抵押水平的债券总体追偿率的变动。他们的结论是：基于供求平衡这一简单的微观经济模型与基于违约率和追偿率变量均依赖于经济循环周期的情况的宏观经济模型相比，其对违约债券总体追偿率的解释力更强。在高违约的年份中，违约证券的供给将会超过需求，[①] 因而将驱使二级市场价格下行。由于通常是利用违约不久后债券的价格来对RR进行测定，因此价格下行反过来又对RR估计产生负面影响。在实证检验部分我们将再回到违约率与追偿率

① 需求主要来自被称为“秃鹫”的利基投资者，他们专门投资违约债券。这些投资者在固定收益市场中代表着一个相对比较小（大约1 000亿美元）且又十分专业化的部分。

实证方法比较了3种可替代模型运行的结果。他们利用了标普Credit Pro数据库中违约率与追偿率时间序列数据，包含1982—1999年的债券和贷款违约信息。他们发现基于违约时的市场价格估计的追偿率远远高于重组复苏时（通常是破产重组）使用的追偿率。该研究的发现与以前研究的结论是一致的：系统性风险是影响追偿率的一个重要因素。同时表明如果忽视这一风险因素，可能导致对经济资本出现低估的偏差。

最后，沙巴纳、劳伦和所罗门（Chabane，Laurent，and Salomon，2004）在近期提出了一个将追偿率和违约事件之间的依存关系考虑在内的新模型。他们从纯粹理论观点的角度研究了大型信贷组合的损失分布问题，其研究表明信贷损失与标准风险度量诸如信用风险价值（VaR）和“预期损失”与《巴塞尔协议II》的“平均”方法相比较是增加的（另见Resti and Sironi，2005）。

追偿率与顺周期性

阿尔特曼等人（2001，2005 with Brady）也强调了他们的这些研究成果对信贷风险建模以及顺周期性特点下资本要求①的含义。为评估信贷风险模型中违约率与追偿率负相关关系的影响，他们运用蒙特卡罗模拟对银行贷款组合样本进行了分析，比较了关键的风险指标情况（预期和非预期损失）。他们的研究表明如果假设PD与RR不相关，那么预期损失和非预期损失都会被严重低估。不将PD和RR之间的负相关关系纳入其中的信贷模型，可能会导致银行储备不

① 顺周期性涉及不同经济和金融市场周期下监管资本要求的灵敏度问题。由于评级与违约率会对经济周期做出反应，因此巴塞尔委员会所提出的新的内部评级（IRB）方法存在在经济减缓时资本占用被夸大、同时收紧信贷供给的风险（经济快速增长时则与之相反的结论也同样成立）。

足，并引发金融市场不必要的动荡。

阿尔特曼等人的研究表明只要涉及顺周期问题，PD 与 RR 之间的关系就会加大其影响：违约率越高而追偿率越低这一关系将会放大经济周期的效应。在采用所谓高级的内部评级法（IRB）的情况下，银行可以自由地对追偿率进行调整，而在违约增加和评级恶化的情况下，银行更可能对它们进行下调。雷斯蒂（2002）通过利用银行贷款标准组合（其构成是根据标普过渡矩阵随时间进行调整），根据跨越 20 年时间的数据进行模拟计算，也对这一运行机制的影响进行过评估。这一模拟运算得出了两个主要的结论：（1）顺周期影响是由升级和降级来驱动的，而不是由违约率来驱动的，换言之，需要与资本要求相一致的信贷供给调整更主要地取决于权重资产的结构变化，而很少会与实际贷款损失相联系（违约率极高的年份除外）；（2）当 RR 被允许与违约率同时发生波动时，顺周期的影响将会显著增加。

考虑到这些可能的负面影响，《巴塞尔协议 II》委员会安排工作小组专门对“下行期追偿率”问题进行分析研究，以评估经济活动收缩对违约损失的影响及意义。该工作小组在 2005 年发布的报告中为银行提供了一些指导意见（框架文本第 468 段，巴塞尔委员会关于银行监管，2005）

关于追偿率的经验证据

本节将集中讨论违约追偿率的不同测度方法及近期的经验证据。多数信贷风险模型都使用历史平均经验估计，并结合针对违约概率的主要分析性规格来得到最重要的违约损失数据。由于多数金融机构都没有完整的、按资产和抵押品分类的追偿率数据，为满足《巴塞尔协议 II》的要求，建模人员和分析师们不得不使用从公共债券和私人贷款市场获取的数据，运用基于 IRB 模型而构建的内部评级法对 LGD 进行估计。当然，一些银行也将研究建立它们自己的内部数据库以符合高级 IRB 方法的要求。

早期的经验证据

已经公开的违约追偿率数据通常会（但也并不总是）利用二级市场上的债券或银行贷款价格数据。第一个（据我们所知）估计违约追偿率的是阿尔特曼、霍尔德曼和纳拉亚南（1977）在第二代信贷评分模型中，对 ZETA 模型最优信用评分底线所进行的调整。令人感兴趣的是这些银行贷款追偿率的估计并非得自次级贷款交易市场——它们在那时并不存在，而是来自银行内部作业部门的经验观察（1971—1975）。从这些部门早期的经验中得出的一般结论是：不良、无担保贷款的追偿率是贷款本金加上未偿付利息的 30%（未折现）。由于这一比率是参考了违约后的追偿率，即通常的公司重组期结束后的追偿率情况，因此我们将其称为“最终追偿率”。

在后来的研究中，最终追偿率是指债券或贷款的名义价值或折现后的价值，这需要根据重组结束时（破产法第 11 章）的证券价格，或者重组后成功恢复的各种现金、证券组合的价值来确定。例如，阿尔特曼和艾博哈特（1994）观察到了在重组成功后按优先级别分类的违约债券的收益情况，以及这些债券的折现价格。根据他们的计算，资本市场上高等级的优先级债券（优先级担保债券与优先级非担保债券）在后违约时期的收益状况仍然很不错（每年可以达到 20% ~30% 的收益水平），而非优先级债券（优先次级债券与次级债券）则表现很差，只能在名义上保持盈亏平衡，在折现的情况下，则可能出现亏损。弗里德森、加尔曼和冈岛（Fridson，Garman，and Okashima，2001）利用新的数据（1994—2000）更新了阿尔特曼和艾博哈特早期的、覆盖时期为 1981—1993 年的研究，他们得出了并不极端却类似的结论。

分析银行贷款追偿率的其他研究工作是由阿斯诺和爱德华兹（Asarnow and Edwards，1995）及伊尔斯和博斯沃恩（Eales and Bosworth，1998）完成的。第一项研究中提供了银行违约贷款损失的分析结果。该研究利用了花旗银行收集的 24 年的数据，包含了 831 个工商业（C&I）贷款数据，及 89 个结构性贷款（包含许多限制性条约的高抵押贷款）数据。他们的研究结果（基于最终追偿率）表明 C&I 贷款的违约损失率大约为 35%（超过 1 000万美元的较大金额贷款，则显示略低的损失率，为 29%）；意料之中的则是由于担保和限制性条款在支持早期违约监测和追偿过程所发挥的作用，结构性贷款的违约损失率反而是在完全能够接受的范围（只有 13%）。第二项研究中两位作者报告了在美经营的外资银行——西太平洋公司追偿率的实证检验结果。该项研究聚焦于小企业贷款和大额消费贷款，例如家庭贷款和不动产投资贷款。

最近，托尼-卡瓦略和德尔默（Neto de Carvalho and Dermine，2003）利用葡萄牙最大的私有银行——葡萄牙商业银行的信贷组合数据分析了决定违约损失率的相关因素。他们对 371 个中小企业的违约贷款样本进行了分析研究，这些贷款最初被批准的时间为 1985 年 6 月 ~2000 年 12 月。追偿率估计是根据违约事件发生后回收的现金流的折现。两位作者报告了与过去实证检验结果相一致的 3 个主要实证结论：（1）违约贷款损失率的频数分布呈现双峰状态，很多情况下追偿率为 0，而其他的则可能为 100%；（2）贷款规模统计上对追偿率具有负面影响；（3）虽然抵押品类型对追偿率具有决定性影响在统计学上是十分显著的，但这与银行 - 公司关系的时间长短没有关系。

较新的证据

表 15.1 提供了关于银行贷款追偿率（Emery，Cantor，and Avner，2004）以及基于违约日之后平均证券价格计量的各级别公司债券的（Altman and Aguiar，2005）一些最新经验证据。不出所料，有最高追偿率中位数的是有担保优先级别贷款（71.5%），其次为有担保优先级别债券（55.8%）。尽管埃梅里等人（穆迪）及阿尔特曼与阿吉亚尔的数据来自不同的样本和不同时期，然而令人感兴趣的是：他们的分析表明无担保优先级债券的追偿率是相同的（42.5%），虽然标准差相同（在中到上约20%的水平），但低于无

表 15.1　公众公司债券（1974—2004）和银行贷款违约追偿率（1989—2003）

贷款/债券级别	发行数量	中位数（%）	平均数（%）	标准误差（%）
有担保优先级别贷款	163	71.50	67.50	24.40
无担保优先级别贷款	32	50.50	54.60	28.40
有担保优先级别债券	256	55.75	54.15	23.05
无担保优先级别债券	947	42.54	35.77	26.62
优先次级债券	399	32.79	30.17	24.97
次级债券	248	31.00	31.06	22.53
贴现债券	145	19.00	22.15	18.64
全部样本债券	1 945	40.67	34.44	24.97

注：基于违约债券和违约30天贷款交易商平均投标价格计算。

资料来源：埃默里、坎托和阿夫纳（2004，银行贷款部分），阿尔特曼和阿吉亚尔（2005，债券部分）。

担保优先级银行贷款（50.5%）。确实，埃梅里等人（2004）发现债券的平均损失率要比同样评级的贷款的损失率更高。对优先次级债券和次级债券追偿率中位数的估计结果实际上几乎相同，介乎于31%到略低于33%之间。在瓦尔马等人（2003）的研究中也可以发现违约债券具有相同的追偿率的结论。比如，阿尔特曼和阿吉亚尔（2005）就近2 000只违约债券运用价值加权平均方法计算的追偿率为35.4%，与之相比，穆迪以价值加权法计算的平均数为33.8%，而对1 237只债券按发行者权重法计算的平均数为35.4%。

阿尔特曼和凡胡尔（2004a、2004b）进一步通过分解违约日之后债券追偿率，分析不同优先级别债券的初始评级［堕落天使与初始评级为非投资级（垃圾债券）债券］的影响。例如，在表15.2中我们可以观察到初始评级为投资级别的有担保优先级债券追偿率中位数为50.5%，而与之相对应，发行时初始评级为非投资级的同样的有担保优先级债券追偿率只有33.5%（平均追偿率为54.5%对36.6%）。同样优先级债券的追偿率在统计上的显著差异令人印象深刻。正如各类研究所证实的那样，不同评级的债券平均追偿率之间的差异甚至更大。近年来美国堕落天使（跌破投资价值）债券违约更加凸显（在2001年和2002年近50%的违约金额是违约前的堕落天使所致），这些统计数据是相当有意义的。对无担保优先级债券而言，其中位数的差别几乎一样大（42.75%对30.0%）。注意，尽管投资级别和低优先级债券的样本规模很小，但是对优先次级债券和次级债券而言，发行评级并没有显示什么意义。瓦尔马等人（2003）得出的结论也说明违约之前评级越高（包括发行时的评级），违约时的平均追偿率也越高。显然，资产质量与违约公司资产负债表的结构支持发行时就属于高质量的债券具有更高的追偿率。

表 15.2　1974—2003 年投资级与非投资级（初始评级）公共债券违约价格

贷款/债券级别	发行数量	中位价格（%）	平均价格（%）	加权平均价格（%）	标准误差（%）
有担保优先级					
投资级	89	50.50	54.50	56.39	24.42
非投资级	283	33.50	36.63	31.91	26.04
无担保优先级					
投资级	299	42.75	46.37[a]	44.05[a]	23.57
非投资级	598	30.00	33.41	31.83	23.65
优先次级					
投资级	11	27.31	39.54	42.04	24.23
非投资级	411	26.50	31.48	28.99	24.30
次级					
投资级	12	35.69	35.64	23.55	23.83
非投资级	238	28.00	30.91	28.66	21.98
贴现					
投资级	—	—	—	—	—
非投资级	113	16.00	20.69	21.24	17.23
全部样本	2 054	30.04	34.76	30.78	24.38

注：46.37%和44.05%这两个数据包括世通公司，算术平均数为43.53%，加权平均数为30.45%。未评级发行的债券视为非投资级。

资料来源：阿尔特曼和凡胡尔（2004a）。

在表 15.3 和 15.4 中，我们重新回到关于最终追偿率的数据，不过这一次的结果是来自凯斯曼/标普对银行贷款和债券追偿率的评估。这些结果说明了 1988—2003 年，超过 2 000 笔违约贷款和票据在重组结束时的名义追偿率与折现追偿率（以贷款违约前的利率计算）。在这一结果中有几方面内容是值得关注的。首先，在表 15.3 中，有担保的优先级银行债务的追偿率相当高，名义追偿率达

87.3%，折现追偿率达78.3%。优先级担保票据和优先级无担保票据，包括贷款与债券，追偿率则要低得多，而越低级的票据（几乎全部为低级别债券），毫无疑问追偿率是最低的。这说明对低优先级别而言，名义的与折现后的追偿率之间的差异在一定程度上已经缩小到可以忽略不计。

表15.3　1988—2003年银行贷款与违约债券最终追偿率——名义值与折现值

级　别	观测数	最终名义追偿率（%）	最终折现追偿率（%）	标准差（%）
优先级银行债券	859	87.32	78.3	29.9
优先级担保票据	283	76.03	64.9	32.9
优先级无担保票据	486	59.29	42.2	34.6
优先次级票据	390	38.41	30.4	32.7
次级票据	354	34.81	29.9	34.5

资料来源：凯斯曼（2004），"追偿率的变动趋势和分析"，标普违约损失统计数据库；包含了1987—2003年发放的2 365笔（只）贷款和债券。追偿率数据是每种产品违约前的贴现利率。

表15.4　1988—2003年违约15～45天后的名义最终追偿率与交易价格追偿率

级　别	最终名义追偿率（%）	违约时交易价格（%）
银行债券	69.1	61.1
优先级担保票据	58.6	55.2
优先级无担保票据	41.5	34.5
优先次级票据	32.3	29.3

资料来源：凯斯曼（2004），"追偿率的变动趋势和分析"，标普违约损失统计数据库；数据包括1987—2003年发生违约的2 365笔（只）银行贷款和违约债券中的791笔（只）。

在表15.4中，凯斯曼说明了名义最终追偿率与违约30天之后的交易价格之间的差别。这些差别这么小是令人惊讶的，特别是在 2003 年违约证券的收益如此之高的情况下仍然如此（见第九章）。

标普（Keisman，2004）发现，在最近的 1998—2002 年，即违约处于"极端压力"之下的年份中，与表 15.3 和表 15.4 中较长区间的样本（1988—2003）相比较，所有级别的违约证券的追偿率都处于下降的状态。由于 1998 年和 1999 年实际上并不是高违约的年份，因此标普对 2000—2002 年追偿率情况的研究结论与阿尔特曼、雷斯蒂和斯罗尼（2001）关于违约率和追偿率存在逆相关关系的预测完全一致。的确，在 2001 年和 2002 年违约率为两位数时，公司债券市场的追偿率处于相对较低的 25% 的水平，在高收益债券违约率下跌到年平均水平之下后（见第七章），2003 年追偿率又上升到 45%，2004 年为 58%。

一些关于追偿率问题的研究聚焦于不同产业的追偿率问题。阿尔特曼和凯斯曼（1996）与韦尔代（Verde，2003）都说明了在不同的行业部门之间追偿率变动很大。比如，韦尔代报告了在 2001 年和 2002 年追偿率年度之间的剧烈变动（如游戏、住宿、餐饮的追偿率从 2001 年的 16% 上升至 2002 年的 77%，零售追偿率在 2001 年为 7%，2002 年为 48%，而运输业 2001 年为 31%，2002 年则下跌到 19%），而到 2003 年则回归较为正常的水平。

一些研究，特别是标普公司的一些研究（Van de Castle and Keisman，1999；Keisman，2004）更为强调的另外一个问题是：决定最终追偿率的重要影响因素是优先级别的债券低于某个给定的水平情况下次级债券的数量规模；即次级证券的比例越大，优先级证券的追偿率越高——这一理论表明权益资本缓冲作用越大，其资产就越有价值，对绝对优先级别的证券来说，它们在公司清算或者公司重组时具有更大的优先权。

追偿率/违约率的关联性

现在我们回到阿尔特曼、布兰迪、雷斯蒂和斯罗尼（2003）经更新后的实证检验结果，以说明与追偿率相关联的重合性结果（违约时的加权平均价格）与当年的违约率之间存在重要的相关性。图15.1显示了在1982—2004年的样本区间这两个关键变量之间的简单线性回归和非线性回归的关系。[①] 图中显示了线性、对数线性、二次方程及幂函数回归的情况，并描述了美国高收益（投资级以下）债券的追偿率变动有53.6%（线性）和约65.3%（幂函数）可以简单地由同年加权平均违约率数据予以解释。的确，瓦尔马等人（穆迪）以发行者加权线性相关关系进行检验的结果表明在一个相同的回归方程中，对追偿率变动的解释力达到59.6%。

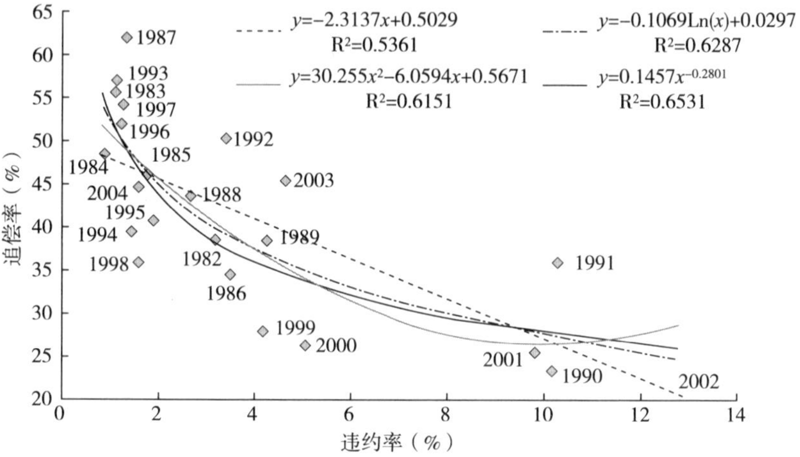

图15.1　追偿率/违约率关联性：加权平均追偿率数量与加权平均违约率数量，1982—2004年（H-1）

资料来源：阿尔特曼和凡胡尔（2004b）。

---

① 2004年的违约率是基于上半年的数据，利用外推法进行估计的数据。

在供求理论中，平均加权（以发行规模为权重）追偿率与加权违约率令人关注的负相关关系已经在先前的第七章中进行过讨论。值得说明的是，当违约率与宏观经济表现相关联时，只是简单地估计 GDP 的水平或变化对违约率并不完全具有解释力，至少对于债券追偿率的解释力是不够的。

结 论

表 15.5 总结了此前章节所描述的以不同信用模型解决 RR 及其与 PD 之间关系问题的方法。在最初默顿（1974）的框架中，PD 与 RR 之间存在逆相关关系，而在 20 世纪 90 年代发展起来的信用风险模型则将这两个变量视作独立变量。现行的、使用最多的信贷定价模型和信用风险价值模型（VaR）事实上就是基于这样的一个假设，它们或者将 RR 当作一个不变参数，或者将其视作一个独立于 PD 的随机变量。在后一种情况中，RR 的波动性被假定为只代表着一种非系统性风险的状况，意味着可以通过合适的多样化组合将其消除。这样的假设与越来越多的经验证据形成鲜明对照，这些经验证据都表明违约率与追偿率存在着负相关关系，以上内容已经在本章及其他的实证研究中（如 Altman et al.，2001 and 2005a）进行过说明。这些经验证据表明追偿率风险同样也是系统性风险的一个组成部分。正因为如此，才会有风险溢价，并且在风险管理应用中应将其考虑在内。最后，我们感到对单个债券或贷款发行者的微观经济/金融属性的分析，如果能够结合市场总体供求状况，就可以对特定违约发生时的违约证券追偿率问题做出最好的解释。一个更大的挑战则是对最终追偿率进行精确估计。这是标普所确定的针对贷款和慧誉可能对投机级债券进行追偿率评级的目的。

表 15.5　不同信用风险模型下违约损失率和违约率的处理

	主要模型及相关实证研究	违约损失率的处理	RR 与 PD 的关系
信贷定价模型			
第一代结构式模型	Merton（1974），Black and Cox（1976），Geske（1977），Vasicek（1984），Crouhy and Galai（1994），Mason and Rosenfeld（1984）	PD 和 RR 是企业结构特征的函数，因此 RR 是一个外生变量	PD 与 RR 逆向相关
第二代结构式模型	Kim，Ramaswamy，and Sundaresan（1993），Nielsen，Saa-Requejo，and Santa Clara（1993），Hull and White（1995），Longstaff and Schwartz（1995）	RR 是外生的并独立于企业资产价值	RR 通常被定义为未偿债务的一个固定比率，因此独立于 PD
简化式模型	Litterman and Iben（1991），Madan and Unal（1995），Jarrow and Turnbull（1995），Jarrow，Lando，and Turnbull（1997），Lando（1998），Duffie and Singleton（1999），Duffie（1998），and Duffee（1999）	简化式模型假定 RR 是外生变量，或者是一个不变量，或者是一个独立于 PD 的随机变量	简化式模型引入了 PD 和 RR 动态变动的独立假设，建模时独立于企业的结构特征

（续　表）

	主要模型及相关实证研究	违约损失率的处理	**RR 与 PD 的关系**
关于 PD-RR 关系的最新研究成果	Frye（2000a and 2000b），Jarrow（2001），Carey and Gordy（2003），Altman，Resti，and Sironi（2001），Altman，Brady，Resti，and Sironi（2005）	PD 和 RR 都是依赖于普通系统性风险因素（经济状况）的随机变量	PD 与 RR 负相关。在宏观经济方面，这源自其共同依赖于单一系统性风险因素；在微观经济层面，则源自违约证券的供求
信用风险价值模型			
信用度量模型	Gupton，Finger，and Bhatia（1997）	随机变量（β 分布）	RR 独立于 PD
信用组合观察模型	Wilson（1998）	随机变量	RR 独立于 PD
信用风险 + 模型	Credit Suisse Financial Products（1997）	不变量	RR 独立于 PD
有价证券管理人模型	McQuown（1997），Crosbie（1999）	随机变量	RR 独立于 PD

资料来源：阿尔特曼和凡胡尔（2004b）。

参考文献

第一章

Altman, E. 1993. *Corporate Financial Distress and Bankruptcy*, 2nd ed. , New York: John Wiley & Sons.

Walter, J. 1957. "Determination of Technical Insolvency." *Journal of Business* (January) .

第二章

Acharya, V. , R. Sundaram, and K. John. 2005. "Cross-Country Variations in Capital Structures: The Role of Bankruptcy Codes." Working paper, NYU and London Business School.

Altman, E. 1971. *Corporate Bankruptcy in America.* Lexington, MA: HeathLexington Books.

Altman, E. 1990 and 1992. *Altman-Foothill Reports on Distressed Bond Market and Distressed Bank Loan Markets.* Los Angeles: Foothill Corp.

Altman, E. 1991. *Distressed Securities.* Chicago: Probus; reprint, Frederick, MD: Beard Books, 1999.

Betker, B. 1991. "Management Changes, Equity's Bargaining Power and Deviations from Absolute Priority in Chapter 11 Bankruptcies." Working paper, School of Business, Ohio State University (October) .

Cohen, J. , H. Golden, J. Kennedy, J. Spiatto, and M. Cook. 1992. " Municipal

Bankruptcies." *Turnarounds & Workouts* (January 15).

Damodaran, A. 2001. *Corporate Finance: Theory and Practice*, 2nd ed. New York: John Wiley & Sons.

Davydenko, S., and J. Franks. 2004. "Do Bankruptcy Codes Matter? A Study of Defaults in France, Germany and the UK." Working paper, London Business School.

Eberhart, A., T. Moore, and R. Roenfeldt. 1990. "Security Pricing and Deviation from Absolute Priority Sale in Bankruptcy Proceedings." *Journal of Finance* (December): 1457-1469.

Eckbo, E., and K. Thornburn. 2004. "Bidding in Mandatory Bankruptcy Auctions: Theory and Evidence." Working paper, Dartmouth University.

Flynn, E. 1989. "Statistical Analysis of Chapter 11." Administrative Office of the United States Courts, Washington, DC.

Fortgang, H., and T. Mayer. 1991. "Trading Claims and Taking Control of Corporations in Chapter 11." *Cardozo Law Review* 12 (October): 1, 13.

Franks, J., and W. Torous. 1989. "An Empirical Investigation of U. S. Firms in Reorganization." *Journal of Finance* 44: 747.

Franks, J., and W. Torous. 1992. "How Firms Fare in Workouts and Chapter 11 Reorganizations." In E. Altman (ed.), *Bankruptcy and Distressed Restructuring*. Homewood, IL: Dow Jones-Irwin.

Gilson, S. 1990. "Bankruptcy, Boards, Banks and Blockholders." *Journal of Financial Economics*: 27.

Rosenberg, H. 1992; rev. ed. 2000. *The Vulture Investors*. New York: John Wiley & Sons.

Salerno, T., and C. Hansen. 1991. "A Prepackaged Bankruptcy Strategy." *Journal of Business Strategy*.

Tilley, Allan. 2004. *A Matrix of Bankruptcy Codes*. London: Glass & Associates.

Weiss, L. 1990. "Bankruptcy Resolution: Direct Costs and Violation of Priority Claims." *Journal of Financial Economics* (December): 285-314.

第三章

Alderson, Michael, and Brian L. Betker. 1999. "Assessing Postbankruptcy Performance: An Analysis of Reorganized Firms' Cash Flows." *Financial Management* 28: 68.

Betker, Brian L., Stephen P. Ferris, and Robert M. Lawless. 1999. " 'Warm with Sunny Skies': Disclosure Statement Forecasts." *American Bankruptcy Law Journal* 73: 809.

Dahiya, Sandeep, Kose John, Manju Puri, and Gabriel Ramírez. 2003. "Debtor-in-Possession Financing and Bankruptcy Resolution: Empirical Evidence." *Journal of Financial Economics* 69, Issue 1 (July): 259-280.

Eberhart, Allan, Reena Aggarwal, and Edward Altman. 1999. "The Equity Performance of Firms Emerging from Bankruptcy." *Journal of Finance* 54: 1855.

Gilson, Stuart. 1997. "Transactions Costs and Capital Structure Choice: Evidence from Financially Distressed Firms." *Journal of Finance* 52: 161.

Goyal, Amit, Matthias Kahl, and Walter N. Torous. 2003. "The Long-Run Stock Performance of Financially Distressed Firms: An Empirical Investigation." Working paper, Emory University and UCLA.

Hotchkiss, Edith S. 1993. "Investment Decisions under Chapter 11 Bankruptcy." Ph. D. dissertation, New York University.

Hotchkiss, Edith S. 1995. "Postbankruptcy Performance and Management Turnover." *Journal of Finance* 50: 3.

Hotchkiss, Edith S., and Robert Mooradian. 1997. "Vulture Investors and the Market for Control of Distressed Firms." *Journal of Financial Economics* 43: 401.

Hotchkiss, Edith, and Robert Mooradian. 1998. "Acquisitions as a Means of Restructuring Firms in Chapter 11." *Journal of Financial Intermediation* 7: 240.

Hotchkiss, Edith, and Robert Mooradian. 2004. "Post-Bankruptcy Performance: Evidence from 25 Years of Chapter 11." Working paper, Boston College and Northeastern University.

Lee, J. 2004. "The Chapter After Chapter 11." New York: J. P. Morgan.

LoPucki, Lynn M., and William C. Whitford. 1993. "Patterns in the Bankruptcy Reorganization of Large, Publicly Held Companies." *Cornell Law Review* 78: 597.

Maksimovic, Vojislav, and Gordon Phillips. 1998. "Asset Efficiency and Reallocation Decisions of Bankrupt Firms." *Journal of Finance* 53: 1495.

McHugh, Christopher, Allen Michel, and Israel Shaked. 1998. "After Bankruptcy: Can Ugly Ducklings Turn into Swans?" *Financial Analysts Journal* 54, No. 3: 31.

Weiss, Lawrence A., and Karen H. Wruck. 1998. "Information Problems, Conflicts of Interest, and Asset Stripping: Chapter 11's Failure in the Case of Eastern Airlines." *Journal of Financial Economics* 48: 55.

第四章

Altman, Edward I. 1984. "A Further Empirical Investigation of the Bankruptcy Cost Question." *Journal of Finance* 39: 1067.

Andrade, Gregor, and Steven Kaplan. 1998. "How Costly Is Financial (Not Economic) Distress? Evidence from Highly Leveraged Transactions That Became Distressed." *Journal of Finance* 53: 1443.

Ang, James, Jess Chua, and John McConnell. 1982. "The Administrative Costs of Corporate Bankruptcy: A Note." *Journal of Finance* 34: 219.

Betker, Brian. 1997. "The Administrative Costs of Debt Restructurings: Some Recent Evidence." *Financial Management* 26: 56.

Bris, Arturo, Ivo Welch, and Ning Zhu. 2004. "The Costs of Bankruptcy." Yale ICF Working Paper No. 04-13.

Cutler, David M., and Lawrence H. Summers. 1988. "The Costs of Conflict Resolution and Financial Distress: Evidence from the Texaco-Pennzoil Litigation." *Rand Journal of Economics* 19: 157.

Franks, Julian R., and Walter N. Torous. 1989. "An Empirical Investigation of U. S. Firms in Reorganization." *Journal of Finance* 44: 747.

Gilson, Stuart, Kose John, and Lawrence Lang. 1990. "Troubled Debt Restructurings: An Empirical Study of Private Reorganization of Firms in Default." *Journal of Financial Economics* 27: 315.

Haugen, Robert, and Lemma Senbet. 1978. "The Insignificance of Bankruptcy Costs to the Theory of Optimal Capital Structure." *Journal of Finance* 33: 383.

Jensen, Michael. 1989. "Active Investors, LBOs, and the Privatization of Bankruptcy." *Journal of Applied Corporate Finance* 2: 35.

Jensen, Michael C. 1991. "Corporate Control and the Politics of Finance." *Journal of Applied Corporate Finance* 4, No. 2: 13.

Kaplan, Steven. 1989. "Campeau's Acquisition of Federated: Value Created or Value Destroyed?" *Journal of Financial Economics* 25: 191.

Kaplan, Steven. 1994. "Campeau's Acquisition of Federated: Post-Bankruptcy Results." *Journal of Financial Economics* 35: 123.

Lawless, Robert M., and Stephen P. Ferris. 1997. "Professional Fees and Other Direct Costs in Chapter 7 Bankruptcies." *Washington University Law Quarterly* 75: 1207.

LoPucki, Lynn M., and Joseph W. Doherty. 2004. "The Determinants of Professional Fees in Large Bankruptcy Reorganization Cases." *Journal of Empirical Legal Studies* 1.

Lubben, Stephen J. 2000. "The Direct Costs of Corporate Reorganization: An Empirical Examination of Professional Fees in Large Chapter 11 Cases." *American Bankruptcy Law Journal* 74: 509.

Maksimovic, Vojislav, and Gordon Phillips. 1998. "Asset Efficiency and Reallocation Decisions of Bankrupt Firms." *Journal of Finance* 53: 1495.

Opler, Tim, and Sheridan Titman. 1994. "Financial Distress and Corporate Performance." *Journal of Finance* 49: 1015.

Pulvino, Todd. 1998. "Do Asset Fire-Sales Exist? An Empirical Investigation of Commercial Aircraft Transactions." *Journal of Finance* 53: 939.

Pulvino, Todd. 1999. "Effects of Bankruptcy Court Protection on Asset Sales." *Jour-*

nal of Financial Economics* 52：151.

Tashjian，Elizabeth，Ronald C. Lease，and John J. McConnell. 1996. "An Empirical Analysis of Prepackaged Bankruptcies." *Journal of Financial Economics* 40：135.

Warner，Jerold. 1977. "Bankruptcy Costs：Some Evidence." *Journal of Finance* 32：71.

Weiss，Lawrence A. 1990. "Bankruptcy Resolution：Direct Costs and Violation of Priority of Claims." *Journal of Financial Economics* 27：285.

第五章

Alderson，Michael J.，and Brian L. Betker. 1995. "Liquidation Costs and Capital Structure." *Journal of Financial Economics* 39：45.

Bebchuk，L. 1988. "A New Approach to Corporate Reorganizations." *Harvard Law Review* 101：775.

Bruner，Robert F. 2004. *Applied Mergers and Acquisitions.* Hoboken，NJ：John Wiley & Sons.

Cornell，B.，and K. Green. 1991. "The Investment Performance of Low-Grade Bond Funds." *Journal of Finance* 46：29.

Damodaran，Aswath. 1996. *Investment Valuation：Tools and Techniques for Determining the Value of Any Asset.* New York：John Wiley & Sons.

Damodaran，Aswath. 2002. *Investment Valuation：Tools and Techniques for Determining the Value of Any Asset.* 2nd ed. New York：John Wiley & Sons.

Fama，Eugene，and Kenneth French. 2002. "The Equity Premium." *Journal of Finance* 57：637 –659.

Gilson，S.，E. Hotchkiss，and R. Ruback. 2000. "Valuation of Bankrupt Firms." *Review of Financial Studies* 13：43.

Hausch，D.，and J. Seward. 1995. "Mitigating the Corporate Valuation Problem in Chapter 11 Reorganizations：Transferable Put Rights and Contingent Value Rights." Working paper，University of Wisconsin – Madison.

Hotchkiss，Edith S. 1995. "Postbankruptcy Performance and Management Turnover."

Journal of Finance 50: 3.

Hotchkiss, Edith S., and Robert Mooradian. 1997. "Vulture Investors and the Market for Control of Distressed Firms." *Journal of Financial Economics* 43: 401.

Hotchkiss, Edith, and Robert Mooradian. 1998. "Acquisitions as a Means of Restructuring Firms in Chapter 11." *Journal of Financial Intermediation* 7: 240.

Hotchkiss, E., and T. Ronen. 2002. "The Informational Efficiency of the Corporate Bond Market: An Intraday Analysis." *Review of Financial Studies* 15: 1325 – 1354.

Kaplan, S., and R. Ruback. 1995. "The Valuation of Cash Flow Forecasts: An Empirical Analysis." *Journal of Finance* 50: 1059 – 1093.

Lehavy, R. 1998. "Reliability of Financial Statements after Adoption of Fresh Start Reporting." Working paper, University of California at Berkeley.

McKinsey & Company. 2005. *Valuation: Measuring and Managing the Value of Companies.* New York: John Wiley & Sons.

Newton, G. 1994. *Bankruptcy & Insolvency Accounting.* New York: John Wiley & Sons.

Pantaleo, Peter V., and Barry W. Ridings. 2005. "Reorganization Value." *Business Lawyer* 60: 27.

Pulvino, Todd. 1999. "Effects of Bankruptcy Court Protection on Asset Sales." *Journal of Financial Economics* 52: 151.

Ruback, R. 1998 "Capital Cash Flows: A Simple Approach to Valuing Risky Cash Flows." Working paper, Harvard Business School.

Scarberry, M., K. Klee, G. Newton, and S. Nickles. 1996. *Business Reorganization in Bankruptcy: Cases and Materials.* St. Paul, MN: West Publishing Co.

第六章

Altman, E. 1984. "A Further Empirical Investigation of the Bankruptcy Cost Question." *Journal of Finance* (September).

Altman, E., and R. Smith. 1991a. "Firm Valuation and Leveraged Restructurings."

In E. Altman, editor, *Corporate Bankruptcy and Distressed Restructurings*, Homewood, IL: Dow Jones – Irwin.

Altman, E., and R. Smith. 1991b. "Highly Leveraged Restructurings: A Valid Role for Europe." *Journal of International Securities Markets* (Winter): 347 – 357.

Amihud, Y. 1989. *Leveraged Management Buyouts: Causes and Consequences.* Homewood, IL: Dow Jones – Irwin.

Andrade, G., and S. Kaplan. 1998. "How Costly Is Financial (Not Economic) Distress: Evidence from Highly Leveraged Restructings That Become Distressed." *Journal of Finance* 21: 1721 – 1748.

Bulow, J., and J. Shoven. 1978. "The Bankruptcy Decision." *Bell Journal of Economics* (Autumn).

Chen, Y., J. F. Weston, and E. Altman. 1995. "Financial Distress and Restructuring Models." *Financial Management* 2 (Summer): 57 – 75.

Copeland, T., and W. H. Lee. 1990. "Exchange Offers and Stock Swaps—New Evidence." Working paper, UCLA.

Denis, D. and D. Denis. 1995. "Causes of Financial Distress Following Leveraged Recapitalizations." *Journal of Financial Economics* 37: 129 – 158.

Durand, D. 1959. "The Cost of Capital in an Imperfect Market: A Reply to Modigliani and Miller." *American Economic Review* (June).

Jensen, M. 1989. "Eclipse of the Public Corporation." *Harvard Business Review* (September – October).

Jensen, M., and W. Meckling. 1976. "Theory of the Firm: Managerial Behaviour, Agency Costs and Ownership Structure." *Journal of Financial Economics* (October): 305 – 360.

Kaplan, S. 1989. "Management Buyouts: Evidence on Taxes as a Source of Value." *Journal of Finance* (September).

Kaplan, S., and J. Stein. 1993. "The Evolution of Buyout Pricing and Financial Structure in the 1980's. *Quarterly Journal of Economics* 108: 2, 313 – 357.

McKinsey & Company. 2005. *Valuation: Measuring and Managing the Value of Compa-*

nies. New York: John Wiley & Sons.

Miller, M. 1989. "The Modigliani-Miller Theorems after 30 Years." *Journal of Applied Corporate Finance* (Spring).

Modigliani, F., and M. Miller. 1958. "The Cost of Capital, Corporation Finance and the Theory of Investment." *American Economic Review* (June).

Modigliani, F., and M. Miller. (1963). "Corporate Income Taxes and the Cost of Capital: A Correction." *American Economic Review* (June).

Moore, H. 1990. "Trends and Characteristics of Recent LBO Experience." Working paper, New York University (November).

Smith, R., and I. Walter. 1990. "Economic Restructuring in Europe and the Market for Corporate Control." *Journal of International Security Markets* (Winter).

Warner, J. 1977. "Bankruptcy Costs: Some Evidence." *Journal of Finance* (May).

Weston, J. F. 1963. "A Test of Cost of Capital Propositions." *Southern Economic Journal* (October).

Weston, J. F. 1989. "What MM Have Wrought." *Financial Management* (Summer).

第七章

Altman, E. 1988. *Corporate Bond Mortality and Performance.* New York: Merrill Lynch.

Altman, E. 1989. "Measuring Corporate Bond Mortality and Performance." *Journal of Finance* (September): 909 – 922.

Altman, E. 1993. *Corporate Financial Distress and Bankruptcy.* 2nd ed. New York: John Wiley & Sons.

Altman, E., and J. Bencivenga. 1995. "A Yield Premium Model for the High Yield Debt Market." *Financial Analysts Journal* (September – October).

Altman, E., B. Brady, A. Resti, and A. Sironi. 2005. "The Link Between Default and Recovery Rates." *Journal of Business* (November). Also ISDA web site, 2002.

Altman, E., A. Resti, and A. Sironi. 2005. *Recovery Risk.* London: Risk Books.

Asquith, P., D. Mullins, and E. D. Wolff. 1989. "Original Issue High Yield Bonds: Aging Analysis of Defaults, Exchanges and Calls." *Journal of Finance* (September): 923 – 952.

Fons, J., and D. Lucas. 1990. *Special Report on Corporate Bond Default and Default Rates 1970 – 1989.* New York: Moody's. Also 2005 update by D. Hamilton and S. Oh.

Standard & Poor's. 1991. "A Transition Matrix of Corporate Bond Defaults." S&P *Credit Week.* Also 2005 update by B. Brady, S&P.

第八章

Altman, E. I. 1969. "Bankruptcy Firms' Equity Securities as an Investment Alternative." *Financial Analysts Journal* (July/August).

Altman, E. I. 1991. *Distressed Securities.* Chicago: Probus. Reprint, Frederick, MD: Beard Books, 1999.

Altman, E. I. 2002. *Bankruptcy, Credit Risk and High Yield Bonds.* Malden, MA: Blackwell Publishers.

Altman, E. I., B. Brady, A. Resti, and A. Sironi. 2002. "The Link between Default and Recovery Rates." NYU Salomon Center, Working Paper S-02-9. *ISDA* (January); *Journal of Business* (November 2005).

Altman, E. I., and A. Eberhart. 1994. "Do Seniority Provisions Protect Bondholders' Investments?" *Journal of Portfolio Management* (Summer).

Altman, E. I., A. Gande, and A. Saunders. 2004. "The Informational Efficiency of Loans versus Bonds: Evidence from Secondary Market Prices." Working paper, NYU Finance Department (March).

Altman, E. I., and R. Miranda. 2005. "The Investment Performance and Market Size of Defaulted Bonds and Bank Loans in 2004 and Market Outlook." NYU Salomon Center Special Report (February).

Altman Foothill Report. 1990. *Investing in Distressed Securities*. Los Angeles: Foothill Corporation.

Altman Foothill Report. 1992. *The Market for Distressed Securities and Bank Loans*. Los Angeles: Foothill Corporation.

Branch, B., and H. Ray. 1992. *Bankruptcy Investing*. Chicago: Dearborn Press.

Brand, L., and R. Behar. 2000. "Recoveries on Defaulted Bonds Tied to Security Ratings." *S&P's Credit Week* (February).

Carlson, J., and F. Fabozzi. 1992. *The Trading and Securitization of Senior Bank Loans*. Chicago: Probus.

Eberhart, A., R. Aggarwal, and E. I. Altman. 1999. "The Equity Performance of Firms Emerging from Chapter 11." *Journal of Finance* (October).

Jeffries & Company. 2003. "How to Perform a Post-Restructuring Equity Valuation." New York: Jeffries Recapitalization and Restructuring Group.

J. P. Morgan. 2004. *The Chapter After Chapter* 11. New York: J. P. Morgan.

Parker, V. R., ed. 2005. *Managing Hedge Fund Risk*. London: Risk Books.

Ramaswami, M., and S. Moeller. 1990. *Investing in Financially Distressed Firms*. New York: Quorum Books.

Rosenberg, H. 1992. *The Vulture Investors*. New York: HarperCollins. Rev. ed., New York: John Wiley & Sons, 2000.

第九章

Altman, E. I., and E. Eberhart. 1994. "Do Seniority Provisions Protect Bondholders' Investments?" *Journal of Portfolio Management* (Summer).

Altman Foothill Report. 1990. *Investing in Distressed Securities*. Los Angeles: Foothill Corporation.

Altman Foothill Report. 1992. *The Market for Distressed Securities and Bank Loans*. Los Angeles: Foothill Corporation.

Brand, L., and R. Behar. 2000. "Recoveries on Defaulted Bonds Tied to Security Rankings." *S&P's Credit Week* (February).

Eberhart, A. , R. Aggarwal, and E. I. Altman. 1999. "The Equity Performance of Firms Emerging from Chapter 11." *Journal of Finance* (October) .

Ramaswami, M. , and S. Moeller. 1990. *Investing in Financially Distressed Firms*. New York: Quorum Books.

Rosenberg, H. 1992. *The Vulture Investors*. New York: HarperCollins. Rev. ed. , New York: John Wiley & Sons, 2000.

第十章

Betker, Brian L. 1995. "Management's Incentives, Equity's Bargaining Power, and Deviations from Absolute Priority in Chapter 11 Bankruptcies." *Journal of Business* 68: 161.

Bradley, Michael, and Michael Rosenzweig. 1992. "The Untenable Case for Chapter 11." *Yale Law Journal* 101: 1043.

Branch, Ben. 2000. "Fiduciary Duty: Shareholders versus Creditors." *Financial Practice and Education*: 339.

Chidambaran, N. K. , and Nagpurnanand R. Prabhala. 2004. "Executive Stock Option Repricing: Creating a Mountain out of a Molehill?" EFA 2003 Annual Conference Paper No. 797.

Gilson, Stuart. 1989. "Management Turnover and Financial Distress." *Journal of Financial Economics* 25: 241.

Gilson, Stuart. 1990. "Bankruptcy, Boards, Banks and Blockholders." *Journal of Financial Economics* 26: 355.

Gilson, Stuart, Edith Hotchkiss, and Richard Ruback. 2000. "Valuation of Bankrupt Firms." *Review of Financial Studies* 13: 43.

Gilson, Stuart, and Michael Vetsuypens. 1993, "CEO Compensation in Financially Distressed Firms: An Empirical Analysis." *Journal of Finance* 43: 425.

Hotchkiss, Edith S. 1995. "Postbankruptcy Performance and Management Turnover." *Journal of Finance* 50: 3.

Hotchkiss, Edith S. , and Robert Mooradian. 1997. "Vulture Investors and the Market for Control of Distressed Firms." *Journal of Financial Economics* 43: 401.

Hotchkiss, Edith, and Robert Mooradian. 1998. "Acquisitions as a Means of Restructuring Firms in Chapter 11." *Journal of Financial Intermediation* 7: 240.

James, Christopher. 1995. "When Do Banks Take Equity? An Analysis of Bank Loan Restructurings and the Role of Public Debt." *Review of Financial Studies* 8: 1209.

LoPucki, Lynn M. 2004. *Courting Failure: How Competition for Big Cases Is Corrupting the Bankruptcy Courts.* Ann Arbor: University of Michigan Press.

LoPucki, Lynn M., and William C. Whitford. 1993. "Corporate Governance in the Bankruptcy Reorganization of Large, Publicly Held Companies." *University of Pennsylvania Law Review* 141: 669.

Warner, Jerold B., Ross L. Watts, and Karen H. Wruck. 1988. "Stock Prices and Top Management Changes." *Journal of Financial Economics* 20: 461.

Weisbach, Michael S. 1988. "Outside Directors and CEO Turnover." *Journal of Financial Economics* 20: 431.

Weiss, Lawrence A., and Karen H. Wruck. 1998. "Information Problems, Conflicts of Interest, and Asset Stripping: Chapter 11's Failure in the Case of Eastern Airlines." *Journal of Financial Economics* 48: 55.

第十一章

Altman, E. 1968. "Financial Ratios, Discriminant Analysis and the Prediction of Corporate Bankruptcy." *Journal of Finance* (September): 189 – 209.

Altman, E. 1984. "A Further Empirical Investigation of the Bankruptcy Cost Question." *Journal of Finance* 34, No. 4 (September): 1067 – 1089.

Altman, E. 1989. "Measuring Corporate Bond Mortality and Performance." *Journal of Finance* (September): 909 – 922.

Altman, E. 1993. *Corporate Financial Distress and Bankruptcy.* 2nd ed. New York: John Wiley & Sons.

Altman, E., P. Araman, and G. Fanjul. 2004. "Defaults and Returns in the High

Yield Bond Market." *NYU Salomon Center Report and Journal of Applied Finance* (Spring - Summer): 98 - 112.

Altman, E., B. Brady, A. Resti, and A. Sironi. 2002. "The Link between Default Rates and Recovery Rates: Implications for Credit Risk Models and Procyclicality." NYU Salomon Center, Working Paper S-02-9.

Altman, E., R. Haldeman, and P. Narayanan. 1977. "ZETA Analysis: A New Model to Identify Bankruptcy Risk of Corporations." *Journal of Banking & Finance* 1, No. 1 (June): 29 - 54.

Altman, E., J. Hartzell, and M. Peck. 1995a. "Emerging Markets Corporate Bonds: A Scoring System." *The Future of Emerging Market Flows*, edited by R. Levich. Kluwer, Holland: J. P. Mei, 1997.

Altman, E., J. Hartzell, and M. Peck. 1995b. "A Scoring System for Emerging Market Corporate Bonds." Salomon Brothers (May).

Altman, E., G. Marco, and F. Varetto. 1994. "Corporate Distress Diagnosis: Comparisons Using Linear Discriminant Analysis and Neural Networks (the Italian Experience)." *Journal of Banking & Finance* 18, No. 3: 505 - 529.

Altman, E., A. Resti, and A. Sironi. 2002. "Analyzing and Explaining Default Recovery Rates." *ISDA* (January); and *Journal of Business* (November 2005).

Altman, E., A. Resti, and A. Sironi. 2005a. "Default Recovery Rates in Credit Risk Modeling: A Review of the Literature and Recent Evidence." *Journal of Financial Literature* 1 (Winter): 21 - 45.

Altman, E., A. Resti, and A. Sironi. 2005b. *Recovery Risk: The Next Challenge in Credit Risk Management.* London: Risk Books.

Altman, E., and H. Rijken. 2004. "How Rating Agencies Achieve Rating Stability." *Journal of Banking & Finance* 28: 2679 - 2714.

Basel Commission on Banking Supervision. 1999. "Credit Risk Modeling: Current Practices and Applications." *BIS* (June).

Basel Commission on Banking Supervision. 2001. "The Basel Capital Accord." Basel, Switzerland: Bank for International Settlements (January).

Basel Commission on Banking Supervision. 2004. "International Convergence of Capital Measurement and Capital Standards: A Revised Framework." Basel, Switzerland: Bank for International Settlements (June).

Beaver, W. 1966. "Financial Ratios as Predictors of Failures." In *Empirical Research in Accounting: Selected Studies.* Journal of Accounting Research 71 – 111.

Beaver, W. 1968. "Alternative Accounting Measures as Predictors of Failure." *Accounting Review* (January): 46 – 53.

Caouette, J., E. Altman, and P. Narayanan. 1998. *Managing Credit Risk.* New York: John Wiley & Sons.

Fitch. 2001. "Bank Loan and Bond Recovery Study: 1997 – 2001." New York: Fitch (March 19).

Frydman, H., E. Altman, and D. L. Kao. 1985. "Introducing Recursive Partitioning Analysis for Financial Classification." *Journal of Finance* 50, No. 1: 269 – 291.

Frye, J. 2000. "Collateral Damage." *Risk* (April).

Gupton, G., C. Gates, and L. Carty. 2000. "Bank Loan Loss Given Default." *Moody's* (November).

Hillegeist, S., D. Cram, E. Keating, and K. Lundstedt. 2003. "Assessing the Probability of Bankruptcy." Northwestern University, Kellogg School working paper (September).

Hu, Y. T., and W. Perraudin. 2002. "The Dependency of Recovery Rates of Corporate Bond Issues." Birkbeck College, Mimeo (February).

Kealhofer, S. 2000. "The Quantification of Credit Risk." San Francisco: KMV Corporation (January) (unpublished).

KMV. 2000. "The KMV EDF Credit Measure and Probabilities of Default." San Francisco: KMV Corporation.

McKee, T., and T. Lensbergn. 2002. "Genetic Programming and Roughsets: A Hybrid Approach to Bankruptcy Classification." *European Journal of Operations Research* 128, No. 2 (April): 436 – 451.

McQuown, J. A. 1993 "A Comment on Market vs. Accounting Based Measures of Default Risk." San Francisco: KMV Corporation.

Merton, R. C. 1974. "On the Pricing of Corporate Debt: The Risk Structure of Interest Rates." *Journal of Finance* (June): 449 – 470.

Moody's. Annually. "Corporate Bond Defaults and Default Rates." Special Report, *Moody's Investors Service* (January).

Moody's. 1996. "Defaulted Bank Loan Recoveries," Special Report, *Moody's Investors Service* (November; also June 1998 update).

Mossman, C. E., G. Bell, L. M. Swartz, and H. Turtle. 1998. "An Empirical Comparison of Bankruptcy Models." *Financial Review* 33, No. 2 (May): 35 – 54.

Ohlson, J. 1980. "Financial Ratios and the Probability Prediction of Bankruptcy." *Journal of Accounting Research* 18: 1.

Saunders, A., and L. Allen. 2002. *Credit Risk Measurement*, 2nd ed. New York: John Wiley & Sons.

Scott, J. 1981. "The Probability of Bankruptcy: A Comparison of Empirical Predictions and Theoretical Models." *Journal of Banking & Finance* (September): 317 – 344.

Shumway, T. 2002. "Forecasting Bankruptcy More Accurately: A Simple Hazard Model." TMA Advanced Education Workshop, Boston College, MA (June 21) from University of Michigan working paper, 1999.

Standard & Poor's. Annually. "Rating Performance: Stability and Transition." Special Report, updated annually. New York: S&P Corporation.

Trippi, R., and E. Turban, eds. 1996. *Neural Networks in Finance and Investing*. Chicago: Probus.

Zavgren, C. V. 1985. "Assessing the Vulnerability of Failure of American Industrial Firms: A Logistic Analysis." *Journal of Business, Finance and Accounting* 12, No. 1: 19 – 45.

Zmijewski, M. E. 1984. "Methodological Issues Related to the Estimation of Financial Distress Prediction Models." *Journal of Accounting Research* 22 (suppl.): 59 – 82.

第十二章

Altman, E., J. Hartzell, and M. Peck. 1995. *Emerging Market Corporate Bonds: A Scoring System*. New York: Salomon Brothers.

第十三章

Altman, Edward. 1983. *Corporate Financial Distress*. New York: John Wiley & Sons.

Altman, Edward, and Laurie Goodman. 1980. "An Economic and Statistical Analysis of the Failing Company Doctrine." NYU School of Business working paper. Reprinted in E. Altman. *Bankruptcy, Credit Risk and High Yield Bonds*. Malden, MA: Blackwell Publishers, 2002.

Altman, Edward, and Thomas McGough. 1974. "Evaluation of a Company as a Going Concern." *Journal of Accountancy* (December).

Altman, Edward, and Herbert Rijken. 2004. "How Rating Agencies Achieve Stability." *Journal of Banking & Finance* 28: 2679 – 2714.

Altman, Edward, and Herbert Rijken. 2005. "The Effect of Rating through the Cycle on Rating Stability, Rating Timeliness and Default Prediction Performance." *Financial Analysts Journal*, forthcoming in 2006.

Appenzeller, P., and R. Parker. 2005. "Deepening Insolvency Is a Liability Trap for the Unwary." *Journal of Corporate Renewal* (July).

Eberhart, Allan, Edward Altman, and Reena Aggarwal. 1999. "The Equity Performance of Firms Emerging from Chapter 11." *Journal of Finance* 54 (October): 1855 – 1868.

Gilson, Stuart. 1997. "Transaction Costs and Capital Structure Choice: Evidence from Financially Distressed Firms." *Journal of Finance* 52: 161 – 197.

Gilson, Stuart, Kose John, and Larry Lang. 1993. "Troubled Debt Restructuring: An Empirical Study of Private Reorganization of Firms and Default." In E. Altman, editor, *Bankruptcy and Distressed Restructurings*. Homewood, IL: Business One Irwin: 77 – 124.

Hotchkiss, Edith. 1995. "The Post-Emergence Performance of Firms Emerging from Chapter 11." *Journal of Finance* 50: 3 – 21.

J. P. Morgan. 2004. "The Chapter After Chapter 11." New York (January).

Kurth, Mette. 2005. "List of Defendants Grows in Deepening Insolvency Cases." *Corporate Renewal* (January): 4 – 7.

Loeffler, G. 2002. "Avoiding the Rating Bounce: Why Agencies Are Slow to React to New Information." Working paper.

Loeffler, G. 2004. "An Anatomy of Rating through the Cycle." *Journal of Banking & Finance* 28: 695 – 720.

第十五章

Acharya, Viral V., Sreedar T. Bharath, and Anand Srinivasan. 2003. "Understanding the Recovery Rates on Defaulted Securities." Working paper, London Business School.

Altman, Edward I. 2001. "Altman High Yield Bond and Default Study." Salomon Smith Barney, U. S. Fixed Income High Yield Report (July).

Altman, Edward I., and Juan Martin Aguiar. 2005. "Defaults and Returns in the High Yield Bond Market: 2004 in Review and Outlook." NYU Salomon Center Special Report (February).

Altman, Edward I., Brooks Brady, Andrea Resti, and Andrea Sironi. 2003. "The Link between Default and Recovery Rates: Theory, Empirical Evidence and Implications." NYU Salomon Center, Working Paper S-03-4; *Journal of Business* (November 2005).

Altman, E., and A. Eberhart. 1994. "Do Seniority Provisions Protect Bondholders' Investments?" *Journal of Portfolio Management* (Summer): 67 – 75.

Altman, E., and G. Fanjul. 2004a and 2004b. "Defaults and Returns in the High Yield Bond Market: Analysis Through 2003 and 2004." NYU Salomon Center Special Reports (January).

Altman, E., R. Haldeman, and P. Narayanan. 1977. "ZETA Analysis: A New

Model to Identify Bankruptcy Risk of Corporations." *Journal of Banking & Finance* 1, No. 1 (July): 29 – 54.

Altman, Edward I., and Vellore M. Kishore. 1996. "Almost Everything You Wanted to Know About Recoveries on Defaulted Bonds." *Financial Analysts Journal* (November/December).

Altman, Edward I., Andrea Resti, and Andrea Sironi. 2001. *Analyzing and Explaining Default Recovery Rates.* ISDA Research Report, London (December).

Altman, Edward I., Andrea Resti, and Andrea Sironi. 2005a. "Default Recovery Rates in Credit Risk Modeling: A Review of the Literature and Recent Evidence." *Journal of Finance Literature* 1, No. 1.

Altman, Edward I., Andrea Resti, and Andrea Sironi. 2005b. *Recovery Risk: The Challenge in Credit Risk Management.* London: Risk Books.

"Altman High Yield Bond Default and Return Report: 2004." Citigroup (2005).

Asarnow, Elliot, and David Edwards. 1995. "Measuring Loss on Defaulted Bank Loans: A 24 Year Study." *Journal of Commercial Bank Lending* 77, No. 7: 11 – 23.

Bakshi, G., Dilip Madan, and Frank Zhang. 2001. "Understanding the Role of Recovery in Default Risk Models: Empirical Comparisons and Implied Recovery Rates." Finance and Economics Discussion Series, 2001-37, Federal Reserve Board of Governors, Washington, D. C.

Basel Commission on Banking Supervision. 2004. "International Convergence of Capital Measurement and Capital Standards—A Revised Framework." Basel, Switzerland: Bank for International Settlements (June).

Basel Commission on Banking Supervision. 2005. "Guidance on Paragraph 468 of the Framework Document." Basel, Switzerland: Bank for International Settlements (July).

Black, Fischer, and John C. Cox. 1976. "Valuing Corporate Securities: Some Effects of Bond Indenture Provisions." *Journal of Finance* 31: 351 – 367.

Black, Fischer, and Myron Scholes. 1973. "The Pricing of Options and Corporate Liabilities. " *Journal of Political Economics* (May): 637 – 659.

Carey, Mark, and Michael Gordy. 2003. "Systematic Risk in Recoveries on Defaulted Debt." Mimeo, Federal Reserve Board, Washington, D. C.

Chabane, Ali, Jean-Paul Laurent, and Julien Salomon. 2004. "Double Impact: Credit Risk Assessment and Collateral Value." Mimeo.

Chew, William, and Steven Kerr. 2005. "Recovery Ratings: A New Window on Secured Loans." In E. Altman, A. Resti, and A. Sironi. *Recovery Risk: The Next Challenge in Credit Risk Management.* London: Risk Books.

Credit Suisse Financial Products. 1997. *CreditRisk +: A Credit Risk Management Framework.* Technical document.

Crosbie, Peter J. 1999. "Modeling Default Risk." Mimeo. San Francisco: KMV Corporation.

Crouhy, Michel, Dan Galai, and Robert Mark. 2000. "A Comparative Analysis of Current Credit Risk Models." *Journal of Banking & Finance* 24: 59 – 117.

Duffee, Gregory R. 1999. "Estimating the Price of Default Risk." *Review of Financial Studies* 12, No. 1 (Spring): 197 – 225.

Duffie, Darrell. 1998. "Defaultable Term Structure Models with Fractional Recovery of Par." Graduate School of Business, Stanford University.

Duffie, Darrell, and David Lando. 2000. "Term Structure of Credit Spreads with Incomplete Accounting Information." *Econometrica.*

Duffie, Darrell, and Kenneth J. Singleton. 1999. "Modeling the Term Structures of Defaultable Bonds." *Review of Financial Studies* 12: 687 – 720.

Dullmann, Klaus, and Monika Trapp. 2004. "Systematic Risk in Recovery Rates—An Empirical Analysis of U. S. Corporate Credit Exposures." Mimeo, University of Mannheim; updated in Altman, Resti, and Sironi (2005b).

Eales, Robert, and Edmund Bosworth. 1998. "Severity of Loss in the Event of Default in Small Business and Large Consumer Loans." *Journal of Lending and Credit Risk Management* (May): 58 – 65.

Emery, K., R. Cantor, and R. Avner. 2004. "Recovery Rates on North American

Syndicated Bank Loans, 1989 – 2003." Moody's Investors Service (March).

Emery, Kenneth, R. Cantor, S. Oh, R. Solomon, and P. Stumpp. 2004. "Credit Loss Rates on Similarly Rated Loans and Bonds." *Moody's Special Comment* (December).

Eom, Young Ho, Jean Helwege, and Jing-zhi Huang. 2001. "Structural Models of Corporate Bond Pricing: An Empirical Analysis." Mimeo.

Finger, Chris. 1999. "Conditional Approaches for CreditMetrics Portfolio Distributions." *CreditMetrics Monitor* (April).

Franks, Julian, and O. Sussman. 2005. "Do Bankruptcy Codes Matter? A Study of Defaults in France, Germany and the U. K." Working paper, London Business School.

Franks, Julian, and Walter Torous. 1994. "A Comparison of Financial Recontracting in Distressed Exchanges and Chapter 11 Reorganizations." *Journal of Financial Economics* 35: 349 – 370.

Fridson, Martin S., Christopher M. Garman, and Kathryn Okashima. 2001. "Recovery Rates: The Search for Meaning." Merrill Lynch & Co., High Yield Strategy.

Frye, John. 2000a. "Collateral Damage." *Risk* (April): 91 – 94.

Frye, John. 2000b. "Collateral Damage Detected." Federal Reserve Bank of Chicago, working paper, Emerging Issues Series (October): 1 – 14.

Frye, John. 2000c. "Depressing Recoveries." *Risk* (November).

Geske, Robert. 1977. "The Valuation of Corporate Liabilities as Compound Options." *Journal of Financial and Quantitative Analysis* 12: 541 – 552.

Gordy, Michael. 2000. "A Comparative Anatomy of Credit Risk Models." *Journal of Banking and Finance* (January): 119 – 149.

Gupton, Gregory, Christopher Finger, and Mickey Bhatia. 1997. *CreditMetrics—Technical Document*. New York: J. P. Morgan & Co.

Gupton, Greg M., Daniel Gates, and Lea V. Carty. 2000. "Bank Loan Loss Given Default." Moody's Investors Service, Global Credit Research (November).

Gupton, Greg M., and Roger M. Stein. 2002. "LossCalc: Moody's Model for Predicting Loss Given Default (LGD). " Moody's/KMV, New York. Updated in 2005, "LossCalc V2, Dynamic Prediction of LGD. " Moody's/KMV (January).

Hamilton, David T., Greg M. Gupton, and Alexandra Berthault. 2001. "Default and Recovery Rates of Corporate Bond Issuers: 2000. " Moody's Investors Service (February).

Hu, Yen-Ting, and William Perraudin. 2002. "The Dependence of Recovery Rates and Defaults. " Mimeo, Birkbeck College (February).

Hull, John, and Alan White. 1995. "The Impact of Default Risk on the Prices of Options and Other Derivative Securities. " *Journal of Banking and Finance* 19: 299 – 322.

Jarrow, Robert A. 2001. "Default Parameter Estimation Using Market Prices. " *Financial Analysts Journal* 57, No. 5: 75 – 92.

Jarrow, Robert A., David Lando, and Stuart M. Turnbull. 1997. "A Markov Model for the Term Structure of Credit Risk Spreads. " *Review of Financial Studies* 10: 481 – 523.

Jarrow, Robert A., and Stuart M. Turnbull. 1995. "Pricing Derivatives on Financial Securities Subject to Credit Risk. " *Journal of Finance* 50: 53 – 86.

Jones D., and J. Ming. 1998. "Bank Reserves and Expected Losses. " Washington, D. C.: Federal Reserve Board.

Jones, E., S. Mason, and E. Rosenfeld. 1984. "Contingent Claims Analysis of Corporate Capital Structures: An Empirical Investigation. " *Journal of Finance* 39: 611 – 627.

Jokivuolle, Esa, and Samu Peura. 2003. "A Model for Estimating Recovery Rates and Collateral Haircuts for Bank Loans. " *European Financial Management* (Fall).

Keisman, D. 2004. "Recovery Trends and Analysis. " Standard & Poor's, *Loss Stats Database*, New York.

Keisman, D. 2004. "Ultimate Recovery Rates on Bank Loan and Bond Defaults. " S&P *Loss Stats*, New York.

Kim, I. J., K. Ramaswamy, and S. Sundaresan. 1993. "Does Default Risk in Coupons Affect the Valuation of Corporate Bonds? A Contingent Claims Model." *Financial Management* 22, No. 3: 117 – 131.

Lando, David. 1998. "On Cox Processes and Credit Risky Securities." *Review of Derivatives Research* 2: 99 – 120.

Litterman, Robert, and T. Iben. 1991. "Corporate Bond Valuation and the Term Structure of Credit Spreads." *Financial Analysts Journal* (Spring): 52 – 64.

Longstaff, Francis A., and Eduardo S. Schwartz. 1995. "A Simple Approach to Valuing Risky Fixed and Floating Rate Debt." *Journal of Finance* 50: 789 – 819.

Madan, Dileep, and Haluk Unal. 1995. "Pricing the Risks of Default." University of Maryland working paper.

Merton, Robert C. 1974. "On the Pricing of Corporate Debt: The Risk Structure of Interest Rates." *Journal of Finance* 2: 449 – 471.

Neto de Carvalho, A., and Jean Dermine. 2003. "Bank Loan Losses-Given-Default—Empirical Evidence." Working paper, INSEAD.

Nielsen, Lars T., Jesus Saà-Requejo, and Pedro Santa-Clara. 1993. "Default Risk and Interest Rate Risk: The Term Structure of Default Spreads." Working paper, INSEAD.

Pykhtin, M. 2003. "Unexpected Recovery Risk." *Risk* 16: 74 – 78.

Resti, Andrea. 2002. *The New Basel Capital Accord: Structure, Possible Changes, Micro-and Macroeconomic Effects.* Brussels: Centre for European Policy Studies.

Resti, Andrea, and Andrea Sironi. 2005. "Loss Given Default and Recovery Risk under Basel II." In E. Altman et al. *Recovery Risk.* London: Risk Books, 2005.

Schleifer, A., and R. Vishny. 1992. "Liquidation Values and Debt Capacity: A Market Equilibrium Approach." *Journal of Finance* 47: 1343 – 1366.

Schuermann, Til. 2004. "What Do We Know about Loss Given Default?" Working paper, Federal Reserve Bank of New York. Forthcoming in D. Shimko (ed.), *Credit Risk Models and Management*, 2nd ed. London: Risk Books.

Van de Castle, Karen, and David Keisman. 1999. "Suddenly Structure Mattered: Insights into Recoveries of Defaulted." S&P *Corporate Ratings* (May 24).

Varma, P., R. Cantor, and D. Hamilton. 2003. "Recovery Rates on Defaulted Corporate Bonds and Preferred Stocks." *Moody's Investors Service* (December).

Vasicek, Oldrich A. 1984. *Credit Valuation.* San Francisco: KMV Corporation.

Verde, Mariarosa. 2003. "Recovery Rates Return to Historic Norms." *Fitch Ratings* (September).

Weiss, Lawrence. 1990. "Bankruptcy Resolution: Direct Costs and Violation of Absolute Priority." *Journal of Financial Economics* 27: 419 – 446.

Wilson, Thomas C. 1998. "Portfolio Credit Risk." Federal Reserve Board of New York, *Economic Policy Review* (October): 71 – 82.

Zhou, Chunsheng. 2001. "The Term Structure of Credit Spreads with Jump Risk." *Journal of Banking & Finance* 25: 2015 – 2040.

致谢

感谢许许多多的实践者和研究人员在本书的创作和完善过程中所给予我们的在研究和写作方面的帮助，也非常感谢所有在纽约大学斯特恩商学院和波士顿学院的课堂上和本书的写作上帮助我们形成分析和评论的人士。

爱德华·阿尔特曼想要感谢的实践从业人员包括阿密特·阿罗拉（Amit Arora）、约翰·贝特（John Beiter）、玛丽亚·宝亚兹尼（Maria Boyarzny）、布鲁克·布莱迪（Brooks Brady）、布鲁斯·布坎南（Bruce Buchanan）、迈克·埃布拉（Michael Embler）、肯·埃梅里（Ken Emery）、霍莉·埃特兰（Holly Etlin）、约翰·芬（John Fenn）、杰瑞·弗莫斯（Jerry Foms）、马丁·弗里德森（Martin Fridson）、瑞克·杰尔（Rich Gere）、杰弗雷·戈德（Geoffrey Gold）、雪莱·格林豪斯（Shelly Greenhaus）、哈维·格罗斯（Harvey Gross）、罗伯特·格罗斯曼（Robert Grossman）、大卫·汉密尔顿（David Hamilton）、洛蕾塔·亨尼西（Loretta Hennessey）、麦克斯·霍尔摩斯（Max Holmes）、苏宾·贾（Shubin Jha）、索－曼·卡姆（Sau-Man Kam）、D. L. 高（D. L. Kao）、大卫·坎斯曼（David Keisman）、阿里·科赫（Al Koch）、玛莎·科帕兹（Martha Kopacz）、帕特·拉格朗日（Pat LaGrange）、马库斯·拉克帕（Markus Lahrkamp）、布

鲁斯·雷诺（E. Bruce Leonard）、比尔·卢茨（Bill Lutz）、罗伯特·马丁法官（Judge Robert Martin）、克里丝·麦克休（Chris McHugh）、罗伯特·米勒（Robert Miller）、斯蒂文·米勒（Steven Miller）、威尔逊·米兰达（Wilson Miranda）、大卫·纽曼（David Newman）、马克·彼得森（Mark Patterson）、加布里埃·佩特鲁奇（Gabriella Petrucci）、罗伯特·拉斯金（Robert Raskin）、巴里·赖丁斯（Barry Ridings）、威尔伯·罗斯（Wilbur Ross）、提尔·朔伊尔曼（Til Scheurmann）、马克·森曼（Mark Shenkman）、丹尼斯·斯密斯（Dennis Smith）、克里斯托弗·斯图塔德（Christopher Stuttard）、罗纳德·萨斯曼（Ronald Sussman）、马特·文丘里（Matt Venturi）、马丽亚洛莎·弗尔德（Mariarosa Verde）、罗伯特·瓦尔德曼（Robert Waldman）、莱昂内尔·华莱士（Lionel Wallace）、杰弗瑞·万巴罗夫斯基（Jeffrey Werbalofsky）、贝蒂娜·怀特（Bettina Whyte）、大卫·温特斯（David Winters）及史蒂文·哲林（Steven Zelin）。爱德华·阿尔特曼还特别想感谢他曾经的两位学生艾伦·布朗（Allan Brown）和马蒂·莫雷（Marti Murray）。伊迪丝·霍奇基斯想感谢威廉·德拉夫（William Derrough）、约瑟夫·库兹尼克（Joseph Guzinski）、玛丽莎·海格（Melissa Hager）、格雷戈瑞·霍洛维茨（Gregory Horowitz）、艾萨克·李（Isaac Lee）、布兰特·米勒（Brett Miller）和巴里·赖丁斯等所做的有益评论。

爱德华·阿尔特曼还想要感谢纽约大学所罗门中心的许多研究助理多年的支持，包括玛丽·贾菲尔（Mary Jaffier）、安妮塔·拉尔（Anita Lall）、罗宾·万塔普（Robyn Vanterpool），特别是洛德丝·坦格劳（Lourdes Tanglao），他们都是非常杰出的教职员工。两位作者要共同感谢金伯利·托马斯（Kimberly Thomas）对本版书籍的出版所提供的帮助，也要对 John Wiley & Sons 出版公司的玛丽·丹尼洛（Mary Daniello）、比尔·法伦（Bill Falloon）和劳拉·沃尔什

（Laura Walsh）的编辑工作表示感谢。

两位作者十分感谢各位学者对危困公司领域的研究及相关文献所做出的贡献，特别要感谢为管理重组协会提供咨询的学术顾问委员会的20多名学者及其学术研究成果的合著者。

最后，爱德华·阿尔特曼还要向他的妻子伊莱恩·阿尔特曼（Elaine Altman）和儿子格里高利（Gregory）表示感谢，是他们多年来包容其对各种危困公司问题研究的执着与热情。而伊迪丝·霍奇基斯要感谢爱德华·阿尔特曼作为她博士论文的导师，将她第一次引入危困公司研究这一领域，并且邀请她参与相关项目的研究。她还要感谢她的丈夫史蒂文（Steven）和女儿珍妮（Jenny）所给予她的爱的支持。

◆作者简介

爱德华·阿尔特曼是纽约大学斯特恩商学院 Max L. Heine 金融学荣誉教授，也是纽约大学所罗门中心固定收益和信用市场研究项目的主任。

阿尔特曼博士是在公司破产、高收益债券、危困债券、信用风险分析领域里有很高威望的国际专家。1984 年，由于其对危困公司预测模型及公司财务复苏过程所做的持续性贡献，被巴黎高等商学院基金会（Hautes Etudes Commerciales Foundation）授予学术桂冠；1985 年，由于其对违约率和高收益债券所做的研究，又被财务分析师联盟载入格雷厄姆和多德名册。

他在 2001 年被选入固定收益分析师协会名人堂，并被推举为财务管理协会主席，2004 年成为国际金融管理协会（简称 FMA）成员。2005 年，他被《财政和风险管理》（*Treasury and Risk Management*）杂志评选为金融领域最有影响力的 100 位名人之一。

阿尔特曼博士是多家金融机构的专家顾问，其中包括花旗集团、美国大型对冲基金 Concordia Advisors、咨询公司 Droege & Company、另类资产投资基金 Investcorp、投资银行 Miller-Mathis、纽约州公共退休基金以及信用咨询公司 SERASA S. A. 。他也是富兰克林共同系列基金、自动交易台公司和 Ascend 集团公司的董事会成员，是管理重组协会学术顾问委员会的主席，曾经多次为美国联邦和州立法机构提供证词。

伊迪丝·霍奇基斯是波士顿学院卡罗尔管理学院的金融学副教授，在纽约大学斯特恩商学院取得金融学博士学位，在达特茅斯学院获得硕士学位。在从事学术研究之前，她在咨询公司和标普公司的金融集团里工作。

霍奇基斯博士的研究范围涉及公司危困和重组、破产法第11章的效率问题以及公司债务市场的交易诸领域。其研究成果曾发表于很多杂志上，包括《金融杂志》（*Journal of Finance*）、《金融经济学杂志》（*Journal of Financial Economics*）、《金融研究评论》（*Review of Financial Studies*）、《金融中介杂志》（*Journal of Financial Intermediation*）等。她是管理重组协会的理事会成员，也是美国证券经销商协会公司债券市场交易部的顾问。

译者简介

邱继成，美国南加州大学经济学博士，中国人民大学经济学硕士、学士。现供职于中国信达资产管理股份有限公司战略发展部，任资深专员一职。毕业后在国务院原农村发展研究中心发展所从事农村改革与乡镇企业发展研究，曾参与与世界银行合作的乡镇企业效率和制度研究项目并获世行好评，有多篇报告在国内发表，3 篇合写论文在美国专业期刊刊出。1997 年回国后先后在中金、壳牌东北亚集团公司、信达证券等公司工作，具有丰富的战略规划和宏观分析能力。

陈剑波，中国人民大学管理学博士。现任职于中央汇金投资有限责任公司。2015 年 1 月起任中国农业银行非执行董事。曾任中央书记处农村政策研究室、国务院农村发展研究中心发展研究所企业研究室助理研究员、副处长，国务院发展研究中心农村部处长、研究员，中央财经领导小组办公室、中央农村工作领导小组办公室农村一组巡视员。还曾主持和参与世界银行、亚洲开发银行、欧盟等国际合作研究，并应邀在美国布兰德斯大学、日本亚洲发展中经济研究所、亚洲开发银行研究所等从事访问研究。

范希文，美国印第安纳大学布鲁明顿校区经济学博士，中国人民大学国际金融硕士、学士。现为中拉合作基金首席风险官。2015 年回国前，先后任法国巴黎银行主做市商业务（北美）首席信用风险官、美国瑞迪安资产保证公司资深副总裁兼风险分析与模型部总经理以及美国 ETF 雷康资本董事。此外，还担任中国人民大学汉青研究院兼职教授，IMI 和 GATI 等智库学术委员，在国内外发表文章数十篇。几年前，曾与孙健博士合著了《信用衍生品理论与实务：金融创新中的机遇与挑战》一书。

高瑞东，日本早稻田大学经济学博士，中国人民大学财政学硕士。国泰君安证券研究所首席宏观分析师。曾任职于财政部中美经济对话领导小组办公室、中国信达资产管理股份有限公司战略发展部（高级副经理）、经济合作与发展组织经济部（顾问）、早稻田大学政治经济学院（助理研究员）。专注于全球和中国宏观经济与金融市场研究，曾参与“G20 杭州峰会中美元首会晤经济成果”磋商、“国务院总理会见六大国际经济组织联合成果”磋商。在《会计与金融》（*Accounting & Finance*），《环太平洋金融杂志》（*Pacific-Basin Finance Journal*），《中国金融》等国内外权威期刊发表经济、金融论文数十篇。